호적

1606 – 1923
호구기록으로 본 조선의 문화사

Humanist

머 리 말

1

 호적만큼 다양한 인간군상을 찾을 수 있는 기록도 많지 않다. 더구나 조선시대 자료로서 다양한 인간들의 제각각 다른 일생을 담은 기록은 호적 이외에 찾기 어렵다. 족보도 많은 사람들의 혼인과 가족관계를 담고 있지만, 일부 계층에 한정된다. 『조선왕조실록(朝鮮王朝實錄)』 등의 연대기는 왕조의 정치상황을 상세히 전해주지만, 조정에서 발현되는 주관적 서술임을 상기하여야 한다. 이에 대해 지방통치과정에서 수령이 기록한 공문서나 민간의 분쟁을 전하는 재판기록, 개인의 생활상을 그린 일기가 조선시대 사람들의 사회현실에 근접해 있다. 그러나 이러한 기록들도 호적의 전체상 가운데 위치시킬 때 그 의미를 더욱 분명히 할 수 있을 것이다.

반면에 호적은 정해진 양식에 따라 조사하여 작성한 국가의 공문서로서 어떠한 서술도 하지 않는 계량사료이다. 인민통치에 필요한 만큼만 기재하도록 고안된 간단한 양식의 호구조사기록에서 한 사람의 풍부한 삶의 궤적을 곧바로 끄집어낼 수 있으리라 기대하기는 어렵다. 국가가 개인의 일생을 획일적으로 재단한 것이기 때문이다. 그러나 호적은 다양성과 함께 획일성을 가진 이러한 자료적 특성 때문에 오히려 흥미를 끌고 있다.

역사자료는 보는 만큼 보인다고 한다. 과거의 기록은 보는 각도에 따라 다른 모습으로 비치기에 한 각도에서만 보아서는 안 된다는 말이다. 나아가 여러 각도에서 보더라도 비친 모습들을 총합적으로 관련지우지 못하면 그저 '모습'에 지나지 않게 된다. 역사적 사실에 접근하는 데 어떠한 길도 제시해주지 못한다. 우리는 과거를 보는 시각 자체가 변화해 온 과정에서 이를 경험하였다.

조선시대사는 세계 어느 곳에나 적용되는 세계사 발전단계의 일반법칙 속에서 거론되어 왔다. 근대사회 이후 진행되어 온 세계화에 편승하기 위해서는 한국의 역사도 그러한 과정을 겪어왔음을 증명하여야 했기 때문이다. 그러나 정치·경제적 변동에 관한 거시적 관찰에 주목하는 한편, 개인의 일상생활이나 사회집단의 자율적 활동을 미시적으로 관찰함으로써 동아시아 및 세계의 각 지역과 비교하는 관점에 대해서는 소홀하였던 것도 사실이다. 여기서 '미시'란 다양한 개별 사건에 천착하여 그 작은 구멍을 통해 거시적 패러다임을 관망할 수 있는 연구방법이라 할 수 있다. 호적은 바로 이러한 관점에 부합하는 자료이다.

2

　남아 있는 호적장부는 몇몇 지역의 것에 한정된다. 그러나 경상도 단성현과 같은 작은 고을의 호적조차 한 해의 장부에 2,000~3,000호, 1만 명 이상의 인구를 등재하고 있다. 조선시대의 호적은 3년에 한 번씩 작성되었는데, 단성현의 경우는 1606년부터 근 300년 동안 식년마다 작성되어 현재까지 전해오는 몇몇 호적장부만으로도 30만 명의 인구를 확인할 수 있다. 더구나 경상도 대구부의 호적은 단성현의 6배를 넘는 정보를 담고 있다. 선행 호적연구자들은 이 방대한 자료를 수작업으로 일일이 정리하고 계산하는 노력을 아끼지 않았다. 그러나 지난한 노력에도 불구하고 개별 인간의 일생을 호적의 전체상과 관련지어 그려내지는 못하였다.

　성균관대학교의 대동문화연구원은 한국역사연구회의 사회경제사 연구자들과 손을 잡고 1999년부터 『경상도 단성현 호적대장(慶尙道丹城縣戶籍大帳)』의 전산화작업에 착수하였다. 그리하여 2004년과 2006년에 한글, 한자 전산데이터를 순차적으로 학계에 공개하였다. 호적 전산데이터는 계량사료의 특성을 살려 기재양식에 맞추어 전산화됨으로써 개별 인구의 추적은 물론, 호적등재 전체 인구에 대한 의미있는 통계를 산출해 낼 수 있었다. 조선사회의 다양성과 획일성을 종합적으로 관련지을 수 있는 길이 열린 것이다.

　호적 전산데이터를 이용한 연구를 진행한 결과, 신분제에 기초한 호구파악은 국가재정의 일환임이 재확인되었다. 호적에 기재되는 '양천신분(良賤身分)'과 '직역(職役)'은 호구재원의 지역적인 배분을 위한 것이며, 그것은 현실의 사회계층적 격차를 무마하는 방향으로 진행되었다는 것이다. 이러한 문제제기는 조선시대 신분사회를 억압적이고 견고한 구조로 보아온 그간의 시각에서 벗어나 취약하고 유동적인 구조로 볼 수 있는 계기를 마련하였다.

3

조선은 개인과 집단의 자율적 활동이나 그 자율적 활동에 근거한 다양한 개성을 신분제적 지배로써 철저히 통제하는 사회로 인식되어 왔다. 그러나 개별 인구와 가족의 사회문화적인 변동을 장기적으로 추적함으로써 조선사회를 다른 시각에서 보려는 움직임이 일어나고 있다. 이런 움직임은 특히 조선사회 여성의 존재를 확인하려 하는 여성생활사 연구에도 자극을 주었다. 이제 여성사는 남성을 내조하며 묵묵히 가사를 수행하는 여성의 '일상적 생활'을 그리는 데 만족하지 않고, 공동체의 질서를 뒤흔들 만한 남녀간의 애증문제, 남녀의 사회적인 역할 분담, 국가와 사회로부터 인식되고 규정되는 여성의 존재를 발견하려는 새로운 국면으로 접어들고 있다.

동아시아의 전통사회는 중앙집권적인 전제국가의 특성을 가지며, 16세기를 전후로 하여 집권적 성향이 더욱 강화되었다. 동아시아 사회에서는 근대사회로 전환하는 과정, 즉 세계사로 편입하는 과정이 서구 등지와는 다른 모습으로 진행되고 있었던 것이다. 이 시기 동아시아 사회는 '전통'과 '근대'가 구분되지 않고 중앙집권적 획일성과 가족이나 사회집단의 자율성, 그로 인한 다양성이 공존하고 있었다. 그러나 이러한 성격들이 어떤 식으로 결합되어 있었는지는 동아시아 사회 내부에서도 각 지역의 문화에 따라 모습을 달리하였다.

   지역의 문화는 주민의 일상적인 삶에서 오랫동안 반복, 지속된 결과로 발현된다. 호적에는 남성과 여성, 그리고 가족이 어떻게 국가의 필요성에 대응하면서 살아갔는지, 그 다양한 삶의 궤적이 고스란히 숨어 있다. 호적을 통해 조선시대의 사회현실과 문화를 살펴보고, 이를 근대사회로 전환되는 시기에 이르기까지 연속적으로 관찰하려 하는 것은 무엇보다도 한국이라는 지역의 현재를 좀더 풍부히 이해하기 위해서이다.

2007. 5.

손 병 규

차 례

머리말 5
프롤로그 그리 오래지 않은 전통(傳統) 14
호적대장의 고향, 단성지도 22

I 호적을 찾아서

1. 호적(戶籍)이란 무엇인가? 26
2. 조선시대 호적의 현황 38
3. 호적대장(戶籍大帳)의 고향, 단성(丹城) 54

II 조선의 주민등록

1. 호구단자와 호적대장, 그리고 준호구 72
   주민등록 등·초본, 두 가지 '준호구(准戶口)' 73
   호구단자(戶口單子)의 호구조정 84
   호적대장(戶籍大帳)의 작성 94

2. 가계를 잇는 자, 호를 잇는 자 106
   족보와 호적의 계자(系子) 107
   호적의 양자(養子) 121

3. 재혼의 흔적 132
　　혼인네트워크를 얽는 여성의 신분 133
　　남성의 재혼과 여성의 개가(改嫁) 146

4. 여성이 활약하는 조선 후기 164
　　여성 주호(女性主戶) 165
　　가사를 주관하는 여성 175

III 호적의 직역

1. 직역과 신분 186
　　국가의 역과 향중(鄕中)의 역 187
　　면역(免役)과 면천(免賤) 194

2. 군역(軍役), 원칙과 현실의 괴리 202
　　군역의 정액(定額) 203
　　호적대장 '도이상(都已上)'의 군역통계 216

3. 지방관청과 서원의 역 230
　　관속(官屬), 관에 소속된 사람들 231
　　원속(院屬), 서원(書院)에 소속된 사람들 241

4. 노비의 역　　　　　　　　　　　　　　　　256
　　노비상속과 노비의 호적등재　　　　　　　257
　　군역을 지는 사노(私奴)　　　　　　　　　272

5. 신분상승의 전설　　　　　　　　　　　　284
　　신분제 해체(?)　　　　　　　　　　　　285
　　양반지향의 허와 실　　　　　　　　　　297

IV 호적의 변화와 가족

1. 조선시대의 호구(戶口)　　　　　　　　　310
　　호적에 나타나지 않는 인구　　　　　　　311
　　호구 총수의 변동과 호구수 조정　　　　320

2. 광무호적(光武戶籍), 호적기재양식의 변화　330
　　호적표(戶籍表), '호주'와 '직업'　　　　331
　　가사표와 가호안　　　　　　　　　　　　341

3. 민적(民籍), 호적의 새로운 얼굴　　　　　354
　　명치호적과 민적　　　　　　　　　　　　355
　　호구파악방법의 대전환, '거주지'에서 '본적지'로　368

4. 호적과 족보의 이데올로기 382
　등재되는 자와 등재되지 않는 자 383
　주민등록과 계보의 이념 394

5. 가족의 변화 406
　호적의 '호(戶)'와 가부장적 '가(家)' 407
　가족의 재구성, 단혼소가족에서 직계가족으로 421

에필로그 호적의 현주소 436
주(註) 444
찾아보기 456

프롤로그

그리 오래지 않은 전통(傳統)

　오랫동안 시행되어 온 호주제(戶主制)가 폐지되기에 이르렀다. 호주제란 한 가족의 대표를 호주로 세워서 그에게 가족 구성원의 입적(入籍)과 제적(除籍)에 관한 권리를 부여하는 제도를 말한다. 당연히 이 제도에는 하나의 가족을 호(戶)로 묶어서 공적부에 기록하는 호적제도가 전제되어 있다. 호주에게 가족에 대한 권리와 의무를 부여한 조항은 기왕의 민법개정과정에서 사라졌다. 여기서 호주제 폐지라 함은 가족관계의 기준이 되는 호주를 공적부상에서 배제함을 말한다. 호주에게 부여한 법제적 자격은 물론, 법제적 '가족'을 '호'로 파악하는 제도적 장치 자체가 파기된 셈이다.
　호주제가 폐지되기까지 많은 논란이 있었다. 기존의 호주제에서는 호주를 계승하는 순위가 아들, 손자 순으로 이어져 남성에게 우선권이 있다는 점, 부계를 중심으로 가족의 범위를 설정한 점, 자녀는 무조건

친아버지의 성씨(姓氏)를 따르도록 한 점, 호적에 양자(養子)임을 밝히는 점, 등등이 문제시되었다. 이러한 문제에 대해 우선 호주계승에 관한 조항을 삭제하고, 배우자의 부모형제를 가족의 범위에 포함하며, 자녀가 어머니나 새아버지의 성씨를 따르거나 양자를 친자로 등록할 수 있게 한 것이 호주제와 관련하여 개정된 민법의 주요내용이다.

호주제 폐지논란의 골자는 호적의 '호'가 호주의 권위와 관련하여 전통적 가부장제(家父長制)의 틀을 벗어나지 못한다는 비판에 있다. 가부장제란 가족 가운데 남성 연장자에게 권위를 부여하는 제도를 이른다. 남편이 아내에 대하여 아버지가 자식에 대하여 권위를 가지며, 제도로써 이 점을 인정한다. 호주제는 불평등하게 배분되어 있는 가족 내부의 권력관계를 사회적으로 공인하는 제도라는 것이다. 이러한 가부장적 권위는 남성의 계보만으로 형성되는 '부계혈연(父系血緣)'의 친족집단에 의해 강력히 지지되고 있다고 여겨졌다.

호주제 존폐를 둘러싼 또 하나의 논란은 호주제의 기원에 대한 것이었다. 호적제도와 부계의 성씨를 따르는 것은 고래로부터 내려온 우리나라의 '전통'이므로 굳이 폐지할 필요가 없다는 것이 존속론의 입장이다. 이에 대해 제국주의 일본이 조선지배를 위해 작성한 민적(民籍)에서 호주제가 시작되었다고 하는 것이 폐지론의 일반적인 입장이다. '일제의 잔재'라는 점에서 호주제 폐지의 정당성을 찾았던 것이다. '식민지적'이라는 전통적 요소가 잔존하여 근대국가 건설로 가는 내재적 발전을 '왜곡'시키는 것이기 때문이다. 존속론이든 폐지론이든 호주제와 관련된 법제적 규정이나 사회문화적 규범이 근대 이전에 형성된 '전통적'인 것이라는 데에는 인식을 같이한다.

조선시대 이전부터 현대에 이르기까지 한국에서는 줄곧 호적을 작성해 왔다. 그런데 식민지 초기 민적까지는 동거하며 경제생활을 함께 하는 자들이 '현주소'로 기재되었다. 이에 반해 현재의 호적은 혼인·출산 및 양자결연으로 맺어지는 가족이 거주·이동을 불문하고 본적(本籍)으로 기재된다. 호적의 이러한 특징은 식민지 당국에 의해 1920년대에 제도적으로 확립되었다. 넓은 의미에서 보면 두 가지 모두 주민등록제도라 할 수 있지만, 조선시대의 호적과 일제강점기에 만들어진 호적은 사실 이름이 같을 뿐, 가족을 파악하는 방법은 서로 달랐다.

주민등록제도로 인민을 파악하려는 국가의 노력은 고대사회로부터 그 흔적을 찾을 수 있다. 조선시대의 호적은 중국 고대사회에 작성되었던 호적에서 연유한다. 그러나 영주(領主)가 지배하는 서구의 봉건사회에서는 주민등록제도를 찾기 어렵다. 전국적인 범위로 인민을 파악하기 위해서는 무엇보다 중앙집권적인 국가권력이 필요하기 때문이다. 서구사회에서 주민등록제도를 시행하게 된 것은 보다 중앙집권적인 근대국가가 들어선 뒤의 일이다. 일본의 명치정부도 일본 고대사회 때 실시했던 호적을 '서구적 근대화'라는 기치 아래 다시 시행하였다. 그리고 그 경험에 준하여 식민지 조선에도 자국의 호적법을 적용하였던 것이다.

그렇다면 전국범위의 주민등록제도로서 조선시대에 체계적으로 실시되었던 호적은 고대적인 후진성을 말하는가, 아니면 근대적인 선진성을 말하는가? 이와 관련하여 호주의 가부장적 권위와 부계혈연집단의 형성에 대해서도 고래로부터의 '전통'인지, 아니면 오히려 '근대적' 성향을 나타내는 것인지 하는 의문이 생긴다. 그리고 조선시대 호적 등재호구에 대한 계량적 분석과 개별 가족의 사회문화적 활동에 대한 추적은 이러한 의문과 관련된 우리의 상식을 완전히 뒤엎어 버린다.

그것은 첫째로 '가부장적' 권위의 형성에 대한 것이다. 조선시대 호적은 국역체계에 따라 가족과 가족 간의 신분질서를 규정하였으나, 가족 내부에 대해서는 부부에게 동등한 기재양식을 제시하고 있었다. 호의 대표자 부부에게 모두 부(父)·조(祖)·증조(曾祖)와 외조(外祖)라는 사조(四祖)를 기재하며, 여성이 혼자서 호를 대표할 수 있었다. 조선 후기에 호의 대표자가 여성인 경우는 많아야 전체 호수의 10%정도이다. 그러나 대표자를 남성으로 교체하는 비율이 높아져 가는 경향 속에서도 여성 대표자는 한말에 이르기까지 지속적으로 존재하였다.

대한제국기의 호적은 구래의 신분제적 인민파악을 포기하는 대신에 호의 대표자를 '호주'라 명시하여 호에 대한 권리와 의무를 호주 한사람에게 한정하였다. 나아가 식민지시기의 호적은 가족 자체를 호로 파악하면서 남성 연장자를 유일한 호주로 내세웠다. 호적상의 기재양식으로 볼 때, 가장이 권위를 갖는 '가부장제적' 틀은 근대사회로 다가갈수록 더욱 선명한 모습을 드러낸다.

둘째로 성씨(姓氏)의 일반화에 대해서이다. 한국이나 중국의 성씨는 부계혈연의 공동체를 대표하는 지칭으로 이해되고 있다. 그런데 호적에서 성씨는 가족의 신분규정이나 호의 계승과 관련된 관심의 대상일 뿐, 부계의 계승과는 다른 측면을 보여준다. 조선시대의 신분제는 어미의 신분에 따라 적·서(嫡庶)와 양·천(良賤)을 구별하는 것이기에 오히려 모계적 성향을 가진다고 할 수 있다. 한국이나 중국은 혼인을 하여도 성씨를 바꾸지 않고 부부가 별개의 성씨를 유지하는데, 이것도 혼인관계에 기초한 신분규정과 관계된 것이다. 가족은 하나의 '패밀리 네임(family name)'을 갖는 것이 세계 일반적인 현상이다. 한국사회의 사회문화적 특징을 여기서 알 수 있다.

호적에는 양자와 양부의 성씨가 서로 다른 경우도 있다. 이 경우에는 심지어 성씨를 무시하고 부자간의 계보를 기록하기도 한다. 이것은 평민과 노비들이 성씨를 갖게 되는 과정에서 벌어진 현상이다. 조선시대 호적에서 성씨를 갖는 호는 17세기 말에 50%에서 19세기 전반에 99%에 이른다. 족보편찬 등을 통해 적자가족에 한정하여 부계계승을 강조하는 경향은 조선 후기 일부 상층계급에 한정된 현상이며, 인민들 사이에 이러한 경향이 일반화된 것은 19세기 이후의 일이다.

가족과 관련하여 우리가 흔히 전통적이라고 여기는 많은 것들이 사실은 근대적인 성향이 발현된다고 하는 '그리 오래되지 않은' 시기에 형성되기 시작하였다. 이러한 사실은 개인의 일상적인 삶뿐만 아니라 국가에 대한 가족의 관계에 주목함으로써 밝혀질 수 있다. 특히 동아시아 전제국가의 한 지역에서 시행된 인민파악의 특성과 그에 대응하여 활동한 연약하고 분산적인 가족의 사회문화적 특성이 어떻게 결부되어 있는지를 관찰하는 것은 매우 흥미로운 과제이다. 여기서 조선 후기로부터 일제강점 초기에 이르기까지, 호적에 올라와 있는, 혹은 올라와 있지 않은 인구와 가족의 현상을 통해 이 과제를 풀어 나가기로 한다.

본서는 크게 네 부분으로 구성되어 있다. 제1부, '호적을 찾아서'에서는 우선 조선시대 호적이 만들어지기까지 호구조사의 역사를 더듬어 본다. 중국 고대사회의 호적제도가 한국사회에 적용, 시행되는 과정은 한국호적의 특징이 형성되는 과정이기도 하다. 이어서 대한제국기의 호적에 이르기까지 조선시대 호적의 현황을 시기별 자료형태를 통해 추적한다. 호적은 개별 호구를 지역 단위로 묶어서 하나의 장부로 작성한 것이다. 호적에 등재된 호구의 내용을 살피기에 앞서 장부의 형태를 확인하는 것은 자료형태의 변화가 내용의 변화를 수반하기 때문이다. 이해를 돕기 위해서 시기마다 몇 지역의 전형적인 호적장부 사진을 실었다.

다음으로『경상도 단성현 호적대장(慶尙道丹城縣戶籍大帳)』이 만들어졌던 단성(丹城)지역을 찾아 호적에 등재되었던 사람들이 살았던 당시의 환경을 상상해 보고자 한다. 단성현은 현재 경상남도 산청군의 일부로 편입되어 있다. 사진에 담긴 근래의 경관에서 옛 조선의 모습을 찾을 수 있을지도 모른다. 그리고 이 지역의 호적과 고문서들이 본서의 중심자료이다.

제2부, '조선의 주민등록'에서는 먼저 개별 호구기록을 호적장부로 만들고 재발급하는 과정을 호적기재양식을 통해 살펴본다. 호적은 지역주민을 등재한 '주민등록'이며, 지역 단위로 호구수를 조정한 결과임을 알 수 있을 것이다. 그러나 호적기재양식에는 제도적으로 의도되었든 의도되지 않았든, 지역주민이 활동할 당시의 사회현실이 상당부분 반영되어 있다. 여기서 양자(養子)·혼인 등, 가족의 형성과 관련된 사회문화적 현상을 찾아볼 수 있다.

양자는 가계를 이으려는 족보와 호를 이으려는 호적에 각각의 방법으로 기록되지만, 그 가운데서 다양하게 형성되는 가족의 현실을 발견할 수 있다. 남성의 재혼은 혼인관계가 사회문화적 규범으로 제도화되어 가는 현상을 보여준다. 그러나 여성의 개가(改嫁)를 비롯해 그러한 규범이 미치지 않는 혼인관계도 오랫동안 광범위하게 존재한 사실을 발견할 수 있다. 또한 여성이 호적기록의 전면에 등장하기도 한다. 여기서는 국가적 필요성에 대응하는 한편, 사회적 역할을 수행하는 조선시대 여성의 활약상을 볼 수 있다.

가족과 관련된 사회문화적 현상은 다양한 사회계층에서 다양하게 나타난다. 제3부, '호적의 직역'에서는 국가적인 신분규정인 '직역(職役)'과 사회적인 신분이라 할 수 있는 사회계층이 서로 일치하지 않고 괴리되어 가는 현상을 볼 수 있다. 호적상에 기재되는 직역은 개개인에게 부과되는 공적 의무사항으로, 국역체계에 기초하여 설정된 국가의 신분질서를 말한다. 직역은 양천(良賤)신분과 더불어 중국에서는 중세사회 때 이미 사라져 버렸으나, 한국사회에서는 갑오개혁 직전까지 호적에 지속적으로 적용되어 왔다. 이러한 국가적 신분과 사회현실의 계층적 다양성은 어떠한 관계로 결부되어 있는가?

국역은 원칙적으로 양인에게 부과된다. 그러나 현실적으로는 노비에게도 국역이 부과되었다. 지역 단위로 일정량의 국역자수를 채우지 않으면 안 되었기 때문이다. 양천신분제와 국역체계가 원리적인 측면에서 모순점을 안고 있음으로 해서 신분제에 기초한 징수와 신분적 차별이 현실적으로 애매한 상태에 있었다. 더구나 일찍이 상층신분인 '양반(兩班)'이 호적에 주로 사용하던 직역명들을 기타 여러 계층들이 기재하기 시작하였고, 18~19세기를 거치며 그 수가 엄청나게 증가하였다. 그러나 이로써 신분상승이 현실화된 것은 아니었다.

국가적인 신분규정과 사회계층적 현실과의 괴리에도 불구하고 호구파악은 조선시대 말기에 이르기까지 지속되었다. 제4부, '호적의 변화와 가족'에서는 조선시대, 대한제국기, 식민지 초기를 거치며 호구정책이 변화하는 과정을 호적에 등재된 호구의 현상으로부터 관찰한다.

국역체계에 기초하여 지역 단위에 부과된 호구 총수에 의해 조정되는 조선시대의 호구기록으로부터 현실의 가족과 그 변동을 어떻게 추적할 수 있을 것인가? 혼인과 가계계승을 통한 가족의 형성 및 분화는 혼인네트워크의 결성을 위한 계층적 결합, 사회집단의 자율적인 활동과 어떠한 관련성을 가지는가? 국가와 민이 직접적으로 상응하고자 하는 대한제국기의 호구파악과 인민의 출처에 근거하여 가족 그 자체를 파악하려는 식민지적 인민파악에 대해 가족은 어떠한 대응을 할 수 있을 것인가?

과연 이러한 국가의 인민파악방법과 가족의 변화를 전통 아니면 근대라는 어느 하나로 규정할 수 있을지는 의문이다. 본서는 동아시아 사회의 오래된 인민파악방법이 소위 근대사회의 전환기에 어떠한 연속성과 단절성을 갖는 것인지, 이와 함께 가족과 관련된 한국의 사회문화적 특성이 동아시아 사회 내부에서 어떠한 특질로 나타날 것인지를 알고 싶다. 한국의 근세라는 시공간을 살다간 사람들의 사회문화적 궤적이 역사적 사실을 얼마나 풍부하게 드러낼 수 있을지, 현재와 미래사회에 어떻게 작용할 것인지에 관심이 있다.

호적대장의 고향, 단성지도

● 경상남도 산청군

▭ 17~19C 행정구역
▭ 현재 행정구역

지리산 국립공원

🏠 남명 조식선생 생가지

덕천강

I

호적을 찾아서

1. 호적(戶籍)이란 무엇인가?

한국은 물론, 중국이나 일본에도 호구조사의 결과를 기록한 호적이 남아 있다. 호적은 소위 중화문화의 세례를 받아 한자문화권 내지는 유교문화권을 형성한 지역에서 고대로부터 작성되어 왔다. 이러한 문화권에 존재했던 동아시아의 전제국가는 왕권이 미치는 영역을 몇 개의 지방행정구역으로 나누고, 그곳에 거주하는 주민 개개인을 가족 단위로 파악하였다.

동아시아의 전제국가는 "하늘 아래 왕의 땅이 아닌 것이 없고, 영토의 경계 내에 왕의 신하―혹은 백성―가 아닌 자가 없다〔普天之下 莫非王土 率土之濱 莫非王臣〕"라는 통치이념에 기초하여 성립되었다. 천자 혹은 왕은 지배질서의 꼭대기에 서서 영역 내의 모든 토지와 인민을 왕권으로 상징되는 전제국가에 복속시켰으며, 왕의 백성은 왕의 땅을 골고루 나누어 받아 삶을 영위하는 대신에 그 은혜에 보답하여 왕에게 생산물을 바치거나 노동력을 제공하였다. 호적은 이러한 왕토사상의 통치이념에 입각하여 작성되었다.[1]

고구려의 광개토왕비(廣開土王碑)에는 수호인연호(守護人烟戶) 330가(家)가 기록되어 있다. 당시 고구려는 왕릉을 지키는 데 필요한 인원을 지역마다 수 호씩 배정하였다. 여기서 '연(烟)'이란 한자는 굴뚝을 의미하는데, 원칙적으로 공동취사를 행하는 가족을 대상으로 호(戶)가 구성됨을 말한다. 한 연호당 한 명의 수호인이 차정되었다. 수호인의 역은 단순한 부담의 차원을 넘어 불법적으로 사고팔기도 하는 신분적 특권으로 인식된 듯하다.[2]

『삼국사기(三國史記)』에는 고구려 고국천왕(故國川王)이 관의 곡식〔官穀〕을 내어 백성 가구(家口)의 많고 적음에 따라 차등적으로 빌려주고〔賑貸〕, 추수 후에 관에 환납케 하였다는 기록이 남아 있다.³⁾ 조선시대의 환곡(還穀)과 같은 진휼정책이 이미 이때에도 시행되고 있었고, 환곡과 마찬가지로 조사된 호구의 규모에 따라 진휼하였음을 보여준다. 백제에도 점구부(點口部)라는 부서가 있어서 국가의 호구파악이 제도화되었음을 짐작케 한다.

충남 부여에 있는 당평백제비(唐平百濟碑)에는 서기 660년에 당나라의 소정방(蘇定方)이 나·당연합군으로 백제를 제압하고 파악한 그곳의 호구수가 제시되어 있다.⁴⁾ 이 비에는 점령지에 중국의 지방행정제도를 적용하여 호구를 편제(編制)한 사실과 함께 '오랑캐의 풍속〔夷風〕'을 바꾸었다고 기록하였다. 중국의 호구제도가 한국사회에 전래되는 방법의 하나라고 볼 수 있는데, 소정방의 기념비는 근대사회에 제국주의가 식민지 침탈을 정당화하는 사고방식과 크게 다르지 않게 느껴진다.

지역 단위 호구조사의 결과로서 현존하는 최고(古)의 기록은 「신라촌락문서(新羅村落文書)」이다. 이것은 현재의 충청도 청주지역에 해당하는 서원경(西原京) 산하 4개의 행정촌을 조사한 기록이다. 작성년도는 7세기 말 혹은 8~9세기인지 분명치 않다. 호구를 '연인(烟人)'이라 표현하여 9개로 구분된 호의 등급에 따라 각 행정촌의 호구수를 기록하고 지난 3년 동안의 호구 증감을 나타내었다. 또한 국가의 의무를 정식으로 담당하는 정(丁)을 비롯하여 기타 역할과 구분이 불분명한 조자·추자·소자(助子追子小子)로 나누어 인구수를 기록하였다.

당시의 호구조사는 호적이 3년에 한 번씩 작성되듯, 정기적으로 실시되었던 것으로 추정된다. 따라서 이 문서를 '신라장적(新羅帳籍)'이

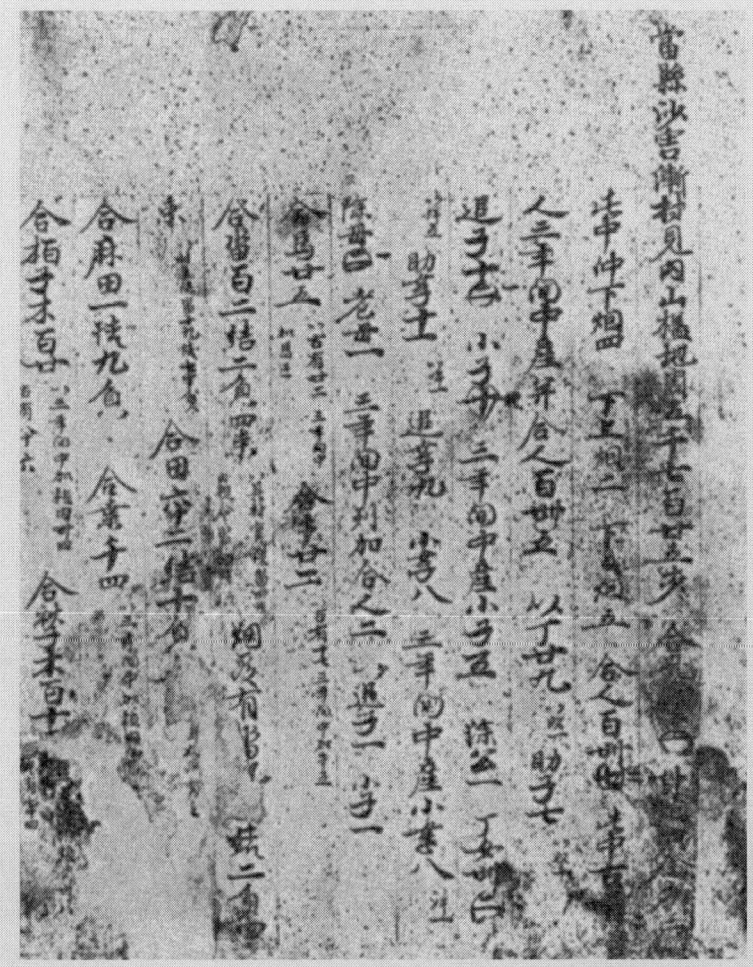

「신라촌락문서」(부분) 문서 오른쪽 상단에 쐬어 있는 '당현(當縣)'이란 글자는 서원경(西原京)을 말한다. 그 가운데 사해점촌(沙害漸村)의 문서이다. 산간지역으로 둘레를 기록하고 중하(仲下) 이하 하하(下下)까지로 호의 등급을 나누었으며, 나이 등에 따라 인정(人丁)을 구분하였다. 구수변동을 3년 단위로 기록한 것은 이 문서가 3년마다 작성된다는 사실을 의미한다. 기타 말과 소, 전답과 마전, 잣나무·오동나무 등의 총량도 기록하였다. 사진은 노명호(盧明鎬) 외, 『한국고대중세 고문서연구(韓國古代中世古文書硏究)』, 서울대학교 출판부, 2000에서 재인용하였다.

라 부르기도 했다. 그러나 '장적'이란 호마다 구성원의 이름과 나이 등을 기록하여 행정구역별로 묶어 놓은 호적장부를 말하는 것으로, 「신라촌락문서」처럼 지역별로 호구 총수를 제시한 것과는 다르다. 이 문서는 지역의 호구수뿐만 아니라, 전답의 규모와 짐승·나무의 수치 등, 행정촌의 재원 총량을 기록하고 지역의 형세와 둘레의 길이를 제시하고 있다. 따라서 호적장부의 말미에 실리는 총계에 해당하는 것이자, 상부에 보고하기 위해 작성한 문서라 할 수 있다. 또한 모든 호구를 파악하는 것은 아니라는 점을 전제로 하여 재원의 총량과 둘레 등을 따져 행정촌의 규모를 추량해 보면, 현재 우리가 인식하는 '촌락'보다 훨씬 규모가 컸을 것으로 추측된다. 따라서 이 문서를 '촌락문서'라고 명명하는 것에도 다소 어폐가 있다.

이 문서는 1933년에 일본의 고대문서를 보관하는 도다이지〔東大寺〕 쇼소인〔正倉院〕에서 '화엄경론(華嚴經論)』 제7질(第七帙)'을 수리하던 도중에 발견되었는데, 이 불경책자 겉장을 배접한 종이였다. 책자를 원래대로 서장고에 넣어버려 문서의 실물이 공개되지는 않지만, 당시에 촬영한 유리판 사진을 통해 연구를 진행할 수 있었다. 후기의 연구자들은 몇 번이고 재복사되어 읽기조차 어려운 자료를 가지고 연구할 수밖에 없었는데, 최근에 유리판 사진에 가까운 것을 다시 판독하는 연구가 발표되기도 했다.[5]

경주의 부윤을 지낸 자들의 명부인 『경주부윤선생안(慶州府尹先生案)』에는 고려 성종 5년(986)에 "내외(內外)의 호구를 시행"한 사실이 나와 있다.[6] 고려왕조는 12목을 설치하여 지방제도를 정비하면서 호적제도를 정식으로 실시한 것으로 보인다.

『고려사(高麗史)』는 「식화지(食貨志)」에 호구조항을 별도로 설정하여 인종 13년(1135) 이후의 호적에 대해 언급하고 있다. 그 첫머리가 "나이 16세에 '정'이 되어 비로소 국역에 복무하며, 60세에는 '노'가 되어 그 역을 면제받는다. 주·군 등의 지방행정관청은 매년 호구를 헤아려서 호부에 보고하는데, 징병과 요역은 호적에 기초하여 차출하는 것이 원칙이다〔民年十六爲丁始服國役 六十爲老而免役 州郡每歲計口籍民 貢于戶部 凡徵兵調役 以戶籍抄定〕"[7]로 시작된다. 징병과 노동력 차출이 호적을 작성하는 주요한 목적이었던 것이다.

　한편, 「식화지」의 전제(田制)에는 전국의 토지를 '정'을 단위로 분급하는 제도가 나와 있다. "토지를 직역에 따라 고르게 분급하여 백성이 생계를 꾸리게 하고 국가의 재정에 사용하도록〔定內外田丁 各隨職役平均分給 以資民生 又支國用〕"[8] 한 것이 그것이다. 여기서 '직역(職役)'이란 관직과 군역을 포함하여 국가의 공공업무를 수행하는 국역을 말한다. 이 제도는 왕토배분에 대해 백성이 국역의 의무를 수행한다는 통치원리에 입각하고 있다. 또한 주인이 없는 땅은 직역이 없는 자로 하여금 "호를 세워서 국역에 충당〔立戶充役〕"함으로써 배분되었다.[9] 토지배분의 근거가 되는 직역이 호를 단위로 설정되었음을 알 수 있는 대목이다.

　호의 대표자에게 직역이 적히고 직역에 따라 토지가 배분되며 징수할 재원의 양이 기재되는 호적양식은 중국 고대의 호적에서 원형을 찾을 수 있다. 중국 고대사회의 호적에는 두 가지 양식이 있다.[10] 하나는 호마다 호주의 직역과 이름 및 나이를 적고 처와 자식을 중심으로 가족 구성원의 이름 및 나이를 기재하는 양식이다. 여기에는 그 호의 인적 구성에 대한 통계가 표시되기도 한다.

다른 하나는 위의 양식에 더해서 그 호에서 징수할 재원의 분량과 그 호에 배분된 토지의 규모를 함께 기재하는 양식이다. 일본 고대의 호적이나 에도〔江戶〕시대의 '인별장(人別帳)'이라는 주민등록에서도 이처럼 호마다 부세량을 적은 기록을 찾아볼 수 있다.[11] 「신라촌락문서」에도 행정촌 단위로 호구수와 재원의 총량이 기재되었다. 당시에 호적이 호별로 작성되었다면, 그것은 호별 액수를 집계한 수치가 되는 셈이다. 그러나 고려시대 호적에서는 중국의 첫 번째에 해당하는 양식밖에 찾을 수 없다. 호마다 배분되는 토지는 호적과는 별도의 장부로 조사된 듯하다.

고려시대 호적 중에는 작성 당시의 호적을 다른 곳에 옮겨 적은 것도 남아 있다. 1237년에 작성된 것으로 보이는 이교(李喬)의 호적이 여주 이씨의 족보에 실려 있다.[12] 민간의 족보는 조선시대 이후 작성되기 시작하였다. 족보는 대대로 내려오는 간략한 계보도에 의거하기도 하지만, 고려시대에 살았던 선조들에 대한 정보는 몇몇 집에서 보관해 오던 호적에서 가져왔을 것으로 보인다. 족보에 기록되거나 등사된 채로 오랫동안 보관되어 온 호적의 주인공들은 고려시대에 중앙관직을 지낸 양반(兩班)이거나 향촌의 향리(鄕吏)로서 당대 상층계급에 속하던 인물들이다.

고려시대의 양반은 문관과 무관 양 반열에 선 관직자를 말하며, 향리는 향촌에 거주하면서 지역의 통치·재정업무를 수행하는 관리를 말한다. 이들은 3년에 한 번씩 호적을 작성하여 하나는 관가에 바치고 하나는 집에서 보관하였다.[13] 집에 보관된 호적은 다음 식년(式年)

嘉熙元年丁酉 理宗十三年 高宗二十四年 應止部興國里戶即將同正李喬
古名唐柱年五十一丁未生 印本于 本黃驪父戶長軍尹
孝溫祖副戶長元傑曾祖仁男校尉仁德外祖戶長中尹
李仲規本慶州妻閔氏故本 歷水黃驪父鄉貢進士洪鈞
古名孝全 騰本父進 祖守戶長世儒曾祖戶長存壽外祖文林
卽檢校 印俊板 軍器監李孫義夫
書藝同正秀山年十九二男巳只年十三改名秀海 印本于秀海年
二十三男巳只年一改名秀龍 龍年一 一女年九

고려 이교(李喬) 호적 1237년에 작성된 호적으로, 여주 이씨 족보에 실려 있다. 기재된 주소는 개성 북부 흥국리(興國里)이다. 맨 처음에 기재된 이교, 즉 호주에게는 직역명과 이름, 개명(改名), 나이와 출생년도 간지, 본관, 부(父)·조(祖)·증조(曾祖)·외조(外祖) 사조(四祖)의 직역명과 이름을 기재하였다. 사조의 직역명을 보건대, 대부분이 향리의 우두머리인 '호장(戶長)'이다. 처 민씨는 '고(故)'라 하여 사망한 것으로 나와 있지만, 그녀에게도 역시 본관과 사조를 기재하였다. 이어 3남 1녀의 자식들을 등재하였다. 이렇듯 부부와 그 자녀를 등재하는 양식은 기본적으로 조선시대의 호적과 같다. 사진은 노명호 외, 『한국 고대중세 고문서연구』에서 재인용한 것이다.

인 3년 뒤 다시 호적을 작성할 때에 참고자료로 쓰이고, 가족 구성원이 과거를 보거나 혼인을 할 때 제시하는 자료로도 활용되었을 것이다. 호적에 호주부부의 사조(四祖), 즉 부·조·증조·외조(父·祖·曾祖·外祖)의 인적사항을 기재하게 되어 있는 것으로부터 추정 가능한 사실이다.

호적은 실재하는 주민을 가족관계에 기초하여 등재하는 주민등록이다. 여기에 부계와 모계의 계보를 기재하는 호적양식은 한국 이외의 지역에서는 찾아볼 수 없다. 중국 청대의 특수관할지역 호적인 『한군팔기인정호구책(漢軍八旗人丁戶口冊)』에 남성 호주 한 사람에 한해 부와 조의 이름이 적힌 것을 볼 수 있을 뿐이다.[14] 고려시대 이후 한국호적에 사조를 기재한 것은, 당말 이후 중국에서는 의미를 상실해 간 직역제와 노비제(奴婢制)가 한국에서는 고려시대 이후에도 계속해서 적용되었기 때문이다.

당나라 말기에 중국 고대사회의 신분제에 커다란 변동이 있었다. 변방의 전란이 극심해져 전문군인을 양성하게 되면서 농민이 병사로서 수시로 군사에 동원되던 병농일치(兵農一致)의 신분제가 해체되어 갔다.[15] 이것은 농업생산기술이 발달하여 가족노동으로 경작하는 소경영 농업이 일반화되어 간 것과도 관련이 있다. 노비가 가족노동에 근거한 소경영 농업을 행함으로써 양인(良人)과의 신분차별이 모호해졌으며, 이렇게 형성된 농민 일반에게 일률적으로 조세부담이 배분되었다. 농민은 병사로 동원되지 않고 경작에 전념하는 대신에 전문군인을 양성하기 위한 재원을 조세로 지불하면 되었다. 이렇게 병농이 분리된 농민에게 더 이상 일일이 군역을 설정할 필요가 없어지면서, 이후의 중국호적에는 직역이나 노비신분이 기재되지 않는다. 청대의 특수관할지역 호적에 팔기상의 지위를 기재한 것이 있을 뿐이다.

고려왕조는 직역에 따른 토지와 노비의 배분을 제도적으로 유지하였으며, 과거응시와 관직임용시에도 직역과 신분을 확인하였다. 양반신분에 해당하는 자의 호적에 호주의 직역과 함께 호주부부의 '세계(世系)'를 기록하도록 하였는데, 문종 9년(1055)에는 호적에 이 세계를 등록하지 않은 사람에 대해 과거응시를 제한하기도 하였다.[16] 또한 '8대(八代)'에 이르는 호적에서 선조가 혈연적으로 노비와 관련이 있지 않아야만 비로소 벼슬을 할 수 있었다. 여기서 '8대'란 부모의 사조를 의미하는 것으로 이해되지만, 위의 '세계'는 사조를 넘어서는 계보범위로 여겨진다.

용인 이씨 족보에 실린 1332년의 이광시(李光時) 호적에는 이광시의 사조기록과 함께, 증조의 사조, 증조의 증조의 시조, 그리고 그 이상의 부계선조들이 기록되어 있다.[17] 호적 원본을 옮겨 적은 1333년의 이진(李稹) 호적에는 부부의 사조와 증조의 사조뿐만 아니라 '장인의 사조, 외조·외증조·외고조의 사조'라는 식으로 처가와 모·조모·증조모의 가문을 포함하는 여러 모계의 사조가 기재되었다. 이후의 호적에는 여기에 더해 장모, 부·조·증조의 장모 쪽 부친의 사조가 기록되기도 한다. 사조를 기록하는 자에게는 대부분 '호의(戶矣)'라는 말을 선두에 붙여서 호주의 직계가족과 구분해 주고 있다.

남아 있는 고려시대의 호적은 얼마 되지 않지만, 사조가 기록되는 모계의 범위가 확대되는 경향을 읽을 수 있다. 이러한 기록이 가능한 것은 대대로 혼인을 거듭하면서 부부가 각자의 호적정보를 합하여 자

이성계 호적(부분) 상단에 '호(戶)'라고 굵은 글씨로 쓴 뒤, 서너 줄씩 호내 구성원을 기재하였다. 호 안에 다시 '호'라는 굵은 글씨가 사조를 쓰는 처 및 증조와 외조, 장인 앞에 쓰여 있다. 다른 호적에서 가져온 정보라는 의미로 보인다. 노비는 상전의 호를 명기한 다음에 기록하였다. 1390년에 작성된 것으로 추정된다.

신들의 호적을 작성하고 이를 다시 후대에 물려주기 때문이라고 추측된다.

고려시대 호적의 이러한 사조기록은 1390년의 이성계(李成桂) 호적에서도 확인할 수 있다. 국보로 지정되어 있는 고려 말 이성계 호적은 호적장부 원본이거나 공증을 위해 원본의 내용을 그대로 옮겨적은 것으로 보인다. 여기에는 양반 및 군역자의 호와 그에 귀속된 노비들의 호를 모아놓았다. 또한 부부의 사조만 기록한 것에서부터 모계의 사조 기록이 상세한 것까지, 이전의 호적양식이 모두 나타난다.

한 단락에 한 호를 기록하여 새로운 호는 줄을 바꾸어 기재하게 되는데, 한 호 내에서도 사조를 기록하는 자에게는 바로 앞에 '호(戶)'라는 굵은 글씨를 써서 구분하고 있다. 이때 호주의 처나 노비에게도 '호'자를 써서 구분하였다. 이는 별도로 존재하던 호적의 내용을 가져다 붙였다는 표시로 판단된다.

이성계 호적이 작성되던 공양왕 2년(1390)에 조정에서는 구래의 호적법이 문란해져서 양반들의 세계를 찾기 어려울 뿐만 아니라, 양인을 억압하여 천인으로 만들거나 천인을 양인으로 만드는 사태가 일어나고 있다는 논의가 오갔다. 양인은 권세가에 들어가서 국역을 피하고 도리어 양반의 노비가 국역을 대행하는 일이 일찍부터 문제시되어 왔다. 관청이나 양반가의 가사를 돕는 노비가 아니라 일반 농민으로서 노비가 되는 자들이 늘어나고 있었던 것이다. 고려 후기를 거치며 노비가 고대사회의 노비와는 다른 새로운 방향으로 증폭되는 현상이 진행되고 있었다.

『고려사』 공양왕 2년의 기록에는 호적이 없는 자를 과거급제와 관리임용시에 제외하고 호적에 기록되지 않은 노비를 모두 국가에 귀속시키자는 주장이 결국 현실화되지 못하였다고 씌어 있다. 그러나 이성계 호적은 법전에 제시된 대로 노비의 전래되어 온 계통과 노비가 낳은 아이들의 이름·연령, 그리고 노처(奴妻)와 비부(婢夫)의 양천(良賤)신분 등을 상당히 충실하게 기록하고 있다.

2 / 조선시대 호적의 현황

조선 초기의 호적은 고려시대의 호적과 같이 족보 등에 기록되어 있으며, 호적의 양식도 고려의 호적양식과 크게 다르지 않다. 16세기 호적장부의 단편이 소개되기는 하였지만, 한 지역의 호적을 책자로 묶은 호적장부 원본으로는 1606년의 『산음장적(山陰帳籍)』이 현존하는 최고(古)의 것이다.[18] 산음현은 현재의 경상남도 산청군 지역에 해당하는데, 이 산음현 호적장부에 단성현의 호적이 합록되어 있다. 단성지역은 당시에 산음현의 임내(任內 ; 속현屬縣)로 존재하다가 이후에 독립하였으나, 지금은 17세기 초와 마찬가지로 산청군의 일부로 편입되어 있다.

산음현 호적장부는 가로 35cm, 세로 90cm 정도의 크기로, 위아래로 길쭉한 직사각형 모양이다. 호적장부는 '장적' 외에 '호적대장(戶籍大帳)'으로도 불린다.[19] 이처럼 '큰 대(大)'자 '대장'으로 쓰는 것은 군현 산하 행정구역에서 작성한 여러 호적중초(戶籍中草)를 모두 모아 거질의 책자로 만든 때문이기도 하지만, 주민에 대한 호적장부의 권위를 나타낸 것으로도 보인다.

산음현 호적대장은 1606년 이외에 1630년의 것도 남아 있는데, 형태는 같다. 그러나 1609년에 작성된 경상도 울산의 호적대장은 가로세로 53cm 남짓으로 정방형에 가깝다. 또한 1663년의 한성 북부(漢城北部) 호적대장은 가로세로 43cm 정도의 정방형으로, 1609년의 울산 호적대장보다 약간 작다. 지역에 따라 호적대장의 크기는 이렇듯 다르지만, 호적대장이 지역사회에서 발휘한 위용은 다르지 않았을 것이다.

호적대장은 간지의 갑자(甲子)로부터 3년마다 지지(地支)의 자(子)·묘(卯)·오(午)·유(酉)가 뒤에 붙는 해에 작성되었다. 서너 부를

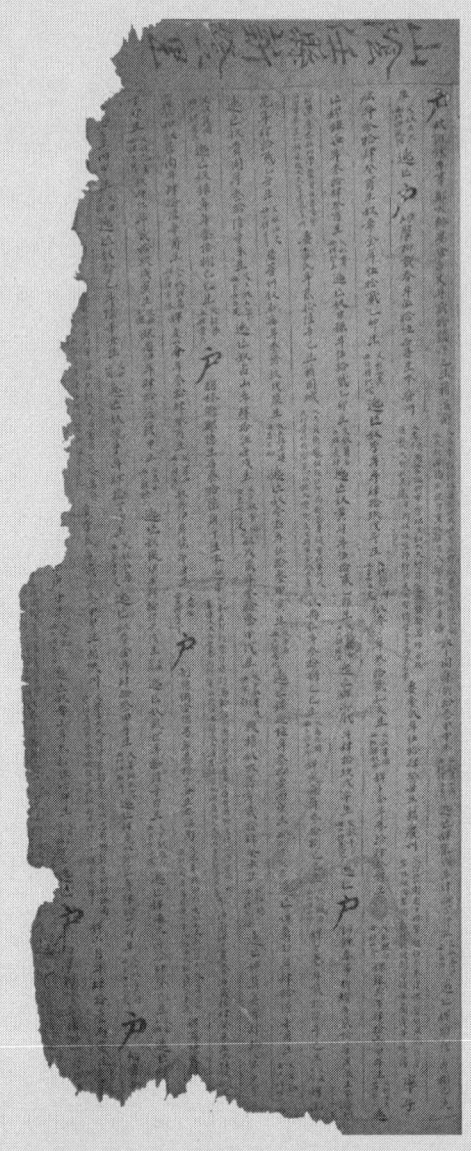

『산음장적』(1606) 본문의 산음 임현 신등리 단성지역의 6개 리(里) 가운데 신등리(新燈里)의 호적이다. 당시 단성현은 산음현의 속현이었다. 굵은 글씨로 '호(戶)'라고 쓴 것이 각 호를 구분하는 표시이며, 그 아래에 호 구성원의 인적사항을 기록하였다. 가로 35cm, 세로 90cm 정도의 위아래로 길죽한 장방형이다. 규장각 소장.

복사하여 그 중 한 부는 지방관청에서 보관하고 나머지는 중앙의 호조(戶曹)나 한성부(漢城府), 도의 감영(監營) 등에 올렸다. 현지에서는 수송에 맞추어 한 해 전부터 호적작성을 준비하였는데, 그러다 보니 실제보다 나이가 한 살 적게 기재되는 경우도 있었다.

산음현 호적대장 본문에는 현의 하부 행정구획인 리(里)별로 호구가 기록되고 있다. 호구의 기록은 연이어 있으나 굵은 글씨로 '호'라고 쓴 것이 각각의 호를 구별하는 역할을 하였다. 장부에 명시하지는 않지만, 호의 첫머리에 기록된 사람이 호의 대표자이며, 나머지 구성원은 그와의 가족관계, 신분관계로 표현되었다. 고려시대에는 호의 대표자를 호주(戶主)라 불렀고 조선 후기에는 호수(戶首) 등으로도 불렀으나, '주호(主戶)'가 공식적인 호칭이다.[20]

조선 후기의 호적은, 고려시대의 양반호적이 부계나 모계의 세계(世系)를 번잡스럽게 기록한 것과는 달리, 기본적으로 주호부부에게만 사조를 기재하고 그 이상의 사조기록은 생략하였다. 조선 전기를 거치며 양반에게 주어지던 신분적인 특권이 위축되어 갔으며, 관직자는 국가의 공공업무를 수행하는 직역자의 하나로 존재하게 되었다.[21] 따라서 조선 후기에는 양인이면 누구나 호적에 주호부부의 사조만 기재하는 것으로 일률화되었으며, 노비의 경우에는 신분적 귀속을 밝히기 위해 부모와 소유주를 기록하였다. 그리고 주호부부에게 사조를 기록하는 양식은 조선시대 말기까지 사라지지 않았다. 신분제도가 여전히 작용하고 있었기 때문이다.

1675년에 다섯 호를 하나의 통(統)으로 묶는 「오가통사목(五家統事目)」이 반포됨으로써 이후의 호적대장에는 통호제도가 도입되었다.[22]

다섯 호를 1통으로 묶고 통마다 통주(統主)를 두는 제도는 이미 조선 초의 법전인 『경국대전(經國大典)』에 명시되어 있다. 그러나 호적에는 그러한 통호제도가 적용되지 않고 있었다. 단지 1672년의 『울산부 호적대장』과 같이 몇몇 지역의 호적에 통번은 없으나 10호를 1통으로 묶는 방법이 사용되고 있었다.[23] 1675년 직후의 호적대장으로서 현존 최고(古)의 것은 1678년에 작성된 『경상도 단성현 무오식년 호적대장(慶尙道丹城縣戊午式年戶籍大帳)』인데, 여기서부터 통번을 주어 다섯 호를 1통으로 편제하고 통마다 통수(統首)를 두었다.[24]

통호제도와 함께 17세기 말부터는 호적대장 책자의 모양이 가로 80~85cm, 세로 45~60cm 정도로 종래보다 크기도 클뿐더러 좌우로 길죽한 장방형이 되었다. 더구나 이러한 책자형태와 크기는 17세기 말 대부분 지역의 호적대장에 동일하다. 1675년의 「오가통사목」은 호적제도를 전국 단위로 일률적으로 정비하는 데 하나의 목적이 있었던 것으로 보인다.

또한 1678년의 단성현 호적대장에 '신호(新戶)'라 하여 새롭게 등재되는 호가 대거 등장하는 것으로 보아, 이 시기에 호구파악이 강화되었음을 알 수 있다. 임란과 호란 양란 이후 국가통치체제를 재정비하는 과정을 거치면서 17세기 초의 호적상에 대폭 감소했던 호구수를 이전 단계의 수치로 회복시키고 나아가 그 수준을 능가하는 증가를 도모하였던 것이다. 그러나 이것은 어디까지나 중앙정부가 지방주민을 파악한 결과 드러나는 호구수일 뿐이다. 현실적으로 인구가 증가한 것을 의미하지는 않는다.

1606년 호적대장에 산음현의 속현으로 존재했던 단성현이 이후 산음현으로부터 독립하면서, 단성의 행정구역은 사방을 넷으로 가른 소위 '방위면(方位面)' 형태를 띠게 되었다. 조선시대의 지방통치는 주현(主縣)을 중심으로 주변의 여러 군현을 하나로 묶는 형태였으나, 점차 속현들이 독립하여 하나의 행정구역으로 편성되어 갔다. 지역간의 종적인 권력관계에 대신해서 군현들이 횡적으로 동등한 관계를 가지고 중앙정부로부터 직접적인 지배를 받는 지방통치체계가 형성되어 간 것이다. 그와 동시에 각 군현의 토지와 인민을 일률적으로 파악하기 위한 산하 행정단위가 설정되었다. 이것이 중앙정부에 의해서 일방적으로 구획된 방위면이다.

1678년의 단성현 호적대장에는 단성의 8개 '리(里)'가 방위면을 대신해서 각각 면 단위로 승격되어 8개 '면(面)'이 되었다. 동시에 리 단위 산하의 '촌(村)'이 면 단위 산하의 행정리로 재편되었다. 여기서 행정리로 재편된 '촌'은 현재 우리가 생각하는 '촌락'을 여러 개 합친 규모이다. 단, 행정리를 나타내는 촌명은 내부의 여러 촌락 가운데 규모가 크거나 지역의 세력자들이 모여사는 촌락의 이름을 사용하였다.

그러나 1678년 단성현 호적대장에서는 여전히 동서남북의 방위면 밑에 8개 리가 있는 것처럼 '남면 원당(南面 元堂)' '북면 신등(北面 新燈)'이라는 식의 표기를 볼 수 있다. 1717년의 단성현 호적대장 첫머리에도 '원당면 제1리 사산(元堂面第一里蛇山)'이라는 면리편성과 함께 상단에 여전히 '원당리 사산촌(元堂里蛇山村)'이라는 표기가 나타난다. 지방 현지의 사정에 맞추어 지방행정체계를 재편함으로써 중앙정부의 지방지배는 더욱 치밀해질 수 있었지만, 현지에서 전통적으로 인식되어 오던 '리' 단위의 지역구분이 '면' 단위로 인식되고 '촌'이 '리'

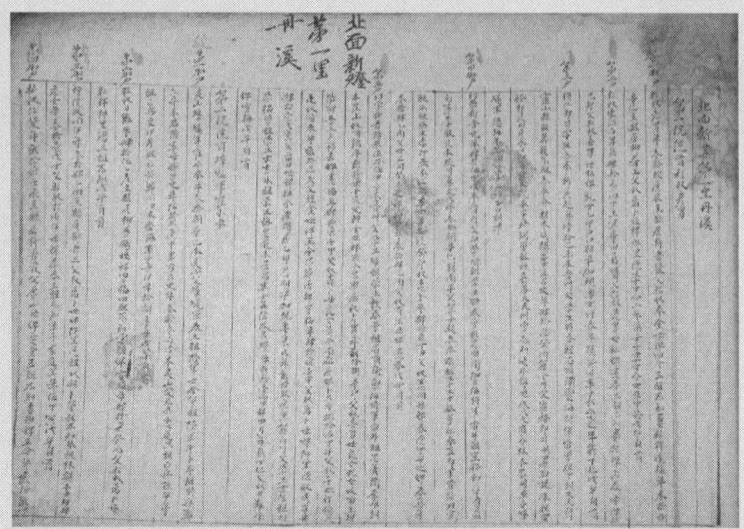

『경상도 단성현 호적대장』 본문(1678)과 호적대장 겉모양(1717) 1675년에 반포된 「오가작통사목(五家作統事目)」에 따라 다섯 호를 한 통으로 편제하였다. 위 사진은 단성현 신등면 단계리의 첫 장인데, 상단에 '북면 신등(北面新燈)'이라 하여 종전까지 사용하던 방위면(方位面)체계의 흔적이 남아 있는 것을 볼 수 있다. 1717년에도 신등면이 아니라 '신등리'로 상단에 기록하여 변화된 면리제가 18세기 전반까지도 향촌사회에 정착되지 못한 사실을 보여준다. 이때의 호적대장은 가로 87cm, 세로 63cm나 되는 거질의 책자로서, 책자를 묶은 부분에 철관을 대고 쇠고리를 달았다. 단성 향교 소장.

로 인식되는 데에는 시간이 필요했던 것 같다.

　울산부와 상주목(尙州牧) 호적대장은 18세기 초에 가로 60~70cm, 세로 40~50cm 정도로 크기가 약간 작아지지만, 단성현과 대구부(大丘府), 언양현(彦陽縣) 호적대장은 18세기 말까지도 17세기 말과 같은 책자형태를 유지한다. 규모가 작은 소읍(小邑)은 군현 전체의 면리를 하나의 책자로 묶기도 하였으나, 대읍(大邑)은 두세 개의 면을 하나로 묶어 몇 권의 호적대장 책자로 만들기도 했다. 워낙 거질의 두껍고 무거운 책자였으므로 실로 묶은 곳에 철판을 대고 가운데에 쇠고리를 달아서 걸어 두었다. 따라서 눌려서 습기에 상할 염려가 없고, 수시로 특정 호구를 참고하려 할 때에도 펼쳐보기 편했을 것이다.

　호적대장은 1790년대부터 전지역에서 책자의 크기가 약간 축소되기 시작하여 1810년대 이후에는 가로 27cm, 세로 43cm 전후로 더욱 작아져서 일반 서적과 같은 형태를 띠게 되었다. 단성의 경우에는 이전까지 산하 행정구역 8개 면을 하나의 책자로 묶어 두었는데, 이때부터는 두 개 면씩 나누어 4책으로 작성하였다.[25]

　호적대장은 면별 호적중초를 지방관청으로 모아서 새롭게 하나의 책자로 필사하여 작성하는 것이 일반적이다. 그런데 19세기 단성에서는 중초를 수합한 그대로 군현의 호적대장으로 사용한 듯하다. 1810년대 이후로는 다른 지역의 호적들도 대부분 이러한 형태이다. 이때의 호적에는 호구수가 18세기의 수치보다 약간 낮은 수준으로 고정되고 호구기재내용도 단순해져 형식화된 기록이라는 느낌을 지울 수 없다. 호적대장이 가지고 있는 권위도 이전에 비해 떨어졌을 것이라는 생각이 든다. 그러나 형식적이라고 해서 실용성이 없었다는 의미는 아니

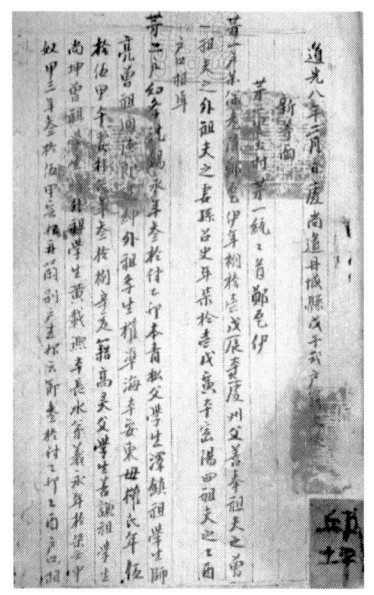
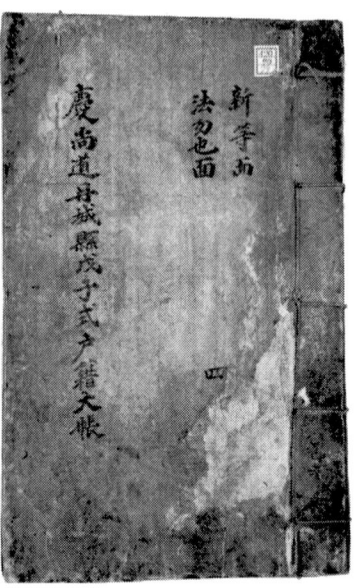

『경상도 단성현 무자식 호적대장(신등면·법물야면)』(1828) 19세기 초 이후에 작성된 단성현의 호적대장은 두 개 면의 호적중초를 하나로 묶은 형태로, 가로 26cm, 세로 43cm 크기의 작은 책자이다. 단성현의 19세기 호적장부는 현재 일본의 가쿠슈인(學習院)대학 중앙도서관에서 소장하고 있다.

다. 이 장부는 계속해서 상부에 보고된 것은 물론, 지방관청의 통치 및 재정운영에 활용되었다.[26]

19세기 호적이 지방재정운영에 활용된 사정을 잘 보여주고 있는 자료로는 제주 대정현의 호적이 대표적이다. 제주지역은 중앙으로부터 멀리 떨어져 있어 상대적으로 독립성이 보장되기 때문에 지방통치와 재정운영을 독자적으로 수행할 수 있는 여지가 많았다. 뿐만 아니라 조세를 거둘 만한 토지생산이 없기 때문에 재원의 파악이 호구조사를

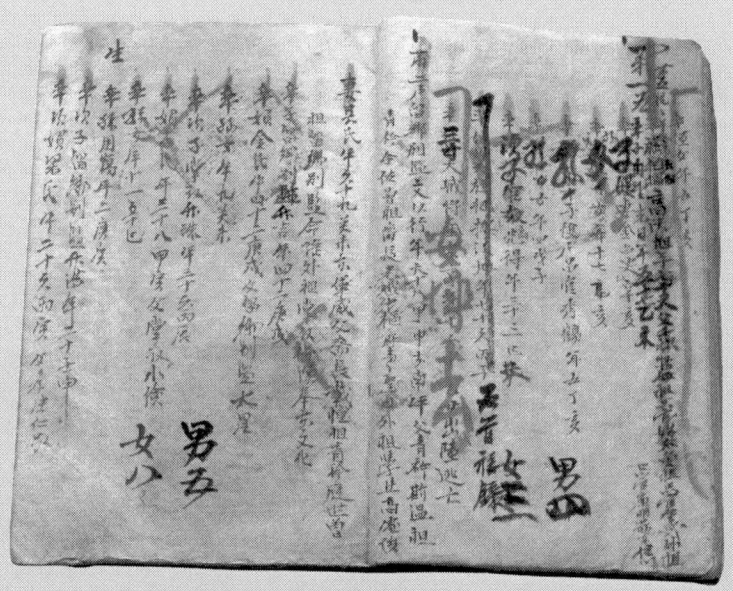

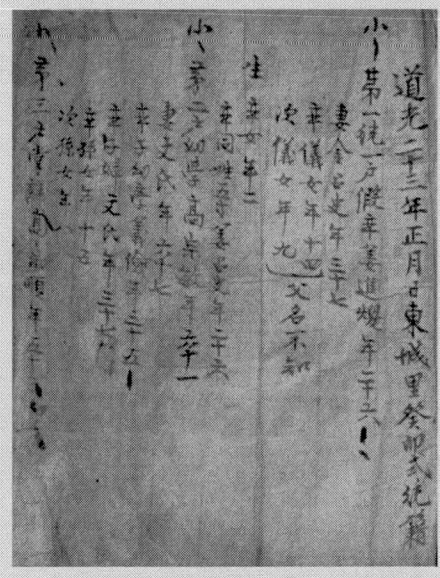

제주 대정현의 호적중초(1828)와 통적(1843) 대정현의 호적중초(위)에는 호내 구성원을 조사하여 구수를 계산한 흔적이 남아 있다. 호 구성원의 가족관계를 수정하거나 구수 계산에 포함할 자와 제외할 자에게 붉은 점을 찍은 것이 그것이다. 대정현에는 호적중초와 달리 지역명과 이름, 나이만을 기재한 통적(왼쪽)도 남아 있다. 여기에도 호마다 호의 규모를 '소(小)' '잔(殘)' 등으로 구분, 기록하여 재정운영에 활용한 흔적이 남아 있다. 대정현 산하 리(里) 행정단위는 다른 지역의 면(面) 단위에 해당한다. 이 호적은 대정지역의 각 리사무소에 소장되어 있다.

기준으로 이루어졌을 것이다. 19세기 제주호적은 면 단위의 중초형태로 남아 있는데, 호마다 개별 구성원에게 붉은색으로 점을 찍어 호의 구수를 계산한 흔적이 보인다.[27]

제주에서는 호적중초뿐만 아니라, '통적(統籍)'이라는 장부를 따로이 작성하여 재정운영에 사용하였다. 통적이란 '통기(統記)'라고도 하는데, 호적중초를 작성하기에 앞서 호 구성원의 직역과 이름 및 나이만을 간단하게 기재한 장부이다. 여기에도 '대(大)·중(中)·소(小)·잔(殘)' 등으로 구수에 따라 호의 등급을 먹인 기록이 있다. 호의 등급에 따라 부담을 차등적으로 적용하기 위한 것이었으리라. 19세기 중엽 이후의 제주호적에 등재된 호당 구수를 계산하면, 육지의 호당 구수보다 수치가 월등히 높다. 재정운영과 관련하여 인구의 호적등재가 상대적으로 세밀하였다는 의미이다.

제주호적의 독자적인 특성은 대한제국기 이후에 더욱 두드러진다. 대한제국이 성립하기 직전인 1896년 9월에 '호구조사규칙(戶口調査規則)'과 '호구조사세칙(戶口調査細則)'이 공표되어 종래와 다른 호구조사가 실시되었다.[28] 이때부터 호마다 낱장으로 호적표(戶籍表)를 작성한 뒤, 이를 행정구역별로 묶어 호적장부로 제작하였다. 그런데 이 시기에도 제주지역에서는 새로운 양식인 호적표를 사용하지 않고 여전히 조선왕조 구호적의 책자형태로 호구를 기록하고 있다. 물론 기재양식은 호주 한 사람에게만 사조를 기재하고 가옥의 형태와 규모를 적는 호적표의 양식을 따랐다.

새로운 호구조사가 시작된 건양 원년(建陽元年 ; 1896)의 호적 가운데 한성의 북서(北署) 양덕방(陽德坊)과 연희방(延禧坊), 그리고 함경

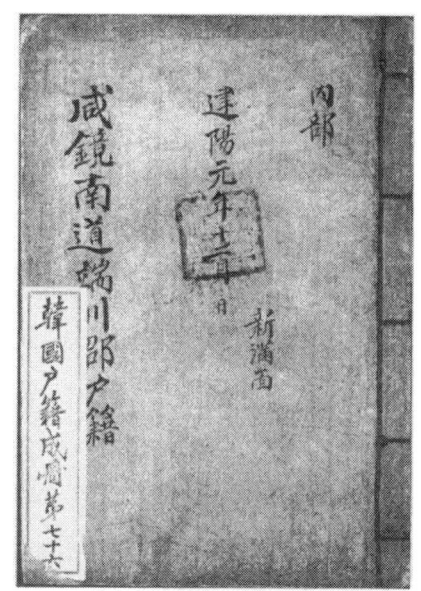

제주 대정군 안성리 호적중초(1906)와 『함경남도 단천군 호적』(1896) 광무시기가 끝날 무렵인 1906년에도 제주 대정군은 조선 구호적 형태의 책자를 사용하고 있다. 그러나 해마다 작성되고 호주 한 사람에게만 사조를 기재한다는 점에서는 광무호적의 호적표와 같다. 한편, 여기에는 광무시기 초기의 호적중초에 기재되던 와가(瓦家), 초가(草家) 등의 가옥형태나 칸수기록이 없다. 그에 앞서 건양 원년(1896)에 호구조사규칙이 반포되자마자 서울과 지방에서 새로운 호적양식을 적용한 호적표가 작성되었다. 함경남도 단천군에서 작성된 호적표는 면 단위의 책자로 묶여 중앙의 내부(內部)로 보고되었다. 단천군 호적 원본은 일본의 교토대학 총합박물관에 소장되어 있다. 사진은 『일본소재 조선호적관계자료 해제(日本所在朝鮮戶籍關係資料解題)』, 東洋文庫 東北アジア研究班 편찬, 東洋文庫 간행, 2004에서 재인용하였다.

남도 단천군(端川郡) 신만면(新滿面)의 호적표 책자가 일본의 교토대학 총합박물관(京都大學總合博物館)에 소장되어 있다.[29] 북서의 '북'은 서울의 행정구역을 방위로 나눈 것이며, 양덕방은 현재 서울 종로구

계동과 원서동 부근, 연희방은 서대문구 연희동과 인근 마포구 서교동 일대로 추정된다. 또한 함경남도 단천군의 사례는 그 해의 중앙정치개혁이 한성에만 한정된 것이 아니라 전국적으로 일제히 시도된 것임을 알려준다.

대한제국이 성립한 1897년 이후부터 1907년까지 광무년간(光武年間) 내내 이러한 호구조사가 지속되었다. 따라서 호구조사규칙에 의거하여 작성된 호적표를 통칭 '광무호적(光武戶籍)'이라 하며, 조선왕조 구래의 호적과 대비하여 '신식 호적'이라고도 부른다.[30]

광무호적은 조선건국 이래 호구파악의 대원칙인 '실호실구(實戶實口)'의 파악을 이상으로 하였다. 그러나 실재하는 호구를 있는 그대로 파악한다는 것은 조선왕조의 이념적 슬로건일 뿐, 현실적으로는 예년의 관례에 따라 지역의 호구수를 조절할 수 있는 여지가 있었다. 대한제국은 이러한 여지를 없애고 중앙정부가 직접 인민을 일일이 파악하여 호구에 대한 부담을 수렴하는, 중앙집권적 전제국가의 인민파악방법을 천명하였다.[31]

대한제국은 왕토사상에 근거하여 모든 토지와 인민, 그리고 모든 재원을 왕권 아래 수렴하고 재분배하는 중앙집권적인 재정이념을 실현하려 한 것이다. 비록 그 재원은 왕실의 사적인 재원으로 수렴되고 말았지만, 조선왕조 통치이념의 오랜 염원이 제도적인 틀을 갖추게 된 것만은 분명하였다. 그러나 광무호적의 현실은 이상에 비해 너무나 비참하였다. 전국적으로 파악된 호구수가 19세기의 수준에도 미치지 못하였기 때문이다. 지역주민들은 관례로 내려오던 지역사회의 자치적인 호구파악방식을 쉽사리 포기하지 않았다.

이후 통감부는 이러한 광무호적을 불합리하다는 빌미로 파기하고 새로운 인민파악을 시도하였다. 통감부가 1909년부터 시행한 '민적(民籍)'이 바로 그것이다.[32] 민적은 조선호적이나 광무호적의 경험에 기초하여 급속도로 작성되었으며, 1920년대 이후의 호적(戶籍)으로 정착되었다.

끝으로 호적자료의 현존상황을 개략적으로 살펴보자. 우선 민적은 제적부(除籍簿)라는 형식으로 지역의 면 단위 행정기관이나 지방법원에 보관되어 왔다. 행정문서는 일정기간이 지나면 소각되게 마련이지만, 호적은 법률적인 처리를 위한 참고용으로 영구보존된다. 한국사회는 과거 가족의 계통이 현재에도 유용하게 작용하고 있다는 점, 그러나 다른 나라에 비해 개인이나 가족에 대한 사회적·신분적 차별이 그다지 심하지 않았으며 정보의 공개라는 측면에서도 공명정대한 편이라는 점이 아직도 식민지시대 호적자료가 남아 있는 이유일 것이다.

광무호적은 공공도서관 자료실이나, 단성과 같이 지역사회에 오랫동안 세거해 온 가문에 개인소장으로 보관되어 왔다. 대한제국기에는 전국 일률적인 호적작성을 강조하였지만, 여전히 지역이 자치적인 활동을 벌여 호구를 파악하는 경우가 많았다. 아직 공개되지 않은 광무호적도 발굴될 여지가 남아 있다.

광무호적이 작성되기 직전까지 조사된 조선시대 호적대장은 1606년의 『산음장적』부터 책자의 형태로 남아 있는데, 책자형태의 변화과정을 기준으로 몇 개의 시기로 구분하여 지역별 권수를 살펴보면 〈표 1〉과 같다. 현재 파악되는 수준에서 집계하였으며, 아직 공개되지 않은 자료는 집계대상에서 제외시켰다.

〈표 1〉 17~19세기 호적대장과 호적중초의 현황

지역명	시기별 현존 책수			계	현존 호적대장의 전체 시기
	1606~1672년	1678~1810년	1813~1894년		
산음	2책		5책	7책	1606~1879년
단성	1책	13책	25책	39책	1606~1888년
울산	2책	33책	19책	54책	1609~1891년
대구		97책	90책	187책	1681~1876년
상주		7책		7책	1681~1753년
언양		4책	5책	9책	1708~1861년
대정		9책	107책	116책	1801~1894년
기타	1(한성) 1(금화)	1(곡성) 1(영양)	진해 등지 90여 책	90여 책	1663~1894년

* 제주 대정현의 호적은 덕수리, 사계리, 하모리, 하원리 등 자료집으로 공간된 책자에 한해서 집계하였다.

19세기의 호적중초는 두세 개 면당 하나의 책자로 묶였기 때문에 17~18세기 호적대장에 비해 책수가 많다. 또한 이 가운데 대구, 울산, 상주, 언양, 대정 등지를 제외하면 일본의 대학도서관이나 박물관에 소장된 자료가 많다. 대한제국기에 작성된 광무호적도 일본에 많이 보관되어 있다. 식민지 통치를 위해서였든 단순히 한국역사에 관심을 가져서였든 간에 식민지기에 가까운 시기의 자료가 더 많이 수집되었을 것이다.

한국에서는 17~18세기 호적자료가 주로 규장각(奎章閣)에 소장되어 있다. 조선 후기에 지방에서 한성부로 보고된 것이거나 식민지 초기에 법제적 규정을 위해 지방에서 수집한 것인데, 개별 자료마다 그 사정은 불분명하다. 그러나 단성과 제주 등지의 호적은 현지 주민들이 보관해 오던 자료이다. 역시 지역의 자치적 성향 때문에 가능하였던 일로 보인다. 본서에서는 조선 후기와 대한제국기의 호적자료 가운데 주로 단성지역의 자료를 활용하고, 식민지시기 민적에 대해서는 제주지역 자료를 사용할 것이다.

3 / 호적대장(戶籍大帳)의 고향, 단성(丹城)

대전-통영간 고속도로가 개통되면서 서울에서 진주로 가는 길은 4시간 거리로 단축되었다. 경부선 완행열차가 12시간 이상을 달리던 1960년대를 생각하면, 그야말로 엄청나게 빨라진 셈이다. 당시에 진주행 열차는 부산으로 향하다가 삼랑진에서 방향을 틀어야 하는데, 직행은 하루에 몇 대 되지도 않았다. 전국의 고속도로가 본격적으로 개설되던 1970년대에도 진주로 가려면 경부고속도로를 달리다가 대구에서 구마고속도로로 빠져나와 다시 남해고속도로를 타는 식으로 둘러가는 것이 가장 빠른 길이었다. 대전-통영간 고속도로가 개통되기 전까지 진주는 마치 중앙으로부터 멀리 변방에 처해 있는 것처럼 느껴졌다.

『경상도 단성현 호적대장(慶尙道丹城縣戶籍大帳)』이 작성된 단성(丹城)은 이 고속도로가 아니라면 진주에서 다시 지리산을 옆으로 끼고 산청읍 쪽으로 3번 국도를 타고 올라가야 한다. 이 길은 남해안의 사천에서 진주-김천-문경-충주 등지를 거쳐 서울로 통한다. 3번 국도 말고 영남지방 위아래로 연결된 국도로는 마산에서 춘천으로 연결되는 5번 국도가 있다. 3번 국도는 문경에서 새재, 즉 조령(鳥嶺)을 지나며, 5번 국도는 안동을 거쳐 풍기에서 죽령(竹嶺)을 지난다. 영남(嶺南)이란 한성에서 이 두 고개를 넘어가는 지역이라는 뜻인데, 각각의 고개를 넘는 두 갈래 길이 바로 경상우도와 경상좌도로 연결된다.

조선시대에 한성에서 진주로 가는 길은 이밖에 전주와 남원을 거쳐 내려가는 길도 자주 이용되었다.[33] 그래서인지 전주와 진주에 사는 사람들 사이에는 혼인관계를 맺는 전통이 있다고 한다. 단성현 호적을 보면, 남원과 인근 전라도 지역에 가서 사는 노비들이 많다. 진주권역은 전통적으로 중앙으로 직결되는 요충지였다. 진주 아래 고성에는 통영(統營)이 있어 왜군을 막았으며, 제주에서 재료를 받아 갓을 만들어 전국에 내다 팔기도 하였다. 대전-통영간 고속도로가 개통됨으로써 진주는 경상우도의 중심지이며 단성은 그 관문이라는 전통적인 감각이 되살아난 듯하다.

조선 전기의 단성현은 '단계(丹溪)'와 '강성(江城)'을 합친 지역이다. 현재의 단성면인 옛 현내면에 관아를 두어 읍치(邑治)로 확정하기까지, 신등면의 '단계'도 하나의 행정중심지였다.[34] 이후 얼마동안 경상도 단성현은 1606년의 『산음장적』에서 보는 바와 같이 산음현(山陰縣)의 속현으로 있었다. 『산음장적』에 실려 있는 단성현의 호적을 보면, 단성현은 6개 '리(里)'로 나뉘어 있었다. 또한 1630년대에 작성된 『운창지(雲窓誌)』에는 단성지역이 8개 리로 인식되고 있다.[35] 이 책자는 당시 유명 가문들이 단성 각지에 거주하게 된 내력을 기재한 것으로, 민간 차원에서 작성한 일종의 인물지리지이다. 이때에는 단성현이 산음으로부터 독립한 상태였다.

17세기 말 이후 단성현 산하 행정구역은 원당(元堂), 현내(縣內), 북동(北洞), 오동(梧洞), 도산(都山), 생비량(生比良), 신등(新等), 법물야(法勿也) 등 8개 면으로 편제되었다. 리(里)가 면(面)으로 바뀐 면리편제가 적용된 것이다. 이런 상황은 20세기 초까지 지속되었다. 그런데 1913년경의 면리통폐합과정에서 단성지역은 17세기 초와 같이 다시 산청군의 일부로 편입되었다. 단성지역은 오늘날 산청군 산하의 단성면, 신안면, 신등면, 생비량면으로 구성되어 있다. 그러나 단성면 강루리(江樓里)에 있는 단성 향교에서는 지금도 지역주민들 사이에 단성의 전통문화를 계승하려는 모임들이 이어지고 있다. 단성지역은 여전히 산청군과는 별도로 독자 문화권을 형성하고 있는 것이다.

단성은, 진주에서 3번 국도를 타고 들어가기도 하고, 대진고속도로를 타고 가다가 단성인터체인지에서 곧바로 들어갈 수도 있다. 고속도로에서 나오면 제일 먼저 '목면 시배유지(木棉始培遺地, 옛 문익점 면화 시배지)'가 있는 '배양(培養)'마을에 닿는다. 배양은 면화를 처음으로 재배한 곳이라 해서 생긴 이름이라고 한다. 그런데 현지인의 말로는 배양마을 뒷산이 본래 '배암산'이라 불려 붙은 이름이라고도 한다. 18세기 호적대장에도 이 지역은 사산촌(蛇山村)으로 명기되어 있는데, 눈으로 보기에도 이 마을 뒷산은 동쪽으로 단성현의 관아가 있던 읍치(邑治)에 이르기까지 길게 누워 있다.

조선시대에 이 배양마을에는 한 성씨의 양반가계가 집성촌을 이루고 있었다. 대한제국기에 작성된 광무호적(光武戶籍)이 단성에서는 유일하게 바로 이 양반가계 후손의 집에 남아 있다.[36] 이 호적표 묶음에는 배양리 전주민이 망라되어 있는데, 그 중에는 역시 이 가계의 인물들이 가장 많다. 배양리 호적표가 왜 이 집안에 보관되어 왔는지는 분명치 않다. 다만 대한제국기에 이르러서도 이 양반가계가 배양마을의 호구파악을 주도하였다고 짐작할 따름이다.

이 양반가계의 일파는 조선시대 일찍부터 단성현 읍치에 거주하며 향리가계로 유지되어 왔다. 향리(鄕吏)는 고려시대는 물론 조선 초기에만 해도 지방의 최고 권력자였다. 그 뒤에 새로운 지방세력으로 등장하는 양반들 대부분이 바로 향리가계 출신이다. 양반가계 족보에는 조선 초기 이전에 생존했던 선조 가운데 '호장(戶長)'이라는 직책을 가

배양마을 배산서당에서 바라본 경관이다. 배산서당은 배양리 뒷산자락에 자리잡고 있어 마을을 한눈에 바라볼 수 있다. 더러 신식 건물이 들어서기는 하였으나, 여전히 옛 분위기가 남아 있다. 앞쪽으로 경호강 다리로 연결되어 있는 대전-통영간 고속도로가 보인다.

진 자들이 많다. '호장'이란 향리의 우두머리를 가리킨다.[37] 이 가게의 선조는 이미 이때부터 지역의 세력자였던 것이다. 이후로 조선시대 내내 향리와 양반은 라이벌관계였다. 지방사회에서 양반은 어쩌면 이 막강한 향리세력을 견제하기 위해 형성되었는지도 모른다. 그러나 양자는 애초에 같은 줄기에서 파생된 존재이다.

단성읍내에 들어서자 먼저 장터가 눈에 들어온다. 처음 이곳을 방문했을 때는 장날이 아니어서인지 즐비하게 늘어선 가건물들 대부분이 비어 있었고, 떡방앗간이나 기름 짜는 집도 문을 닫은 상태였다. 장터에서 조금 올라가면 '호장댁'이 나온다. 단성에서 유명한 향리가계의 집인데, 본채는 비어 있고 뒤편 별채에 관리인이 살고 있었다. 양해를 얻어 들어간 본채건물은 흔히 보는 양반집과는 분위기가 달랐다. 규모는 아담하지만 구조물이 아기자기하고 정교하게 짜여져 조금 전까지도 단아한 골동품이 전시되었을 법한 분위기였다. 겉으로 드러내지 않으면서 나름대로 고아한 문화를 즐겼음직하다.

장터와 단성면사무소 사이에 있는 좁은 길로 올라가면 단성초등학교가 보인다. 이곳이 옛날 단성현의 관아가 있던 자리이다. 지금은 커다란 나무 밑에 옛 관아의 주춧돌만 남아 있다. 이제 이곳은 정신없이 뛰놀던 아이들이 한숨 돌리며 땀을 식히는 자리가 되었다. 학교 숙직실이 신축되기 전까지만 해도 이 자리에는 옛 관아건물이 하나 남아 있었다. 초기에 이 학교에 다녔던 사람들은 그 건물을 배경으로 기념사진을 찍었다고 한다. 그들의 졸업앨범을 확인하지 못한 것이 아쉽다.

여기에서 남강으로 이어지는 지류를 따라 북동쪽으로 조금만 거슬러 올라가면 강루리에 닿는다. 필자의 동학이자 강루리가 고향인 권교수의 말에 따르면, 이곳은 안동 권씨 일파가 선조 대대로 살아온 지역이다. 단성현의 동쪽 지역으로 넘어가는 다리에 못 미쳐서 강루리 구인동(九印洞)마을 입구에 단성중고등학교가 있다. 권교수의 할아버지가 이 학교의 건립을 주도하였으며, 아버지와 친척들이 이 학교에 다녔다고 한다. 단성중고등학교를 끼고 왼쪽으로 돌아가다 보면 얼마 지나지 않아 교동(校洞)이 나온다. 바로 이곳에『경상도 단성현 호적대장』이 소장되어 있던 단성 향교가 있다. 가까운 거리에 교육의 장으로서 전통과 근대가 연결되어 있는 것이다.

단성초등학교내 옛 단성현 관아자리 단성초등학교에 단성현의 옛 관아가 위치하였다. 지금은 관아건물의 주춧돌만 남아, 사람들의 쉼터가 되었다. 단성초등학교 바로 앞에는 단성면사무소와 단성장시가 있어, 이곳이 옛날 단성현 읍치의 중심지였음을 느끼게 한다. 장시는 현대화되었지만, 그 옛날에도 사람들의 왕래가 잦아 관아에 필요한 물건들을 비롯하여 많은 물품이 거래되었을 것이다.

　향교는 조선시대 지방사회의 교육을 담당하던 곳일 뿐만 아니라 지방양반들이 모여서 향론(鄕論)을 주도하던 장소이다.[38] 향교는 지방의 관학(官學)으로서 지방관청 산하의 교육기구이지만, 읍내에 있지 않고 '외촌(外村)'과의 경계지역에 자리하는 것이 일반적이다. 향교에서 교육을 받는 교생은 동서로 마주보는 동재(東齋)와 서재(西齋)에서 기숙하였는데, 초기에는 동재에 양반자제가, 서재에 향리자제가 머물렀다. 읍치에는 관아에 사는 수령과 향리 이하 관속(官屬)들이 살았고, 양반들은 읍치를 벗어나 외촌에 살았기 때문에 그 경계에 향교가 위치하게 된 것이 아닌가 한다.

그러나 군역자의 자제들이 향교에 들어오면서부터 양반자제들은 사설교육기관이라 할 수 있는 서원(書院)으로 옮겨갔다. 교생은 학업을 빌미로 당장의 군역은 피할 수 있었으나 시험을 쳐서 떨어지면 '낙강교생(落講校生)'이라 하여 군역에 차정되었다. 그러자 교생이란 권위도 함께 떨어져서 양반가의 자제들은 여기에 더 이상 매력을 느끼지 못하였다. 그렇다 하더라도 향교는 군현에 하나뿐인 관학기관이며 공자(孔子)를 제사지내는 곳이었다. 풍속을 교화함으로써 자신의 권력과 권위를 유지하려 한 양반들에게 향교는 여전히 주요한 집회장소였다.

17세기 말에서 18세기 말까지 작성된 경상도 단성현의 호적대장은 문화재보호 차원에서 현재 진주 경상대학교 중앙도서관에 보존되어 있으나, 그 전까지는 단성 향교에 소장되어 있었다. 3년마다 한 번씩 작성하여 상부에 보고한 것 외에 관아에 보관해 두었던 호적대장이, 1913년경에 단성지역이 산청 행정구역의 일부로 편입되면서 단성 향교로 옮겨진 것 같다. 단성현의 소멸과 함께 많은 양의 관공문서가 없어졌지만, 호적대장만은 구(舊) 단성지역 주민들의 노력에 힘입어 온존할 수 있었다.

단성 향교를 방문했을 때 마침 공자를 제사하는 석전제(釋奠祭)가 열리고 있었다. 여기에 참석한 많은 사람들이 조선시대부터 단성지역에 세거해 온 양반가의 후손들이다. 호적대장 이야기가 나오자마자 이들은 호적대장을 지켜낸 조상들의 활약에 자부심을 나타내는 한편, 19

단성 향교 명륜당 읍치와의 경계에 위치한 단성 향교에서는 지금도 공자와 성현에게 제사를 지내는 석전제가 열린다. 뿐만 아니라 단성지역 유지들이 지역사회의 문화발전을 논의하기 위해 이곳에 모인다. 단성지역은 산청군에 편입되었지만, 전통시대 단성의 독자적인 문화는 이곳 향교를 중심으로 존속하고 있는 것이다. 강론을 교육하던 명륜당(明倫堂) 창문으로 교동마을을 내려다 볼 수 있다. 기둥에 현재 향교의 당직자 직함을 '유학(幼學)'이라고 써붙인 것이 인상적이다. 유학은 조선시대 양반들이 즐겨쓰던 직역명으로, 이 유학을 취득해야 과거에 응시할 수 있었다.

세기의 호적을 '일본놈'에게 뺏긴 사실을 애석해했다. 작은 책자로 작성된 19세기 호적중초(戶籍中草)는 유출을 막을 수가 없었다는 것이다. 단성지역의 19세기 호적은 현재 일본의 가쿠슈인〔學習院〕대학 도서관에 보관되어 있다. 자료의 유출은 애석한 일이지만, 단성의 19세기 호적은 일본학계의 호적연구에 크게 기여하였다.[39]

17~18세기의 호적대장이 단성 향교로 이전된 후, 단성지역 주민들은 향교 경내에 따로 마련된 '향안당(鄕案堂)'에 호적대장을 보관해 왔다. 이 건물은 말 그대로 '향안(鄕案)'을 보관하기 위해 지어진 곳이다. 조선 중기 이래 지방의 양반들은 군현 단위의 자치조직을 만들어 선별과정을 거쳐 정기적으로 구성원을 가입시켰는데, '향안'은 그때마다 가입된 구성원들을 기재한 명부이다.

지방관청 산하에는 지방의 행정 및 재정실무를 담당하는 향리들의 조직체인 작청(作廳 ; 秩廳, 즉 '지을청'이라고도 한다)이 있고, 수령의 자문기관으로서 양반들이 조직한 '향청(鄕廳)'이 있었다. 이들 기관은 수령과 더불어 지방통치수행의 3대 구성요소를 이룬다.[40] 향안에 오른 양반들의 자치조직은 이 향청에 좌수(座首), 별감(別監) 등의 향임(鄕任)을 출원하여 실질적으로 지방통치에 관여하였다. 향교에 '향안당'이 있고, 이곳에 향안과 함께 관공문서인 호적대장이 보관되어 왔다는 것은 단성지역의 권력구조를 이해하는 데 시사하는 바가 크다. 조선왕조가 멸망할 때까지, 그리고 그 이후에도 단성현의 양반가문과 그 후손들은 단성지역에서 정치적·사회적 영향력을 지속적으로 유지하였다고 여겨지기 때문이다.

'향안당'에 소장된 『단성 향안(丹城鄕案)』은 1621년부터 입록(入錄)

단성 향교 향안당 1678~1789년 호적대장이 보관되어 있었으나, 본래는 단성 향교 경내에 '향안(鄕案)'을 보관하기 위해 마련한 곳이다. 향안은 지방양반들의 자치조직에 가입하는 자들을 기록하는 명부이다. 그래서 조선시대 향촌사회 양반들의 자치조직은 '향안조직'이라고도 불린다. 이 조직은 수령의 지방통치를 보좌하는 향청(鄕廳)의 업무를 주관하였다. 국가의 행정문서인 호적대장이 향안당에 보관된 이유도 이런 사실과 관련이 있을 것이다.

이 시작되어 1707년을 끝으로 철안(撤案)되었다.[41] 향안 중간중간에 명단이 칼로 도려지고 덧붙여진 흔적이 있는 것으로 보아, 향안입록을 그만둔 것은 당시 양반들 사이에 무언가 갈등이 내재했던 때문으로 보인다. 그러나 단성지역 양반가문들은 이후로도 단성현 관아의 일에 관여하며 지방통치과정에서 거주지역의 치안과 징수를 책임졌다.

『단성 향안』에는 1621년에 7개 성관(姓貫 ; 동성동본同姓同本을 말한다), 16명이 입록(入錄)된 것을 시작으로 18세기 초까지 총 25개의 성관, 800여 명이 등재되었다. 이 가운데 가장 많은 입록자를 배출한 가문은 안동(安東) 권씨로, 모두 160여 명에 이른다. 단성현의 안동 권씨는 15세기 중엽에 신등면의 단계(丹溪)로 들어와 이후 단계에 세거하거나 단성지역 각지로 분파하여 단성의 대표적인 양반가문이 되었다. 단성 향교가 있는 강루리와 단속사지(斷俗寺址)가 있는 원당의 안동 권씨도 일찍이 단계에서 이주한 분파들이다.

진주에서 단성읍으로 들어가는 길목에 남강 서쪽으로 자그마한 지류가 연결되어 행정적으로 진주와 단성을 경계짓는 지역이 있다. 원당면은 단성읍치가 있는 현내면에 앞서 항상 단성현 호적대장의 제1면으로 기재된다. 원당면은 사산촌, 즉 배양마을에서부터 제1리가 시작되지만, 그 서남쪽으로 내원당, 입석, 사월 등이 위치하여 진주와 경계를 이룬다. 하천을 따라 올라가다 보면 동쪽으로는 안동 권씨의 한 분파가 세거했던 입석, 내원당이 나오고 서쪽은 진주땅인데 그 끝에 신라시대부터 대가람이었던 단속사의 유적이 남아 있고 지리산 쪽으로 더 들어가면 남명(南冥) 조식(曺植, 1501~1572)을 배향한 덕천서원이 있다.

유교의 학문적인 실천에 기초하여 왕조의 정치이념을 구현하려 한 소위 '사림(士林)'의 정치개혁요구는 조선 전기를 거치며 영남지역의 전통이 되었다. 사림은 고려시대 지방의 향리가문 출신으로, 조선 전기에 중앙정계에 진출하여 건국이념에 위배되는 중앙권력층의 특권적 정치활동을 비판하였다. 또한 왕위쟁탈전과 사화(士禍)로 불리는 권력투쟁의 와중에 향촌으로 돌아와 향리층과 구별되는 재지양반(在地兩班)의 사회문화적 기반을 구축하기도 했다. 특히 영남사림은 성리학의 학문적 소양을 중시하여 관직을 지내지 않더라도 지역의 지배계층으로 존재할 수 있는 풍토를 만들어 냈다.

남명 조식은 퇴계(退溪) 이황(李滉, 1501~1570)과 더불어 16세기 영남학파의 양대산맥을 이루어 '좌퇴계 우남명'으로 불린다. 퇴계와 남명은 각각 경상좌도와 우도의 중심지에서 활동하며 성리학의 이론적 틀을 제시하여 각지의 많은 유학자들에게 지대한 영향을 끼쳤다.[42] 남명이 외가인 합천에 거주할 때나 이곳 지리산 자락 밑에서 말년을 보낼 때에 단성의 양반자제들은 그의 문하로 들어가거나 그의 제자들과 교류하면서 이 지역의 사회문화적 풍토에 젖어갔다. 남명이 죽은 뒤 임진왜란이 일어나자 그의 문하에 있던 자들이 의병조직에 앞장섰는데, 이때 단성의 유학자들도 의병활동에 동참하였다. 이로써 그들과 그 후손들은 단성지역의 사회권력을 주도해 갈 수 있는 정당성을 확보하게 되었다.

진주 남강은 단성읍 앞을 지나 강루리에서 두 갈래로 갈라져 올라간다. 하나는 산청읍으로 이어지는 경호강이며, 다른 하나는 단성지역을 가로지르는 양천강이다. 이 양천강이 생비량면으로 흐르다가 도산(都山)에서 다시 사정천으로 갈라진다. 도산은 산청으로 편입되기 전에 하나의 면으로 편제되었던 지역이다. 단성지역에는 평야라고 할 만한 곳은 없지만, 이곳 도산에 제법 넓은 들이 있다.

단성은 전반적으로 농지규모는 그다지 크지 않지만 수리조건이 좋은 농지가 의외로 많다. 하천의 지류들이 단성지역에 거미줄처럼 이어져 있고 상류에서 물을 끌어다 대는 농지가 지류 주변에 펼쳐져 있기 때문이다. 이것이 조선시대 이래 단성지역이 다른 지역으로 편입되면서도 나름대로 독자성을 유지할 수 있었던 이유 가운데 하나이다. 도산에서 사정천을 거슬러 올라가다 보면, 상류에 신등면 단계가 자리하고 있다.

단계에는 길을 따라 고택이 즐비한데, 그 맞은편에 소박하게 들어선 집들 가운데 동계공파(東溪公派) 종택(宗宅)이 있다. 경상대학의 김교수를 따라 처음으로 이 집 대문을 들어섰을 때, 한쪽 건물 용마루 밑 풍판에 한글로 '종'이라 새긴 글자가 눈에 들어왔다. 이 '종'이란 글자가 그 집이 종택임을 나타내는 것인지 당시에는 종손에게 여쭤볼 수 없었는데, 그 뒤에 다시 찾아 갔을 때에는 이미 건물이 헐린 뒤였다.

단계의 안동 권씨 동계공파 종택에는 조선시대 그 집안의 호적자료 20여 건이 보관되어 왔다. 동계공 권도(權濤)는 1575년에 단계에서 태어나 호란을 전후로 정계에서 활약하다가, 만년에 손수 지은 동계정사(東溪精舍)에서 70세로 여생을 마감하였다.[43] 종손의 안내로 들어간 곳은 종가 옆에 번듯하게 지어진 사당이었다. 사당 안에는 동계공의 문집을 찍어내던 목판이 양옆으로 쌓여 있었다. 우리들은 그 사이를 비집고 들어앉아 귀중한 고문서들을 펼쳐볼 수 있었다.

『동계공문집』 목판을 비롯하여 관련 자료들이 이 집 사당에 쌓여 있었던 것은 당시에 '완계서원(浣溪書院)' 중건공사가 진행되고 있었기 때문이다. 단계에서 옛 법물야면(法物也面) 쪽으로 가다 보면 작은 마을이 하나 있는데, 이곳에 완계서원이 있다. 완계서원은 권도가 귀향하여 생활한 옛 동계정사 자리에 세워졌으며, 동계공을 배양하기 위한 위패를 모시고 있다.

단계에서 법물야 방향으로 가는 다리에 못 미처 김인섭(金麟燮)의

안동 권씨 동계공파 종택 신등면 단계에 위치하며 안채와 사랑채 뒤편으로 동계공 권도를 모신 사당이 번듯하게 자리잡고 있다. 이 집에 들어서면 제일 먼저 눈에 들어오는 것이 마당 한가운데에 지어진 이 건물이다. 용마루 아래에 한글로 '종'이라 새긴 듯한 문형이 눈에 띈다. 지금은 건물이 헐려 남아 있지 않다. 안동 권씨 동계공파는 오랫동안 단성지역에 세거해 왔으며, 아직도 단계를 중심으로 신등면 일대에 그 후손들이 살고 있다. 준호구와 호구단자를 비롯해 종택 사당에 보관되어 왔던 문서들은 현재 다른 곳에 안전하게 보관되어 있다.

생가가 있다. 조선왕조의 황혼기를 흔들어 놓은 1860년대의 진주농민운동은 그 직전에 전개된 단성의 농민운동으로부터 촉발되었다. 김인섭은 이 단성농민운동을 주도한 인물로, 오래 전부터 단성지역에 세거해 온 양반가문의 후손이다. 김인섭의 『단계일기(端磎日記)』와 그의 아버지 김령(金欞)의 『간정일록(艱貞日錄)』이 이 집에 보관되어 왔으며,[44] 앞에서 언급한 『운창지』를 비롯해 양반사회의 교류관계를 알 수 있는 여러 사회자료가 이 집에서 발견되었다. 지방의 옛 자료들이 대개 흩어지고 소실되어 흔적을 찾기 어렵고 그나마 남은 자료도 어디에 있는지를 알기 어려운 지경에 이른 것이 사실이다. 그런데 이 집안에서는 일기작성이 가풍처럼 이어져 왔다는 말을 듣고 보니, 옛 선조들이 기록에 소홀하지 않았음을 알 수 있었다.

우리는 단성현 호적대장이 어떻게 만들어졌으며 어떠한 의미를 갖는지 알고 싶을 뿐만 아니라, 호적에 실린 당대의 인물들이 어떻게 살았는지도 알고 싶다. 그래서 조용히 묻혀 있던 호적의 고향, 단성을 파헤치려고 한다. 거기에는 이곳에서 발견된 여러 종류의 고문서들이 진가를 발휘할 것이다.

II / 조선의 주민등록

1 호구단자와 호적대장, 그리고 준호구

주민등록 등·초본, 두 가지 '준호구(准戶口)'

　신등면 단계의 안동 권씨 동계공파 종택에서 특이한 형태의 '준호구(准戶口)'를 발견하였다. 준호구는 흔히 '호구단자(戶口單子)'로 통칭되기도 하는데, 엄밀히 말해서 준호구와 호구단자는 다르다. 지방에서는 군현마다 행정구역내 주민들에게 호구단자를 내게 하여 우선 면리별로 모았다. 면리별로 모은 호구단자를 '호적중초(戶籍中草)'라 하고 여기에 기초하여 다시 군현내 면리 전체를 포함하는 장부로서 '호적대장(戶籍大帳)'을 만든다. '준호구'는 주민이 호구등재상황을 확인하려 할 때, 이 호적대장에 준하여 관에서 발급하는 문서이다.

　따라서 호구단자는 호적을 작성하는 첫 단계의 문서이고, 준호구는 호적작성의 결과를 증빙하는 마지막 단계의 문서라고 할 수 있다. 그러나 호구단자를 받아 호구장부를 작성하는 과정에서 호적대장에 기재될 결과를 이 호구단자에다가 직접 수정하여 돌려주기도 한다. 호구단자가 준호구의 역할을 하는 것이다. 그래서 호구단자와 준호구를 구별하지 않고 그저 '호구단자'라고 통칭하기도 하는 것이다.

　준호구는 관아에 비치해 둔 호적대장의 기재내용을 서무담당인 향리가 베껴서 수령의 결재를 거쳐 발급하는 것이 원칙이다. 조선시대에 지방의 양반으로 행세한 집안들 가운데 이 준호구를 가진 곳이 많다. 그 중에서도 1672년 2월에 경상도 단성현에서 발급된 권두망(權斗望) 호의 두 가지 준호구는 특별하다.[1] 같은 시기에 같은 호에 서로 다른 형태의 준호구가 발급되었기 때문이다.

　권두망은 동계공 권도(權濤)의 장손이다. 권두망은 이 호적에 '봉직랑(奉直郎)'이라는 관계(官階)를 기재하였고, 경신(庚申 ; 1620)생으로 당시 53세였다. 부·조·증조·외조를 사조(四祖)라 하는데, 권두망의 사조기록에는 "부 성균관 진사(成均館進士) 극중(克重)"에 이어 "조 증자헌대부 이조판서(贈資憲大夫吏曹判書)…"로 시작하는 권도의 전직·증직의 품관명칭이 나열되고 있다. 증조 세춘(世春)과 외조 성주(星州) 이씨 이곡(李穀)도 권도만큼은 아니지만 두 개 이상의 품관명(品官名)을 가지고 있다. 호적기재양식상 이러한 품관명을 포함하여 국역(國役)에 관련된 모든 신분기재를 '직역(職役)'이라 한다.

'봉직랑'이란 종5품 문관에게 주어지던 품계(品階)이다. 조선시대에는 문·무관의 실직을 '직관(職官)'이라 하여, 높낮이에 따라 정1품, 종1품에서 정9품, 종9품까지 19단계(정3품에는 당상관과 당하관의 구분이 있었다)로 나누고 다시 그에 걸맞은 '품계'를 부여하였다. 이 직관과 품계를 아울러 '관계' 혹은 '직품(職品)'이라 하였으며, 이것을 부여받은 자를 '품관(品官)'이라 불렀다. 1672년 당시 권두망은 실직없이 봉직랑이라는 품계만 부여받았으나, 3년 뒤인 1675년에는 증광시(增廣試)에 합격하여 진사(進士)가 되었다.

3년에 한 번 치르는 정기시험인 식년시(式年試)에는 향촌에서 보는 초시(初試 ; 향시鄕試라고도 하였다)가 있었다. 여기에 합격한 자를 '생원(生員)'이라 하고 이듬해에 성균관에서 보는 복시(覆試)에 응시할 자격을 준다. 복시에 합격한 자를 '진사(進士)'라 하는데, 진사에게는 성균관에 입학할 자격을 주고 실직의 관원으로 등용하기도 한다. 식년시 외에 증광시(增廣試)와 같이 별도로 보는 시험도 있었는데, 시험과정은 동일하다.

권두망의 아버지 극중은 진사로 만족하고 끝내 관직에 나아가지 않았다. 이 호적이 작성되던 1672년에 권극중은 이미 이 세상 사람이 아니었으나, '성균관 진사'로만 기재하고 있기 때문이다. 그러나 할아버지 권도는 과거급제 직후는 아니나 1623년 인조반정(仁祖反正) 이후에 실직을 두루 거쳤다. 실직으로 정3품에 해당하는 여러 직관을 지냈고, 죽은 뒤에 정2품 품계인 '자헌대부(資憲大夫)'와 종2품 직관인 '이조참판(吏曹參判)' 등을 추증받았다.

조선시대에는 벼슬자리에 있다가도 수시로 귀향하여 향촌에서 생활한 자가 있는가 하면, 과거에 합격하고도 평생 벼슬을 거부한 사람이 있었다. 과거에 합격한 것만으로도 향촌사회에서 양반으로서 권위를 유지할 수 있었다. 학문수양은 과거에 합격하여 관직에 나아가기 위한 것일 뿐만 아니라, 유교교양을 몸에 익혀 양반으로서 품위를 유지하는 데에도 필수요소였다. 여기에 더해 과거에 합격하거나 벼슬을 하지 않고도 관청의 행사에 참석하거나 지방통치와 관련된 국가직 역할을 수행함으로써 호적에 품계를 기재할 수 있는 방법이 있었다. 어쨌거나 한 고을에 생원·진사 이상의 품계를 가진 자가 몇 명 되지 않았으니, 권도 집안의 위세는 단성지역에서 충분히 알아주고도 남을 만한 것이었다.

권두망 호의 두 가지 준호구 가운데 하나는 권두망 부부와 세 명의 자식, 권두망이 소유한 노비들을 기록한 것이다. 다른 하나는 권두망의 둘째 아들인 권덕형(權德亨)의 신상만을 기록한 것이다. 이것을 각각 준호구A, 준호구B라 하고, 기재내용을 문서형식으로 단순화시켜 정리해 보았다. 우선 준호구A의 형식을 살펴보자.

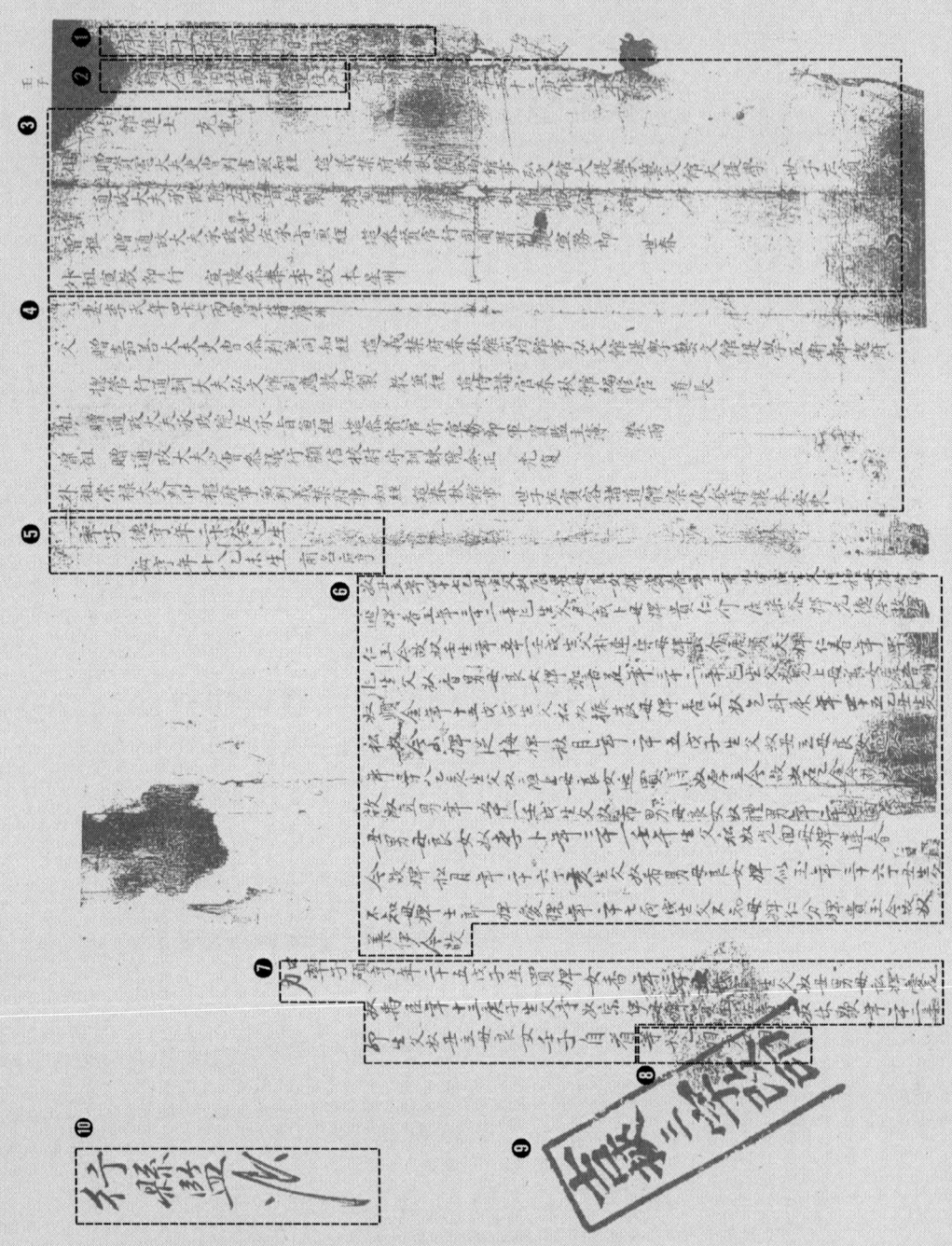

권두망의 준호구(1672) 주소가 '北面 新燈里'까지만 나와 있고 이후의 통호수는 없다. 1675년에 「오가통사목(五家統事目)」이 규정되기 전 단계의 준호구이다. 끝에 '周挾( )字改印'이라는 도장을 찍고 빈 칸에 '三'을 써넣어 호적장부에서 옮겨 적을 때에 세 자를 고쳤다는 표시를 하였다. 여기에 단성현감이 결제를 하여 권두망에게 '주민등록등본'으로 발급한 것이다.

준호구A

❶ 발급시기와 발급처 : 강희 11년 2월 일, 단성(康熙十一年二月 日, 丹城)

❷ 참고한 호적대장과 호의 주소 : 임자년에 작성된 호적대장내 북면 신등리에 거주하는 호 참고(考壬子成籍戶口帳內北面新燈里住戶)

❸ 주호 : 봉직랑 권두망(奉直郞權斗望 : 직역과 성명), 이하 나이와 출생년 간지, 본관, 四祖 각자의 직역·성명·외조본관

❹ 주호의 처 : 처 이씨(妻李氏 : 성과 호칭), 이하 나이와 출생년 간지, 본관, 四祖 각자의 직역·성명·외조본관

❺ 솔하의 가족 : 솔자 덕형(率子德亨 … 안형(率子德亨 … 솔자의 이름(率子德亨 및 각자의 이름), 이하 나이와 출생년 간지 · 주호와의 관계, 부모의 직역·성명

❻ 노비 : 노 추립(奴立)의 각자의 이름과 나이, 출생년 간지, 부모의 직역·성명

❼ 호적에 새롭게 등재되는 자(加) : 솔자 석형 … 매비 여향(率子碩亨 … 買婢女香 : 주호와의 관계 및 성명), 이하 나이와 출생년 간지 신고(壬子自首)

❽ 간지, 부모의 직역·성명, 임자년에 자진신고(壬子自首)

❾ 이상, 전신년인 기유년 호함 준함(等如, 己酉戶口相準)

❿ 오기 여부 확인 도장 [周挾三字改印]

⓫ 수령의 수결(行牒監○)

준호구A는 서두에 "康熙十一年二月日. 丹城"이라 하여 준호구가 발급된 시기와 발급처를 쓰고 있다. 이어서 "考壬子成籍戶口帳內北面新燈里住戶"라고 하여 임자년에 작성된 호적대장의 북면 신등리에 거주하는 호를 근거로 준호구가 발급되었음을 밝혔다. 강희 11년과 임자년은 모두 1672년을 가리키니, 이 준호구는 호적대장이 작성되던 그 해에 발급된 것을 알 수 있다. 준호구에 등재된 구성원들의 나이는 1672년 당시의 나이이므로, 이 준호구에는 이 해의 호적대장에 확정될 호구사항을 그대로 기재하였던 것이다.

이 임자년의 호적은 전식년에 기재된 사항에 준하여 작성되었다. 준호구 말미의 '己酉戶口相準'이라는 문구는 3년 전인 기유년(1669) 호적대장에 준하여 임자년(1672)에 호적이 작성되었음을 가리킨다.

또한 기존 호구에 새롭게 첨가된 자가 있으면 뒤에 별도로 등재하였다. 가족과 노비를 나열한 뒤 다시 "加. 率子碩亨 …… 買婢女香 …… 壬子自首"라는 식으로 첨가된 것이 그것이다. 여기서 '자수(自首)'는 자진신고하여 서류에 공식적으로 나왔다는 서류양식상의 용어이며, 그런 의미로는 오늘날에도 통한다. 솔자 석형과 여향을 비롯한 노비 3명은 1669년 호적에는 등재되지 않았으나 1672년 호적작성과 더불어 이 호에 새롭게 등재되었다는 말이다.

그런데 석형은 다른 두 형제의 맏형으로서 당시 나이 25세였다. 내용을 보아 여자종인 여향(女香)은 권두망이 사들여(買) 이 호에 새롭게 등재된 것임을 알 수 있지만, 석형은 다른 주소에 있다가 이 호로 옮겨온 것인지 아니면 출생 후 처음으로 호적에 등재된 것인지 알 수 없다. 그러나 분명한 것은 조선시대 호적이 오늘날의 호적처럼 출생과 동시에 등재되는 문서가 아니라는 점이다. 석형은 권두망의 양자로 온 것도 아니고, 첩의 자식으로 자수한 것도 아니다. 조선시대 호적은 등재시기가 늦을 뿐, 오늘날의 호적이 아니라 주민등록에 가까운 문서이다.

호적에는 호의 대표자인 권두망과 처 이씨, 슬하 자식인 덕형과 안형, 그리고 밑으로 노비들이 등재되어 있다. 권두망을 호의 대표자라고 했지만, 엄밀히 말해 그런 표시는 없다. 단지 호의 맨 처음에 등재된 사람을 이렇게 호의 대표로 인식할 뿐이다. 광무호적 이후로는 '호주(戶主)'라고 명확히 표시하지만, 조선 후기에는 이에 해당하는 법제적 용어로서 '주호(主戶)'가 가장 일반적으로 사용되었다. 토지세를 징수하는 자치조직의 말단 책임자를 일컫는 '호수(戶首)'라는 용어도 많이 사용되었다. 호의 대표자를 지칭하는 양식뿐만 아니라 호적상 호가 가지는 의미도 광무호적 전후로 달라지기 때문에 '주호'와 '호주'는 서로 구별해서 사용하는 것이 좋다. 호의 대표사에 내한 지칭 외에도 조선시대 호적의 기재사항은 광무호적과 다른 점이 많다. 주호만이 아니라 그의 처에게도 '사조(四祖)'가 기재되고, 노비의 신상도 개인마다 일일이 기재된다는 점 등이 그것이다. 광무호적에는 호주에게만 사조가 기재되고 처에게는 사조가 기재되지 않는다.

'사조'란 부, 조, 증조, 외조를 말한다. 호적에는 개인에게 부계 3대와 모계 2대가 표시되는 셈이다. 이것이 또한 주호부부 모두에게 적용되었으니, 족보에는 없는 처가쪽 계보를 호적에서 확인할 수 있다. 부부의 입장에서 본다면 남편과 아내 모두에게 부계 및 모계의 계보가 평등하게 기재된 셈이다. 자식으로부터 본다면 어미의 부계 3대에 더해서 모계의 모계까지 기재되는 것이므로 호적에는 어쩌면 부계니 모계니 하는 것 자체가 그다지 의미가 없었는지도 모르겠다. 족보가 부계를 기준으로 계보를 작성한 데 대해 상대적인 의미를 가질 뿐이다.

솔하 노비에게는 이름과 나이, 출생 간지를 기재하고 사조를 다 채우지는 않더라도 부모의 이름과 함께 부모의 신분을 기재하였다. 조선시대에는 '종모법(從母法)'이라 하여 노비가 원칙적으로 어미의 주인에게 귀속된다. 노비에게 부모를 기재하는 것은 노비의 소유관계를 분명히 하려 한 때문이다. 그러나 이에 앞서 간과할 수 없는 점은 노비가 호의 일원으로 등재되었다는 사실이다. 노비가 '호'라고 하는 '법제로서의 가족'에 구성원의 한 사람으로 등재된 점은, 조선시대 호적의 호가 근대 이후의 호나 가족과 확연히 다른 개념임을 보여주는 부분이다.

준호구A에는 이상과 같은 등재인원과 그 인적사항을 모두 기재한 다음, 옮겨 적다가 빠뜨린 글자나 틀린 글자를 확인하고 끝에 수령의 사인을 하였다. 이 준호구에는 '周挾( )字改印'이라는 인장을 찍고 빈칸에 '三'을 써넣어 세 자를 고쳤음을 나타내었다. '주(周)'라는 것은 틀린 글자에 동그라미를 쳐서 교정한다는 말이며, '협(挾)'이라는 것은 빠뜨린 글자를 끼워 넣는다는 말이다. 준호구A를 주의 깊게 살피다 보면, 빠뜨려 써 넣거나 고친 세 자를 발견할 수 있을 것이다.

준호구A는 호적대장에 있는 권두망 호의 기재사항을 그대로 옮겨놓은 것으로, 현존하는 준호구의 일반적인 형식이다. 따라서 특이한 형태의 준호구라는 것은 준호구B를 말한다. 준호구B는 호적대장이나 준호구A와 같이 호의 구성원 전부를 등재한 문서가 아니라, 특정 인물에 한해서 호적내용을 등사한 것이다. 준호구B에 기재된 내용을 문서형식으로 단순화시켜서 정리해 보면 다음과 같다.

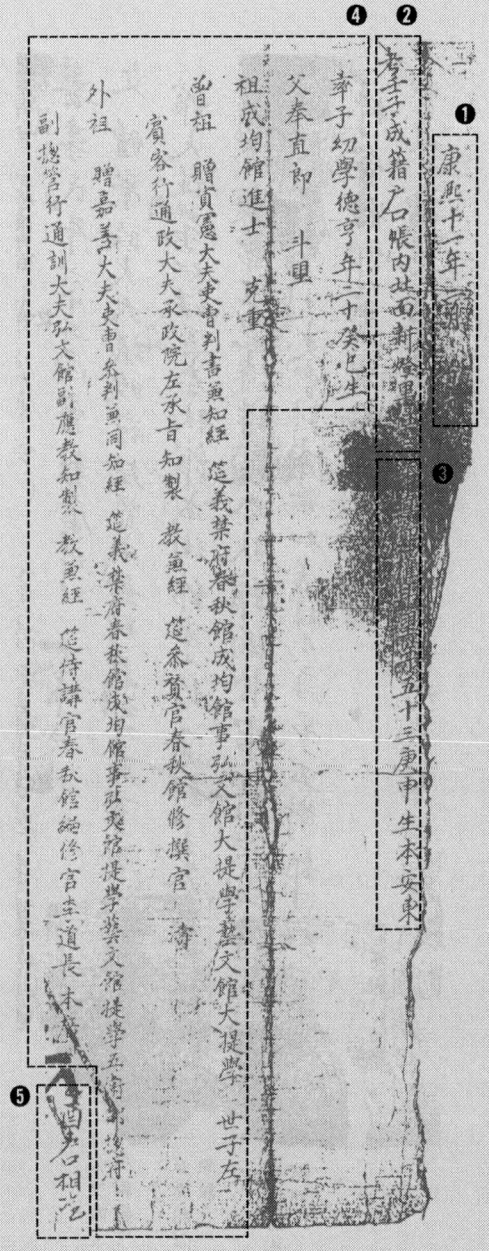

솔자 덕형의 준호구(1672) 준호구A와 같은 시기에 발급된 또 다른 형식의 준호구이다. 호의 대표자는 여전히 권두망이지만 다른 가족없이 둘째 아들 덕형만 등재된 데다 사조(四祖)도 두망이 아닌 덕형에게 기록되었다. 여기에도 '周挾無改印'의 도장이 찍혀 있었으나 잘려나가 잘 보이지 않는다. 권두망 호에 있는 아들 덕형을 위해 발급된 준호구로서, 오늘날로 치면 '주민등록초본'에 해당한다.

준호구B

❶ 발급시기와 발급처 : 康熙十一年二月日, 丹城
❷ 참고한 호적대장과 호의 주소 : 考壬子成籍戶口帳內北面新燈里住戶
❸ 주호 : 봉직랑 권두망(奉直郎權斗望 ; 직역과 성명), 이하 나이와 출생년 간지, 본관
❹ 본인 : 솔자 유학 덕형(率子·幼學德亨 ; 주호와의 관계 및 직역과 이름), 이하 나이와 출생년 간지, 四祖 각자의 직역·성명·외조본관
❺ 기유년 호적대장에 준함(己酉戶口相準)

발급시기와 발급처, 호의 주소와 주호, 그리고 전식년인 기유년의 호적대장에 준한다는 기재사항은 준호구A와 동일하다. 준호구B의 왼쪽 부분이 찢겨져 나가 완전하지는 않지만 '주협개인'의 인장이 찍힌 것도 확인할 수 있다. 그 다음에는 현감의 서명도 있었을 것이다. 그런데 준호구B에는 호의 대표자인 권두망의 사조는 생략된 반면, 솔자 덕형에게 사조가 기재되었다. 따라서 사조상의 부는 덕형의 아버지인 두망, 조는 극중, 증조는 도이다. 그리고 외조로는 두망의 처 이씨의 아버지인 광주 이씨 이도장(李道長)이 기재되었다. 주호부부가 아닌 그 아들에게 사조가 기재된 것은, 이 준호구가 아들을 위해 호적을 등사한 것임을 의미한다.

준호구A와 준호구B는 모두 임자년 호적대장의 같은 호에 기재된 내용을 등사한 것이며, 발급시기도 같다. 그런데 준호구A에는 호의 구성원 모두가 등재되었고, 준호구B에는 그 중 주호 권두망과 아들 덕형만이 등재되었다. 게다가 권두망이 아닌 덕형에게 사조가 기재된 점으로

미루어 준호구B는 덕형 한 사람만을 확인하기 위해 발급된 것임을 알 수 있다. 오늘날로 따지자면, 준호구A는 '주민등록등본', 준호구B는 '주민등록초본'에 해당한다.

그렇다면 무엇 때문에 준호구A와 함께 준호구B를 발급받았을까? 그 이유를 정확히 알기는 어렵다. 하지만 단서가 될 만한 사항이 없는 것은 아니다. 준호구B에는 덕형에게 '유학(幼學)'이라는 신분·직역이 부여되었다는 점이 바로 그것이다. 물론 준호구A에는 이것이 기재되지 않았다. 그래서 우선은 이 '유학'을 호적에 새롭게 기재하기 위해 준호구B를 발급받은 것이라고 추정할 수 있다.

'유학'이란 과거를 준비하는 학생을 가리키는 말인데, 실제로 이 신분을 취한 자에게 과거를 볼 수 있는 자격이 주어졌다. 또한 과거에 임할 때에는 응시원서에 응시자가 등재된 호의 주호 및 과거응시자와 주호의 관계, 그리고 응시자의 사조를 기재하게 되어 있다. 준호구B의 기재사항은 과거에 응시할 자격요건과 양식을 충족시키고 있는 것이다.

이 호적이 작성되고 6년 뒤, 그러니까 다음다음 식년인 1678년에 작성된 무오년 호적대장이 남아 있는데, 여기서도 솔하의 자식들이 등재되어 있는 권두망 호를 찾아볼 수 있다. 이 호적에는 권두망에게 '진사'가 기재되어 있으며, 맏이인 석형과 둘째인 덕형에게는 '유학', 계형(繼亨)으로 이름을 바꾼 막내인 안형에게는 '생원'이 기재되어 있다. 1672년에서 1678년 사이에 권두망과 그의 막내아들 계형이 과거를 보아 각각 복시와 초시에 입격한 것으로 보인다. 석형과 덕형의 과거응시 여부는 알 수 없다.

과거에 응시할 수 있는 조건을 얻기 위해 호적상에 '유학'을 기재하려 하였다면, 덕형이 1672년에 '유학'을 얻었던 것과 마찬가지로 석형이나 계형도 그 해나 그 이후에 '유학'이라는 직역을 취득하였을 것이다. 준호구B를 과거응시를 위해 발급받았다는 가정은 석형과 계형에게도 그대로 적용된다. 그러나 석형과 계형이 유학을 취득하기 위해 발급받았을 준호구는 남아 있지 않다. 그렇지 않고 유독 덕형만이 1672년에 준호구를 발급받은 것이라면, 이유가 다른 데 있을지도 모를 일이다.

그렇다 하더라도 과거응시 여부를 떠나서 호적상 '유학'을 취득하기란 그리 간단한 문제가 아니었음을 느낄 수 있다. 또한 조선시대 호적이 친족제의 현실을 확인하기 위한 문서가 아니라 세대 단위로 주민을 파악하기 위한 오늘날의 주민등록과도 같다는 것, 그것이 세대 전체나 개인의 신상을 확인하는 데 법적인 효력을 가지고 있어서 필요에 따라 준호구라는 주민등록등·초본을 발급받았다는 점만은 분명한 사실이다.

호구단자(戶口單子)의 호구조정

그런데 1672년의 두 가지 준호구와 이후의 준호구 간에도 차이점이 있다. 1687년 호적은 앞부분이 떨어져 나가 확인할 수 없지만, 1696년 이후의 준호구는 참고자료인 호적대장 원본의 주소에 리(里) 단위 이하의 주소가 첨가된다. 가령, 1696년 준호구에는 "병자년에 작성된 호적대장내 북면 신등 제1리 단계촌 제8통 제3호를 참고〔考丙子成籍戶口帳內北面新燈第一里丹溪村第八統第三戶〕"라는 식으로 리-통-호번지가 쓰어 있다. 이렇게 세분화된 주소기재는 현존하는 1678년 호적대장에서도 발견된다. 1678년에 권두망 호는 '북면 신등의 제1리 단계 제10통 제5호'로 편제되어 있었다.

1672년까지만 해도 쓰이지 않던 면 단위 이하의 구분과 통호번지수는 1675년에 「오가통사목(五家統事目)」이 반포됨으로써 이후의 호적에 반영된 것으로 보인다.

사실 1675년의 「오가통사목」은 5호를 한 통으로 묶어 '지패(紙牌)'를 작성하는 방안을 제시한 것이다.[2] 왜란과 호란으로 인민이 유리되고 지방의 호적이 유실된 뒤로 호구파악수준을 원래대로 끌어올리려고 애썼는데, 이 과정이 의외로 빨랐다. 원상복귀를 넘어서서 인민을 파악하는 방법이 전보다 치밀해졌다. 면리제의 변화와 함께 면리 내부의 각 호를 파악할 현실적인 방안으로서 '통(統)'의 구분이 거론되어 왔으며, 일부 지역에서는 호적대장상에 이미 구체화되고 있었다. 그러다가 1675년에 드디어 전국규모의 일률적인 통호제도를 중앙의 공식법규로서 제기하게 되었던 것이다. 호적상의 주소에 통호번지를 부여할 뿐만 아니라 통호마다 직역, 성명, 나이 등을 종이에 간략히 적은 '통패(統牌)'나 '호패(戶牌)'를 만들어 차고 다니게 하는 것이 그 내용이었다.

이런 '지패'는 오늘날로 치면 일종의 '주민등록증'이라 할 수 있으나, 실제로 만들어 차고 다녔는지는 의심스럽다. 이미 신분에 따라 짐승의 뿔이나 나무로 만든 호패를 패용하는 관례가 있어 지금까지 남아 있는 것도 있지만, 이 호패에는 과거입격사실이나 출생년도만 적혀 있을 뿐이다. 그런데 「오가통사목」이 반포될 당시에는 군역자 파악이 주목적인지라, 하층민까지 차고 다닐 수 있도록 종이로 제작하려 하였다. 그러나 한 통으로 묶인 다섯 호에는 여러 신분층이 섞여 있어서 이들 중에서 통수(統首)를 설정하여 여러 호를 통솔하도록 만드는 일은 현실성이 없었다. 중앙정부는 지역의 세력자인 양반들에게 통수의 역할을 기대하였지만, 18세기 말까지 호적대장에 보이는 통수는 대부분 양반가의 노비이거나 하층민이었다.

다섯 호를 한 통으로 묶어 지패를 작성하는 방법은 오히려 호적작성 과정에서 효과적이었다. 바로 '통기(統記)'를 작성하는 데 이 방법이 활용되었다. 따라서 「오가통사목」은 '통기사목(統記事目)'으로도 불리었다.[3]

군현 단위의 호적대장을 작성하기에 앞서 호구단자를 모아 면리별로 호적중초를 작성하는데, 통기는 면리별 중초를 작성하는 데 사용되었다. 우선 동리별로 호구단자를 모아 나열한 뒤, 전식년의 호적중초에 준해 5호씩 나누어 동리 전체의 통호수를 정하게 된다. 이 과정에서 호구수나 직역자의 수를 가늠하기 위해 통호별로 간단한 인적사항을 기재하는데, 이것이 통기이다. 기재내용은 호별로 구성원의 직역, 성명, 나이에 한정되는 것이 일반적이다.

18세기의 통기로는 충청도 지역의 통기가 남아 있다. 19세기에는 '가좌성책(家座成冊)'이라는 이름으로 작성된 것이 더러 있는데, 통기와 형태는 비슷하지만 호적작성에 사용된 것인지 구휼을 위해 호적에서 빠진 자들까지 모두 포함하는 것인지는 불분명하다.

1675년 이후의 호적에 통호번지수가 기재된다는 점과, 지역 전체의 호구수나 직역자수를 가늠하는 데 통기의 또다른 목적이 있었다는 점

統一戶私奴三立年五十五
　妻私婢花丁年五十五
　子世貴年二十一
　女年十二
　女年十
二戶幼學金偉瑞年五十三
　妻趙氏年六十
　婢銀今年六十四
　奴斗必年六十
三戶幼學金禧年二十六
　妻劉氏年二十三
　字幼學興世年二十二
　婢秋少年七十五
　奴有卜年二十五
四戶幼學姜有□年二十四
　妻辛氏年□□
　婢之屍年四十
　奴戶夢年二十
五戶幼學金致慶年三十二
　妻柳氏年五十三
　侍母鄭氏年五十三
　□□□□□□□

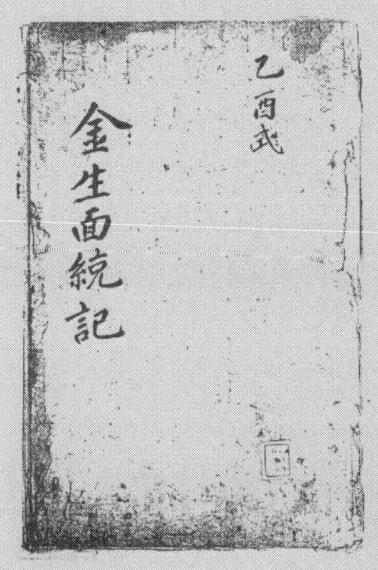

금생면(金生面)의 통기(統記) 통기에는 호 구성원의 직역·신분과 성명, 나이만 기록되었다. 노비로 구성된 호에는 각각 '주(主)'라고 하여 상전의 이름을 기재하였다. 금생면의 통기는 노비호와 군역자호가 많고 직역명에 '모속(募屬)'이 많은 것으로 보아 늦어도 1765년에는 작성이 완료된 통기로 추정된다. 표지와 다음장에는 충주의 금생면 산하 3개 동리명이 씌어 있으나, 본문내용을 보면 법왕면(法旺面)의 마지막 동리인 일월동(日月洞)의 통기이다. 통호번호가 맞지 않는 다른 필체의 통기도 섞여 있는데, 다른 동리의 것으로 보인다. 동리의 통호번호가 끝나는 두 곳에 각각 73호 297구, 83호 406구로 호구통계를 기록하고, 이어 직역별 통계를 싣고 있다. 이 자료는 일본 교토(京都)대학의 가와아이(河合)문고에 소장되어 있다.

을 염두에 두고 다시 권두망 가의 호적을 더듬어 보자.

「오가통사목」이 반포된 뒤에 작성된 1678년 호적대장의 권두망 호에는 전과 같이 권두망과 그의 처 이씨, 그리고 세 아들이 올라와 있다. 그런데 이번에는 며느리 세 명이 새로운 구성원으로 등재되었다. 그렇다면 이 세 아들은 전식년인 1675년 이후 3년 사이에 모두 혼인하여 자신들의 처를 호적에 입적시킨 것일까? 그렇지 않다.

1678년으로부터 다시 9년 뒤인 1687년에 발급받은 준호구에는 석형의 아들 대관(大觀)이 15세 계축생으로 등재되어 있다. 계축년은 1673년이니, 석형과 그의 처 양씨는 늦어도 1672년에는 혼인을 한 것이 된다. 그러나 양씨는 1672년 호적대장이나 1675년 호적대장에 등재되지 않았으며, 아들 대관은 1678년까지도 호적에 등재되지 않았다. 혼인 및 출생으로 인한 호적등재가 제때에 이루어지지 않고 이같이 늦어지거나, 아예 호적등재대상에서 빠지는 경우도 있었던 것이다.

가족의 호적등재시기가 늦어지는 것은 3년에 한 번씩 호적을 작성할 때마다 호구수를 어떻게 조정할 것인가를 고려하기 때문이다. 1687년 준호구에는 권두망의 세 아들 가운데 맏이인 석형과 그의 처자식만이 등재되고 덕형이나 계형의 가족은 보이지 않는다. 덕형과 계형은 처자식과 함께 아버지의 호에서 분호(分戶)한 것이다.

일반적으로 부모가 살아 있는 동안에 장남이 가장 먼저 혼인을 하며, 장남가족이 먼저 부모의 호에서 분호를 하게 된다. 그런데 권두망은 아들 셋이 모두 혼인한 데다가 그 중 장남은 자식까지 보았는데도 호적상에 사실대로 기록하지 않았다. 혼인하여 가족을 구성하면 분호하는 것이 원칙이지만 당장에 호수를 늘릴 필요는 없었기 때문이다.

1678년에는 며느리 셋을 모두 등재하였지만, 분호를 시행하지 않았다. 그 이후 어느 식년에 드디어 장남가족을 남기고 차남과 삼남의 가족이 분호하였는데, 그것이 1687년 준호구에서 확인되었다.

안동 권씨 동계공파 종택에 보관되어 온 호적의 호들은 모두 장자들의 호이며 분호한 차자 이하의 호가 등재된 호적은 남아 있지 않다. 따라서 분호를 확인하려면 호적대장을 살펴보아야 한다. 그러나 1678년 이후로는 무려 39년의 간격을 넘어 1717년에 작성된 호적대장이 남아 있을 뿐이다. 여기에는 권두망의 맏아들인 석형과 장손인 대관은 이미 사망한 뒤이고, 대관의 아들인 필경(必經)이 23세로 할머니, 어머니, 처와 함께 호를 구성하고 있다. 막내아들인 계형도 사망하여 그 양아들인 대복(大復)이 39세로 호를 세우고 있으며, 둘째 아들 덕형만이 65세로 생존하여 가족을 이끌고 별도의 호를 구성하고 있다. 이 세 호는 신등면 단계 제9통의 제2호, 제3호, 제4호로 나란히 붙어 있다. 그리고 제9통 제1호의 주호는 권두망의 종손인 필경의 노(奴)로서, 그가 제9통의 통수를 맡고 있다.

1717년 당시 권두망 가의 후손은 3대가 각각 호를 따로 세우고 있어 각 호가 경제적으로 독립되었을 것으로 여겨진다. 그러나 이들 호가 모여사는 거주환경을 생각하면 어느 정도 범위 내에서 공동생활권을 이루었으리라 짐작할 수 있다. 필경의 노도 제9통의 통수를 맡기 위해 제1호로 호를 세웠을 뿐, 실제로는 종손의 집에 살거나 그곳에 불려다니며 일을 하였을 것이다. 이렇게 별도로 호를 세우고는 있지만 주인집에 사역되는 노비에게는 간혹 신분 앞에 '앙역(仰役)' 혹은 '사환(使喚)'이라고 덧붙이기도 한다.

권두망이 살아 있던 1678년 당시의 분호상황도 이와 크게 다르지 않았을 것이다. 오히려 공동생활의 밀착도는 이보다 강했을 것으로 여겨진다. 가족이 공동생활권에 속해 있고 가족의 일부가 타지역으로 이주한 것도 아닌데 이렇게 호를 달리 한다는 것은, 조선시대의 호적이 오늘날의 호적과 다르다는 또 하나의 증거이다. 또한 최근까지의 주민등록은 지리적·경제적으로 독립된 세대를 전제로 한다. 조선시대의 호적에 보이는 호는 이 주민등록에 비견되는 동시에 또다른 측면을 가지고 있다. 어떠한 목적을 가지고 호적에 호를 임의로 편제함으로써 가족 공동체의 현실과는 괴리되고 있는 것이다.

단계의 안동 권씨 동계공파 종택에는 준호구와 호구단자를 합하여 모두 26건이 보관되어 왔다. 1672년에 발급받은 두 가지 준호구를 시작으로 1687년부터 1759년까지 11건의 준호구가 남아 있다. 그리고 1777년 이후 1867년까지의 15건은 준호구와 달리 호구단자의 형태를 띠고 있다.

호구단자들이 준호구와 다른 점은 우선 발급시기와 발급처, 그리고 참고한 호적대장을 명시하지 않는다는 점이다. 통호번호를 받기 이전의 것이므로 호구단자에는 주소도 기재되어 있지 않다. 정확히 말해 통호번호를 기재하는 곳이 비어 있다. 그러나 이 호구단자 또한 준호구의 일종이라고 할 수 있다. 통호번지가 없는 채로 제출된 호구단자에 통호를 편제한 결과를 적어서 제출자에게 돌려주기 때문이다. 이렇게 처음에 제출된 단자를 초단(草單), 통호를 정하여 돌려주는 단자를 정단(正單)이라고 한다.[4] 1804년도의 호구단자는 이러한 형태의 전형을 보여준다.

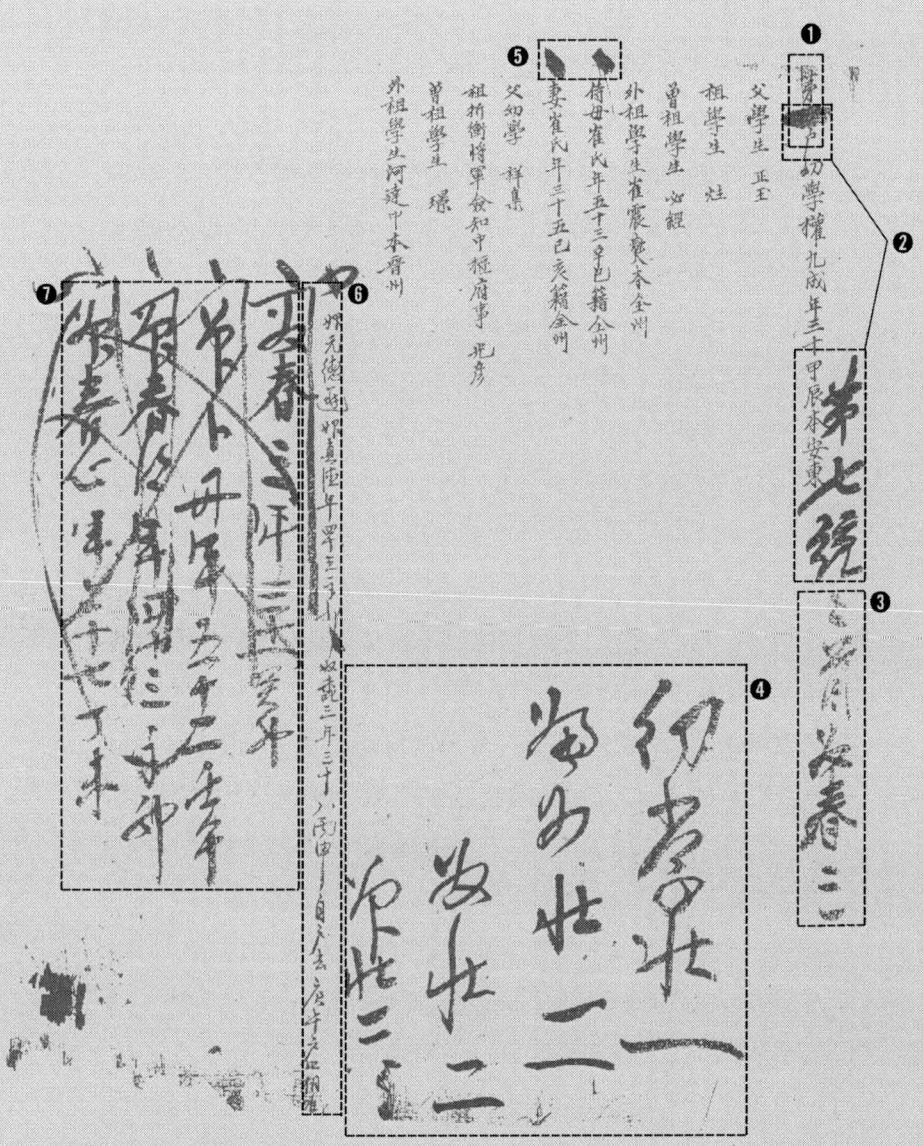

권구성의 호구단자(1804) 제출된 호구단자에 제7통 제1호로 편제되었음을 기록하였다. 통수인 '춘삼(春三)'은 권구성의 남자종이다. 현존하는 자에게 점을 찍어 호 구성원 통계에 포함되었다는 사실을 표시하였다. 노비 가운데 삭제되거나 첨가되는 인원이 있어 '유학이 壯 1명, 부녀가 壯 2명, 奴가 壯 2명, 婢가 壯 3명'으로 집계되었다.

앞에 제시된 사진은 1804년에 권필경의 증손인 권구성(權九成)이 제출한 호구단자이다. 정자로 가지런히 씌인 문장이 제출될 당시의 초안인데, 여기에는 '第( )戶'라는 식으로 호번지수를 적는 난이 비어 있다(❶). 이 호구단자를 가지고 다른 호구단자와 함께 통호를 편제하게 된다. 그 결과, 권구성의 호는 제7통 제1호라는 통호번호를 부여받았다. 굵은 글씨로 갈겨쓴 부분이 그것이다(❷).

18세기까지는 양반의 호가 제1호로 기재되는 예가 드물었다. 통상 제1호의 주호가 통수를 맡기 때문에 양반 체면에 통수를 맡는 제1호로 나서기를 꺼렸던 것이다. 그러나 18세기 후반의 어느 식년에는 양반이 제1호의 주호로 등재되는 사례가 많다. 19세기 초의 권구성 호도 제1호로 편제되었다. 이 제1호에서 통수가 지정되었는데, 통수는 제1호의 주호인 권구성이 아니라 호내에 거느리는 권구성의 남자종 춘삼(春三)이었다(❸). 통수를 향촌사회의 유력자로 세우려는 노력이 오랫동안 집요하게 진행되었으나, 양반들은 여기에 조금씩 양보를 해가면서도 끝내 자신의 이름으로는 통수를 맡지 않았다.

호적작성과정에서 통호번지만 편제된 것은 아니다. 그 호의 구성원 남녀를 신분·직역에 따라 노·장·약(老壯弱)의 나이대별로 집계하였다. '유학 장1(幼學壯一), 부녀 장2(婦女壯二), 노 장2(奴壯二), 비 장3(婢壯三)'(❹)이라고 기재된 것이 그것이다. 여기서 '장(壯)'은 15세에서 59세까지 혹은 16세에서 60세까지를 가리킨다. 이 나이대는 국역의 의무를 지는 기간과 일치한다. '유학'은 주호인 권구성이며 '부녀'는 그의 어머니 최씨와 처 최씨를 말한다. '노'는 남자종, '비'는 여자종을 뜻하는데, 그 수대로 통계를 냈다. 또한 주호 이외에 통계에 들어

가는 자에게는 위에 점을 찍어서 집계를 확인하였다(❺).

그런데 이 통계는 단순히 호 구성원을 집계하는 데에 그치지 않았다. 처음 제출된 호구단자의 호 구성원이 아닌 자를 그 호에 첨가하여 호의 구수를 조정하는 데 이르렀다. 여기서는 노비로 구수를 조정하였다. 처음 제출된 호구단자에는, 비 원덕은 도망갔고 노 말삼은 이 호에서 독립하여 새로운 호를 세워 나갔으므로 비 춘덕만이 호내의 구성원인 것으로 신고되었다(❻). 그러나 이 호에서 빠져나간 노 말삼을 호내 구성원으로 치고 여기에 노 춘삼, 비 복단, 비 춘심을 첨가하여 노 2명, 비 3명으로 조정한 것이다(❼). 그리고 첨가된 노 춘삼을 통수로 세웠다. 비 춘덕은 중복해서 적었다가 하나를 지웠다.

호 구성원 조정은 동리 단위의 호구수 조정과 연계하여 수행한 것으로 보인다. 리 단위 행정조직은 '촌(村)'이라 불리는 여러 마을을 묶어서 만든다. 여기에는 양반과 그 노비들만으로 구성된 마을이 있는가 하면, 노비나 평민들만 있는 마을도 있고 여러 신분층이 섞여 있는 마을도 있다. 동리는 마을 간의 권력구조나 생산관계에 따라 자연스레 형성되기도 하고, 이런 관계를 고려한 뒤에 지리적인 행정구역으로 설정되기도 한다. 이러한 동리를 단위로 호적을 작성할 때에는 마을 간의 호구수를 재조정하는데, 호 구성원의 증감뿐만 아니라 호 자체의 증감까지 조절하였다.

19세기 초 경주 강동면(江東面) 양좌동(良左洞)의 호적 초안을 보면, 말미에 양좌동의 전체 호수가 집계되어 있다. 그 가운데 몇 호는 '관감(官減)'으로 빼 버리고 나머지를 최종 호구수로 확정하였다. 이에 준해 양좌동내 각 마을의 호수를 조정하였다.[5] 마을에서 미리 호수를 넉넉하게 파악하여 리 단위의 총수를 확보해 두었다가, 리 단위 호구 총수를 확정하면서 마을의 호수를 하향 조정한 것으로 보인다. 양좌동의 호수 감소는 실제로 호구가 타지역으로 이주하였기 때문일 수 있다. 그러나 마을마다 일제히 몇 호씩 감해 버린 것으로 보아, 이주로 인한 호수 감소는 아니라고 판단된다. '관감'이란 관의 공인하에 호수를 줄였다는 의미로, 동리에서 임의로 확정한 것이 아님을 명시한 듯하다.

호적대장(戶籍大帳)의 작성

동리 단위로 행하는 호구조사는 풍헌(風憲)과 이정(里正)이 맡는다. 풍헌은 해당 동리의 유력자이며, 이정은 행정사무 보조자로 평민 중에서 선발된다. 이들에 의해서 동리 단위로 확보된 호구수는 면 단위의 호적중초(戶籍中草)를 작성하는 과정에서 조정되었다. 1720년대 경상도 고성에서는 면 단위의 호구조사를 수행하는 호적면도감(戶籍面都監)과 서기(書記)가 각 동리를 돌면서 호구단자를 거두고 호적중초를 작성하였다.[6] 호적면도감을 맡은 자는 생원으로서 향청일을 관장하는 장의(掌議)였으며, 서기는 율생(律生)이었다. 향촌의 양반과 읍의 서리가 관의 행정사무를 함께 맡아 처리한 것이다.

1678년의 단성현 호적대장에는 면마다 호구조사 책임자로 도윤(都尹)과 부윤(副尹)이 기재되어 있다. 고성의 호적면도감에 해당하는 자들이다. 오른쪽의 단성현 호적대장 신등면 '이상(已上)조'를 보면, 신등면에는 도윤에 유지로(柳之老), 부윤에 이현석(李顯奭)이 올라와 있다. 두 사람 모두 안동 권씨와 같이 단계의 유력 가문 출신이다. 단계의 진주(晋州) 유씨는 『단성 향안』이 창설되던 17세기 초부터 입록되

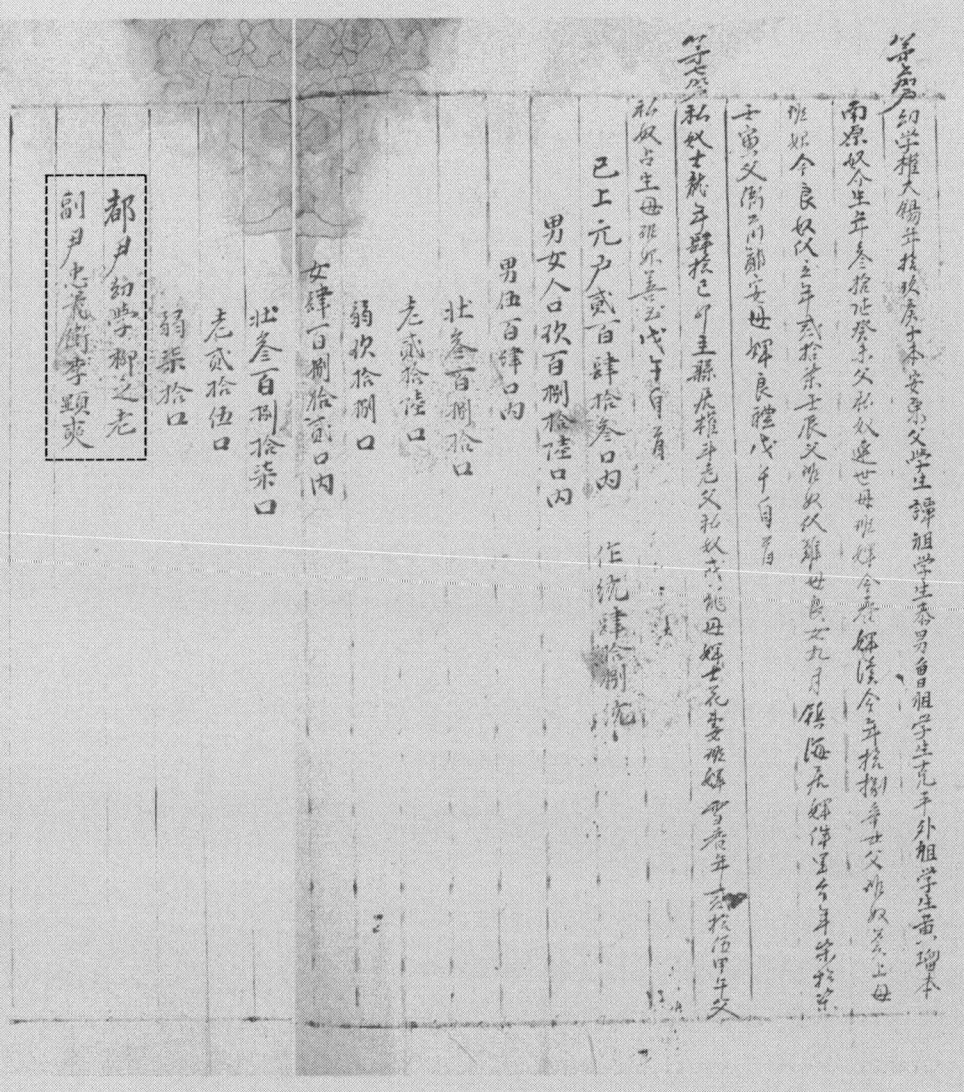

단성현 호적대장 신등면의 '이상(己上)'조(1678) 신등면의 호구기록 말미에 남녀, 노·장·약(老壯弱) 나이대별로 호구통계를 기록하고, 면 단위 호적중초 작성에 책임을 맡은 도윤(都尹)과 부윤(副尹)의 이름을 기재하였다.

어 합천(陜川) 이씨, 성주 이씨와 함께 안동 권씨 다음으로 많은 입록자를 배출하였다. 유지로도 1699년에 향안에 입록되었으며, 18세기 초에는 권두원(權斗元)과 함께 향안조직의 향장(鄕長)을 맡았다.

이현석은 완산(完山) 이씨로서 안동 권씨나 진주 유씨에 비해 수는 적지만 소유한 노비의 규모로 보건대 그들에 버금가는 재력을 지닌 가문 출신으로 보인다. 그러나 완산 이씨는 1699년에 이현석이 입록되기 전까지 향안에 입록된 자가 없다. 유지로와 이현석은 호적작성과 같은 관사(官事)에 관여하면서 단성지역 양반사회에서 인정받아 향안에 입록되었던 것이다.

그러나 19세기에는 뼈대 있는 양반가문이 관사에 관여하는 것을 탐탁지 않게 여기는 풍조가 있었다. 반면에 주민의 개별적인 이해관계를 통괄하여 지역의 호구수를 조정하는 일은 사회적 권위를 배제하면 실행하기가 어려웠다. 호적작성은 관과 향촌사회, 그리고 향촌사회 내부의 합의에 기초하여 오랫동안 관례로서 수행될 수 있었던 것이다. 안동 권씨 동계공파 종택은 단계에서 무시할 수 없는 집안이다. 그럼에도 불구하고 권구성이 제출한 호구단자의 초안은 호적중초를 작성하는 과정에서 정정되었다. 이 일은 권구성과 호적작성 담당자들 간에 합의된 일로 보인다.

호적작성에 관한 조선시대의 법률은 대단히 엄격하였다. 일호일구(一戶一口)라도 빠진 것이 발견되면 해당 주호는 물론, 수령 이하 호적작성에 관여했던 자들을 엄중히 처벌한다고 되어 있다. 그러나 이것은 중앙정부에서 공식적으로 제시한 원칙에 지나지 않았다. 실제로는 호구수의 증감이 있더라도 지역 단위로 내려오던 수치를 크게 넘나들지 않았다. 정약용(丁若鏞, 1762~1836)도 모든 호구를 파악하는 '핵법(覈法)'과 지역마다 주민의 납세능력에 따라 호구수를 조절하는 '관법(寬法)'이 있다고 하여, 이것을 호적작성의 이원적인 원칙으로 이해하였다.[7]

식년마다 작성하여 중앙으로 올리는 호적에는 사실상 '관법'이 적용되었다고 할 수 있다. 그렇다고 '핵법'이 단지 명분상의 원칙일 뿐이라는 말은 아니다. 현지에서는 오히려 일호일구가 파악되고 있었다. 호구수를 조절하려면 어느 집에 실제로 누가 살고 있으며 그 집 노비가 누구인지를 알고 있어야 하기 때문이다.

3년마다 호적을 새로 만들기 때문에 한번 호적을 올리는 데에는 비용이 들게 마련이다. 주민이 정규적으로 내는 세금에서 일부 보조되기는 하였지만, 이 비용은 원칙적으로 호적에 등재되는 호가 부담하여야 했다. 식년마다 호구조정에 따라 호적장부에 새롭게 첨가되거나 호적장부에서 빠지는 호가 생기는데, 호적장부에서 빠지는 호를 '낙호(落戶)'라고 한다. 낙호가 되는 데에도 돈을 내야 했다.[8] 더구나 19세기에는 동리에서 일정 정도의 호구를 항상적으로 확보하여 그에 상응하는 부세부담을 공동으로 지는 관습이 일반화되어 있었다. 낙호로부터 거둔 재화는 호적작성과 공동납부를 운영하는 비용으로 쓰였다. 그리고 재원의 운영은 지역의 자치적인 활동에 기초한 것이지, 관이 일방적으로 강제하는 것은 아니었다.

면 단위의 호적중초에는 '제1리' '제2리' 식으로 동리의 순번에 따라 일괄적으로 호구가 기재되었다. 물론 이 행정리는 여러 촌락을 한데 묶은 것이다. 그러나 동리 전체의 호구가 일률적인 통호번지로 등재될 뿐, 동리 내의 마을을 구분하지는 않는다. 동리의 순번은 호적면도감이나 도윤·부윤이 호구조사시에 면내를 돌아다니는 순번이었다.

가령 법물야는 신등에서 법물야로 넘어가는 길목인 '가술'에서 출발하여 위쪽으로 법물야의 중심지인 '평지, 당촌'을 거쳐 서쪽으로 돌아 남하하는 식으로 면내를 훑어 나왔다. 18세기를 거치며 동리수가 늘어나기는 하지만 조사경로는 변하지 않았다.[9]

행정리의 수가 늘어나는 것은 대체로 동리 내의 일부 마을이 하나의 행정리로 독립하여 분동(分洞)되었기 때문이다. 하나로 인식되던 마을이 둘 이상으로 분화되는 과정이 선행되기도 한다. 그러나 분동이란 주로 그렇게 분화된 여러 마을이 호적작성과정에서 하나의 행정리로 묶였다가 다시 행정구역상 분리되는 경우를 가리키는 것이 일반적이다. 행정리의 분동은 주로 지방재정의 운영과 관련되었다. 지방관청은 호적상의 호구를 대상으로 행정리 단위의 부세징수를 시행하였는데, 행정리 내부의 촌락 간에 지방재정운영을 둘러싼 갈등이 표면화되어 분동 혹은 합동이 발생하였다.

호적대장에는 면리마다 통호를 설정하여 호마다 구성원을 등재한 다음, 면 단위로 호구의 총수를 기재한다. 이것을 '이상(已上)'이라 한다. 이상(已上)은 '이상(以上), 즉 여기까지의 통계'라는 의미인데, 이것을 '기상(已上 혹은 記上)'이라고 읽어 호적에 등재된 자의 통계로 이해하기도 한다. 실재하는 모든 인구가 호적에 등재되는 것은 아니므로, 이런 의미로는 '이상'이든 '기상'이든 서로 통한다고 할 수 있다. 이 호구통계는 호적면도감이나 도윤·부윤이 면내를 돌면서 각 동리의 호구수를 조정하여 면 단위 호적중초의 총 호구수로 수합한 결과이다.

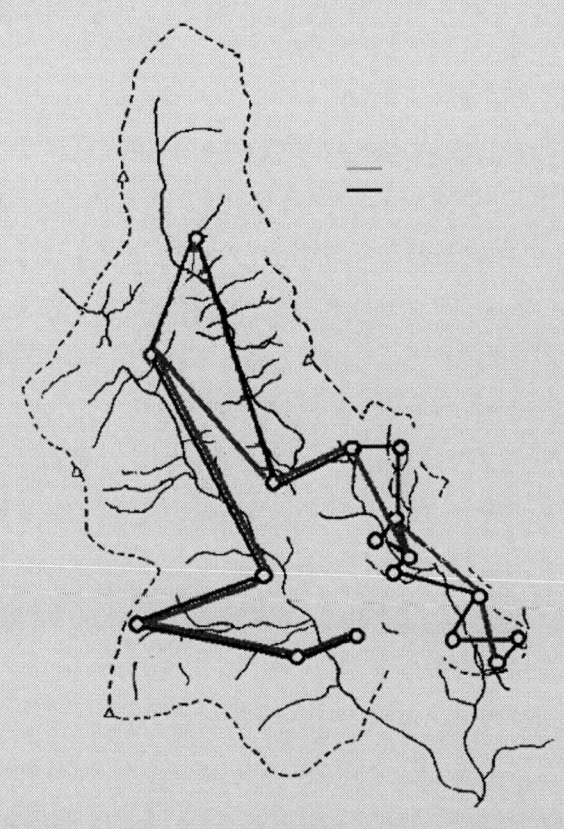

단성현 호적대장 법물야(法勿也)면에 기재된 각 동리의 순번 호적작성 담당자는 동리에서 작성된 호적을 '제1리' '제2리'라고 하는 동리의 순번대로 면내를 돌아다니면서 확인한 것으로 보인다. 또한 제1리 가술은 신등면에서 법물야로 넘어가는 첫 번째 길목에 있다. 이 그림은 박현순의 논문 「18세기 단성현의 면리편제」, 『대동문화연구』 40, 2002에서 재인용한 것이다.

군현 단위로 작성되는 호적대장은 바로 이 면 단위 호적중초를 모은 것에 지나지 않는다. 면 단위 호적이 등재되는 순번은 단성의 서쪽 하단에 있는 원당면에서 시작하여 읍치가 있는 현내면을 거쳐 단성지역 중앙부를 지그재그로 북향하다가 신등면, 법물야면에서 마감되었다. 그런데 마지막 면인 법물야 뒤에 단성현 내의 사찰에 소속된 승려들의 승적(僧籍)을 싣고 '이상'조에 '승인(僧人)'이라는 항목을 별도로 설정하여 나이대별 구수도 기재하였다. 승적은 해당 절에 속한 승려들을 한 사람당 하나의 호로 등재하는데, 통호번지는 설정하지 않았다.

이렇게 면 단위의 실재하는 호구를 등재한 다음에는 호구의 '이거절호(移居絶戶)'를 기재하였다. 여기에는 주호를 비롯한 호내의 가족 및 친인척이 모두 단성 밖으로 이주하거나 도망한 경우, 그리고 주호가 사망하였으나 승계할 사람이 없어서 호 자체가 없어진 경우를 호별로 기재하였다. 상전이 타지에 사는 노비들로 이루어진 호는 노비가족이 상전의 호를 떠나 이주해 온 경우도 있으나, 상전의 가족이 타지로 떠난 경우도 많다. 이런 '이거절호'는 면별로 기재되었다.

다음으로 '도이상(都已上)'이 기재된다. 면 단위의 '이상'이 아니라 군현 전체의 '이상'인 셈이다. 군현 전체를 대상으로 전식년도와 현재의 통호 총수 및 남녀 인구수, 직역·신분에 따른 나이대별 통계를 기재하였다.

이 뒤에 절호의 호구 총수를 기재하는 경우도 있다. 앞의 '이거절호'를 내용별로 이거호, 도망호, 물고호(物故戶)로 나누고 각각의 호수를 통계낸 것이다. '물고'란 죽었다는 뜻이다. '물고를 낸다'는 표현은 죽이겠다는 의미의 속어이다.

단성현 호적대장의 승적(1678) 단성현 호적에는 괘불(掛佛)로 유명한 율곡사(栗谷寺)에서부터 승적이 기재되었다. 이름은 법명으로 기재되지만, 양천신분이 구분되는 데다가 각자의 부계조상이나 외조를 기재하는 것은 일반인과 다를 바 없다.

단성현 호적대장 원당면 이거절호(移居絶戶) 면마다 호 구성원 전체가 다른 지역으로 이주한 호, 호 구성원 전원이 사망하였거나 타지로 뿔뿔이 흩어져 도망한 호를 기재하였다. 이전 식년의 호적에 등재되었던 호 가운데 변동사항이 있는 호인 경우에만 기록되었으므로, 실제의 가족이동은 기록보다 빈번하였을 것이다.

단성현 호적대장의 도이상(1678) 단성현 전체의 호구수와 남녀 직역별 통계가 호적대장 말미에 기재되어 있다. 이 수치는 상부에 보고되는 수치이며 호적대장 본문의 집계와 반드시 일치하지는 않는다. 18세기 중엽에 군역의 액수를 읍 단위로 확정한 이후로는 도이상의 군역통계가 읍지(邑誌) 등에 기록되는 군총(軍摠)의 수치와 일치하게 된다. 또한 18세기 말의 『호구총수(戶口摠數)』에 기재된 읍별·면별 호구수는 이 '도이상'이나 '이상'의 호구수치와 일치한다.

마지막으로 군현 전체의 호적작성을 담당한 호적도감과 향리의 성명, 그리고 수령의 관등성명을 적고 수결을 하였다. 또한 군현에 보관된 호적대장은 감영의 관찰사로부터 결제를 받았으므로 관찰사의 수결도 병기되었다.

　안동 권씨 동계공파 종가의 호구단자 가운데 1777년, 1804년, 1813년의 호구단자에서만 남녀의 직역·신분에 따른 나이대별 구수기록이 발견된다. 1831년 이후로는 호구수 확인을 위해 호구단자의 인명 위에 점을 찍어 표시해 두기만 하였다. 그리고 1846년 호구단자부터는 준호구처럼 '주협무개인(周挾無改印)'이라는 인장를 찍고 '첩(帖)'이라는 도장에 수결을 하였다. '첩'이란 상급기관이 발급하는 공문서를 말한다. 이제 호적중초 작성을 끝내고 호구단자를 돌려주면서 완전한 준호구의 형태를 갖추게 된 것이다. 이와 동시에 호구단자를 정정하는 일은 없어진 것 같다. 19세기 초까지 호구마다 일일이 직역·신분을 조사하고 호구수를 조정하던 수고를 19세기 중엽 이후로 더 이상 하지 않게 된 것이다.

　19세기의 호적장부는 주로 면 단위의 호적중초로 남아 있다. 그러나 마지막 면에는 18세기까지의 호적대장 내용을 모두 싣고 있다. 호적대장의 형태로 다시 작성하지 않고 면별 중초를 대장처럼 사용한 것이다. 그런데 호적중초의 본문에 실린 호구수를 일일이 집계하다 보면, 각 면 단위 호적중초 말미에 적힌 '이상'조의 통계와 크게 차이 나는 경우가 있다. 단순한 계산착오라고 할 수 없을 정도의 이 차이는 '이상'조의 호구통계에 본문의 호구등재와는 다른 정치적 의도가 실려 있음을 시사한다. 면 단위에서도 전식년의 호구 총수와 군현 전체의 호구 총수를 고려하여 호구 총수를 조정하였는데, '이상'조의 수치는 상부에 보고하기 위한 조작에 지나지 않았다.

지방관청은 군현 단위로 작성된 호적장부의 본문과 뒤에 붙인 통계자료를 모두 중앙과 감영으로 보고하였다. 그러나 상부기관에서는 통상 '도이상'조의 통계수치만 참고할 뿐, 호적장부 본문에 실린 호구기록을 일일이 검토하지는 않았다. 더구나 면리 단계에서 호구수가 어떻게 조정되었는가에 대해서는 관심조차 없었다. 필요한 만큼의 호구수를 예년대로 확보할 수만 있으면 되었기 때문이다.

그런데 18세기 말에 호적대장 본문의 호구수 집계와 '도이상'의 통계가 일치하지 않는다는 사실이 문제시되어 담당자가 처벌을 받은 일이 있었다.[10] 실재하는 호구를 모두 파악했는가는 차치하고라도 우선 장부상의 수치에 오류가 있다는 사실이 엄중한 처벌을 받을 만한 충분한 이유가 되었다. 그러나 이후 19세기의 호적대장은 본문의 호구기록과 통계수치 간 괴리가 더욱 커졌다. 그 괴리는 '도이상'의 호구수는 물론, 직역·신분별 통계가 고정되어 가는 현상과 함께 더욱 심화되었다.[11] 중앙정부는 호적대장 본문의 기재내용과는 상관없이 '도이상'에서라도 일정정도의 호구수와 직역·신분별 인원을 확보하는 선에서 만족할 수밖에 없었던 것이다.

호적대장 본문의 호구수 집계와 '도이상'의 통계를 시기별로 비교해 보면, 호적에 관한 국가정책의 변화와 지방사회에서 호적에 호구를 등재하는 방법 간의 상관관계를 읽을 수 있다. 국가정책의 변화에 따른 지방사회의 대응은 호적작성과정에서 이루어지는데, 특히 국역수취와 관련하여 분명하게 드러난다. 구체적인 내용은 후술하기로 한다.

2 / 가계를 잇는 자, 호를 잇는 자

족보와 호적의 계자(系子)

앞에서 본 1672년 권두망 가의 준호구A와 B에는 권두망의 둘째 아들 덕형이 등재되어 있었다. 1678년 호적대장에도 덕형은 26세의 나이로 권두망의 호에 등재되어 있다. 그러나 39년 뒤인 1717년 호적대장에는 덕형이 자신의 솔하 가족과 함께 별도의 호를 구성하여 호의 대표자로 등장한다. 이 호적에서 눈에 띄는 기록은 덕형의 부명(父名)이 두망이 아니라 '두장(斗章)'이라는 점, 자식들 가운데 적자(嫡子)는 물론 서자(庶子)와 천첩자(賤妾子)가 함께 등재되어 있다는 점이다.

서자와 관련해서는 뒤에 상술하기로 하고, 우선 부명이 달라진 문제부터 생각해 보자. 권덕형은 1678년에서 1717년 사이에 작은 아버지인 권두장에게 양자를 갔다. 이것이 1717년 호적의 '부(父)' 기재에 반영되었던 것이다. 아버지뿐만이 아니라 '외조(外祖)'명도 작은 아버지 두장의 장인으로 바뀌었다. 즉, 호적의 주호부부에게 기재되는 '사조(四祖)'가 생부 두망이 아닌 계부 두장의 계보로 바뀐 것이다.

족보에는 덕형이 두망의 아들로 올라가 있으나 이름 밑에 '출후(出后)'라 되어 있을 뿐, 이후로 대가 끊겨 있다(❶).[12] 반면 두장 밑에 '계자(系子)'로 다시 등재된다(❷). 덕형은 두장에게 '입후(立後)'한 것이다. 이곳에 그의 인적사항이 상세히 기재되고, 후손의 계보가 연결되었다. 족보는 가계(家系)계승에 있어 혈연적인 부자관계보다 양자를 통한 부자관계를 중시한다고 할 수 있다.[13] 이때의 '부(父)'는 생부(生父)가 아닌 계부(繼父), 즉 '생물학적 부'가 아닌 '사회학적 부'인 셈이다.

그런데 덕형의 아우인 계형도 적자가 없어서 계자를 들였다. 족보에 계형은 전처 성주 이씨와의 사이에 딸만 셋을 두었고, 전처 사망 후 후

子斗章字子掄贈宇汝潤承訣工郎配泰安即金梧里洞風郭氏父進	❷系子德亨	女井時平	妾以金臨生貞子呂周政菱女李正模女河世文	妾金聖佐府使子復端子熙瑞女李敏	女朴文老系子星来	女李之燔子必遠	女李桂商子熙孜子熙經子漢經子元經女金景沈慶女權莅女權	女趙自慎子天經進士

子夫銓 子必飛 女許鎬識

月 ... 浦配潯陽朴 公氏父配 天金全源村 女趙煇晋 女崔逸大 系子思禺

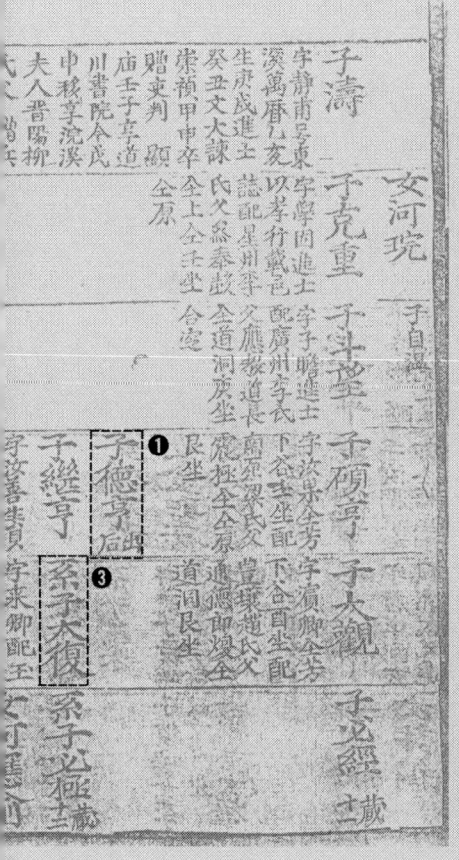

『안동 권씨 후갑인보』의 권두망 가계 권두망은 동계공 권도의 장손으로 석형, 덕형, 계형 세 아들과 네 명의 딸을 족보에 등재하고 있다. 아들 삼형제 가운데 둘째인 덕형은 출후(出後)하여 삼촌 두장의 계보를 이었다. 또한 초시에 합격하여 생원이 되었던 막내 계형은 후계가 없어 대복이 계자로서 뒤를 이었으며, 대복도 후계가 없어 계자 필극이 대를 이었다.

족보에 여성 배우자는 남편의 계보에 그녀 아버지의 이름으로 기재되었다. 가령, 계형의 첫 번째 부인은 성주 이씨 이수성(李壽星)의 딸로 세 명의 딸을 낳았으며, 둘째 부인은 밀양 박씨 박승회(朴承禧)의 딸이고, 셋째 부인은 진주 하씨 하수천(河壽天)의 딸이다. 둘째, 셋째 부인은 슬하에 자식이 없었던 것 같다.

딸은 자신의 이름이 아니라 남편의 이름으로 기재되었다. 딸의 자식들도 등재되었는데, 이 족보에는 1대에 그쳤다.

처 밀양 박씨와 진주 하씨를 차례로 맞았으나 결국 적자를 얻지 못하였다. 따라서 대복(大復)을 계자로 삼아 후계를 잇게 하였는데(❸), 대복의 생부는 적혀 있지 않다.

1717년 호적대장에는 권두망의 막내아들 계형의 계자인 권대복과 맏아들 석형의 장손인 권필경, 그리고 둘째 아들 권덕형이 단계의 제9통 제2, 3, 4호로 나란히 호를 세우고 각 호의 주호로 등재되어 있다. 이 호적에서 권대복의 '사조' 기재사항을 보면, '부(父)' 계형에 이어 '생부(生父)' 만형(萬亨)이 기재되어 있다. 족보를 더듬어 가다 보면 대복의 생부 만형은 계형의 8촌 형제로, 세춘(世春)이 고조부로서 그들의 동일한 조상이다. 대복은 원래 만형의 셋째 아들이다.

권대복의 경우에는 삼촌에게 출계한 덕형에

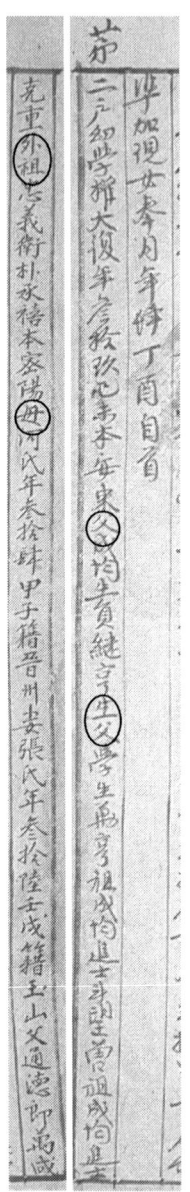

단성현 호적대장(1717) 권대복 호 부(父)는 성균생원(成均生員) '계형', 생부(生父)는 학생(學生) '만형'이라 되어 있다. 외조(外祖)로는 계형의 두 번째 부인인 밀양 박씨의 아버지를 기재하였다. 그런데 모(母)는 계부인 계형의 세 번째 부인인 진주 하씨(河氏)이다. 하씨는 계자 권대복 부부보다 나이가 적다. 양반집 처자로서 어린 나이에 후처로 들어와 일찍이 남편을 여의고 자식도 없이 계자부부와 함께 생활한다는 것이 편하지만은 않았을 것이다. 그러나 환갑을 훨씬 넘긴 1750년 호적에 사망한 것으로 기록되기까지 평생을 권대복의 호에서 생활하였다. 죽은 남편의 사회적인 권위와 재산이 그녀를 지탱해준 힘이었을까?

비해서 계자가 되는 혈연적 범위가 넓다. 계형의 형제는 물론이고 4촌, 6촌 형제의 자식 가운데 계형의 계자로 세울 만한 사람이 없었기 때문이다. 자식을 여럿 둔 6촌 형제가 있기는 하였으나, 그 자식들은 계형이 사망하는 시점에 모두 연소한 나이였다. 사망을 전후로 즉시 계자를 찾았다고 한다면 계형의 후계를 이을 만한 조건이 되지 못하였을 것이다. 가까운 친척 가운데 같은 항렬(行列)에서 양자를 세우는 일은 이렇듯 만만치 않았다.

그런데 권대복도 3명의 적녀를 얻었을 뿐, 적자는 없었다. 권대복은 1750년 호적대장에 72세의 나이로 등재되는데, 이 호에는 17세의 '영손'이 그의 '자(子)'로 기재되어 있다. 이어서 9년 뒤인 1759년 호적대장에는 권대복의 호를 26세의 권필영이 승계하였다. 호의 승계와 함께 '영손'이 '필영'으로 이름을 바꾼 듯하다. 권필영은 사조사항에 대복을 '부'로, 대기를 '생부'로 기재하고 있다. 1780년 호적대장에는 필영이 다시 '필극(必極)'으로 개명하였으며, 족보에는 대복의 계자로 등재되었다.

족보로는 알 수 없지만, 호적기재내용을 보건대 대복은 노년이 되어서도 후대가 없자 죽기 전에 미리 영손(=필영=필극)을 양자로 들여놓았음을 알 수 있다. 계보를 더듬다 보면 필극의 생부인 대기는 계부인 대복과 12촌간으로, 필극 자신은 대복의 13촌 조카가 된다. 이제 양자의 범위가 대복의 경우보다 더 넓어진 것처럼 보인다. 그러나 필극의 계조부인 계형으로부터 본다면 이들은 혈연적으로 그리 먼 사이가 아니다. 필극의 친할아버지인 이형(履亨)도 양자인데, 그의 생부는 두양이며, 두양은 두망의 친동생이다. 따라서 이형은 두망의 아들인 계형과 혈연적으로 친사촌간이다. 필극이 계형의 손자로서 계보를 잇기 전으로 거슬러 올라가면, 필극과 계형은 계보상으로 볼 때 11촌간이지만 혈연적인 관계로 따지면 5촌간이다. 계형이 사망한 직후에는 계형의 계보를 잇기 위해 혈연적으로 관계가 먼 대복을 계자로 세웠으나, 손자대에 와서는 혈연적으로 그보다 가까운 관계에서 계자를 삼은 것이다. 이상의 계보를 정리해 보면〈그림 1〉과 같다.

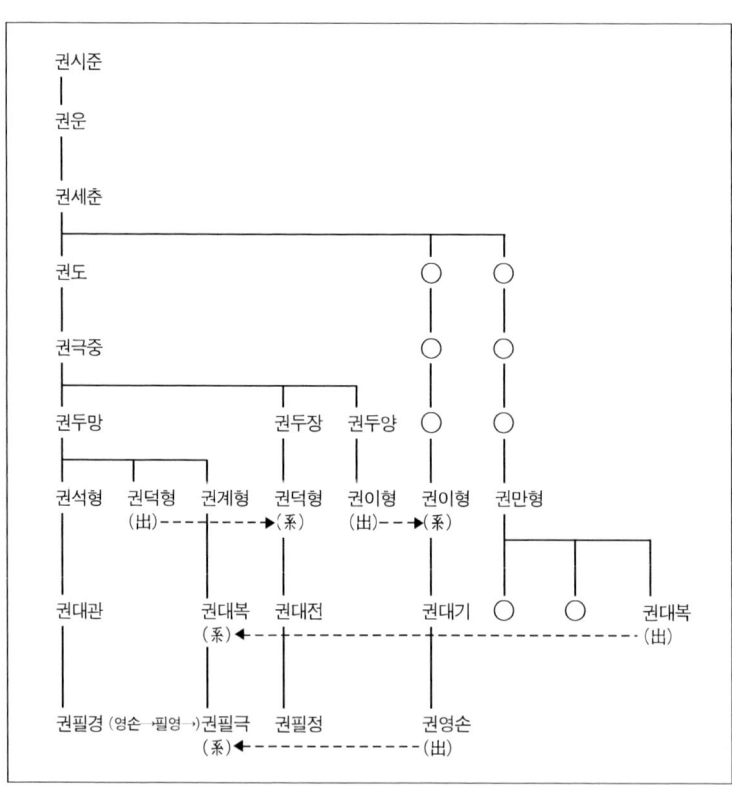

〈그림 1〉 권두망 家의 계보

그러나 이후로 필극의 셋째 아들 경은 13촌 아저씨에게 출계하였고, 넷째 아들 상은 자식이 없어 15촌 조카를 양자로 들이는 등, 계자의 범위가 계보상으로나 혈연적으로나 더욱 넓어졌다. 혈연적으로 더 가까운 관계에서 계자를 세울 만한 사람이 있는데도 불구하고 먼 친척 가운데서 양자를 들이는 경우도 생겼다. 급기야 일찍이 단계에서 이주하여 단성현내 다른 지역에 세거하는 안동 권씨의 다른 분파로 양자를 가는 경우도 있었다.

가능한 한 가까운 혈족 내에서 양자를 세우려고 하면서도 후대로 갈수록 그 범위가 이렇게 넓어지는 경향이 비단 권두망 가계에 한정된 일만은 아니었다. 족보에 기재된 계자의 현상을 권두망 가계보다 넓은 범위의 안동 권씨 권시준(權時準) 계파에서 살펴보면, 시기에 따라 이러한 두 가지 상반된 경향이 나타난다. 단성의 안동 권씨는 단계에 정착하여 계속해서 단계 수변에 세거하거나 상루로 이주한 권시준 계파가 원당면의 내원당을 중심으로 세거한 권시득(權時得) 계파와 함께 양대 분파를 이루고 있다.[14] 동계공파의 파조인 권도는 권시준의 증손이다.

현존하는 모든 안동 권씨 족보를 망라하여 권시준 계파를 살펴보면, 16~19세기에 출생한 남성이 대략 2,700여 명이며 이 가운데 계자로 기재된 자는 370여 명이다.[15] 권시준 계파에서는 1653년생인 권덕형이 가장 먼저 계자로 등재되었는데, 17세기 후반 이후로 10명에 한두 명은 계자인 셈이다. 시계열적으로 보면 계자가 기재되기 시작하는 17세기 후반에 13% 정도에서 18세기 후반에 17%까지 계자율이 높아졌다가, 19세기에 14%로 주춤하는 경향을 보인다. 19세기를 전후로 계자가 각각 100여 명, 170여 명으로 증가하였으나, 19세기 후반에 보다 많은 남성이 족보에 등재되었기 때문이다.

여기서 우선 계자가 되기 전 계부와의 촌수로 따져보면, 계자의 범위가 가까이는 3촌간에서부터 멀리는 31촌간까지로 광범위하며, 시간이 지나면서 범위가 더욱 확대되는 현상을 볼 수 있다. 17세기 후반 출생자 가운데 계자는 11명인데, 그 중 권대복을 포함한 3명이 9촌간이며 1명이 11촌간이다. 11촌인 경우는 계자와 계부가 권시준의 아들인 권운(權運)을 공동의 선조로 한다. 18세기 전반에는 위의 권필극을 비롯하여 3명이 13촌간으로서 계자의 범위가 넓어졌으나 계보상 여전히 권운을 넘어서지는 않는다. 그런데 18세기 후반 출생자는 21촌까지, 19세기 전반 출생자는 23촌까지로 계자의 범위가 훨씬 더 넓어졌다. 18세기 후반의 2명과 19세기 전반의 1명은 권시준 계파를 넘어서서 권시득 계파에서 계자를 찾은 것이 확인된다. 그리고 19세기 후반에 와서는 25~31촌간까지로 계자범위가 더욱 확대되었다. 이 중에는 단성에 인접한 삼가현(三嘉縣)으로 일찍이 세거지를 옮긴 권시민(權時敏) 계파로부터 계자를 들이는 경우도 발견된다. 권시민은 권시득, 권시준과 형제간이다.

이렇게 계자의 범위가 확대되는 한편, 가능한 한 가까운 혈연 안에서 양자를 취하려는 경향도 계속되었다. 계자 가운데 3~5촌 이내에서 계자를 세운 비율은 17세기 후반에 60%를 넘었는데, 18세기에는 계자범위의 확대와 함께 3~5촌 이내의 계자율이 50%대 전후로 떨어진다. 그러나 계자범위가 더욱 확대되는 19세기에 와서는 3~5촌 이내에서 계자를 세운 경우가 전체 계자의 70%에 육박할 정도로 계속해서 비율이 높아졌다. 참고로, 20세기 전반에 출생한 자들 가운데서도 3~5촌 이내에서 계자를 세운 경우가 전체 계자의 70%를 넘어선다.[16]

이러한 경향은 족보상에 대가 끊어지는 사례가 줄어드는 현상과 병행되었다. 시간이 흐르면서 계자 이외에 손자나 증손을 계손(系孫), 계증손(系曾孫)으로 세우는 경우도 생겼다. 또한 생부와 계부, 생부와 조부, 생부와 종조부의 계보를 동시에 잇는 '양가봉사(兩家奉祀)'도 나타났다. 계자를 확정하는 시기가 늦어지더라도 반드시 후계를 연결하려 하였으며, 되도록이면 가까운 혈연에서 연거푸 계자를 세우고 급기야 부나 조와 함께 숙부나 종조(從祖)의 계보까지 잇게 함으로써 후계가 단절되는 상황을 허락치 않았던 것이다.

사망하여 계보가 단절된 지 한참 뒤에 계자를 세우는 사례를 들어보기로 하자. 우선 안동 권씨 권대림(權大臨)은 1698년에 37세로 사망하였는데, 1695년에 태어난 필후(必垕)가 계자로서 후계를 이었다. 그러나 1717년의 호적에는 필후가 23세의 나이로 여전히 생부인 권대적의 호에 등재되어 있고, 다음 식년인 1720년의 호적에도 권대적의 호에서 사망한 것으로 되어 있다. 필후는 24세의 나이로 1718년에 사망하였는데, 살아생전에 대림의 계자로 확정되지 않았던 것이다. 물론 권대림은 사망한 후 오래도록 후계를 잇지 못하고 있었다.

그런데 권필후도 후사를 잇지 못한 채 사망하였다. 그래서 흡(熻)이 필후의 뒤를 이었다. 흡은 1733년생이니 필후가 사망하고 15년 뒤에 태어난 셈이다. 호적자료를 보면, 흡(호적명은 돈)은 1750년 호적대장에 생부 권필수(權必隨)의 호에 있지 않고 권필후의 처 이씨의 호에 양자로 입적되어 필후의 후계를 이었다. 20대에 남편을 여의고 30여 년을 청상과부로 살아온 미망인이 오십을 훌쩍 넘긴 나이에 남편의 계자를 얻은 셈이었다. 그리고 1759년 호적에 드디어 권흡이 양모인 이씨의 호를 이어받아 주호로 등재되었다. 여기서 그의 사조기록을 볼 수 있는데, '부'는 필후, '생부'는 필수, '조'는 대림으로 기재되어 있다. 흡이 대림의 계손으로 후계를 이음으로써 드디어 필후가 대림의 계자가 된 것이다. 이로써 17세기 말에 끊긴 계보가 18세기 중엽에 다시 이어졌다.

다음 사례로, 권필수의 손자 권정구는 슬하에 적자인 호성, 우성, 경성 삼형제를 두었다. 그런데 호성이 1791년에 35세의 나이로 자식없이 사망하였으나 다른 형제들도 아직 후사를 보지 못한 터라 후계를 잇지 못하고 있었다. 1825년 호적에 우성의 아들 익추가 생모와 함께 살면서 큰아버지 호성(호적에는 사덕)의 대를 잇고 있다. 익추는 호성이 사망하고 2년 뒤에 태어났는데, 1825년 당시에는 우성도 이미 사망한 뒤였다.

족보에는 익추를 대신하여 경성의 아들인 익화가 우성의 계자로 등재되어 있다. 그러나 1870년 호적을 보면 익화는 여전히 경성의 호에 등재되어 있다. 1870년은 익화가 사망한 해이다. 다음 식년인 1873년 호적에는 익화를 대신하여 그 아들 태용이 13세의 나이로 호를 이어받았는데, 여기서 태용의 사조에 '부' 익화에 이어 '조'로서 경성이 아니라 우성을 기록하고 있다. 태용이 종조인 우성의 후계를 이음으로써 경성의 아들 익화가 우성의 계자가 된 셈이다.

족보에는 시조나 중시조에 가까운 세대에 '요절(夭折)'이나 '무후(無后)' 등을 이유로 계보가 단절된 경우가 많았다. 어쩌면 이러한 이유로 아예 족보상에 올리지 않는 자들도 있었을 것이다. 그러나 19세기로 가면서 이러한 자들의 계보를 일일이 연결하여 후대가 끊어지는 예를 줄이고 족보상에 인구등재를 더욱 풍부히 하였을 것으로 보인다. 후대에 후처와 첩의 구분이 모호해질 경우에는 부계계보를 연결하는 계자 가운데 적자가 아닌 사람도 포함될 수 있었다.

17세기 후반에서 19세기 후반에 걸친 계자현상은 계자범위가 확대되는 경향과 동시에 가능한 한 가까운 혈연관계에서 계자를 세우는 경향이라는, 상반된 두 가지 경향이 병행되고 있었다. 족보상의 부계계보는 혈연의 친소관계와 중첩되어 일정 계보 내에서 공동범위를 형성하였다. 계자는 수대에 걸친 계보 내의 구성원들을 '일가친척(一家親戚)'으로 묶는 역할을 하게 된다. 계자의 범위가 넓어질수록 '일가'로 인식되는 범위도 넓어졌다. 한편, 다른 분파의 후손에게 입후하는 사례가 생기기는 하지만, 이는 예외적인 경우이다. 일정 범위 내에서 계자를 세우는 것이 일반적이었다. 또한 분파 내부에서도 가까운 혈연으로 후계를 연결하여 다른 계파에 대해 배타적인 계보를 형성하려 하였다.

여기서 '일가'는 일정 분파의 모든 후손을 가리키기도 하지만, 고조를 동일한 선조로 하는 8촌 이내 좁은 범위의 후손을 가리키는 말이기도 하다. 계자현상의 이러한 경향성은 앞으로 가계를 생각하는 데에 시사하는 바가 크다. 족보증간시에 이전에 등재되지 않았던 여러 가계를 광범위하게 등재하기 시작하는 한편, 가계 내부에서는 선별적·배타적으로 후손을 등재하는 상반된 결집방법이 병행되기 때문이다.

족보는 계보의 연속과 단절을 중요시하기 때문에 후대에 계자 입후의 결과를 기록할 뿐이다. 따라서 지금까지는 입후시기를 살피기 위해 호적에서 가계를 더듬어 보았지만, 이번에는 위와 같은 민간의 계자현상이 조선 후기의 호적에 어떻게 반영되었는가를 관찰해 보자.

호적에는 계자의 경우 '부' 이외에 '생부'를 기재하기도 하며, 사조에 조와 증조는 생부의 부와 조부가 아니라 계부의 부와 조부를 기재하였다. 그리고 외조에는 계부의 장인을 기재하였다. 호적은 양자관계로 형성된 부계계보를 법적으로 승인한 것이다. 그러나 호적대장의 호에는 계보기록이 여전히 사조형식에 한정되어 있었다. 호의 승계 여부에 관심을 가졌을 뿐, 분파의 형성에는 관심이 없었던 것이다.

사조형식을 빌려 호적에 이러한 계보를 반영하는 데에는 족보에서 생각지도 못하는 문제가 하나 있었다. 족보에는 정실의 처가 둘 이상일 경우 각각 몇 명의 자녀를 두었는지 기록하기도 하지만, 여러 자녀들의 어미가 각각 누구인지는 분간하기 어려울 때가 많다. 그러나 호적에는 외조를 기재하기 때문에 모자관계를 분명히 알 수 있다. 문제는 계자를 들였는데 계부의 처가 둘 이상일 때 계자의 외조를 누구로 기재할 것인가 하는 부분이다. 족보에는 혼인관계로 맺어진 배우자를 기재할 뿐, 자식의 어미가 누구인지를 분명히 밝히지 않기 때문에 호적에서와 같이 계모를 확정하는 등의 문제는 발생하지 않는다.

1717년 권대복 호에는 계부인 계형의 또다른 후처가 생존해 있었다. 당시 권대복의 나이는 39세로 호내에는 '모(母)'로서 34세의 진주 하씨가 등재되어 있다. 먼저 참고한 족보에는 이 진주 하씨가 계형의 세 번째 처로 기재되어 있다. 그런데 권대복은 호적의 사조에 외조를 진주 하씨의 아버지가 아니라 밀양 박씨의 아버지로 기재하고 있다.

결국 권대복은 계형의 세 정실부인 가운데 두 번째 처인 밀양 박씨를 계모로 선택한 것이다.

권두망의 사촌인 두로(斗老)는 자신의 형 두흥(斗興)의 둘째 아들 신형(信亨)을 계자로 들였다. 1717년 호적대장의 신등면 단계에 권신형의 호가 등재되어 있는데, 외조에는 문화 류씨를 기재하고 있다. 권두로의 적녀 두 명도 같은 호적대장에 등재되어 있다. 한 사람은 박충언의 처로 외조를 광주 안씨로 기재하였고, 다른 한 명은 정상원의 처로 문화 류씨를 외조로 기재하였다. 이들 외조는 각각 권두로의 전처와 후처의 아버지이다. 권신형은 계자로서 호적의 외조를 역시 계부 권두로의 후처 쪽으로 선택하였다.

그로부터 한참 뒤의 일이기는 하지만, 권필헌의 맏이 굉과 넷째 염이 각각 필만과 필충의 계자가 된 사례가 있다. 필만의 계자 권굉은 1789년 호적대장의 신등면 단계에 호를 세우고 있는데, 필만의 후처인 팔거 도씨의 아버지를 외조로 기재하였다. 필충의 계자 권염은 1825년 호적 도산면 벽계에 호를 세우고 있는데, 여기서는 계부 필충의 전처인 파평 윤씨의 아버지를 외조로 기재하였다. 권염의 호에는 필충의 후처인 진양 강씨가 55세로 생존하여 염의 '모'로 등재되어 있다. 권염은 당시 56세였다.

계자가 호적상 외조를 기재할 때 계부의 정처가 한 명뿐일 경우에는 계모가 생존해 있든 없든, 계자보다 나이가 어리든 많든 간에 선택의 여지없이 정처의 아버지를 외조로 기재할 수밖에 없다. 그러나 계부의 정처가 전처와 후처로 둘 이상일 때에는 이렇게 계부의 정처들 가운데 이미 사망한 정처, 그 가운데서도 마지막 정처를 계모로 삼았다. 족보가 정실 혼인관계와 부계계보의 승계만을 문제시하는 것이라면, 호적은 거기에 양식상 외조의 기재라는 '모계의 선택'을 요구한다고 할 수 있다.

계자의 모계선택은 사실 '모계계승'을 위해서라기보다는 호 자체의 승계로부터 발생하는 문제이다. 호적상의 호는 주호부부가 모두 생존해 있는 상황을 온전한, 이상적인 것으로 여겼다. 따라서 어느 한 쪽이 사망하였더라도 주호부부 모두를 여전히 호의 주체로 인식한다. 본처가 죽어 후처를 들이면 전처를 대신해 후처가 남편과 함께 호의 주체가 되며, 곧이어 남편이 죽어도 후처나 첩이 남편의 호를 승계할 수 있다. 그러나 이것은 자식이 호를 승계할 날을 대비한 임시방편에 지나지 않는다. 계자가 있다면 호적상에 호를 연속시킬 수 있으므로 계자에 의한 호의 승계는 마땅한 것으로 이해되었다.

계자는 부계를 이을 뿐만 아니라 호적에서 계부모의 호를 승계하기 때문에 외조를 선택하여야 한다. 이때 계부의 호를 이어받은 계부의 후처를 계모로 선택하여 그녀의 아버지를 외조로 기재하면 된다. 그러나 후처가 생존하여 계부의 호를 이은 적이 있더라도 계자가 계부의 호를 직접 이은 것처럼 등재할 때에는 계부의 전처를 계모로 선택하였다. 생존해 있는 계부의 후처가 나이가 어리다는 등의 이유로 계모로서 적합하지 못하다고 판단한 때문이리라.

족보에 계자는 부계계보를 승계하기 위해 기록되었으며, 부계를 승계하기 위해서 계자를 세우는 이러한 노력은 호적에도 그대로 수용되었다. 단, 호적에서 그것은 부계계보가 아니라 호를 승계하기 위한 것이었다.

호적의 양자(養子)

호적에서는 족보에 보이는 것과 같은 성씨집단의 부계계승과 유를 달리하는 양자관계의 기록을 발견할 수 있다. 호적상의 '양자녀(養子女)'나 '양부모(養父母)' 기록이 그것이다. 물론 몇몇 사례는 부계계승인지, 아니면 그와는 다른 양자관계인지를 쉽게 구분하기 어렵다. 그렇다 하더라도 계자와 양자를 호적에 기재하는 양식에 따라 분류하여 사례의 양적인 추이와 각각의 신분을 살펴보면 부계계승인지, 다른 양자관계인지를 어느 정도 구분할 수 있다.

'생부'를 기재하여 계자임을 나타내는 사례는 1606년 호적대장에서 3건, 1678년 호적대장에서 10건을 발견할 수 있다. 1717년 호적대장에는 생부를 기재하는 사례가 3배나 늘어 31건이며, 1783년에 46건에 이어 19세기 초반에 94건으로 격증하다가 19세기 중반에는 94건으로 증가세가 주춤하였다. 이러한 계자사례가 기재된 호수는 당시 호적상 단성지역의 총호수에 대해 각각 0.5%, 1.2%, 1.6%, 3.1%, 3.6%이다. 안동 권씨 권시준 가계 남성의 계자비율이 이 시기에 14% 전후인데 비해 훨씬 낮은 비율이다.

호적대장에 생부를 기재하여 계자임을 밝히는 사람들은 대부분 유학이나 품관명을 직역으로 쓰는 자들이다. 이를 보아 족보를 작성하는 가문들이 부계계승을 위해 계자를 들인 경우라 할 수 있다. 호적상 단성지역 전체의 계자비율이 증가하고 있다는 것은 안동 권씨와 같은 양반가계의 자손이 시간이 갈수록 호적에 더 많이 등재된 때문이기도 하지만, 직역란에 유학이나 품관명을 쓰면서 양반가계의 계자경향을 따라가려 한 사례들이 늘어난 때문이기도 하다. 양반의 문화를 따라가려는 양반지향적인 경향이 존재한 것이다.

그에 반해 '양자'를 기재하거나 '양부모'를 모시는 사례는 1606년에 3건, 1678년에 9건으로 같은 시기 계자로서 생부를 기재한 사례와 양적인 차이가 별로 없다. 그런데 양자기재는 1717년에 4건, 1783년에 1건으로 감소하고, 19세기에는 아예 보이지 않는다. 또한 이들의 신분은 대부분 군역자이거나 노비이다.

그러나 계자관계와 양자관계의 호적기재형식이 반드시 그들의 신분과 일치하는 것은 아니다. 1678년 호적대장에는 사노 덕립이 사조에 부 사노 돌생과 함께 '생부 사노 후생'을 기재하여 계자임을 밝히고 있다. 덕립의 상전은 이웃마을에 살고 있는데, 그 해에 덕립을 독립시켜 새로운 호를 구성하도록 하면서 그에 대해 계자의 형식을 적용한 듯하다. 그러나 노비신분으로서 생부를 기재하는 사례로는 이것이 유일하다.

반대로 '양자'로 기재하지만 양반가의 부계계승으로 보이는 경우도 있다. 1606년 호적에 유학 이양욱은 '양모(養母)'를 모시고 있다. 그리고 1678년 호적대장 원당면의 정연강 호는 희리를 '양자'로 기재하고 있다. 정연강은 유학을 지냈었고 희리는 당시 양반가 자제에게 쓰던 '동몽(童蒙)'을 직역명으로 기재하고 있다. 희리는 오동면에 거주하는 정연리의 맏아들로, 정연강과 가까운 친척간이다. 그런데 1678년 호적대장 작성 당시에 양부인 정연강과 생부인 정연리가 사망함으로써 양자였던 희리가 생가로 돌아가 버렸다. 정연강의 호적에 희리를 '양자'라고 기재한 것이 이것과 관계 있을지도 모른다. 그러나 당시만 해도 계자와 양자의 구분이 그리 분명하지는 않았던 듯하다.

1717년 호적대장에는 사조란에 생부를 기재하는 것이 아니라 살아 있는 생부·생모를 같은 호에 모시고 있는 사례가 2건 보인다. 2건 모두 군역자인 경우인데, 이 역시 양부·양모를 모시고 호를 구성하는 경우와 구별되지 않는다. 그러나 1717년까지 부계계승을 목적으로 하는 계자가 양자의 일부로서 서로 분명하게 구분되지 않는 경향을 보이면서도 점차 생부를 사조에 기재하는 형식으로 전환되어 갔다.

그러면 '생부'를 기록하여 계자임을 나타내는 것과는 다른 양자관계란 어떠한 경우인가? '양자녀'나 '양부모'를 기재하는 경우의 구체적인 사례를 들어보기로 하자.

양자녀 가운데 수양자녀(收養子女)는 3세가 되기 전에 데려다 키운 자식을 말한다. 1606년 호적대장 이유성의 호에 솔하 노비 가운데 수양자가 있다. 6세의 정수가 바로 수양자로, 그에게는 부모를 기재하지 않고 "세 살 이전에 버려져 노 암회가 데려다 키운 노〔奴岩回三歲前收養遺棄兒奴〕"라고 주를 달아놓았다. 암회도 이유성의 노로 나이가 50세이다. 암회는 세 살이 되기 전에 버려진 아이 정수를 데려다가 수양자로 삼았으며, 그로 인하여 정수도 이유성의 노가 된 것이다. 이와 비슷한 사례가 1678년에도 있다. 공교롭게도 이유성의 증손 이윤팽의 노비 가운데 18세의 노 암회(위의 암회와 다른 인물이다)가 '수양유기아'로 기재되어 있다.

양자는 아니지만, 이유성과 같은 성주 이씨 집안의 이번국은 3명의 비에 대해 '유기아입안(遺棄兒立案)', 즉 유기아를 종으로 삼았다는 사실을 관으로부터 공문으로 인정받았다. 또한 이번국과 함께 같은 집안의 이기국도 각각 한 명의 비를 '유기아'로 기재하고 있다. 1678년에 노비를 유기아 혹은 수양비(收養婢)로 기록한 경우는 이 말고 두 사례에 지나지 않는다. 호적에 흔한 기록은 아니다.

17세기에는 양인이 세력자의 노비로 들어가 양인에게 부과되는 의무를 피하는 풍조가 있었다. 이에 대해 국가는 아무나 노비로 소유하지 못하도록 법으로 금지하였다. 그러나 유기아인 경우에는 관의 허락을 받아 노비로 삼을 수 있었다. 원래 유기아를 거두는 법은 혜휼(惠恤)의 항목으로 국가에서 장려하는 사항이었다.[17] 단성의 성주 이씨 집안은 어려서 버려진 아이들을 적극적으로 데려다 키웠으며 그러한 구휼정신을 가풍의 하나로 삼은 듯하다.

노비로서 양자녀를 두는 사례는 이에 준하여 발생한 것으로 보인다. 1717년 호적대장에는 사비 애단의 호에 3세의 돌남이, 사노 한선의 호에 5세의 어둔쇠가 '수양자'로 기재되어 있다. 수양자라고 명기하지는 않았지만 1678년 호적대장 사노 상이의 호에는 사망한 자남이 양자로, 사노 윤삭 호에는 13세의 어둔이 '시양자(侍養子)'로 기재되어 있다. 시양자는 양자와 같은 말이다. 이들 가운데 세 호는 성주 이씨 집안의 노비로 구성된 호이다. 또한 양녀(養女)를 등재한 호는 1678년 호적에 한 사례만 확인되는데, 이 호 역시 노비로 구성된 호이다. 이러한 경우의 양자녀 기재가 호를 승계하기 위한 것인지는 확인되지 않는다.

이 이외에 양자로 등재된 사례들은 주로 군역자들의 호인데, 모두 호의 승계와 관련되어 있다. 법물야면 관이에는 당시에 사망한 강순기〔故姜順巳〕의 호에 '양자(養子)' 역리 보인 이상민〔驛保李尙民〕이 등재되어 있다. 양자인 이상민에게 사조가 기재되어 있는 것으로 보아, 이상민이 강순기의 호를 승계할 것임을 짐작할 수 있다(❶). 더구나 이 호에는 강순기의 처 이소사(妻李召史)는 물론, 또 다시 '처'라 하여 양녀 기옥(良女 巳玉)이 이 해의 호적에 새롭게 등재되고 있다(❷). 기옥은 강순기의 처가 아니라 양자인 이상민의 처이다. '가현(加現)'으로 새롭게 등재된 기옥에 대해 이상민을 주호의 입장에 두고 '처'라고 기재한 것이다.

그런데 양자 이상민은 본관이 경주로서 양부인 강순기와 성씨가 다를 뿐만 아니라, 사조의 '부' 항목에 양부 강순기가 아닌 '정병 사명(正兵士命)'을 기재하고 있다. 사명은 이상민의 생부이다. 또한 강순기의 처 이소사가 이상민의 양모이시만, 이상민의 외조는 양모 이소사의 아버지인 인희(仁希)가 아니라 본관이 창녕인 장립(張立)이다. 이상민은 강순기의 양자로서 호를 승계하면서도 사조에 강순기의 계보를 따르지 않은 것이다. 1717년 호적대장에는 이상민의 아들 이원성이 주호가 되어

단성현 호적대장 법물야면 관이 고(故) 강순기 처 이소사 호(1678) 남편은 강씨이나 데리고 있는 양자는 유린역보 '李尙民'으로 되어 있다. 이상민은 경주 이씨로, 사조에는 양부가 아닌 생부의 계보를 기록하였다.

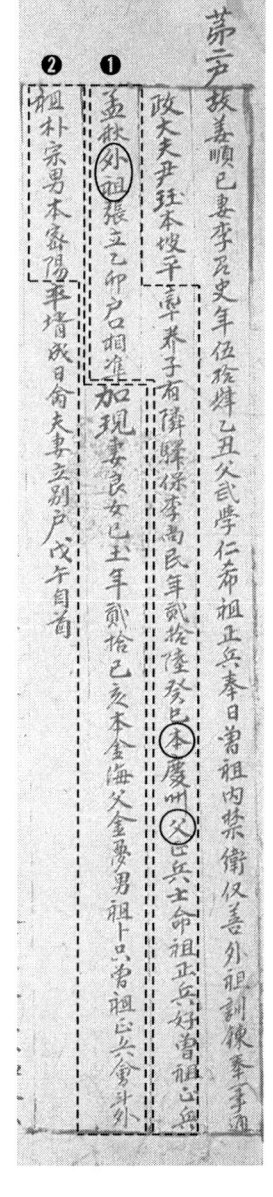

가계를 잇는 자, 호를 잇는 자

있는데, 여기에도 사조는 부 상민, 조 사명으로 기재되고 외조에는 이상민의 처 기옥의 아버지인 김몽남(金夢男)이 올라가 있다.

다른 사례로, 59세의 차잇산(車㐌山)은 생비량면 법평에 호를 구성하고 호내에 80세의 '양부(養父)' 조말남(趙㐍男)을 모시고 있다(❶). 차잇산은 살아 있는 양부의 '양자(養子)'가 되는 셈이다. 특히 차잇산은 본관이 현풍으로 양부 조말남과 성씨가 다르

단성현 호적대장 생비량면 법평 차잇산 호(1678)와 차자룡 호(1717) 1678년에 차잇산은 '양부(養父)' 조말남(趙㐍男)을 모시고 있지만, 사조에는 생부 '준백'을 기록하고 있다. 그런데 1717년에 차잇산의 손자 차자룡은 증조를 '준백'이 아니라 '말남'으로 기록하였다. 여기서 차잇산과 조말남의 관계는 차잇산의 생모 김소사의 재혼으로 인하여 형성된 것으로 보인다. 또한 김소사는 김해 김씨로서, 그녀의 외가 역시 김해 김씨이다. 소위 동성동본간의 혼인으로 보인다. 19세기에 동성동본 금혼이 일반화되었다는 인식에 비추어 보면, 당시의 현실은 그것과 많이 달랐다는 사실을 알 수 있다.

다. 여기서도 차잇산의 사조에는 '부'로서 양부인 조말남이 아니라 정병 준백(俊白)이 기재(❷)되었는데, 준백이 바로 차잇산의 '생부'이다.

그런데 1717년 호적대장에서 더욱 흥미로운 사실이 발견된다. 차잇산이 거주했던 생비량면 법평에 차잇산의 손자인 차자룡(車自龍)이 주호로서 호를 구성하고 있다. 그 역시 현풍을 본관으로 하고 사조에는 '조(祖)'로서 '잇산'을 기재하고 있다. 그러나 '증조'에는 차잇산의 생부 '준백'을 쓰지 않고 차잇산의 양부인 '말남'을 기재(❸)하였다. 말남은 '조'라는 성씨가 씌어 있지 않아 마치 현풍 차씨인 것처럼 보인다. 이 사례들에 보이는 사조는 성씨집단의 부계계승과는 상관없이 호를 승계하는 형식을 갖추고 있다.

그러면 어떠한 연유에서 이러한 사조기재가 발생하였는가? 1678년 호적등재 이후에 조말남과 차잇산이 호적상의 부자관계를 인정받았다고 추정할 수 있다. 차잇산의 호가 자식이나 손자에게 승계되면시 말남과 잇산의 부자관계가 사조에 그대로 반영되었던 것이다. 이에 반해 앞의 이상민의 경우에는 양자관계 파기 여부가 확실치 않으나 강순기와의 부자관계를 끝내 사조에 기록하지 못하였다. 그러나 양자가 호를 승계할 때에는 생부모가 아닌 양부모의 계보를 사조에 기재하는 것이 일반적인 양상이다.

한편, 양자로서 호를 승계하면서 신분마저 승계한 경우도 있다. 1678년 호적대장 차잇산의 호 바로 다음에 등재된 정택룡 호가 그러하다. 충익위(忠翊衛) 정택룡을 주호로 하는 이 호는 내비(內婢 ; 왕실에 소속된 여자종)인 처 정춘과 함께 어영군 보인(御營軍保人)인 21세의 진위(振魏)를 '양자(養子)'로 싣고 있다. 양자인 진위에게는 본관과 사조가 기록되지 않아 성씨가 무엇인지, 생부가 누구인지 알 수 없다.

그런데 1717년 호적대장 생비량면 법평에 60세의 내노(內奴) 정진우(鄭進右)가 주호로서 호를 구성하고 있다. 직역명이나 이름의 한자표기는 전혀 다르지만, 나이나 출생 간지로 보아 진위와 동일인물로 판단된다. 정진우의 사조에 부는 택룡이며(❶), 외조는 "내노(內奴) 김감쇠〔金甘金〕로 본관이 김해"(❷)로 기록되어 있다. 이 사조기록은 1678년 호적대장에 정택룡의 딸에게 기재된 적이 있다. 생비량면 법평에 정택룡의 딸인 차례가 석인홍의 처로 등재되어 있는데, 차례는 내비이며 외조는 역시 '내노 김감쇠'이다. 당시에 차례는

단성현 호적대장 생비량면 법평 정택룡 호(1678)와 정진우 호(1717) 정택룡 호에는 내비(內婢)인 처와 함께 양자 '어영군 보인(御營軍保人)' 진위(振魏)가 등재되어 있다. 1717년 생비량면 호적에는 진위와 동일인물인 정진우의 직역명이 '내노(內奴)'로 바뀌었다. 그의 아버지는 택룡, 외조는 '내노 김감쇠'로 기록되어 있다.

33세로 정택룡의 친딸이며 어미는 외조처럼 내비였음을 짐작할 수 있는 대목이다. 1678년 호적에 정택룡의 처로 등재된 정춘은 본관이 김해이고 아버지가 내노(❸)이다. 이름이 '참쇠[㒒金]'로 적혀 있어 단정할 수는 없지만, 차례와 정진우의 사조란에 외조로 기록된 자와 동일 인물인 것으로 보인다.

정진우는 정택룡의 양자로 들어와 있다가 나중에 호를 승계하면서 정택룡 부부의 계보를 사조기록으로 이어받았다. 앞서 본 1717년 호적대장에서 확인된 사실이다. 그런데 주목되는 점은 정진우가 양인군역('양역良役'이라고도 함)인 어영군 보인이 아니라 내노로서 공천(公賤)의 역을 지고 있다는 사실이다.

정진우가 양자로서 양인군역을 지던 1678년 호적대장에 정택룡의 친딸은 어미의 신분을 이어받아 내비로 기재되어 있었다. 양자인 정진우도 호를 승계하면서 호적상 어미의 신분을 이어받은 셈이다. 노비에게는 그 신분과 귀속 여부를 확정하기 위해 아비와 함께 어미의 인적사항을 기재하였다. 정택룡의 처 내비 정춘은 주호의 처로서 사조를 기재하였는데, 부와 조에 이어 증조 부분이 칼로 도려지고 그 위에 '모내비 덕지(母內婢德只)'(❹)라고 기록된 것을 볼 수 있다. 노비에게는 사조의 부계기록보다 외조나 모의 기록이 중시된 것이다.

끝으로, 기존의 양자관계를 파기하고 새로운 양자관계를 형성한 경우가 있다. 1717년 호적대장을 보면, 오동에 거주하는 김세망은 김익성의 호에 양자로 입적되었다가 독립하여 새로운 호를 세웠다. 이때 주호로 등재된 김세망은 사조에 양부모인 김익성과 서소사의 계보를 쓰지 않고 친부모의 계보를 기록하였다. 양자관계가 파기된 것이다.

당시 김익성의 나이는 70세, 그의 처 서소사의 나이는 55세였다. 그로부터 12년 뒤인 1729년 호적대장에는 '김익성고대처(金益成故代妻)'라 하여 김익성이 사망하고 그를 대신하여 처 서소사가 호를 이어받았으나, 여전히 슬하에 자식을 두지 못하였다. 그런데 호를 유지해 오던 서소사가 1750년에 사망하자 그를 대신하여 김시명이 김익성과 서소사 부부의 계보로 자신의 사조를 기재하면서 그 호를 이어받았다.

김익성 부부의 호를 승계한 김시명은 누구이며, 느닷없이 등장하게 된 이유는 무엇인가? 1750년 호적대장에 김시명은 김익성을 '부'로 기재하면서 생부를 기재하지 않았다. 그러나 1735년 호적대장에 같은 오동면의 김천령 호에 그의 아우로서 시명이 등재되어 있는 것이 보인다. 천령과 시명은 김익창의 아들이며 익창은 익성의 친동생이다. 즉, 김시명은 김익성의 조카로서 익성이 사망하고 한참 후에 그의 계자가 되었던 것이다.

어떤 이가 사망한 후에 늦게나마 가까운 친척 중에서 계자를 들이는 현상은 이 시기 족보에서 흔히 볼 수 있는 현상이다. 그러나 김익성의 경우는, 주호 본인은 사망하였지만 그 처가 살아 있는 데다가 호를 유지하고 있었기 때문에 호적상으로 익성의 처 서소사를 양모로 하여 호를 승계할 수 있었다. 이는 족보상에서 양부모가 모두 사망한 후에도 계자를 들일 수 있는 것과는 다르다. 현대사회에서 족보상에 계자를 세우기 위해서는 호적상으로도 양자관계가 성립하여야 한다. 조선시대의 호적도 이와 마찬가지로 남편이 사망한 경우 그 처가 살아 있어야 양자를 취할 수 있었다. 예나 지금이나 호적은 법제적으로 규정되는 것이며, 이에 상응하여 양자의 법제적 규정이 적용되어야 했다.

3 / 재혼의 흔적

혼인네트워크를 읽는 여성의 신분

족보에는 정실(正室) 배우자와 그와의 사이에서 낳은 적자녀(嫡子女)를 중심으로 계보를 기록한다. 상층계급인 양반은 정실 혼인관계에서 '일부일처제(一夫一妻制)'라는 원칙을 철저히 지키려 하였기 때문에 본처가 사망한 후에야 후처를 들일 수 있었다. 다만, 정실이 아닌 측실(側室)과의 혼인은 본처가 살아 있을 때라도 가능하였다. 첩과의 혼인은 정식 혼인관계로 인식되지 않았다는 뜻이다. 이들은 족보에 등재되지 않으며, 이들이 낳은 첩자녀(妾子女)도 족보등재에 소홀하였다. 첩자녀를 등재할 때에는 적자녀와 구별하기 위해 '서자(庶子)' 혹은 '서녀(庶女)'라 표시한 뒤 당대나 2세에 한해 등재할 뿐, 그 후의 계보는 기록하지 않는다. 그러나 후대의 족보 중에는 첩자녀임에도 불구하고 그 사실을 명시하지 않을 뿐만 아니라 그 후손의 계보도 대대로 등재하는 경우가 있다. 이들 계보는 이 시기에 이미 서파가 아니라 적파로서 인정받고 있었기 때문이다.

양인 첩에게서 낳은 자식을 '서자녀(庶子女)'라 하고, 천인 즉 비(婢) 출신 첩에게서 낳은 자식을 '얼자녀(孽子女 ; 간혹 천첩자녀賤妾子女라고도 한다)'라 하며, 이들 모두를 '서얼(庶孽)'이라 통칭한다. 족보에 등재된 첩자녀는 대부분 서자녀이며, 얼자녀는 족보등재대상이 되지 못하였다. 그런데 호적에는 이 서얼자녀와 그 후손들이 기록에서 배제되지 않고 적자녀와 나란히 등재되었다.[18]

1717년 호적대장의 신등면 단계리 제9통 제4호에는 권덕형의 적자는 물론 서자와 얼자가 함께 등재되어 있다. 권덕형 호의 구성원을 호적에 등재된 순서대로 나열하면 다음과 같다.

❶ 승의랑 권덕형(權德亨) : 65세, 본관[本] 안동(安東), 부 두장(斗章), 조 극중(克重), 증조 도(濤), 외조 박경광(朴慶光)
❷ 아들 유학 대전(大銓) : 34세
❸ 며느리[婦] 곽씨(郭氏) : 32세, 본관[籍] 현풍(玄風)
❹ 첩(妾) 이소사(李召史) : 48세, 본관[籍] 강양(江陽), 부 이사눌(李思訥), 조 시정(時挺), 증조 호(瑚), 외조 김운장(金雲長)
❺ 서자 大○ : 24세
❻ 천첩자 大△ : 46세
❼ 종제(從弟) 박태무(朴泰茂) : 진주로 이거
❽ 사위[婿] 허극(許戟) : 34세
❾ 서자의 처[庶婦] 허소사(許召史) : 24세, 본관[本] 김해(金海)
❿ 이하 奴婢秩……

1672년에 권덕형은 유학이라는 직역을 얻으면서 오늘날의 주민등록초본과 같은 준호구를 발급받았다. 1717년 호적대장에는 이제 정6품 문관인 '승의랑(承議郎)'이란 직역을 기재하고 있다. 실직을 지내지는 않았지만, 향촌사회에서 그만한 대우를 받고 있었다는 의미이다.

아들 대전은 적자이며 역시 유학이라는 직역을 얻었다. 며느리 곽씨는 적자인 대전의 처로 본관이 현풍이다. 성에 '씨(氏)'를 붙인 것은 양반가 적통의 여자이기 때문이다. 여성에게는 본관을 '적(籍)'이라 표시하기도 하는데, 사대부가 출신임을 의미한다. 평민 여성의 본관은 '본(本)'이라 표시한다.

첩은 정실이 아니므로 주호 다음이 아니라 적자부부 다음에 기재되었다. 그러나 주호부부에게는 사조를 기재하는 것이 원칙이라 첩에게도 사조를 기재하였다. 덕형의 첩인 이소사는 강양(오늘날 합천)이 본 단성현 호적대장 신등면 단계 권덕형 호(1717) 권덕형의 호에는 권덕형 이하 적장자 대전, 맏며느리 곽씨, 첩 이소사, 서자, 얼자, 종제 박태무, 사위 허극, 서자의 처 허소사의 순으로 등재되었다.

관인데, 본관을 '적'이라 표시하고 있다. 이소사는 사대부 집안 출신인 것이다. 그런데 사대부 집안 여성이 왜 정실부인이 아닌 첩이 되었을까? 무엇보다 성씨 다음에 '소사(召史)'라고 기재한 것으로 보아 그녀는 사대부가의 서녀였을 것으로 추측된다. '소사'는 '조이'라고 불리며 한자로 '助是'라고도 쓴다. 평민층 여성을 가리키는 호칭이다. 사대부가 출신이면서 평민층 아녀자라는 어긋난 표시가 첩과 첩자녀의 위상을 나타낸다.

그 다음에 서얼자가 기재되었다. 서자는 첩 이소사의 아들이다. '천첩자(賤妾子)'라고 기재된 것은 얼자이다. 이 얼자는 당시 나이 46세로 서자보다 나이가 많음에도 불구하고 서자의 뒤에 기재되었다. 며느리 허소사는 가족 중 맨 끝에 등재되어 있는데, 서자의 처이다. 그녀도 평민이다.

박태무는 '종제'라고 하였으나 덕형의 계부인 두장의 호에 등재되었던 인물인 듯싶다. 덕형이 계자로서 두장의 호를 이음으로써 이 자도 덕형의 호에 등재되었으리라. 그러나 박태무는 진주로 이거하였다. 그리고 사위 허극은 둘째 딸의 남편이다. 딸의 사망 여부는 알 수 없다. 다만 호적에는 직계가족 외에도 외가, 처가, 여가(女家 ; 사돈집)의 인물들이 한 호에 등재될 수 있었음을 알 수 있다.

불행하게도 권덕형은 5명의 여인과 정식, 비정식의 혼인을 하였다. '불행하다'는 표현을 쓴 것은 남녀를 불문하고 조선시대에는 여러 번 혼인을 하는 것이 개인적으로든 가문으로든 결코 행복한 일로 여겨지지 않았기 때문이다. 족보와 호적을 토대로 권덕형의 혼인관계와 그에 따른 자녀의 출산을 일괄해 보면 〈그림 2〉와 같다.

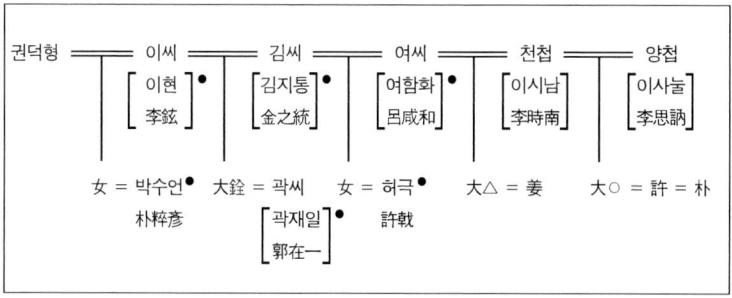

〈그림 2〉 권덕형의 혼인관계 및 자녀관계

[ ]는 妻父, ●는 족보(『후갑인보』) 등재자

　첫 번째 부인은 딸을 하나 남기고 죽었다. 1678년 호적대장에 권두망의 며느리로 새롭게 등재된 전의(全義) 이씨가 그녀이다. 당시 26세로 덕형과 같은 나이였다. 호적에는 혼인한 지 4~5년이 지난 뒤에 등재되었다. 첫 번째 부인은 10년 정도 결혼생활을 하고 사망한 것으로 추정된다. 두 번째 부인이 낳은 적자 대전이 1684년생이니, 첫 번째 부인은 그 이전에 사망하였을 것이기 때문이다.

　두 번째 부인 김씨는 1684년 이전에 혼인하여 적자 대전을 낳아 덕형의 대를 잇게 하였다. 그러나 그녀는 첫 번째 부인보다 결혼생활이 짧았다. 세 번째 부인 여씨가 낳은 딸의 남편인 허극이 1717년 호적대장에서 본 바와 같이 적자인 대전과 나이가 같으므로, 딸과 사위의 나이차가 크지 않다고 가정한다면, 딸은 대전과도 나이차가 그리 크지 않을 것이기 때문이다. 족보에는 세 번째 부인이 1690년에 사망한 것으로 나와 있다. 세 번째 부인은 덕형과 혼인하고 5년도 지나지 않아 사망한 것이다.

재혼의 흔적　137

권덕형의 정실은 3명으로, 모두 양반가의 적녀들이다. 첫 번째 처의 아버지는 전의 이씨 이현(李鉉)이다. 1678년 호적대장 작성 당시에 이현은 고령에 거주하고 있었으나 원당면 내원당에 그의 노비가 다수 거주하고 있고 일부는 고령에 있는 이현의 호로 거주지를 옮겼다. 또한 현내면 강루리에 이현의 다른 딸이 권기의 처로 등재되어 있는 것을 발견할 수 있다. 권기는 덕형의 9촌 아저씨뻘로, 가까운 친척들이 단계에 거주하였다. 이현 집안은 단성에 거주한 적이 없었는지도 모르지만, 단성의 양반들과 혼인관계를 맺으며 교류하고 있었다는 것만은 확실하다.

덕형의 두 번째 장인은 선산(善山) 김씨 김지통(金之統)이다. 1717년 호적대장에 김지통의 다른 딸 하나가 이태삼의 처로 등재되었다. 이태삼은 재령 이씨 이세발의 계자이며, 이세발은 성주 이씨 이윤수의 딸과 혼인하였다. 이윤수는 1707년에 향안에 입록되었는데, 그의 집안도 단성지역의 주요 양반가문이다. 세 번째 처는 성산 여씨 여함화(呂咸和)의 딸인데, 현존하는 당시의 단성현 호적대장에서는 여함화를 비롯한 성산 여씨들을 찾을 수 없다.

다음으로 본처 자식들의 혼인관계를 보면, 혼인이 단순히 두 집안의 관계에서 끝나는 문제가 아님을 짐작할 수 있다. 첫 번째 부인 이씨에게서 낳은 딸은 1717년 호적대장 원당면 사월에 거주하는 박수언(朴粹彦)의 처, '권씨'로 등재되어 있다. 이 권씨의 사조기재는 '부 덕형, 조 두장, 증조 극중, 외조 이현'으로 되어 있다. 부계는 역시 덕형이 계자로 들어간 두장의 계보를 쓰며, 모계는 친어미의 아버지를 외조로 썼다. 1674년생으로 당시에 44세이다. 사위 박수언은 박세장의 아들이며, 생원을 지낸 노형망의 외손이다. 박세장, 수언 부자는 오래 전부터 사월에 세거해 온 밀양 박씨의 후손으로 단성에서 손꼽히는 양반이다.

족보에는 권덕형이 1719년 1월에 향년 67세로 사망한 것으로 나와 있다. 1720년 호적대장을 보면, 덕형이 사망하여 아들 권대전이 호를 이어받아 주호가 되었다. 여기에 처의 사조기록을 통해 대전의 처 곽씨가 진사를 지낸 현풍 곽씨 곽재일(郭在一)의 딸이며 통덕랑을 지낸 순천 박씨 박원영의 외손녀임을 알 수 있다. 곽재일은 단성현 호적대장에서 찾을 수 없는데, 1729년 호적대장에 그의 다른 딸이 단계에 거주하는 권대여의 처로 등재되어 있다. 권대여(족보에는 '대인大仁')는 권의형의 아들이며 의형은 덕형과 6촌 형제간이다. 곽재일은 안동 권씨 권도의 집안에 딸 둘을 시집보낸 것이다.

곽재일의 장인 박원영이 주호로 등재된 호적은 발견할 수 없지만, 박원영의 아들 박찬원이 1729년 호적대장의 단계에 주호로 나와 있다. 박찬원의 어머니, 즉 박원영의 처는 현내면 강루에 거주하던 권처형의 딸이다. 권처형은 덕형과 10촌 형제간이다. 곽재일은 딸 둘을 안동 권씨에게 시집보냈을 뿐만 아니라 자신의 장모 역시 안동 권씨였다. 곽재일의 두 딸은 외할머니의 집안으로 시집 간 셈이다. 또한 박원영의 손녀는 밀양 박씨 박정언에게 시집을 갔는데, 박정언은 박세장의 아들이자 권덕형의 사위인 박수언의 동생이다. 혼인관계가 그야말로 지역사회 안팎으로 복잡하게 얽힌 네크워크를 형성하고 있는 것이다.

양반들에게 혼인은 가문이라는 사회집단 간의 교류를 의미한다. 이러한 교류는 향촌사회에서 정치·사회적인 권력과 권위를 확보하는 하나의 수단이었다. 양반사회의 교류와 계층적 결속이 혼인관계를 통해 유지될 수 있었다. 양반사회의 일원으로 존재하기 위해, 나아가 그 내부에서 위상을 확실히 하기 위해 양반들은 그들 사회 내부에서 혼인관계를 맺으려 하였다.

그런데 양반사회 안에서도 여러 가지 기준을 만들어 집안마다 차등을 두었으니, 이것을 '반격(班格)'이라 한다. 혼사(婚事)는 두 가문의 격이 맞아야 했다. 하혼, 상혼이라 하여 어느 한 쪽의 격이 낮고 높음을 따지는 것도 이 때문이다. 그러나 항상 반격이 같은 집안끼리 혼인을 맺을 수는 없었다. 또한 반격 자체가 일정 지역의 안과 밖에서 조건이 다를 수 있고, 조건 자체도 때에 따라 유동적이었다.

우리는 이 같은 양반가문의 혼인관계에서 두 가지 경향을 감지할 수 있다. 반격을 맞추기 위해 혼인처를 한정하는 경향과 반격의 조건을 조정하면서 혼인네트워크를 확대하는 경향이 그것이다.

전자는 이미 본 바와 같이 한 집안과 중복된 혼인관계를 맺는 경향이다. 이현과 곽재일은 모두 딸 둘을 단성의 안동 권씨 집안으로 시집보냈다. 특히 주목되는 것은 권덕형의 첫 번째 장인인 이현이 두 딸을 권덕형과 덕형의 9촌 아저씨뻘인 권기에게 각각 시집보냈다는 점이다. 즉, 혼인관계는 양자관계처럼 반드시 같은 항렬을 요구하지는 않았다. 권기는 덕형의 아저씨뻘이지만 나이는 덕형보다 네다섯 정도 위일 뿐이다. 중국에는 한 집안에서 혼처가 중복될 경우 항렬이 서로 맞지 않으면 혼인하지 않는 관례가 있다.[19] 부계의 종법질서가 흐트러질 염려가 있기 때문이다. 배우자들 간의 서열이 남편들 간의 서열과 다르면 부계질서를 세우기 어려워진다는 것이다.

한국은 그와 달리 부계의 세대와 배우자 집안에서의 세대가 달라도 혼인이 가능하였다. 한 집안 처자로서 같은 집안에 시집 간 두 여인이 혼인 후에도 계속해서 혼인 전에 가졌던 관계를 유지하였으며, 호칭문제에 있어서도 반드시 남편집의 질서에 따를 필요가 없었다. 일정 지역 내에서 반격을 맞추어 한정된 집안끼리 혼인을 하는 경향 속에서 본집안의 항렬에 상대편의 항렬을 맞추려면 적당한 혼처를 구하기가 쉽지 않았을 것이다. 조선사회가 양반가문의 부계종법질서를 엄청나게 강조한 사회인듯 알고 있지만, 실상은 집안 간의 교류를 더욱 중시하는 사회였다고 할 수 있다.

한편, 계층적 결합을 위해 혼인관계를 지역적으로 한정시키고 그 내부의 위상을 유지하기 위해 반격을 맞추고자 하나, 혼기 찬 모든 자식들이 그럴 수 있는 것은 아니었으며, 반드시 그럴 필요도 없었다. 가문 내에 몇몇만 통혼을 하여도 곧바로 지역 주도세력들의 혼인네크워크와 연결되기 때문이다. 당시의 여러 가지 조건에서 제한적이지만 지역을 넘어서는, 혹은 반격을 넘어서는 혼인관계도 가능하였다. 단성지역 내 사회권력의 기반이 확고한 안동 권씨 가문도 교류관계를 지역 내외, 반격 내외로 확산시키고 있었다.

정실 후처는 전처가 죽은 뒤에라야 맞이할 수 있었으며, 그 후처가 죽은 뒤에라야 다시 정실의 삼처를 맞이할 수 있었다. 따라서 생존시에 본처는 항상 한 명뿐이다. 그런데 일부일처제는 본처에 한한 것이지 첩에게는 해당되지 않는다. 축첩금지(蓄妾禁止)는 본처에 한정된 원칙일 뿐이다. 또한 양반가의 적녀를 첩으로 취할 수 없는 것이 현실이었다. 그런데 호적에는 첩을 등재하였다. 정식 혼인관계는 아닐지라도 실혼관계에 있는 첩을 법적으로 인정한 것이다.

권덕형은 적자녀를 보기 전에 이미 첩에게서 자식을 얻었다. 첫 번째 첩은 천첩이었다. 그녀가 낳은 아들이 1672년생이므로 첫 번째 부인 이씨가 딸을 낳은 1674년 이전에 이미 덕형과 비정식의 혼인을 한 것이 된다. 첫 번째 첩의 아버지에 대한 호적기록은 자료가 없어 찾을 수 없다. 두 번째 첩은 1717년 호적에 등재된 '이소사'이다. 이소사는 1670년생으로 덕형과는 16세 차이이나 덕형의 얼자와는 두 살밖에 차이가 나지 않는다. 이소사가 낳은 서자가 1694년생이므로 이소사는 20대 초반 이전에 덕형의 집에 첩으로 들어와 25세에 서자를 낳은 셈이다.

혼인을 통한 양반사회 내부의 교류는 정실혼이 아닌 측실혼에도 적용되었다. 덕형의 두 번째 첩은 합천 이씨 이사눌(李思訥)의 딸이다. 이사눌은 17세기 중엽에 『단성 향안』에 입록되었다. 합천 이씨는 안동 권씨 다음으로 많은 향안입록자를 배출한 가문으로, 안동 권씨와 함께 단성지역 향촌사회를 주도하였다. 이사눌과 그의 후손들은 많은 노비를 소유하며 도산의 원산에 세거하였다. 그런데 아무리 서녀라고 하지만 이런 집안에서 어떻게 젊은 처녀를 첩으로 보냈을까? 평민의 본처보다 양반의 첩이 훨씬 안락한 생활을 영위할 수 있으리라는 것은 쉽게 수긍이 간다. 여기에 더해서 단성의 안동 권씨 가문과 관계를 맺기 위한 정략적인 이유가 작용하였을 것이다. 남녀의 애정관계는 신분격차가 있다고 해서 특별히 다르지 않았을 것이며, 정식이든 비정식이든 간에 혼인을 통해 인척관계를 맺은 것은 사실이다.

이소사는 세 번째 부인인 여씨가 1690년에 사망한 이후 덕형의 첩으로 들어온 듯하다. 덕형이 죽을 때까지 근 30년을 함께 산 셈이다. 그런데 본처가 사망했을 당시 덕형은 나이가 마흔을 넘지 않았는데도 왜 계속해서 정실부인을 들이지 않고 첩을 들였을까?

혼인은 정혼이든 첩혼이든 양반사회의 교류를 위해 정략적으로 필요한 것이지만 정혼으로 재혼하는 경우에는 배우자 집안을 배려하고 대우해야 하는 부담이 가중된다. 그리고 여자집의 입장에서도 이미 적자가 있는 마당에 후처로서 들어간다는 것이 그리 큰 메리트가 되지 않았다. 대를 이을 적자가 이미 있는 경우 정식으로 재혼하지 않고 첩과 함께 여생을 보내는 사례는 드물지 않았다.

서얼자식들의 혼인처는 단성호적대장 어디에서도 찾을 수가 없었다. 단성지역에 거주하지 않은 것인지, 호적에 등재되지 않은 것인지 알 수가 없다. 단지 1729년 호적에 서얼자식들이 각각 독립하여 호를 구성하게 되었을 때 기재된 처들의 사조에서 출신 집안의 내력을 짐작할 수 있다. 서자의 장인은 '급제(及第)'를 직역명으로 사용하고 얼자의 장인은 '업유(業儒)'라는 직역명을 쓰고 있다. '급제'란 보통 무과 급제자를 말하는 것으로서, 서자의 처는 반격이 그리 높지 않은 양반 가문에서 시집 온 여자일 가능성이 높다. '업유'란 유교의 학문수양을 업으로 한다는 의미로 '유학(幼學)'이라는 말과 뜻은 같지만, 호적에 유학이라는 직역명을 얻지 못하는 부류들이 사용하던 말이다. 군역을 당분간 면제받는 유학과 달리 원칙상 군역부과대상자였으나, 일반 평민보다는 신분이 높은 부류이다.

마지막으로 주목할 만한 사실은, 이 서얼자식의 직역과 그 처에 대한 호칭이 18세기를 거치며 점차 변화한다는 점이다. 1717년 호적에는 권덕형의 서자와 첩자에게 특별한 직역이 주어지지 않았다. 단지 서자의 처에게 '허'라는 성씨 뒤에 '소사'라는 호칭이 붙었을 뿐이다. 적자인 권대전이 주호로 등장하는 다음 식년인 1720년 호적에서도 이 점은 동일하다.

　1729년 호적에는 권대전의 호에 등재되어 있던 서자와 얼자가 별도의 호를 구성하여 독립하였다. 그런데 권대전의 호에 등재되어 있을 당시 서자의 처에게 '성(姓)'이라는 호칭을 쓰고 있는 반면, 서자가 '업유(業儒)'라는 직역명을 얻어서 분호한 별호에는 그의 처에게 양반 아녀자에게 쓰는 호칭인 '씨'를 붙이고 있다. 또한 얼자도 호를 독립하여 서자와 같이 '업유'를 직역명으로 쓰고 있다. 그러나 그 처에게는 여전히 '성'이라는 호칭을 기재하고 있다.

　기혼여성에게 붙이는 '성'이라는 호칭은 향리층의 아녀자에게서 많이 보인다.[20] 그런데 양반 서얼의 처에게도 '성'이라는 호칭을 쓰는 것은 그들이 '씨' 호칭을 쓰는 양반층 아녀자와 '소사' '조이' 호칭을 쓰는 평민층 아녀자 사이에 있는 중간계층이라는 의미이다. 서자와 얼자가 양반들이 사용하는 직역보다 한 단계 낮지만 일반 평민보다 높은 신분으로 인식되는 직역명을 쓰게 되면서, 그들 처에 대한 호칭도 '소사'에서 '성'으로 한 단계 높아진 것이다.

　그러나 서자의 처에게는 '씨' 호칭까지 사용하는 데 반해 얼자의 처에게는 '성' 호칭을 쓰는 데 그쳐 호적상 서자와 얼자의 처에 대한 호칭에 차별이 있었음을 보여준다. 1750년 호적에는 서자가 마침내 '유학'을 직역명으로 써서 호적상으로는 적자부부와 구별할 수 없게 되었다. 이때에도 얼자는 여전히 '업유'를 직역명으로 쓰고 그의 처도 여전히 '성'으로 호칭되었다. 얼자부부가 서자부부와 같이 호적기재상 적자부부의 반열에 오르는 것은 그들이 사망한 이후의 일이다.

18세기 후반으로 접어드는 1759년의 호적대장에는 얼자부부가 사망하고 대신 그들의 아들이 주호로서 호를 승계하고 있다. '업유'라는 직역명을 사용하던 얼자와 그의 처부, 즉 장인은 아들의 사조기록에 모두 '학생(學生)'으로 기재되었다. '학생'이란 '유학'을 직역명으로 사용하던 자가 사망하였을 때 붙이는 명칭이다. 또한 아들 자신은 처음부터 '유학'이라는 직역명을 기재하였고, 자신의 처에게도 '씨' 호칭을 붙이고 있다. 물론 이 며느리의 사조에게도 모두 적자의 처 사조에 기재되던 직역명들을 나열하였다. 서얼 본인과 그 처뿐만 아니라, 그 후손이나 사조의 신분표기도 한 단계 높아진 것이다.

권덕형의 서얼부부는 18세기 전반기를 거치면서 호적상으로는 적자부부와 구별되지 않는 기재양식을 갖추게 되었다. 그러나 족보에는 이들과 그 후손들이 끝내 등재되지 못하였다. 적자의 후손들이 주도하여 작성한 족보에는 이 세대의 계보가 등재대상에서 제외된 것이다.

신분제는 국가적인 사회통합의 한 방법으로서, 호적에서 직역이나 여성에 대한 호칭으로 호구의 신분적 위상을 표현한다. 그런데 사회현실 속에서 지속적으로 존재하는 '사회적 신분'의 차등성이, 앞서 본 바와 같이, 호적에서는 점차 불분명해져 갔다. 나아가 호적은 주민을 호적상 동등한 호구로 파악하는 것이 국가적 사회통합의 목표인 양 여겨질 정도의 노정을 밟아갔다. 이에 대해 향촌사회의 지배계층들은 자신들의 혼인망을 보장할 수 있는 방법으로 계보의 통폐합을 시도하였다. 호적에 대해 족보는 민간 차원의 사회통합방법의 하나였던 셈이다.

남성의 재혼과 여성의 개가(改嫁)

양반사회에서는 처첩 및 적서의 구별이 분명하였다. 그러나 18세기 까지만 해도 기타 계층에게는 그리 중요한 문제가 아니었다. 일반 평민들 사이에 양반의 관례를 따라가려는 경향이 강해지기 전까지는 말이다.

호적은 주호와의 관계에 있어 처첩을 여러 가지 용어로 기록하고 있다. 처(妻)·전처(前妻)·후처(後妻)·계처(繼妻)·이처(二妻)·말처(末妻)·대처(代妻)·첩(妾)·측실(側室)·부실(副室)·화처(花妻) 등이 그것이다. 나열한 표현들 가운데 '후처'에서 '대처'까지가 첫 번째 처가 사망한 이후 정실로 들인 후처라고 할 수 있으며, '첩'에서 '화처'까지는 첩으로 통칭할 수 있다. 그러나 호적작성시에 '처'를 기재할 때 전처인지 후처인지, 혹은 첩인지를 반드시 구별하여 기재한 것은 아니다.

한 호에 정실인 본처와 측실인 첩이 동시에 등재되는 것은 이상할 게 없다. 그런데 처와 후처가 모두 본처임에도 불구하고 동시에 등재되는 경우도 없지 않다. 이것은 대부분 전식년 호적작성 이후 금번 식년이 오기까지 3년 사이에 처가 사망하자 재혼하여 들인 후처를 새롭게 등재한 경우이다. '대처'는 '妻○○故代妻△△'라 하여 전처가 죽어 그 대신 후처가 등재되었음을 나타내는 표현이다. 여기에 '대(代)'자를 생략하고 기재하면 '처'라는 표현만 두 번 등장하게 된다. 이때 주의할 점은 남편이 사망하여 남편 대신 부인이 호를 승계하는 '고대처'의 경우와는 다르다는 사실이다.

호적에 첩이 새롭게 등재되는 경우도 주로 처의 사망과 관련된다. 처가 사망한 이후 새로이 첩을 들였다고 할 수도 있으나, 사실 호적기재대상에서 빠져 있던 첩을 처의 사망을 계기로 새롭게 등재한 것일 가능성이 크다. 같은 호의 앞뒤 호적을 비교하다 보면, 첩이 처음으로 호적에 등재되기 전에 그녀를 첩으로 들인 사실을 발견할 수 있다. 첩 자식들의 나이가 어미들의 호적등재 이전에 자신들이 태어났음을 알려주기 때문이다. 호적의 호에는 본처이든 첩이든 간에 주호부부가 한 쌍으로 짝을 이루고 있는 것이 이상적이라는 인식에 기초하여 처첩을 등재하였다고 보여진다.

후처를 표현하는 여러 가지 용어는 이렇듯 전처와의 관계를 나타내거나 주호부부를 구성하려는 의지에서 사용하기도 하지만, 호적에 등재되는 자식들의 어미를 구별하기 위해 사용하기도 한다. 일반적으로 호적에 등재하는 자식마다 그 어미가 누구인가를 반드시 밝히지는 않는다. 그러나 '전처자(前妻子)' '전처녀(前妻女)'와 같이 현재 호적에 올라와 있는 처의 자식이 아님을 밝히는 사례가 있다. 해당 호직에 '처'로 등재된 여인이 주호 자식들의 친어미가 아님을 나타내기 위해서 그녀가 후처임을 표시할 때가 있는 것이다. 첩 자식에 대해서는 '양첩자(良妾子)' '천첩자(賤妾子)' 혹은 '서자(庶子)' '얼자(孼子)'라는 식으로 그들이 서얼 출신임을 밝히기 위해 어미를 구별하는 경우도 있다. 이렇게 주호 자식들의 출신을 구별하는 표기를 통해 주호의 재혼 여부를 알아낼 수 있다.

주호의 '모(母)'에 대해서도 주호의 출신을 구별하기 위해 여러 가지 표현을 사용한다. 주호의 어미는 '모' 외에도 생모(生母)·시양모(侍養母)·계모(繼母)·전모(前母)·후모(後母)·적모(嫡母)·서모(庶母)라고 다양하게 표기된다. '생모'와 '시양모'는 양자관계에서 연유한 표현으로 재혼과는 관계가 없다. '계모'와 '후모'는 주호의 아버지가 재혼하여 받아들인 후처이므로 주호가 전처 자식인 입장에서 호적에 올라와 있는 어미는 주호의 친어미가 아님을 나타낸다. '전모'는 주호가 후처의 자식인 경우이다. '적모'와 '서모'는 주호가 각각 서자, 적자임을 나타낸다. 주호의 아버지대에 맺은 혼인관계이지만 한 식년의 호적에서 재혼의 흔적을 볼 수 있는 표기들이다. 이외에 '시모(侍母)'·'봉모(奉母)'라는 표현도 있다. 그러나 이것은 단순히 모시고 있는, 그리고 제사를 받들어야 할 어미라는 뜻으로, 한 식년의 호적만으로는 그들이 주호의 생모인지 계모인지 구별하기가 애매하다. 아버지의 재혼관계는 그 밖에도 주호 형제들에 대한 표현, 즉 동생(同生)·이복동생(異服同生)·서형(庶兄)·서제(庶弟)·서매(庶妹)·얼제(孼弟)·얼매(孼妹) 등의 기재에서도 확인된다.

  한 호에 주호의 '처'가 한 명만 기재되어 있다고 해서 주호가 재혼한 사실이 없다고는 할 수 없다. 이후의 호적을 통해 자식들 가운데 그 어미를 달리하는 자를 발견할 때에야 비로소 주호의 재혼사실을 알 수 있다. 즉 후대 주호의 '모' 기록에서 이를 구별할 수 있는 것이다. 다른 표현없이 '모'라고만 씌어 있어도 주호의 사조 가운데 외조를 대조해 보면, 그녀가 생모인지 계모인지 확인된다. 다시 말해 '모'라고만 기재된 한 식년의 호적만으로도 외조기록을 통해 아버지의 재혼 여부를 알 수 있다. 그에 반해 단지 '처'라고만 기재된 한 식년의 호적만으로는 재혼사실을 알 수 없다. 호적자료에서 재혼사례의 양적 증감을 추적할 때에는 이러한 사실을 고려하여야 한다.

  그런데 호적은 재혼의 흔적을 남기는 데서 그치지 않고, 재혼의 성격과 규정에 대한 일반적인 상식을 흔들어 놓는다. 재혼이 광범위한 계층에서 이루어졌다는 사실은 물론, 처·첩의 구분과 본처에 대한 일부일처제의 원칙은 일부 한정된 사회 안에서만 통용되었다는 사실이 드러나기 때문이다.

한 호에 본처가 둘이나 등재되는 경우는, 앞에서 설명한 대로, 전처가 사망하여 후처가 새롭게 등재되는 사례가 일반적이다. 그러나 두 명의 처가, 혹은 처와 후처가 버젓이 생존해 있는 상황에서 동일 식년의 호적에 같이 기재된 경우도 있다. 이런 사례는 1678년과 1717년 단성현 호적대장에 8~10건이 있다. 살아 있는 본처 두 명을 호적에 동시에 등재하는 호의 주호는 주로 군역을 지는 양인이거나 공사천(公私賤)이다. 이것은 첩이나 서모를 등재하는 호의 주호가 주로 유학을 위시한 진사, 생원, 그리고 품관명을 직역으로 쓰는 자들인 것과 대조적이다. 즉, 양반계층에서는 재혼한 상대를 본처와 첩으로 구분하는 인식이 일반적이지만, 하층민들 사이에서는 그렇지 않았다는 말이다.

처·첩을 동시에 갖는 재혼 이외에 후처만을 등재하거나 계모를 등재하는 사례도 양반보다는 군역자와 공사천의 호에서 훨씬 많이 보인다. 1678년에는 각각 34건과 1건이며, 1717년에는 각각 36건과 20건이다. 특히 재혼의 여지가 거의 없을 것으로 보이던 사노들이 후처를 두는 사례가 적잖이 눈에 띈다.

양반계층을 넘어선 광범위한 계층이 흔하게 재혼을 하며, 이들 계층에게는 전처와 후처의 구분은 있을지라도 반드시 전처가 사망해야만 재혼할 수 있다는 인식은 없었다. 이들 사이에서는 처·첩의 구분이 없었기 때문이다. 이들에게는 처·첩을 구분해야 할 이유가 없었다고 보여진다. 이러한 의미에서 모든 사회계층을 망라하여 재혼을 생각할 때 정식 혼인이 아니라고 해서 첩을 재혼대상에서 제외시키는 사고방식은 재고할 여지가 있다.

첩이나 첩자녀가 기재되어 있어 주호의 첩혼이 확인되고, 적모나 서모를 모시거나 서형제가 있어 주호 부친의 첩혼이 확인되는 사례는 1678년 호적대장에 각각 35건과 3건으로 도합 38건이며, 1717년 호적대장에 각각 13건과 15건으로 도합 28건이다. 18세기 말인 1783년에도 각각 19건과 8건으로 도합 27건을 유지하고 있다. 그러나 19세기에 들어 1825~1831년에는 각각 7건과 2건, 도합 9건으로 현저하게 감소하였다.

이런 현상은 처·첩을 구별하는 인식이 양반사회를 넘어 일반 평민들 사이에도 확산되어 갈 것이라는 예상과 어긋나는 듯 보인다. 양반의 관습을 따르고자 한다면 첩을 두는 사례가 늘어야 한다고 생각하기 쉽다. 그러나 호적대장상에 살아 있는 처·첩을 동시에 등재하는 사례는 18세기 말에 한두 건 정도였고, 19세기에는 아예 나타나지 않는다. 후처만을 등재하거나 계모를 등재하는 사례도 18세기 말에는 각각 13건과 2건으로 감소하고, 19세기 초에는 후처를 등재한 7건만 보일 뿐, 계모를 등재한 사례는 없다.

그런데 전식년의 호적에 첩이나 후처로 기재되었다가 다음 식년에 그냥 처로 둔갑하는 사례가 적잖이 발견된다는 점을 간과할 수 없다. 처라 등재되었지만 사실은 후처나 첩인 경우가 있을 것이기 때문이다. 이 점은 계모, 서모 등의 표현을 쓰지 않고 '모' 혹은 '시모'라고만 기재한 경우에도 실제로는 계모나 서모인 경우가 많다는 사실에서 더욱 분명하다.

주호 어미의 성관(姓貫)과 외조를 대조해 보면 이 점을 확인할 수 있다. 모의 성관과 외조의 성관이 다른 사례는 성관기록이 부실한 경우를 제외하고도 1678년에 10여 건, 1717년에 30여 건, 1783년에 70여 건이 있었다. 18세기 말까지 계모나 후처임을 밝히는 사례가 줄어든 것은 재혼율이 낮아져서라기보다는 호적상에 재혼사실을 드러내지 않는 경향이 강해졌다는 데 더 큰 이유가 있다. 모의 경우가 이러하다면 '처'라고만 기재된 자들 가운데 또 얼마나 후처가 존재할는지 모른다.

그런데 모의 성관과 외조의 성관이 다른 사례는 19세기 초에 다시 30여 건으로 감소하였다. 남성의 재혼이 감소하는 경향은 19세기에 들어 사실에 가깝다고 할 수 있다.[21] 다만 이러한 사실을 드러내는 주호를 살펴보면 직역명을 주로 유학으로 쓰는 자가 반이 넘지만, 여전히 군역자가 반수에 육박하며 사노인 경우도 있다는 점을 지적해 둘 필요가 있다. 신분표기가 점차 업그레이드되어 왔다는 사실을 고려하면, 어쩌면 상층민보다 하층민들의 재혼비율이 더 높았는지도 모른다. 이런 사실을 호적상에 드러내지 않았을 뿐이다.

시간이 흐를수록 호적은 이처럼 재혼사실이나 처·첩의 구분을 그리 엄격하게 반영하지 않는 경향을 보인다. 호의 주체인 주호부부로 호를 구성하거나, 주호와 '모'로 호의 구성이 갖추어지는 데 만족한 듯하다. 19세기에는 그렇게 정형화된 호 구성으로 호적을 등재함으로써 이를 통해 혼인의 현실상황을 파악하기가 어려워졌다.

우리는 이처럼 호적에서 남성의 재혼사실을 여러 계층에 걸쳐 확인할 수 있을 뿐만 아니라, 여성의 재혼, 즉 재가(再嫁)·개가(改嫁)에 대해서도 추적할 수 있다.

조선왕조는 일찍부터 법전에 여성의 재가 및 개가를 제한하는 규정을 두었다. 여성에게도 남편의 직위에 따라 작위를 주었는데, "서얼 및 재가한 여성에게는 작위를 주지 않고, 개가할 경우에는 주었던 작위를 박탈한다"는 규정이 그것이다.[22] 여기서 '재가'란 결혼한 상태의 여성이 다른 남성과 또다시 결혼하는 것, '개가'란 남편 사망 후 여성이 재혼하는 것을 말한다. 그러나 이러한 구별은 곧 사라지고 같은 의미로 쓰이게 되었다. 전자와 같은 사례는 사라졌다는 전제하에서의 이야기이다.

이어서 사대부(士大夫)의 정처로서 세 번째 혼인한 경우에 대해 이 여성의 자식들은 문관의 직을 갖지 못하도록 하자는 건의가 뒤따랐다.[23] 나아가 여성의 개가 자체를 금지하여야 한다는 논의가 15세기 말 성종(成宗) 및 연산군(燕山君)대에 활발해졌다. 이 논의는 '아사사극소 실절사극대(餓死事極小 失節事極大)'라는 유교적 명분을 근거로 삼아 여성의 개가 자체를 금지하는 방향으로 진행되었다.[24] 조선사회의 통치이념을 유교적 윤리로 정립하려는 입장에서 '굶어 죽는 것은 사소한 일이나 절개를 잃는 것은 극히 중차대한 일'이었던 것이다.

이에 대해 '춥고 배고파서 부득이 수절(守節)하는 뜻을 꺾을 수도 있다'고 하여 여성의 개가금지를 반대하거나 완화해야 한다는 주장도 지속적으로 제기되었다. 연산군 3년(1497)에는 바로 이곳 단성현의 훈도(訓導)인 송헌동(宋獻仝)이 과부의 개가를 허용하자고 상소하였다. "시집을 가서 3일 내지 달포 만에 과부가 되거나 나이 이삼십에 과부가 된 경우 부모형제나 자식도 없을 수 있다. 나이 30세 이하로서 자녀가 없는 과부는 모두 개가를 허용하자"25)는 내용이었다. 이는 여성의 개가를 '구휼'로 볼 것인가 '교화'로 볼 것인가 하는 국가통치이념의 정책적 차원에서 논의되었다. 개인의 일생 및 개별 가족의 형성과 관련된 사적인 문제에까지 국가가 공적으로 개입한 것이다.

16세기에 결국 여성개가에 대한 금지가 형사적인 법률로 규정되었다. 그러나 현실적 제약조치는 신고주의에 의해서만 가능한 민사적인 것이었다. 『수교집록(受教輯錄)』 「형전(刑典)」에는 "정실이든 후실이든 정식으로 혼인한 여인이 남편을 잃었다고 해서 다른 사람과 재혼을 하거나 몰래 남의 남자와 간통하면 그녀를 고소할 수 있다[嫡母繼母 改嫁他人 及潛奸他夫 則告訴]"고 규정하였다.26) 『수교집록』은 왕의 윤허를 받아 시행토록 한 여러 규정을 모아놓은 법률서의 하나이다. 이 책자에 기재된 위의 규정은 1510년에 반포된 것으로, 이후 여성의 개가는 단지 국민윤리로써 금지될 뿐이었다.

그런데 조선 후기의 호적은 엄연히 공적인 문서임에도 불구하고 여전히 여성의 개가사실을 드러내고 있다. 여성의 재혼사실은 호내 구성원 가운데 '의자(義子)' '의녀(義女)'라는 표기에서 확인할 수 있다. 법전에서 의자녀(義子·女)는 전처가 후처의 자식을, 혹은 후처가 전처의 자식을 일컫는 말이다. 조선 전기에 여성의 개가가 금지되면서 자연스레 아버지가 같은 전처 자식과 후처 자식에 대한 구분으로 이해되었다. 그러나 호적상에 드러나는 의자 혹은 의녀는 재혼녀와 그녀의 전남편 사이에서 태어난 자식을 가리키는 경우가 일반적이다. 혼인 경험이 있는 여성과 혼인하여 그녀의 자식들을 자신의 호에 등재하고 친자식이나 계자와 구별하여 '의자' '의녀'로 기재한 것이다.

1678년 호적대장에 수군 보인(水軍保人) 최인발은 처 향녀와 함께 '의자' 조점학을 호 구성원으로 등재하였다. 처 향녀의 아버지는 김해 김씨 김말경이다. 김향녀는 최인발보다 다섯 살이나 많다. 의자 조점학은 당시 20세로 역리 보인(驛吏保人)이었다. 그런데 1717년 호적대장에 조점학은 65세의 노제 정병(老除正兵)으로 주호가 되어 있다. 이때 조점학의 부는 정병 언홍, 외조는 김말경으로 기록되어 있다. 언홍과 김향녀 사이에서 태어난 조점학은 어미인 김향녀가 최인발과 재혼함으로써 1678년 호적대장에 최인발의 '의자'로 등재되었던 것이다.

18세기 전반에 작성된 호적에서도 '의자'가 개취한 처의 아들이지만 자신의 아들은 아님을 밝히는 사례가 보인다. 1717년 호적대장에 역보인 문일만은 처 박소사와 역시 역보인인 21세의 '의자' 오갯지(吳㖧只)를 등재하고 있다. 박소사는 문일만보다 세 살 아래이다. 1729년 호적대장에 오갯지가 독립호를 구성하였는데, 본관은 산음이고 부는 정병 명봉, 외조는 밀양 박씨이다. 박소사는 문일만에게 개가하여 전 남편과의 사이에서 낳은 오갯지를 1717년 호적대장에 '의자'로서 등재하였던 것이다.

1720년 호적대장에 관노 이경은 처 사비 순화와 함께 36세의 '의자' 사노 필발을 자신의 호에 등재하였다. 1729년 호적대장에 필발은 부 강옥남과 모 순화의 자식으로 기재되어 있다. 순화는 이경에게 개가하였는데 이경보다 네 살이 많다.

1750년 호적대장에 양인인 임호남은 처 김소사와 40세의 '의자' 수철장(水鐵匠 ; 무쇠그릇 만드는 장인) 박만부를 등재하였다. 1762년 호적대장에는 박만부의 사조가 부 효업, 외조 김발이로 되어 있다. 김발이는 임호남의 처 김소사의 아버지이다. 김소사는 임호남보다 여섯 살 아래이다.

이상의 사례는 '의자'로서 생모와 함께 의붓아버지 호에 등재되었다가 주호가 된 경우이다. 이 '의자녀' 외에 '이부녀(異父女)'라는 표현이 보이기도 하는데, '이부녀'는 '의부녀(義父女)'와도 통한다. 모두 의붓아버지의 호에 등재되었을 때 사용되며 의미도 같다. 그와 반대로 '의자녀'가 주호로 있으면서 자신의 호에 의붓아버지를 '의부(義父)'로 등재하는 경우도 있다.

1786년 호적대장에 관노 옥동은 본관이 완산이고 사조에 부를 천이, 외조를 조성보라 기재하고 있다. 그리고 자신의 호에 '의부' 오일군 및 '의제(義弟)' 두 명을 등재하였다. 그런데 바로 그 해 '의제' 말롱이 호에서 독립하여 나가면서 의부 오일군도 말롱의 호로 적을 옮겼다. 여기서 의제 말롱(해룡으로 개명)은 본관을 해주, 부를 일군, 외조를 조성보라고 기재하고 있다. 아버지는 다르지만 어머니는 같다는 말이다. 옥동의 어미는 천이와 혼인하여 옥동을 낳았고, 오일군과 재혼하여 말룡 등을 낳았다. 이 사례는 개가하는 여성이 후부(後夫)의 호에 들어가는 것이 아니라 후부와 그 가족이 개가한 여성과 전남편 사이에서 태어난 아들의 호로 들어오는 경우이다.

이 경우에 간혹 '의부'를 '계부(繼父)'라고 기재하기도 한다. 이때의 '계부'는 자신의 양부(養父)를 일컫는 말이 아니라 단지 의부의 호를 이었다는 의미이다. 이런 의미에서 의자는 일종의 양자라고 할 수 있다. '의양자(義養子)'라는 표기가 그것이다. 그러나 이 표기는 단성지

단성현 호적대장 현내면의 옥동 호와 말롱 호(1786) 관노인 옥동은 본관이 완산으로 아버지를 '천이', 외조를 '조성보'로 기록하고 있다. 그 해에 옥동의 호에 등재되어 있던 의부(義父) 오일군과 옹설, 말롱 두 아우가 별도로 호를 세워서 나갔다. 관노 말롱의 호에는 말롱의 본관이 해주이고 사조에 아버지로서 '일군'이 기재되어 있으나, 외조는 옥동과 마찬가지로 '조성보'로 기록되어 있다. 옥동과 말롱의 어미가 같은 사람이라는 말이다.

역 호적대장에서 한 사례밖에 찾을 수 없다. 자신이나 처의 재혼과 관계없이 맞아들인 양자는, 앞에서 본 바와 같이, 호적에 '양자(養子)' '수양자(收養子)' '양녀(養女)'와 같은 표현을 쓰는 것이 기재상의 원칙이다. 한편, 양자관계를 맺은 모든 사례에서 부모를 확인할 수 있는 것은 아니다. 따라서 이 가운데 '의양자'와 같이 처의 전남편 소생을 양자로 삼은 경우가 전혀 없다고 단정하기는 어렵다.

'의자' '의녀' '계부' '의부'라는 표기로 자신의 처나 모가 개가한 흔적을 남기는 사례는 1678년 호적대장에 7건, 1717년에 16건, 1783년에 6건이 있으며, 19세기 초에도 두세 건을 발견할 수 있다. 재혼의 흔적을 남기는 사례 역시 후기로 가면서 줄어들지만 앞에서 본 양자관계 사례보다는 많다. 또한 일찍부터 여성의 재혼이 금지된 사실을 고려하면, 여성의 재혼사례를 19세기에 들어서도 계속해서 찾을 수 있다는 데 더 큰 의미를 둘 수 있다. 계자가 아닌 평민들의 양자관계 사례는 19세기에 나타나지 않기 때문이다.

1825년 법물야에 거주한 수군 서홍록은 처 김소사와 역리(驛吏)인 '의자' 서대를 호적에 등재하고 있다. 1834년 호적에는 의자인 서대가 주호로 등장하여 본관과 사조를 기재하는데, 본관은 서홍록과 같은 달성이지만, 사조기록의 부는 유복, 외조는 김동춘이다. 김동춘은 서홍록의 처로 등재되었던 김소사의 아버지이다. 또한 서대의 의부인 서홍록과 생부인 서유복 사이에 친척관계는 확인되지 않는다.

1840년 호적대장 신등면의 한 장인촌에는 최삭부리가 처 정소사와 함께 호를 구성하고 있는데, 1843년에 그 호에 새롭게 16세의 '의자' 이문이가 등재되었다. 1846년에는 이문이가 원생으로 기재되었는데,

단성현 호적대장 신등면의 최삭부리 호(1843) 최삭부리 호에는 '의자(義子)'로 합친 이씨인 이문이가 등재되어 있다. 처의 전남편 소생인 듯하다.

'의자'가 아니라 그냥 '자'라고만 기재되었다. 재혼하는 여성의 전남편 소생이면서 '의자'라고 표기하지 않은 경우는 이외에 더 있을 가능성도 있다.

이번에는 개가한 여성들의 신분을 살펴보자. 의자녀가 있는 호에 등재된 처가 재혼한 여성인지 확인되지 않는 경우도 있다는 사실을 감안해 의자녀들의 신분도 함께 고려할 필요가 있다. 조선시대에는 자식의 신분이 어미의 신분에 준해 결정되기 때문이다.

1678년 호적에는 재혼한 것으로 추정되는 여성이 양녀 3명, 관비(官婢) 1명, 사비(私婢) 2명인데, 직역이 기재된 자들에 한해 의자녀를 보면 수군(水軍), 역보(驛保), 관노(官奴), 향교노(鄕校奴)가 각 1명씩이다. 사례가 비교적 많은 1717년에는 재혼 추정 여성이 양녀 7명, 관비 3명, 사비 5명이며, 의자녀는 수보(水保)·역보 각 1명, 관노비 3명, 사노비 4명이다. 1783년에는 거의 신분이 기재되지 않으나 재혼 추정 여성 가운데 관비 1명, 사비 1명이 보인다. 그리고 19세기 초에는 의자가 원생(院生)과 역리로서 이전 의자들보다 신분이 높은 것이 특징이다. 원생이란 원래 서원의 생도를 일컫는 말인데, 19세기에는 일반 평민이 직역명으로 사용하기 시작하였다. 이 원생의 어미에게는 '씨' 호칭을 붙인다.

재혼한 것으로 추정되는 여성들을 양천신분으로 구분할 때 양인과 공사천이 반반씩이다. 의자녀들은 공사천인 경우가 대부분이고 군역자인 경우에도 수군이나 역보와 같이 천대받는 역종을 지고 있다. 19세기에 들어서기 전까지 재혼한 여성이 호적에 흔적을 남긴 사례는 이렇듯 주로 천민 및 평민집단에서 보인다. 여성의 재혼을 금지하는 법규는 양반층이나 평민의 상층부에서만 통용되었던 것이다.

그러면 재혼녀를 처로 맞이하는 남성들은 어떠한 자들인가? 1678년에는 수보 2명, 장인(匠人) 1명, 관노 1명, 사노 2명이며, 1717년에는 역보, 장인 각 1명과 군역면역자 3명, 관노 4명, 교노 1명, 사노 5명이다. 이들도 재혼 여성들처럼 많은 수가 공사천 신분이다. 1783년에 유학을 직역으로 쓰는 자가 있으나, 이 경우는 재혼녀를 첩으로 맞이하면서 그녀와 그녀의 자녀가 있는 호에 자신을 등재하는 형태를 띤다. 이 양반은 나이가 61세로 첩의 가족과 함께 여생을 보낸 듯하다. 19세기에는 호적상의 직역이 전반적으로 양반들이 사용하던 것으로 업그레이드되면서 재혼녀와 관련된 자들의 직역도 업그레이드되었다.

재혼하는 여성 및 그녀들의 후부를 살펴볼 때, 그들이 거주하는 지역이 편중되어 있다는 점이 매우 흥미롭다. 관아에 소속된 관노비가 많다는 데서 이미 짐작할 수 있듯이, 이들은 관아가 있는 읍치와 그 주변에 집중적으로 분포한다. 1678년에 일곱 사례 가운데 세 사례가 읍내에 거주하는 호에서 보이며, 1717년에는 열여섯 사례 가운데 열세 사례가, 그리고 1783년에는 여섯 사례 가운데 세 사례가 현내면에서 발견된다. 읍치와 그 주변 지역 이외에는 벽계, 안봉 등 단성지역의 역촌(驛村)에서만 두세 사례가 눈에 띈다. 호적상 여성의 재혼을 알 수 있는 기록은 양반이 사는 외촌보다는 인구가 유동적인 읍치와 그 주변에서 주로 발견된다는 것이다.

양반층에서 여성의 재혼사례를 찾아볼 수 없는 것은 일찍부터 마련된 재혼 관련 법규가 양반층에게 적용되어 왔기 때문이다. 그런데 외촌에 사는 하층민들 사이에서도 여성의 재혼사례가 드문 것은 무엇 때문일까? 외촌에서는 여성의 재혼에 대한 인식이 그다지 좋지 않았기 때문이라 추측된다. 상대적으로 읍치나 역촌은 그러한 분위기를 전혀 개의치 않는 환경을 유지한 것 같다.[27] 호적상의 표기만을 가지고 여성의 재혼현실을 속단하기는 어렵지만, 최소한 호적상에 그렇게 표현되는 데에는 공간의 차이가 영향을 준 것이 분명하다.

외촌에서도 하층민들 중에는 '의자녀'로 표기하지 않고 그저 자녀라고만 기재하여 처의 재혼사실을 드러내지 않는 경우가 많았을 것이다. 이는 특히 양반가의 사노비들에게 흔한 일이었다. 가까운 예로 권두망의 노 계민은 비 계화와 종상과의 사이에서 태어나 권두망의 호에 등재되었는데, 1678년 호적에 걸와시의 '자'로 올라가게 되었다. 계민의 어미 계화도 걸와시의 처로서 같은 호에 등재되어 있다. 즉, 걸와시는 처 계화의 전남편 소생을 자신의 호에 등재하면서 '의자'라 하지 않고 그냥 '자'라고만 기재하였던 것이다.

걸와시는 권두망의 노로서 역시 권두망 호에 등재되어 있었다. 그런데 1678년도 호적을 작성하면서 처 계화, 그녀의 전남편 소생인 계민과 함께 권두망 호의 바로 앞 주소로 독립호를 구성하였다. 이로써 걸와시의 혼인, 즉 계화의 재혼이라는 노비의 혼인관계가 호적상에서 엄연하게 공인받은 셈이다.

걸와시와 같이 독립호를 구성하는 노비도 많았지만 상당수의 노비는 상전의 호에 솔거하는 것으로 등재되었다. 주호부부에게 사조를 기재하듯이 이들 솔거노비에게도 각각의 부모를 기재하게 되어 있다. 이 부모를 기준으로 노비의 가족을 재구성하다 보면, 노비 사이의 혼인이든 양천신분 사이의 양천교혼(良賤交婚)이든 간에 이들의 재혼사례가 심심찮게 눈에 들어온다. 이 사례들 가운데 남성의 재혼과 여성의 재혼이 그 비율상 어느 쪽이 많다고 단정하기는 어렵다.

호적은 혼인의 결과 형성된 가족을 호라는 틀을 빌려 등록할 뿐이므로 재혼은 물론이거니와 이혼과 같은 결혼의 파산에 대해서 일일이 기록하지 않는다. 그러나 호적의 등재와 탈락, 호구출입상황에 관한 기록에서 이러한 사실을 추측할 수 있다.

가령, 1720년 호적에 사노 입사리의 호에는 처 사비 선양이 광양으로 이거하고 처 양녀 안소사와 의자 강쌍이 새롭게 등재되었다. 전처가 사망한 것을 계기로 후처를 들이는 것이 일반적이지만, 이 경우에는 후처를 맞아들일 당시 전처가 단지 타지역으로 이주하였을 뿐, 생존하고 있는 것이다. 이혼했다는 기록은 보이지 않지만, 이혼이 아니더라도 최소한 별거하는 상황이 되었다고 볼 수 있다. 살아 있는 전처와 후처를 동시에 같은 호에 등재하는 사례가 없지 않음에도 불구하고 왜 전처 선양은 같은 호에 있지 않고 다른 곳으로 가 버렸을까? 그들 사이에 '남녀간의 어떠한 사정'이 있었는지 모른다.

여성의 재혼을 비롯하여 하층민들의 혼인관계를 살펴보노라면 이러한 현상이 노비양산을 위해 강요된 혼인으로 비칠 수도 있다. 그러나 이것은 '노비는 가족을 형성할 수 없는 물건과 같은 존재'라고 비하하는 데서 나온 발상이다. 반대로 하층민들의 혼인관계가 문란하다고 느낀다면 이것은 양반사회의 혼인관념을 일반에게 강요하는 일에 지나지 않는다.

4 / 여성이 활약하는 조선 후기

여성 주호(女性主戶)

안동 권씨 동계공파 종택의 호적문서 가운데 1777년의 호구단자는 유학 권주(權柱)의 사망으로 인하여 그 처인 송씨가 호의 대표자가 되었음을 기재하고 있다.

"신등면 제1리 단계 제(1)통 제(2)호, 유학 권주 금고대처 송씨 년 48세 경술 적문희〔新燈面第一里丹溪第(一)統第(二)戶, 幼學權柱今故 代妻宋氏年四十八 庚戌籍聞喜(❶)〕."

이 호는 '제1통 제2호'로 편제되고 '유학(幼學) 장(壯) 1명, 부녀(婦女) 장 1명, 비(婢) 장 2명'으로 집계되었다(❷). 제출된 호구단자에 근거하여 호구편제를 마친 뒤에 돌려준 문서이다. 여기서 부녀 1명은 송씨를 가리키며, 유학 1명은 사망한 권주가 아니라 21세의 솔자 '정옥(正玉)'을 가리킨다. 호구단자에 정옥은 직역명을 기재하지 않았으나, 당시에는 호적작성시 직역별 통계를 아버지의 직역명에 준하여 작성하였기 때문이다. 솔자 정옥의 혼인 여부는 불분명하지만 당시 21세로 아버지의 호를 승계할 수 있는 나이임은 분명하다(❸). 그러나 그의 어머니 송씨가 남편을 대신해 호의 대표자가 되었다.

그 다음 식년인 1780년 호적대장이 남아 있어 이 1777년 호구단자와 대조해 볼 수 있다. 1780년 호적대장에 이 호는 단계중촌 제2통 제5호로 편제되어 있다. 호적대장 작성을 완료한 단계에서 여전히 송씨가 호의 대표자로 등재되어 있고(❶'), 정옥도 아직 유학을 직역명으로 취하지 못하였다.

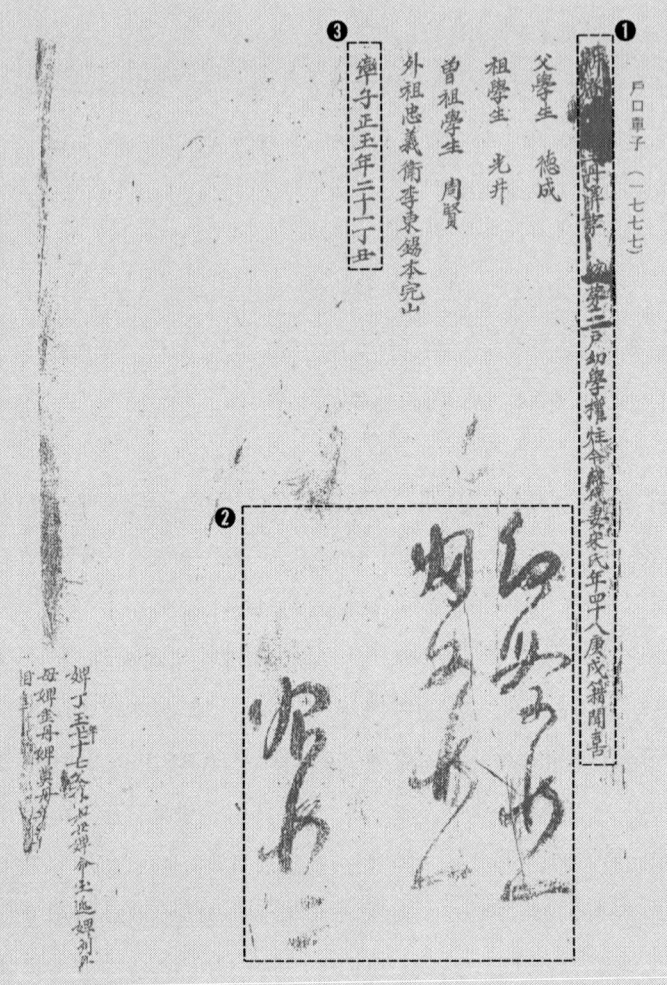

신등면 단계 호구단자 중 여성 주호 송씨의 호(1777) 1774~1777년 사이에 권주가 사망하여 그의 처 송씨가 호의 대표자가 되었다. 사조기록은 송씨의 계보이다. 21세의 아들 정옥이 있었으나 곧바로 그를 호의 대표자로 세우지는 않았다.

여기에서 면리 단위로 호구수를 조정하는 단계에서 작성된 '중초' '통기' 등의 자료에는 흔하지만, 호적대장에는 희귀한 사례를 발견할 수 있다. 호적대장을 작성한 직후에 어머니 송씨가 사망하였다는 사실을 다른 종이에 써서 송씨 밑에 갖다 붙인 것이다. 이는 자식들의 과거응시와 관련하여 호적기록을 증빙하는 과정에서 생긴 일이다. 단성현 호적대장 자료에서 이미 현 단위로 확정된 호적기록에 이렇게 수정사항을 첨가하는 사례는 이 이외에 찾기 어렵다.

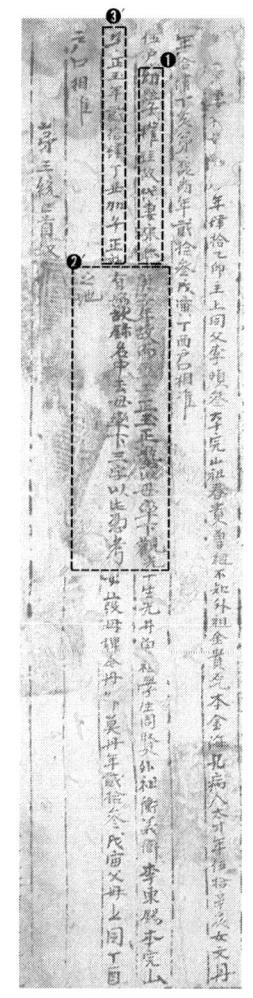

"경자년에 죽었다. 솔자인 정옥과 정숙이 호적상 어미의 솔하인으로 과거 보기를 꺼려하여 입시서류에 이 '모솔하(母率下)'라는 세 글자를 지웠다. 이에 이것을 증빙하는 바이다〔庚子年故 而率子正玉正塾 以母率下觀光有嫌 故錄名中 去母率下三字 以此憑考之地(❷')〕."

단성현 호적대장 신등면 단계 송씨 호(1780)와 그에 붙은 첨지 1780년 호적에 권주가 사망함으로써 송씨가 호의 대표자가 되었음을 밝힘과 동시에 둘째 아들 정숙을 새로이 등재하였다. 그런데 호적대장 작성이 완료된 직후에 송씨도 사망하였다. 정옥과 정숙이 과거응시일로 증빙을 하면서 어머니의 사망사실을 다른 종이에 써서 송씨 밑에 갖다 붙였다.

여성이 활약하는 조선 후기   167

이미 살펴본 바와 같이 관광(觀光), 즉 과거를 볼 때에는 입시자의 사조(四祖) 등 호적기재사항을 확인하는 절차를 거쳐야 했다. '유학'이라는 직역명을 얻어야 하지만, 정옥과 정숙은 호적대장 작성시에 아직 유학을 기재하지 못하였다. 정옥의 아우 정숙은 이 식년의 호적대장에 처음으로 등재되었는데, 송씨가 호의 대표자이고, 그 아들들은 "자 정옥(子·正玉) 가자 정숙(加子·正塾)'으로만 기재되어 있다(❸').

그런데 이 호적에서 주목할 만한 사실은, 우선 여성이 호의 대표자로 등재될 수 있다는 점, 다음으로 과거응시시에 그러한 사실을 밝히기를 꺼려하였으나 호적의 기록을 위조할 수는 없었다는 점이다. 여기서 호적상에 호의 대표자는 어떻게 등재되며 그러한 호적의 관점은 무엇인지가 궁금해진다. 17~19세기 단성현의 호적대장에서 살펴보도록 하자.

조선시대에는 호의 대표자를 일반적으로 '주호(主戶)'라고 불렀다. '주호'라는 말은 호적상의 호 자체를 가리키기도 한다.[28] 호 자체가 아니라 개인을 칭할 때는 호수(戶首), 호주(戶主)라는 말도 쓴다. 그러나 당시에 호의 대표자를 일반적으로 '주호'라 칭한 것은 호와 그 대표자를 분리해서 인식하지 않았기 때문이다. 마치 기관장의 품계로 국가기관 자체의 품계를 이르는 것과 같다. 군역자의 수를 군호(軍戶)의 수로 지칭하거나 노비호(奴婢戶)나 반호(班戶)라는 식으로 호 대표자의 사회적 신분으로 호를 지칭하는 것과도 통한다.

사실, 조선시대 호적에는 호의 대표자를 지칭하는 용어를 기재하지 않는다. 다만 맨 앞에 등재되어 있는 자를 호의 대표자로 간주할 뿐이다. 대한제국기의 호적(광무호적, 신식 호적이라고도 한다)에는 호의 대표자를 '호주'라고 명시하고 1인에 한해 기재하도록 하였는데, 이는 호가 져야 할 의무와 호에 대한 책임을 법인체로서의 한 개인에게 분명히 지우려 한 때문이다. 이전의 호적도 대표자를 한 개인으로 인식하지 않은 것은 아니다. 그러나 호와 그 대표자를 분리해서 인식하지 않는 만큼, 호의 대표자를 선명하게 드러내지도 않았다.

호의 구성원은 사망이나 이거 등의 이유로 인하여 수시로 변동하게 마련이다. 그런데 17세기 호적은 주호에게 변동사항이 있을 때 대표자를 교체하여 새로운 주호를 확정하기보다는 호를 온전한 형태로 유지하는 데 더 많은 노력을 기울였다. 호적에는 주호부부가 모두 온존한 것을 이상적인 형태로 여기며 부부 양쪽에 다 '사조'를 기재하여 호의 승계 여부를 분명히 하려 하였다. 호의 승계라는 측면에서 어쩌면 조선시대에는 호적의 주호부부 한 쌍을 호의 대표로 인식하였는지도 모른다. 또한 어미의 신분에 따라 가족의 신분이 결정되는 데에도 이유가 있다.

호적을 작성할 때 주호부부 중 어느 한 쪽이 결여되는 경우가 발생한다. 처가 사망하여 남편만이 호의 대표로 존재하거나, 남편이 사망하여 처만이 호의 대표자로 존재할 수 있다. 어느 경우이든 호를 성립하는 데에는 바람직하지 않은 것으로 인식되었다. 단, 처가 사망한 경우에는 그것이 표면화되지 않을 수 있었다. 남자가 재혼하거나 혼인한 자식에게 호를 승계하면 되기 때문이다. 그러나 문제는 솔하 자식이 아직 어린 상황에서 주호인 남편이 사망한 경우이다. 이럴 때는 망자(亡者)의 처가 호를 대표할 수밖에 없었다. 그런데 17세기에는 자식을 호의 대표자로 교체하거나 처를 호의 대표로 확정하는 데 신속하지 못하였던 것 같다.

1606년은 왜란의 와중에서 유실된 호적대장을 회복하기 시작한 시기이다. 1606년 산음현 호적대장에 붙어 있는 단성의 호적을 보면, 남성 주호가 사망했음에도 불구하고 여전히 그를 주호로 남겨둔 사례가 많다. 도생리(都生里)의 첫 번째 호는 다음과 같이 호의 구성원을 등재하고 있다.

❶ 고 유학 양한준(故幼學梁漢浚)
❷ 처 이씨(妻李氏) : 81세, 본관 진해, 사조기재
❸ 솔자 유학 양순(率子幼學梁淳) : 58세
❹ 처 권씨(妻權氏) : 58세, 본관 안동, 사조기재
❺ 노비(奴婢) : …

유학 양한준은 1606년 호적을 작성하기 직전 어느 해에 작고하였다. 양한준에게는 단지 '故'라고만 표기되고 본관이나 사조가 기재되지 않았다. 처 이씨는 81세로 생존하여 본관과 사조가 기재되었다. 죽은 남편을 호적에 등재하여 주호부부를 유지하고

산음현 호적대장 도생리 고(故) 양한준 호(1606) 양한준은 사망하였으나 누가 호의 대표자를 대신한다는 말이 없다. 주호가 사망하였지만 당분간은 그대로 호의 대표자로서 남겨 두었던 것으로 여겨진다.

있는 셈이다. 그런데 이 호적에는 자식부부도 등재되어 있다. 솔자 양순은 유학이라는 직역을 가지고 있고 이미 58세로 호를 대표할 자격이 충분하다.

또한 며느리인 권씨는 '부(婦)'라 하지 않고 솔자에 이어 '처'라고 쓴 뒤 본관과 사조를 기재하였다. 자식부부가 이 호를 이미 승계하였거나 승계할 것임을 암시하는 것이다. 아버지 사망 후 자식이 주호가 되면 죽은 아버지를 사조에 기록하게 되어 있다. 그러나 그렇게 하지 않은 것은 아버지의 삼년상(三年喪)이 아직 끝나지 않았기 때문인지 모르겠다. 당시에는 호적에 주호부부가 온전하게 등재된 것에 만족하고 예우 차원에서 죽은 남편을 주호로 등재하는 것을 용인하였다.

1606년 단성호적에는 주호가 사망하였으나 여전히 죽은 사람을 주호의 자리에 등재한 사례가 24건 있다. 이는 단성 전체 220호의 11%에 해당하는 숫자이다. 그 가운데 22호는 제시된 사례와 같이 사망한 남편과 함께 살아 있는 처나 첩을 등재한 경우이다. 이러한 호의 남편들은 모두 유학, 학생이나 품직명을 직역으로 사용하며, 첩 이외의 처들은 '씨' 호칭을 사용한다. 사망한 주호를 호적에 그대로 남겨두는 것은 소위 양반을 자칭하는 호에서 발생하는 현상이다. 이는 사대부가의 관습이 호적등재시에도 무시되지 않았다는 것을 의미한다.

한편, 1606년 산음과 단성의 호적대장에는 주호부부가 사망하여 딸만 등재된 호나 사망한 주호에게 가족이 없어 솔거하던 노비들만 남은 호도 있다. 그 가운데서도 '故○○墓直婢△△'라는 식으로 양반가의 묘지기 비가 등재된 것이 눈에 띈다. 주호 ○○가 사망하였으나 그 가족은 이 호에 존재하지 않고 그 묘직비들만 거주하는 경우이다. 그러나 사망한 주호를 호적에 남겨 호의 주체는 여전히 노비들의 상전임을 나타냈다고 할 수 있다. 또한 주호의 가족이 타지역으로 이거하여 솔거하던 노비들만 남은 경우도 있다. 주호가 사망하거나 타지역으로 이거하여도 여전히 주호로서 행세한다고 할 수 있지만, 이런 호들은 노비호로 전환될 가능성이 높다.

그런데 1606년 호적 중에는 여성이 단독으로 호의 주체로 확정된 사례가 있다. 양녀 이소사와 관비, 교비(校婢)가 각각 주호로 등재된 다섯 호가 그러하다. 이들 호는 호의 첫머리에 사망한 자를 기록하지 않는다. 호적은 여성을 호의 대표자로 인정한 것이다.

1606년 이후로 현존하는 단성지역 호적대장에 등재된 주호를 유형별로 분류·집계해 보면 오른쪽의 〈표 2〉와 같다. 주호로 확정된 남성 주호와 여성 주호, 사망한 주호를 그대로 호의 맨 처음에 기재하거나 주호의 교체사실을 분명히 한 경우 등으로 나눈 것이다.

1606년 호적대장에는 이미 살펴본 바와 같이 주호가 사망하였으나 호적에 그대로 등재해 두었다. 전주호를 대신해 호를 승계한다는 '대(代)'자를 표시하지 않은 것이다. 그런데 1678년 호적대장에는 망자의 처와 아들이 주호를 대신할 것임을 밝히는 사례가 보이기 시작한다. 18세기 이후로는 이런 경향이 오히려 대세를 이룬다. 주호가 사망한 채로 등재되어 주호 교체 여부가 불분명한 상황은 예외적인 것이 되어 버렸다.

이렇게 주호가 사망하여 교체될 처지에 있거나 주호의 교체사실을 밝히는 호는 1606년에 11%에 육박하였다. 그러나 이후 감소하여 18세기 중엽 이후로는 5%를 밑돌았다. 주호가 확정적이지 않고 유동적

<표 2> 단성현 호적대장 식년별 주호의 유형 및 여성 주호 비율

단위(명/%)

주호구분			1606년	1678년	1717년	1759년	1783년	1820년대	1860년대
기확정 남성 주호(A)			191	1,872	2,244	2,349	2,721	2,891	2,476
기확정 여성 주호 (A')		과부, 과녀, 독녀		38	66	217	111	65	27
		양녀, 비	5	46	27	37	17	2	
		신분기재가 없는 여성			6	14	11	11	10
주호사망	유보 (B)	故+처·첩+(자)	22	148	15			1	
		故+자(기타 남성가족)	1	7	3		2	4	
		故+녀		1					
		故+비	1						
	교체 (B')	故代처·첩(과부, 과녀)(a)		3	46	25	29	8	2
		故代자(기타 남성가족) (b)		4	104	79	111	91	117
		故代녀(기타 여성가족) (c)			2	7	3	2	
		故代노 (d)			1				
총호수(C)			220	2,119	2,514	2,728	3,005	3,075	2,632
주호사망		계 (B+B')	24	163	171	111	145	106	119
		비율 (B+B')/C%	10.9	7.7	6.8	4.1	4.8	3.4	4.5
주호를 남성으로 교체한 비율(b+d)/B' %				57	69	71	78	90	98
여성 주호		계 (A'+a+c)	5	87	147	300	171	88	39
		비율 (A'+a+c)/C%	2.3	4.1	5.8	11.0	5.7	2.9	1.5

이었던 호적등재가 18세기 중엽 이후 안정화되었음을 보여준다. 그런데 주호가 사망한 호 가운데 아들이나 그 외의 남성가족으로 주호를 교체한다는 사실을 밝힌 사례가 1678년에 57%에서 점차 증가하여 19세기에는 90%를 넘어선다. 호적에 주호를 확정해서 등재하는 경향이 강해지는 가운데, 가능한 한 남성을 새로운 주호로 세우려 하였음을

알 수 있다.

사망한 전주호를 대신해 아들이 주호가 됨을 밝히는 경우에는 'OO 故代(戶)子△△'라는 형식으로 기재하였다. 이때 '대호(代戶)'라 써서 호를 승계한다는 사실을 분명히 하기도 한다. 아들이 주호를 대신한다고 할 때 전주호의 처는 이제 '모'로 기재된다. 그러나 아들이나 기타 남성가족이 아니라 여성이 호를 승계한다고 밝히는 사례도 있다. 주로 전주호의 살아 있는 처가 전주호를 대신하며 'OO故代妻△△' 혹은 'OO故妻寡婦(寡女)△△'라는 형식으로 기재하였다. 과부(寡婦)는 사대부가의 여성에게, 과녀(寡女)는 평민 여성에게 사용하는 호칭이다. 이 '과부' 혹은 '과녀'는 현실적으로 배우자가 사망한 여성을 가리키지만, 호적상에는 주로 여성이 주호로서 호를 대표할 경우에 사용되었다. 이는 여성 주호가 아닐 경우에는 과부나 과녀를 사용하는 사례가 드물다는 분석결과에서 추정 가능하다.[29]

나아가 1678년 단성현 호적대장에는 주호의 자리에 사망한 전주호가 아니라 살아 있는 그 처를 기록하면서 단지 '과부' '과녀' 혹은 '독녀(獨女)'로 등재한 사례가 1606년에 비해 월등히 많아졌다. 이렇게 주호를 여성으로 교체한다는 사실을 밝힌 호와 이미 여성을 주호로 확정한 호는 1606년에 전체의 2.3%에서 1759년에 11%로 증가하였다. 그러나 1783년 호적에 여성 주호는 모두 170여 호로, 전체 3,000여 호 가운데 5.7%에 지나지 않는다. 여성 주호의 비율이 18세기 초의 수준과는 비슷하지만 18세기 중엽의 수준에는 미치지 못하는 것이다. 이후로는 더욱 낮아져서 19세기 중엽에는 1.5%에 지나지 않게 된다.

가사를 주관하는 여성

18세기 말 이후로 여성 주호가 감소한 것은 주호가 유동적이었던 호적등재를 제한하면서 가능한 한 남성을 주호로 내세우려는 경향이 강해진 때문으로 보인다. 여성 주호가 감소한 또 하나의 이유는 여성이 주호인 호 자체가 다음 식년의 호적에서 사라져 버리는 경우가 많기 때문이다. 이는 주로 아들을 등재하지 않은 호에서 발생하였다. 남성으로 주호를 확정하기 어려운 호에 대해서는 호적등재 자체를 제한한 것이라 보인다. 이러한 현상은 18세기에 반포된 호적작성원칙에 영향을 받은 때문이다. 당시 주호승계에 관해 다음과 같은 원칙이 제시되었다.

"과부로서 집안일을 주관하더라도 아들이 장성하면 아들을 주호로 삼는다〔寡婦 雖主家事 子若長成 以其子主戶爲白齊〕." [30]

여기서도 '과부'는 남편이 사망하여 남편 대신 호적상 주호로 등재된 여성을 말한다. 이 주호승계의 원칙에는 여성이 주호로서 존재할 수 있지만 가능하면 남성을 주호로 세우려는 의도가 숨어 있다. 호적에는 15~59세 내지 16~60세의 남녀를 '장(壯)'으로 분류한다. 한두 가지 예외가 있지만 주호는 거의 16세 이상이다. 아들이 이 나이가 되면 주호가 될 자격을 갖춘 것으로 보아 주호를 아들로 바꾸는 것이 원칙이었다. 말하자면, 여성의 주호승계는 임시조치에 지나지 않는다는 것이다.

그런데 주목되는 현상은 16세를 넘어선 아들이 그 호에 현존함에도 불구하고 어머니가 계속 주호로 남아 있는 사례가 많다는 사실이다. 1717년에 주호가 여성이면서 아들을 등재한 호는 48호인데, 그 가운데 아들이 16세 이상인 호가 21호로 반수에 육박한다. 1783년에는 73호 가운데 58호로, 비율이 월등히 높아졌다. 어머니가 장성한 아들에게 주호자리를 양보하지 않는 사례가 많을 뿐만 아니라, 18세기 후반에는 이런 현상이 오히려 심화되었다. 18세기 호적에는 아들이 사망하여 생존한 어머니가 다시 주호로 등장하는 사례도 더러 있다. 여성 주호의 소멸과 재생성이 동시에 진행되고 있었던 것이다.

여기서 호적작성의 원칙으로 제시된 문장을 재음미해 볼 필요가 있다. 바로 '과부가 가사를 주관하더라도'라는 부분이다. 이 규정에서는 남편이 사망하면 그 처가 남편을 대신해 집안을 경영하는 현실을 엿볼 수 있다. 국가는 현실을 인지하고 여성이 호적에 호의 대표자로 등재되는 것을 인정한 것이다. 뿐만 아니라 아들이 장성하여 호의 대표자로 호적에 등재되더라도 실제로는 그의 어머니가 집안일을 주도하였다. 호적작성원칙상의 규정과 달리 16세를 넘은 아들이 같은 호에 있어도 어머니가 계속해서 그 호의 대표자로 등재되는 현상은 이러한 사회현실을 반영한다고 할 수 있다.

더구나 16세 이상의 아들을 등재하는 여성 주호 중 상당수가 양반가 여성이다. 1717년 호적에 아들을 등재한 여성 주호 가운데 '씨' 호칭을 쓰는 경우는 15호인데, 그 중 10호가 16세 이상의 아들을 등재하였다. 1783년에는 아들을 등재한 '씨' 호칭 여성 주호 24호 가운데 23호가 16세 이상의 아들을 등재하였다. 어머니가 장성한 아들에게 호를 승계하지 않고 계속 호적상의 주호로 존재하는 것은 양반가의 여성 주호에게 흔한 현상이었다.

18세기이면 이미 양반가에 가부장적 부계질서가 굳건히 확립되었다고 하는 믿음은 여기서 여지없이 무너져 버린다. 양반가의 호적에 여성 주호가 존재한다는 사실만으로도 부계질서가 확립된 가호를 상정하기가 주저된다. 더구나 여성 주호의 비율이 17세기에서 18세기 중엽으로 갈수록 도리어 증가하고 있으며, 그 후로도 여성 주호가 장성한 아들에게 호를 승계하지 않는 경향은 지속되었다. 이러한 사실은 단순히 더 많은 호수를 확보하기 위한 호적작성과정상의 필요성만으로 설명하기가 어렵다.

근래에 발표된 여성의 산송(山訟)사례는 과부의 가사주관 및 부계친족질서와 관련하여 흥미로운 사실을 알려주므로 여기에 다시 소개한다.[31] 1709년에 영광 신정수(辛鼎受)의 처 류씨(柳氏)가 시부모 묘 이상(移葬)을 둘러싸고 관에 소장(訴狀)을 제출한 사례가 그것이다. 류씨의 남편과 큰아들, 그리고 남편의 형 부부와 조카가 몇 년 사이에 모두 사망하고 열 살짜리 둘째 아들만 남아 이 집안은 대가 끊길 위기에 처해 있었다. 류씨는 위기를 극복하고자 시부모의 묘를 이장하는 등의 집안일에 나서지 않을 수 없었는데, 이장처 가까이에 묘를 쓰고 있는 같은 집안 사람이 이장을 막고 나섰다.

여기서 흥미로운 점은 과부가 집안일을 주관한다는 사실만이 아니다. 신씨가문 내부에서 발생한 분쟁이기에 신씨가의 문장(門長)이 중재에 나섰으나, 결국 중재에 실패하여 관에서 해결할 수밖에 없었다는 점이 그것이다. 이때 류씨가 분쟁에서 승소하였는데, 부계친족질서로 형성된 친족집단이 부계질서의 상징인 산소문제를 자체적으로 해결하지 못하였다는 것은, 친족집단이 그만큼 관념적인 집단임을 대변한다. 그보다 좁은 범위의 직계가족이 현실적인 공동체를 이루며, 국가는 현실적인 가족 간의 분쟁에 개입할 뿐이었다.

동일 발표에서 제시된 다른 사례도 가부장적인 부계질서와 여성의 문제에 많은 시사점을 준다.[32] 시기는 분명치 않지만, 정해(丁亥)년 7월 만종리(萬宗里)에 사는 조원서(曺元瑞)의 처가 딸을 구명하기 위해 관에 하소연한 사례가 그것이다. 그의 딸은 어린 나이에 혼인하였으나 남편에게 버림받고 친정에 와 있다가 어느 양반가에 첩으로 들어갔다. 그런데 누군가가 남편이 있는 부녀자가 다른 사람과 다시 혼인한 것은 실절(失節 ; 절개를 지키지 못함)이라고 고해 바쳤는지, 관에서 실절의 죄목으로 딸을 잡아가 버렸다. 조원서의 처는 "오직 살기 위한 계책만을 도모하여 실절이 죄임을 몰랐다"고 하면서, "처를 버린 남편이 관에 와서 문제를 제기한다면 딸은 용서받기 어렵다. 그러나 남의 첩이 될 수 있는데 사람들이 천하다고 여겨서 (이렇게 되었을) 뿐이다. 훗날의 경계를 위해서는 삼종지도(三從之道)를 잃었지만, 그렇다고 어찌 재혼할 수 없단 말인가?"라고 반문하고 있다.

평민들 사이에도 가부장에 대한 삼종지도의 이념이 전파되고 있는 상황을 읽을 수 있다. 그러나 조원서의 처에게는 여전히 여성에게 절개를 강요하는 것이 잘 이해되지 않는다. 남녀 간에 깨끗하게 끝난 문제인데, 사람들이 왈가불가하는 것도 마음에 들지 않는다. 딸아이를 시집보낸 어미의 마음은 동서고금을 막론하고 다르지 않다. 그나저나 비록 첩이지만 관가에 잡혀가도록 내버려 둔 양반은 또 무엇인가? 그 양반은 자신의 첩이 실절을 했다고 여기지는 않았을 것이다. 가부장적인 부계질서가 아무리 강조된다고 해도 현실생활에서 관철되지 못하는 상황이 존재한 것이다.

　호적상 남성을 호의 대표자로 세우려는 경향도 부계질서와는 별개의 문제일는지 모른다. '아들이 장성하면'이라는 단서는 아들이 혼인하여 부부를 이루는 현실을 전제로 하며, 이로써 주호부부가 온전한 형태의 호로 파악되기를 기대한 것이다. 실제로 가호를 주관하는 문제에 있어서는 호의 대표가 여성이든 남성이든 개의치 않으나, 호의 지속성을 확보하는 문제에서는 여성 주호의 아들이 주호부부를 이루는 쪽을 택할 것이다. 국가가 호적으로 호를 파악하는 데에는 계층적 현실은 물론, 가부장적 부계질서도 그리 주요한 제약조건이 되지 못한 것이다.

　19세기에 와서 호적대장상 여성 주호의 비율은 급기야 17세기에 훨씬 못 미치는 수준으로 떨어졌다. 이 시기 호적의 호는 일찍이 조선왕조 초기에 제시된 호의 형태를 전형으로 하여 작성된 듯한 느낌마저 든다. 이것은 국가가 호를 파악하는 방법에 대해 정약용이 제시한 문제의식이 이러한 경향과 궤를 같이하기 때문이다. 정약용은 호의 대표자를 세우는 방법과 관련된 당시의 사회현실에 대해 다음과 같이 비판하였다.

> "'환부'라는 것은 궁고함을 이르는 말로 직역이 아닌데 어찌 호적에 마음대로 칭하는가? 호내에 처가 없으면 홀아비임이 자명하거늘 또 어찌하여 굳이 주호의 위치에 놓는가? '과부'도 이렇게 마음대로 칭하는 것이다. 양녀로서 호내에 지아비가 없으면 과부임이

자명하기 때문이다. 따라서 과부라는 이름으로 호를 세워서는 안 된다〔鰥夫者窮苦之名 非職非役 豈可以自稱乎 籍內無妻 則自明爲鰥 又 何必首載之乎 寡婦亦然自稱 良女而籍內無夫 則自明爲寡婦 寡婦非所以 立戶也〕."[33]

호적에 과부, 과녀가 주로 사망한 주호의 처를 주호로 확정할 때 하나의 직역명으로 사용된 것임은 밝혀진 바와 같다. 여기에 '환부(鰥夫)'라고 칭하는 것도 주호부부 가운데 여성이 결여된 상태의 주호임을 나타낸다. 17세기 호적대장에는 주호로서 신분을 '환부'로 기재하는 사례가 없다. 이는 18세기 초에 나타나기 시작하여 18세기 말까지 식년마다 12~15호가 있다. 그런데 이러한 '환부호'가 1820년대에 83호, 1860년대에는 232호로 급증하였다. 19세기 단성지역의 호적에는 주호의 직역란에 과부 혹은 과녀를 기재하는 여성 주호가 감소하는 데 반해, 바로 이 '환부'를 기재하는 호가 늘어났다. 여성 주호의 등재가 현격히 감소하는 데 대한 반대급부였던 셈이다.

이 인용문에 앞서 정약용은 "호적에 식구가 많으면 납부해야 할 쌀이 많아 '환부'라고 등재하는 경우가 많다. 민의 고달픔이 그만큼 심한 것이다〔人口多則納米多 故戶籍 稱鰥夫者居多 民之哀痛 斯爲甚矣〕"라고 하여, 호의 대표자로 환부니 과부니 하고 등재하는 것이 호역(戶役)을 줄이기 위한 움직임이라는 사실을 간파하였다. 조세를 수송·납부하거나 지방관청의 부역을 차출하거나 지방재정을 보전할 때 호적의 호구를 기준으로 사람을 동원하고 세금을 거두어 들이는데, 환부호나 과부호는 호구수가 적을뿐더러 '궁고(窮苦)'하다는 이유로 감세조치대상이었다. 따라서 호적상에 이러한 기재가 늘어난 것이다.[34] 정약용은 19세기 호적의 이러한 현상에 대해 지금까지 주호부부 중 어느 한 쪽이 결여된 호를 호적에 등재해 온 관례는 호적작성의 원칙에 어긋나는 것임을 지적하였던 것이다.

국가가 호의 대표자를 파악하는 것은 그자가 호에 대한 책임과 의무를 감당할 수 있다고 판단하기 때문이다. 그러나 주호부부 중 어느 한 쪽이 결여된 호는 부담능력이 그만큼 떨어지게 마련인지라, 그러한 호적등재를 꺼린 것이다. 여기에 19세기에는 감세조치를 위해 의도적으로 이러한 호적등재를 시도하기도 했다. 경상도 단성의 경우 여성이 주호인 호를 줄이는 대신 환부호를 늘리는 방향으로 대응하였으나, 일부 다른 지역에서는 여성 주호가 상당한 비율로 등장하는 경우도 있다.[35] 물론 이 지역은 과부들이 모여사는 곳이 아니다. 다 늦은 나이에 남편을 잃었든 거짓으로 호적에 과부를 자처하였든 간에 과부를 호의 대표로 세워서 세를 부담하기 힘든 상황을 호소한 것이다.

비록 임시방편이라 하더라도 조선시대에 여성이 호를 승계하여 그 대표자로 나설 수 있다는 사실은 '근대적 사고방식'으로 납득하기가 어렵다. 전근대사회는 여성이 자신의 존재를 드러낼 수 없는 깜깜한 암흑세계여야 하기 때문이다. 더구나 근대사회에 다가갈수록 여성 주호가 점차 소멸되어 가는 현상을 보이는 것도 용납되지 않는다. 여성이 봉건의 굴레에서 벗어나 개인의 자유와 평등이 보장되는 사회로 나아가는 역사적 발달과정에 부합되지 않기 때문이다.

조선시대 역사의 전면에 여성은 존재하지 않았다. 그리하여 근대사회가 되어도 여성은 전통적인 '가부장제(家父長制)'의 틀에서 벗어나지 못한 것으로 이해되고 있다. 가부장제란 '가(家)'라는 공동체의 구성원 가운데 남성 연장자가 가부장으로서 권위를 갖는 제도를 일컫는다. '가부장'은 부부와 그 미혼자녀들로 구성된 단혼소가족의 '남편〔夫〕'이자 '아버지〔父〕'일 뿐만 아니라, 방계친척 및 인척, 거기에 노비까지 포함된 '가' 공동체의 수장이다. '가' 공동체내 단혼소가족 외의 인물들에게 가부장은 아버지는 아니지만 마치 '아버지(父)와 같은' 존재로서 '가' 공동체에 대해 전제적인 권력, 즉 '가장권'을 갖는다. 가장권은 가족 내지는 '가' 공동체로부터 사회집단이나 전제국가의 구성원리로 확대되어 군신관계를 부자관계로 대치할 수 있는 단계로까지 이념화되기에 이른다.

이렇게 불평등하게 배분된 가족 내부의 권력관계로 말미암아 여성은 어떠한 사회조직에서도 전면적인 활동을 차단당하였다고 여겨지고 있다. '남성지배'로부터 출발하는 페미니즘의 가부장제 개념에서 볼 때, 조선 후기 호적의 여성 주호는 상당히 성가신 존재이다. 조선에서 여성은 '가' 공동체 내부에서 가사를 주관할 수 있고 외부적으로는 국가에 의해 한 호의 대표자로 파악되기 때문이다. 이러한 여성의 '가' 공동체에 대한 '역할'은 부차적이고 임시적이라고 하기에는 상당히 현실적이고 지속적이다.

앞서 본 바와 같이, 조선시대 호적은 '호'의 대표자를 특칭하지 않으며, 그 자격에 남녀 성별을 엄격히 제한하지 않았다. 이런 점에서 가장권을 가진 자의 성별, 즉 남성지배에만 초점을 맞춰 호적상의 '호'를 바라볼 수는 없다. 여성이 가장권을 발휘할 수 있는가 없는가를 따지기 전에, 가족 내지 '가' 공동체에 대한 가부장의 전제적인 권력 자체가 극히 관념적인 것이었는지도 모른다는 생각을 하게 된다. 이러한 문제에 대해서는 뒤에 호구와 가족의 관계에서 상술하기로 한다.

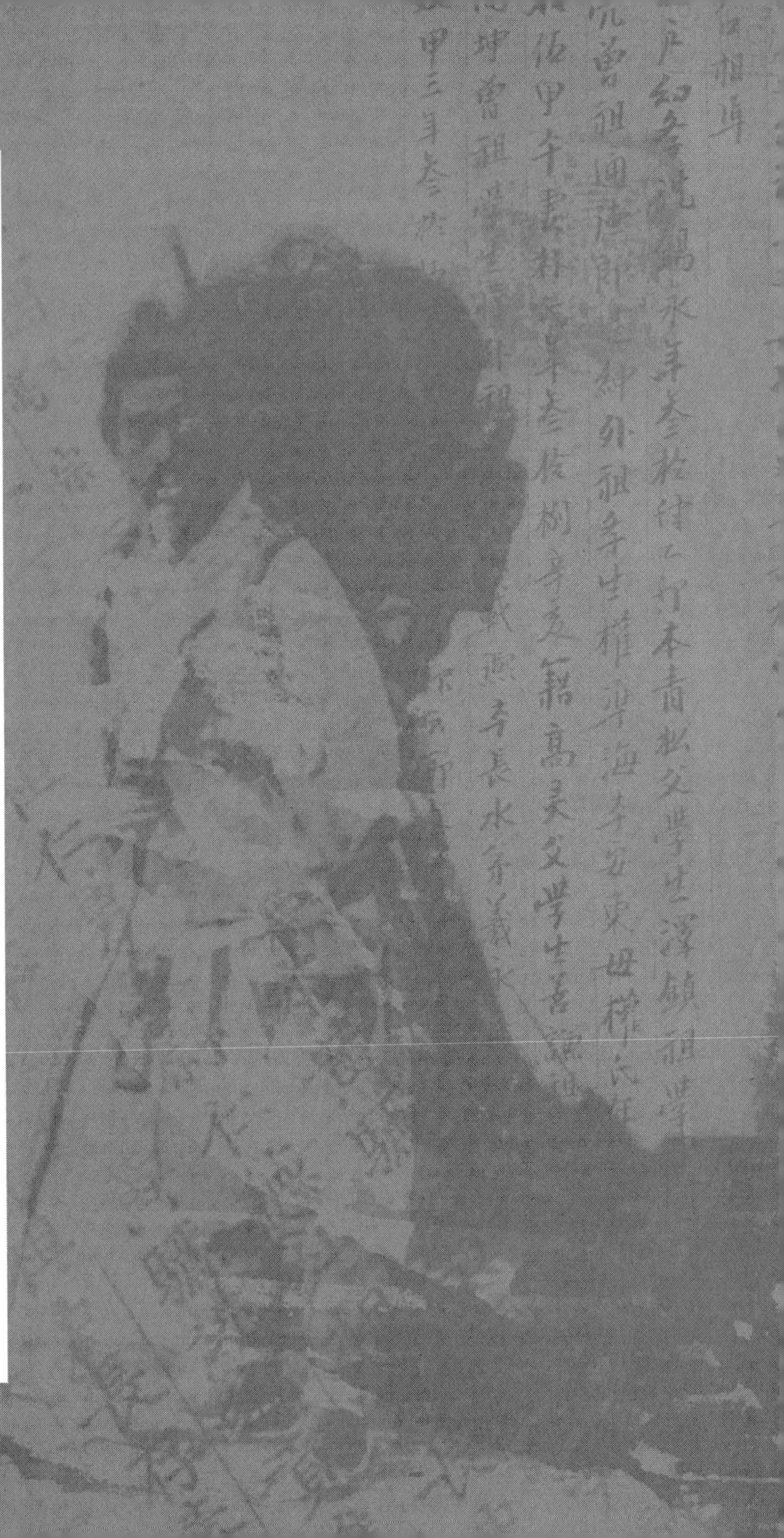

III
호적의 직역

1
직역과 신분

국가의 역과 향중(鄕中)의 역

경상도 상주 향교의 17세기 초 자료로 「향중 면역 완의안(鄕中免役 完議案)」이라는 고문서가 있다.[1] '향중(鄕中)'이란 지방양반들의 자치단체에서 결정권을 갖는 회의체를 말한다. 이곳에서 '역(役)'을 면제시켜주고 그 사실을 문서로 증명하였다.

지방양반들은 지역의 풍속을 바로 세운다는 명분을 가지고 자치적인 단체를 결성하여 '향약(鄕約)'을 조직의 예규로 삼았다. 이렇게 군현 전체의 양반들을 대표하는 조직을 '향회(鄕會)'라 한다. 향회의 구성원으로 참가하는 자들은 정기적인 선출과정을 거쳐 '향안(鄕案)'에 입록되었다. 따라서 향회는 '향안조직'으로도 불린다. 향중이라는 회의체가 이 향안조직을 운영하였으며, 주로 향교를 논의장소로 사용하였다. 향회나 향중의 문서가 향교에 소장된 것은 이 때문이다.

지방군현에는 수령을 보좌하기 위한 고문기관으로 좌수(座首) 1인과 별감(別監) 서너 명으로 구성된 향임(鄕任)들의 조직, 즉 향소(鄕所)가 있었다. 향소는 바로 향임을 가리키기도 하지만, 관아 근처에 있는 향청(鄕廳)에서 업무를 수행하여 '향청'이라 불리기도 한다. 관에 대해서 향회로부터 출현한 기관이 향청이었다.

향회는 향청을 통해 지방행정과 관련된 여러 가지 '관사(官事)'에 간여하였다. 향회의 회의체인 향중이 관사에 대한 안건도 처리하였다. 우리가 살펴볼 안건은 '면역'에 관한 것이다. 향중은 이 안건에 대한 결정내용을 '완의(完議)'라는 증빙서류로 남겨놓았다. 그렇다면 향중에서는 누구의 어떤 '역'을 면제한다는 말인가? 우선 남아 있는 「향중 면역 완의안」의 네 문건 가운데 하나를 보자.

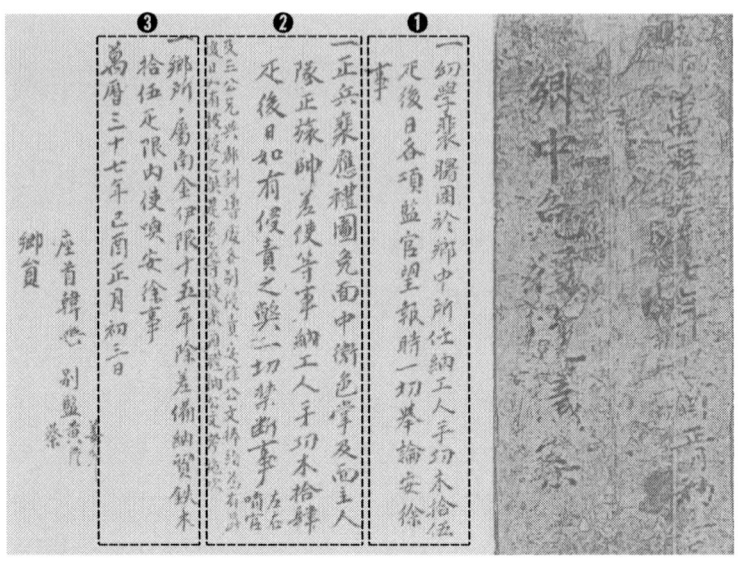

「향중 면역 완의안(鄕中免役完議案)」(1609) 수령의 보좌기관인 향청의 재정을 충당하기 위해 지방양반들의 자치조직인 향회의 회의체 '향중'이 재원을 받고 역을 면제시켜 주었는데, 「향중 면역 완의안」은 그런 사실을 확인해주는 문서이다.

"一. 유학 배서가 향중의 소임을 수행하기 어려워 공인수공(工人手功)에 쓸 목면 15필을 납부하였으니, 뒷날 각종 감관을 추천할 때 일체 거론하지 말라(❶).

一. 정병(正兵) 배응례가 면중위색장(面中衛色掌) 및 면주인(面主人), 대정여수(隊正旅帥) 등에 임명되는 것을 면하려고 공인수공에 쓸 목면 14필을 납부하였으니, 뒷날에 다시 임명한다든지 하는 일이 없도록 하라. 〔좌우초관(左右哨官) 및 삼공형(三公兄)과 도훈도(都訓導)에게 공문을 보내니, 뒷날에 침책하는 폐가 있거든

배응례로 하여금 공문을 올리어 증빙케 한다.〕(❷)

一. 향소소속(鄕所所屬) 남쇠가 15년간 차비(差備)의 역을 면제받는 대가로 철물을 사들일〔貿鐵〕목면 15필을 납부하였으니, 그 동안에는 부리지 말라(❸)."

이 문서는 1609년 1월 3일에 향청의 좌수 및 별감과 향안조직의 구성원들이 모여 유학 배서와 정병 배응례, 향소소속 남쇠의 면역조치에 대해 결정한 내용을 기술하고, 각자 수결을 하여 그 사실을 증명한 것이다.

유학 배서는 향중의 소임을 면제받았다. 이 자의 향중소임은 구체적으로 '감관(監官)'이었다. 감관은 지방행정 및 재정의 실무를 담당하는 향리들을 감시하도록 지방관청 산하의 통치기구에 임명된 자를 말한다. 어떤 기구는 감관이 운영을 주관하기도 했다. 이 감관이라는 소임에는 지방양반들이 동원되었으며, 향중이 그 추천과 면역을 책임졌다. 중앙정부는 과거응시를 빌미로 군역을 연기하고 있는 '유학'을 감관에 임명하도록 권유하고 법제로 명시한 바 있다. 말하자면 '유학'은 '국가의 역(役)', 즉 '국역(國役)' 체계에 기초하여 국가적으로 주어진 직역명이며, '감관'은 향중의 소임, 즉 향중이 면제권을 가진 '향중의 역(役)'이라 할 수 있다.

마찬가지로 배응례는 '정병(正兵)'이라는 국역을 부여받은 자이다. 그런데 그는 군현 산하의 행정구역단위인 면(面)의 소임을 향중으로부터 면제받았다. 조선시대에는 군현 산하의 행정서무 및 부세징수를 면을 단위로 파악하였는데, 주민들이 면 단위 기구를 조직하여 지방행정 및 재무기구의 사무에 대응하였다. 면의 치안실무나 조세징수, 혹은 면내의 군역자를 인솔하거나 군포를 거두는 임무가 이 면 단위의 주민조직에 부여되었다. 향중은 이러한 역부담을 면제하는 권한을 가지면서 지방관청에서 수행하는 행정사무에 관여하였던 것이다. 호적을 작성할 때에도 그 지역 양반들 가운데서 면의 도윤(都尹), 부윤(副尹)이 선발되고 평민들 중에서 면서기가 선발되었다. 원칙적으로는 관아가 향청의 추천을 받아 개별 주민에게 이러한 역을 부과하였으나, 실제로 이 역을 면제하는 권한은 향중에 있었다. 따라서 이 또한 '향중의 역'이라 할 수 있다.

정병 배응례가 면제받은 역이 이렇게 조세징수 및 군역과 관련되어 있었기 때문에 이 자에 대한 향중소임의 면제사실은 지방군사조직의 장교인 초관(哨官)과 지방관청 향리조직의 수뇌부인 삼공형(三公兄), 군무담당의 장(長)인 도훈도(都訓導)에게 통고될 필요가 있었다. 상주에는 진영(鎭營)이 자리잡고 있어 주위의 여러 군현에서 징발된 속오군으로 군사조직을 편성하였는데, 좌부와 우부로 나뉜 각 부대의 장교가 초관이다. 삼공형은 관아의 아전 가운데 여러 가지로 지칭하기도 하나, 대체로 호장(戶長)과 이방(吏房), 형방(刑房)을 가리킨다.

향리의 수뇌나 군 장교에게 면역사실을 알려 면역자에게 다시 이러한 역을 부과하지 못하게 하는 사례는 여기에 제시하지 않은 나머지 3건의 면역문서에서도 발견할 수 있다. 이들 문서는 정병 1명과 향서원(鄕書員) 2명에게 향중의 역을 면제하는 사례이다. 향서원은 향청이나 향교에 소속된 서원을 말한다. 여기서 면제되는 역은 면의 잡역, 지색서원(地色書員), 아병색장(牙兵色掌) 등의 임무이다. '서원(書員)'은 징수대상이 되는 토지를 파악하고 토지세를 거두어들이는 임무를 맡은 자이다. 아병색장은 감영과 지방의 군영에 소속된 군역자들을 인솔하거나 군포를 거두는 임무를 맡은 자이다.

이와 달리 유학 배서와 향소소속 남쇠의 면역, 즉 유학이나 향소에 소속된 자의 면역에 대해서는 지방관청의 향리나 군 장교에게 사실을 통고하지 않았다. 향청(향소)의 업무에 사역할 자를 향청 스스로가 확보하여 독자적으로 노동력을 징발하거나 면역하는 것이므로 다른 통치기구가 관여할 바가 아니었다. 향중에서 면역할 수 있는 역 중에도 지방관청 산하의 기구들이 어떻게 관여하는지에 따라 역의 성격이 다르다는 사실을 알 수 있다.

향서원에 대해 지색서원의 역을 면제한다는 것은 향소 또는 향교에 소속된 서원에 대해 그 역을 면제하는 것이므로 이 자에게 다른 기구의 역을 부과하지 말라는 의미이다. 향소소속에 대해서도 차비의 역을 면제해주는 것이니, 이 자를 다른 기구에 소속시키지 말라는 말이다. 그러나 지방관청의 향리나 군 장교에게 통고하든 않든 간에 이러한 모든 역부담을 면제할 수 있는 권한이 향중에 있다는 점, 또한 면역의 대가로 징수한 목면을 모두 향중이나 향청의 경비로 사용하였다는 점은 동일하다.

제시된 사례에서 면역의 대가로 거두어들인 목면은 공인(工人), 즉 장인에게 일을 시킨 데 대한 수수료나 향청에서 필요로 하는 기물을 구입하는 비용으로 사용되었다. 제시되지 않은 다른 사례에서는 '향청건물의 기와와 도배지〔大廳紙衣〕, 향청에서 사용할 수저 등을 구입하기 위해' 혹은 향중이 마련해야 하는 '신구 사또 교체시의 송별비를 위해' 면역가를 받아 비용으로 쓴다고 되어 있다. 향중은 새로 부임하는 고을의 사또를 마중하거나 임기를 마친 사또를 보내는 일도 맡고 있었는데, 그 의례비용이 지방관청의 정식 재정으로 책정되어 있지 않았다. 향중은 자체적인 '자용(資用)의 출처'를 가지고 있지 않았기 때문에 이렇게 면역가를 받아 향청이나 향중의 운영경비에 충당하였다.

향소소속 남쉬는 15년간 향소의 사역을 면제받는 대신에 목면 15필을 일시에 지불하였으니, 역부담의 정도가 1년에 목면 1필(疋)로 책정된 셈이다. 당시 정군으로 부병하는 대신에 군포를 납부하는 보인의 군역부담이 1년에 군포 2~3필인 데 비해 가벼운 부담이다. 그런데 유학 배서나 정병 배응례, 그 밖의 서원에 대해서는 면역기한이 명시되지 않았다. 14필 내지 15필의 목면을 일시에 지불한 대가로 평생 향중이 소관하는 역을 면제받은 것으로 보인다.

그런데 유학이나 정병과 같은 국가의 역이 있고 그와는 별도로 이렇게 향중의 역이 있다면, 역이 이중으로 부과되는 것이므로 몇 가지 의문점이 발생한다. 유학은 국가의 역이 당분간 연기된다는 사실을 의미하기에 향중의 역을 진다고 해도 이상할 것이 없다. 그러나 정병은 엄연히 군역을 지는 자인데 거기에 향중의 역이라는 또다른 역을 이중으로 부과한다는 것인가? 또한 향서원도 향교나 향소 같은 엄연한 국가기관의 역, 즉 국가에서 파악하는 하나의 직역명인데 그가 면제받는 역부담이 다시 '지색서원'이라면, 서원은 국가의 역과 향중의 역으로 구분되지 않는 것인가? '향소소속'의 면역에 대해서도 서원의 경우와 마찬가지의 의문이 남는다. 향소소속도 호적에 기재되는 직역명으로서 국가에 의해 파악되고 있었기 때문이다.

경상도 상주에서 이「향중 면역 완의안」이 작성될 무렵인 17세기 초에 해당하는 호적자료를 산음과 단성에서 찾아보면, 유학, 정병, 서원이라는 직역명을 가진 자들이 다수 등재되어 있다. '향소서원(鄉所書員)'이라 하여 서원의 소속을 향소로 분명히 밝힌 사례도 이후 1717년 단성 호적대장에서 찾을 수 있다. 또한 향소소속은 1678년 단성 호적대장에 각각 '향소속(鄉所屬)' '향소앙속(鄉所仰屬)' '향소구종(鄉所驅從)'이라는 이름으로 등재되어 있는 3명을 발견할 수 있다. 1717년 호적대장에는 '향청보상(鄉廳甫上)'이라는 명칭이 보이고, '향교앙속(鄉校仰屬)'이라 하여 향교에 소속된 자도 등재되어 있다.

그러나 향서원이나 군기감관(軍器監官)을 제외하면, 호적대장에서는 면중위색장이나 면주인, 아병색장같이 향중이 면역을 관할하는 역명들을 찾을 수 없다. 말하자면, 국가가 파악하는 역과 향중이 파악하는 역이 서로 달라 두 가지의 역을 모두 지는 경우도 있으며, 향소에 소속되었음을 분명히 하는 자들은 호적에 등재되어 국가의 역으로도 파악되었다는 것이다. 따라서 17세기 초의「향중 면역 완의안」은 국가의 역과 향중의 역이라는 이중적인 역체제의 존재와 그 미분리 상태를 시사한다.

조선왕조는 국가 차원에서 민으로부터 두 가지 형태로 노동력을 징발하였다. 호를 단위로 인정을 징발하는 요역(徭役)과 개별 인신에게 직역을 부과하는 신역(身役)이 그것이다.[2] 그것을 아울러 국가의 역, 즉 국역(國役)이라 한다. 국역은 원칙적으로 양인에게 부과된다. 호적에 등재된 호구 자체와 개개의 직역은 모두 국역이라는 개념으로 파악되었다. 단성현의 호적에서는 향청 혹은 향교, 서원(書院)에 소속되어 그 기구의 역을 지는 자들의 명칭이 호적상의 직역으로 파악되었다. 17세기에서 18세기 중엽으로 갈수록 양적으로 증가하는 과정도 뒤에서 확인할 수 있다. 이것은 향중의 역이 점차 호적상에 표면화되어 이중적인 역체제가 '국가의 역'으로 일원화하는 경향을 말해준다.

면역(免役)과 면천(免賤)

조선왕조의 인민에게는 양인과 노비로 신분을 나누는 '양천(良賤)'제가 적용되고 있었다. 양인에게는 국가에 대한 '국역'의 의무가 있었고, 노비에게는 개별 소유자에게 신공(身貢)을 바칠 의무가 있었다. 조선왕조는 국역체계를 통해 공민을 중앙집권적으로 파악하는 한편, 개인에게 노비에 대한 지배권을 위임하는 이원적 인민통치체제를 원칙으로 하였다.

노비에게 부과되는 신공은 소유자가 사적으로 사역하거나 그 대신에 현물을 징수하는 것을 말한다. 국가는 개별 기관이나 개인을 노비의 상전(上典)으로 삼고 그들에게 노비신공을 징수할 권리를 위임하였다. 노비는 공공기관에 소속된 '공천(公賤)'과 개인에게 소속된 '사천(私賤)'이 있다. 그러나 공공기관에 소속되었다고 해서 공천이 국역을 지는 것으로 인식되지는 않았다. 국가에 대한 공적인 부담과 상전에게 위임된 신공징수권은 원리상 엄연히 구분되었다. 단지 노비로서 공공기관에 소속된다는 의미로 '역'이라는 용어를 사용하기도 했다. 국역과 향중의 역이 명확히 구분되지 않는 분위기에서 그러했다.

1670년대 전반기에 작성된 『계본등록(啓本謄錄)』에는 감영이 관내의 여러 군현 및 중앙의 각 사와 주고받은 공문들이 실려 있다.[3] 『계본등록』은 경상도 감사의 행정일기라 할 수 있는데, 그 가운데 1673년에 경상도 안동부에서 공천의 소속을 둘러싸고 벌어진 분쟁을 기록한 공문이 있다.

당시에 안동 향교는 향교 독자의 노비인 교노비(校奴婢)를 확보하기 전에 관으로부터 관노비(官奴婢)를 배당받아 사역하고 있었다. 지방관청을 상전으로 하는 관노비가 당시 향촌의 유력자들이 관장하던 향교에서 역을 졌던 것이다. 그런데 안동 향교는 향교의 사역자를 확보하기 위해 향교에 소속되었던 관비의 소생들까지 향교에 소속시키려 하였다.

일찍이 향교에 소속되었던 관비 귀덕(貴德)은 향교에 쌀을 내고 그 역을 면제받았다. 안동 향교의 유생들은 그녀가 역을 면제받은 후에 낳은 향남 등, 그녀의 자식 4명을 향교로 환속시켜 달라고 안동부에 요청하였다. 그러나 안동부는 안동 향교의 요청을 거설하였다. 안동부는 이들이 '속안(續案)'에 등재되어 있어 함부로 향교에 내어주지 못할 뿐만 아니라, 유생들이 납속(納贖)으로 면역시켰다 하더라도 "면역(免役)과 면천(免賤)은 다르므로" 관비인 귀덕의 소생들을 향교에 내어주는 것은 부당하다고 하였다.

'속안'이란 관청소속 노비의 자녀 또는 도망가거나 사망한 노비를 3년에 한 번씩 조사하여 기록하는 장부를 말한다. '원안(元案)'이 관노비로 확정된 자들을 기록하는 장부라면, '속안'은 관노비 확정이 유보된 자들을 기록하는 장부라고 할 수 있다. 안동부는 관노비의 소생들을 '속안'에 기록해 두었는데, 향교로부터 이들을 향교소속으로 내어 달라는 요구를 받은 것이다.

안동부가 이에 대해 '면역'과 '면천'을 거론한 것은 향교에 납속하여 역을 면제받은 관비 귀덕에 대해 한 말이다. '면역'이라 함은 향교에 면역가를 지불, 즉 납속하고 향교의 역을 면제받은 사실을 가리키며, '면천'이라 함은 공천이라는 신분을 면하는 것을 말한다. 즉, '면역과 면천은 다르다'고 한 것은 귀덕이 관비로서 향교의 역을 지다가 그 역을 면제받은 것은 '면역'에 해당할 뿐, 노비라는 천인신분을 면제받은 것, 즉 '면천'된 것은 아니라는 의미이다.

안동 향교는 귀덕을 향교에 소속된 노비로 인식하고 그녀의 소생들마저 향교에서 사역하려 하였다. 그러나 안동부는 이미 귀덕이 면역되었으니, 귀덕을 향교에 소속된 교노비로 인정하지 않고 그녀에게 부과되었던 향교의 역을 '향중의 역'으로 인식한 것이다. 문제의 핵심은 지방관아와 향교가 관노비의 소생들을 서로 자신의 재원으로 확보하려는 현실에 있었다. 그러나 이를 위해 각 기관이 제시한 논리 속에 드러나는 역과 신분에 대한 개념은 서로 달랐다. 양인과 천인을 구분하여 양인에게 국역을 부과하는 원칙이 현실에서는 애매한 상태에 있었음을 말한다.

이 문제는 감영을 통해 중앙으로 보고되었고, 노비를 관리하는 장예원(掌隷院)이 안동부와 향교 사이의 분쟁을 조정하고 나섰다. 장예원의 대답은 "면천·면역은 해당자 1인에게만 한정되는 것이다. 따라서 그가 면역되기 전에 낳았든 후에 낳았든 간에 그 소생은 '본역(本役)'으로 돌아가야 한다. 즉, 귀덕의 소생들은 모두 '관노비'로서 지방관아에 속해야 한다. 그러나 향교의 상황을 살피건대 그곳에 부릴 자가 부족하니 귀덕이 면역된 이후로는 4명의 자식들과 그들의 소생을 모두 향교로 내어주라"⁴⁾는 것이었다. 장예원은 여기서 '면천'과 '면역'을 모두 언급하였지만 '역'이라는 것을 노비의 역, 즉 노비의 귀속과 동일한 의미로 사용하였다. 따라서 '본역으로 돌아간다'는 것은 귀덕이 이미 관노비였기 때문에 그녀의 소생도 노비로서 지방관아에 귀속되어야 한다는 말이다.

장예원은 귀덕의 소생들이 면천될 수 없으며 지방관아에 사역되어야 한다는 점에서는 안동부의 손을 들어주었다. 그러나 현실에서는 여전히 향촌의 양반들을 배려하지 않을 수 없었다. 장예원은 "당초에 귀덕을 면역시킨 것은 교생들이 향교를 수호하는 데 드는 재원을 마련하기 위해 행한 일이었다. 뿐만 아니라 옛날에는 노비가 없는 향교에 중앙기관에 소속된 시노비(寺奴婢)를 획급(劃給)하는 경우도 있었다"⁵⁾는 사실을 들어 귀덕의 소생들을 '교역(校役)'에 영원히 귀속시키는 안을 내어놓게 되었다. 결과적으로 귀덕의 소생들은 지방관청에 소속되는 관노비가 아니라 향교에 직속되는 교노비로 확정된 셈이다.

장예원이 '본역' '교역'이라 할 때의 '역'은 그들이 공천신분임을 전제로 놓고 하는 말이다. 공천으로서 '사역'하는 곳이 지방관아인가 향교인가 하는 소속처에 따라 본역과 교역으로 구분하였을 뿐이다. 그러나 향교에는 양천신분에 관계없이 '향교의 역'이 있을 뿐이다. 향교의 역이 향중의 역으로서 '면역'의 대상이 되기도 하고 향교를 상전으로 하는 노비의 역으로서 '면천'의 대상이 되기도 하는 것은 '역'과 양천신분에 대한 모호한 인식을 드러내는 것이다. 그것은 또한 지방관청 산하의 공공기관이면서 한편으로는 향촌의 양반들에게 자치적 운영권이 부여되어 있는 향교 자체의 이중적 성격에서 기인한다.

조선왕조의 통치체계는 중앙정부에 권력이 집중되는 관료제에 입각하면서도 자치적인 공공단체의 병존을 인정하였다. 그리고 이러한 통치체계 위에 중국에서 유래한 양천신분제와 국역제도를 얹어 놓았다. '역'에 대한 모호한 개념과 서로 다른 인식은 조선의 사회현실에서 어쩌면 당연한 것인지도 모른다.

역이나 신분에 대한 모호한 인식은 18세기 중엽에도 지방사회에서 여전히 나타난다. 『상산록(商山錄)』은 1740년대에 경상도 상주의 지방관이 작성한 업무보고서 및 공문을 모은 책인데, 여기에 1745년 8월에 작성된 「성대주 살옥안(成大柱殺獄案)」이라는 형사사건문서가 있다.[6] 이것은 향교의 재직(齋直)인 김상태가 재임(齋任)인 성가 양반에게 매를 맞아 죽은 사건을 기록한 문서이다. 재임은 향교 유생들이 기숙하면서 공부하는 방인 재사(齋舍)를 관리하는 자이고, 재직은 그에게 사역되는 자로, 재임과 재직은 모두 향중의 역이라 할 수 있다. 재임은 양반이, 재직은 일반 평민이 맡았는데, 당시에 양인에게 부과되는 국역으로 인식되기 시작하였다.

사건의 발단은 재직인 김상태가 향교에서 행하는 추향(秋享 ; 가을 제사)행사에 번을 서지 않고 사사로이 장례에 가서 술을 마시고 늦게 돌아온 데 있었다. 이에 격분한 재임 성대주가 '대제를 지낼 때 몸을 불결하게 한 죄[大祭時薰染不潔之罪]'를 물어 재직 김상태에게 매를 쳤다. 그런데 매를 맞은 재직이 장독이 올라 며칠 후에 죽고 말았던 것이다. 관에서는 사체를 부검하고 살인 여부를 조사하였다. 그러나 그 결과로 제시된 판결문을 보면, 이상한 논리로 향교의 재임인 생원 성대주를 옹호하는 내용이 담겨져 있다.

"재임과 재직의 관계는 이미 상전과 노비 같은 분별을 가지고 있는 즉, 태만함을 물어 부리는 자를 태형(笞刑)에 처하는 것은 이상할 것이 없다. 매를 맞고 처음에는 가만히 있다가 장독이 올라 죽었다는 것이야말로 어불성설이다. 죽은 자의 아비와 성대주에게 각별히 부검결과를 알리고 관련된 사람들을 모두 방송하라."[7]

당시에 상주의 지방관은 가해자인 양반에게 무죄를 선고하고 만다. 지방관이 그 지역 양반층과 어떠한 관계를 맺고 있었는지, 지방통치의 어떠한 의도에서 이 안건을 처리하였는지는 분명치 않다. 그러나 지방 양반에 대한 이런 식의 일방적인 옹호는 일반적인 현상이 아니었다. 관에서 국법에 따라 일방적으로 처리할 수 있는 형사사건이라 하더라도, 보통 양쪽이 납득할 만한 최소한의 명분을 가지고 판결하기 때문이다.

그런데 이 사건에서 상주의 지방관이 재임의 재직에 대한 사형(私刑)을 합리화하는 명분은 당시로서는 그야말로 어불성설이다. 재임과 재직의 관계를 상전과 노비에 빗대어 인식하는 것은 역과 신분에 대한 국가의 원칙과 지향에 크게 어긋난다. 재임을 향중의 일원으로 보고 재직을 향중의 역으로 본다고 하더라도, 향중은 재직에 대한 면역권을 가질 뿐이다. 이는 신분제적 지배와는 엄연히 다르다. 향중이 그자의 생사여탈권을 가진 것은 더더욱 아니다.

이는 사실 노비에 대해서도 마찬가지이다. 자치적인 조직 내부에서 양반이 잘못을 범했을 경우 그 양반이 데리고 있는 노비에게 대신 매를 치는 규례는 있으나, 이 경우에도 양반은 자신의 노비에게 그에 상응하는 조치를 취해준다. 법제적으로는 노비를 죽이는 것은 물론이거니와 함부로 다루는 것도 금지하고 있다.

지방관이 판결문에서 그와 같은 명분을 내세운 것은 역과 신분에 대해 여전히 혼동된 인식을 갖고 있었기 때문이다. 18세기 중엽에는 이미 중앙정부가 향중의 면역권을 부정하고 향중의 역을 모두 파악하여 국역으로 일원화하는 정책을 시행하고 있었다. 그에 따라 노비에 대한 국역부과는 공식적으로 부정되었다.

그럼에도 불구하고 향중의 역을 인정하고 역에 대한 향중의 권한을 노비에 대한 상전의 권한으로 대치할 수 있다는 인식이 여전히 존재하였던 것이다. 왕권으로 상징되는 국가의 역할을 지방 차원에서 실현하고자 파견한 지방관이 당시의 국가정책에 위배되는 인식을 지닌 채 지방 권력자의 편에 서서 판결하는 현실이 존재한 것이다. 그러나 이러한 현실은 이 시기에 지방사회가 중앙정부에 대해 새로운 관계를 형성하는 과정과 깊이 관련되어 있다. 이제 군역을 둘러싼 중앙과 지방의 문제를 살펴보도록 하자.

2 / 군역(軍役), 원칙과 현실의 괴리

군역의 정액(定額)

'국역'이란 호구조사에 기초하여 물품이나 노역을 징수하는 것을 말한다. 호를 단위로 공납품을 상납케 하거나 토목공사나 기타 잡역에 동원하는 것을 '호역(戶役)'이라 하며, 인정(人丁)을 단위로 국가기관에 소속시켜 노역을 시키거나 그에 대신해서 현물을 상납케 하는 것을 '신역(身役)'이라 한다. 신역은 본래 군사기관의 병사로서 부병하는 데서 유래하므로, 이를 '군역(軍役)'이라 통칭하기도 한다.[8]

조선왕조 초기에는 중앙이나 변방에서 번(番)을 서는 정병에게 남은 가족들의 경제생활을 보조할 봉족(奉足)을 지급하였다. 16세기에는 이 봉족을 대신하여 정병의 부병을 돕거나 소속기관의 재원을 충당할 보인(保人)이 성립하였다. 상번(上番)하는 정병에게 군복이나 상번에 필요한 경비를 대는 보인을 '의자보(衣資保)'라고도 한다. 정병은 자신의 보인이 어떤 이유로 제역되어 다른 사람을 대신 보인으로 정해야 할 때, 즉 보인이 대정(代定)될 때 후보자를 임의로 고를 수 있었다. 또한 이들 보인의 군역가를 직접 징수하였다. 그래서 이를 '직봉(直捧)'이라 한다. 군역체계를 매개로 보인이 정병에게 종속되는 것이다.[9]

이에 반해 소속된 기관에 군포를 납부하는 보인은 '관보(官保)'라고도 한다. 이 경우에는 군역자의 소재지역을 단위로 소속기관의 역종별 대표자를 정해 그들로 하여금 해당 지역의 군포를 거두어 소속기관에 갖다 바치게 한다. 이 보인들은 정병이 아니라 소속기관에 종속된다고 할 수 있다.

지방관청이 작성하고 각 국가기관이 보관하는 '군안(軍案)'이나 '대정안(代定案)'은 군역자 파악을 위한 직접적인 자료라 할 수 있다.[10] 군안은 소속별·역종별 군역자를 기재한 명부이며, 대정안은 사망(물고物故라고 한다)·노제(老除 ; 60세에 군역을 면제하는 것을 말한다)·도망(逃亡) 등의 이유로 군역자수가 미리 정한 액수보다 모자랄(궐액闕額이라 한다) 경우, 이를 새롭게 충정(充定)한 사실을 기재하는 장부이다.

19세기 후반 경상도 선산(善山)진영(鎭營)의 『속오복마군보인안(束伍卜馬軍保人案)』이 전해온다.[11] 당시에는 경상도 각지에 경상도 병영 산하의 주진(主鎭)을 설정하여 속오군을 배치하였는데, 이 선산부의 군안은 선산에 거주하는 속오군 가운데 복마군과 그 보인을 기재한 명부이다. 군안 앞부분의 기재내용을 보면 다음과 같다.

임신(壬申) 12월 일, 선산부(善山府) 속오복마군보인안

❶ 좌부 좌사 전초(左部左司前哨)

❷ 1기 1대(一旗一隊)

- 복마군(卜馬軍) 김칠성(金七性) : 42세, 마 적다웅마 양비할화칠
  (馬赤多雄馬兩鼻割禾七)
- 보(保) 천상대(千尙大) : 30세, 부 부지(父夫之), 주 생곡(住生谷)

❸ 2대(二隊)

- 복마군(卜馬軍) 김원이(金元伊) : 22세, 마 적웅마 양비할화오
  (馬赤雄馬兩鼻割禾五)
- 보(保) 지상복(池尙卜) : 25세, 부 부지(父夫之), 주 독동동(住禿同洞)

壬申十二月 日善山鎭束伍卜馬軍保人案

❶ 左部左司前哨

❷ 一旗一隊卜馬軍金七姓年四十二馬赤多雄馬兩臭劓禾七
保千尙大年三十五父夫之注生谷

❸ 二隊卜馬軍奴僉伊年三十二馬赤雄馬兩臭劓禾九
保池尙卜年三十五父夫之注虎同洞

三隊卜馬軍姚端金年三十尼馬赤多稹馬兩臭劓禾七
保鄭孟呂年四十父方之注伊谷

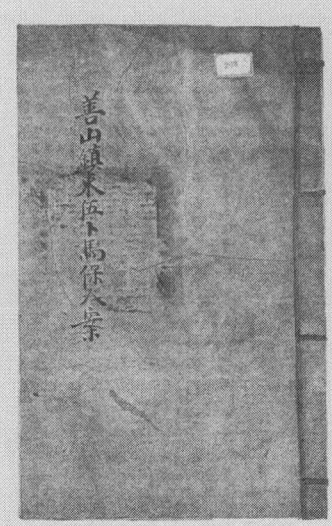

『선산진 속오복마군보인안(善山鎭束伍卜馬軍保人案)』(1872) 일본 도쿄[東京]대학 중앙도서관 스에마츠[末松]문고 소장.

이『속오복마군보인안』에는 좌부 좌사의 전초에서 시작하는 속오군 편대에 따라 말을 끄는 복마군의 이름과 나이, 그가 다루는 말의 용모가 기재되고, 다음으로 그에게 딸린 보인의 이름과 나이, 아버지 이름과 거주지가 기록된다. 이 군안으로 실재하는 인물을 군역자로 파악하는 것이다. 그러나 군안에 등재된 자들이 허위로 기재된 자들일 가능성도 없지 않다. 제시된 군안의 복마군 보인 두 사람의 아버지 이름이 '부지(夫之)'로 같은데, 이것은 이름을 알지 못한다는 '부지(不知)'와 같은 뜻이다. 이들이 아예 호적장부에 등재되지 않았거나 등재되었더라도 호적에 아버지의 이름이 없는 경우일 수 있지만, 이 군안에 등재된 보인의 부명(父名)이 모두 '부지'인 것은 개별 군역자를 일일이 파악한 것이 아닐지도 모른다는 의심을 들게 한다.

각 기관에 소속된 군역자가 대정되거나 정병이 보인을 확보할 때에는 그 사실을 소속기관에 보고하여야 한다. 그러나 소속기관이 확인할 수 없거나 군현의 지방관청조차 알지 못하는 경우가 많았다. 더구나 대정안에는 주소가 기재되지 않았다. 이럴 때 호적대장이 군역자 파악을 위한 참고자료로 활용된다.

1735년, 전라도 수영은 "남원현이 보고한 대정안에 군역면역자의 주소가 없어 수영의 군안과 일치하는지를 확인할 수 없다"는 이유로 대정안과 함께 호적대장상의 기록을 송부토록 명하였다.[12] 1744년에는 훈련도감이 황해도 연안부에서 대정된 군역자의 신원을 확인하기 위해 지난 20년간의 호적대장기록을 첨부토록 하였다.[13] 훈련도감은 특히 주위에 친척이 함께 사는지를 물어 신원이 확실한 자를 군역자로 확보하려는 의지를 보였다. 또한 동시기 연안부의 감영 및 군영에

『선산진 속오군총성책(善山鎭束伍軍摠成冊)』(1872)   선산진 속오군의 역종별 군안에 기초하여 선산진에 소속된 속오군의 총액수를 기입한 책자이다. 속오원군, 사수, 포수, 화병, 복마군, 장관표, 기수군이 나열되는데, 본진이 있는 선산에는 별무사가 더 배치되었다. 일본 도쿄대학 중앙도서관 스에마츠문고 소장.

소속된 군관이 양반의 자손인지, 군보의 자손인지, 혹은 공사천이 신공납부를 피하기 위해 상전호에 투탁한 경우인지를 확인하기 위해 군관의 아버지 이름이 적힌 지난 30년간의 호적대장기록과 할아버지의 이름이 적힌 50년 전의 호적대장기록을 조사하여 군안에 기록토록 하였다.[14] '군관은 양반의 자손으로 충당한다'는 원칙을 고수하려 한 것이다.

군역자를 대정하기에 앞서 소속기관이 요구한 사항은 호적대장에서 확인할 수 있는 성질의 것이므로, 군역을 질 실제의 인물을 파악하는 자료로 호적대장을 활용하고 있는 것이다. 단, 소속기관들이 2,30년간, 수개 식년의 호적대장을 요구하는 것은 군안이나 대정안뿐만이 아니라 지방의 호적대장기재에 대해서도 신빙성을 의심하고 있었다는 것을 의미한다.

호구와 군역은 왜란 및 호란의 양란을 겪으면서 파악하기가 어려워졌으나, 17세기를 거치며 빠른 속도로 이전 파악수준을 회복해 갔다. 중앙군은 병조에 의해 일괄적으로 관리되는 정병(正兵)과 그 보인을 주축으로 하였는데, 신설된 훈련도감이나 수도경비를 담당하는 중앙의 군사기관에도 각 기관의 여러 가지 군역 역종에 따라 군역자의 액수가 배당되었다. 나아가 군사기관이 아닌 경사(京司) 각 아문에도 정해진 역이 있어 군역의 하나로 취급되었다. 병영, 수영, 통영 등 지방에 소재하는 군사기관과 각 도의 감영에 배당된 지방군 및 신역자도 이와 같은 군역으로 인식되었다.

군역은 번을 서든 노역을 하든 아니면 군포를 바치든 간에 각 국가기관의 인적 재원으로 확보되었다. 그런데 중앙정부가 각 기관의 역종별 군액을 파악하고 통제하는 한, 군역은 중앙정부가 각 국가기관에 배당한 재원이라 할 수 있다. 각 국가기관은 지방에 거주하는 양인을 자기 기관에 소속시키고 그자에게서 군역을 징수하는 권리를 중앙정부로부터 위임받은 셈이다. 그러나 각 기관들은 중앙정부로부터 인정받은 군역 역종 외의 새로운 역종을 창설하거나 역종마다 배당된 군액을 넘어서서 자체적으로 군역을 확보하였다.

국가의 각종 권력기관은 군역자 총수에서 빠져나가는 궐액을 메우기가 어려워지자 이를 극복할 방법을 강구하였다. 부병하거나 노역을 담당한 군역자가 싼값에 다른 사람을 사서 군역을 대신케 하는 경우도 있었지만, 필요한 인력을 확보하는 데 급급한 소속기관들로서는 이러한 사실을 묵인할 수밖에 없었다. 나아가 국가기관 스스로가 군포의 부담을 줄여 군역자를 유인하기에 이르렀다. 여기에는 양인은 물론 사노들도 참여하였다. 기관 자체의 정치권력에 기대어 다른 군역이나 신공의 부과를 피할 수 있다는 묵시적인 조건이 있었기 때문이다. 그러나 한 사람에게 서로 다른 두 기관의 역종이 중복부과되는 '일신양역(一身兩役)'이 발생할 뿐만 아니라, 사노는 계속해서 상전에게 신공을 바치는 것이 현실이었다.

　이러한 사태는 국가기관이 지방수령에게 군역자 확보를 종용한 때문이기도 하다. 상부기관의 명령을 어기기 어려운 지방수령이 빠져나간 군역자가 거주하던 지역의 친척이나 이웃들로부터 궐액을 충당하려 한 것은 어쩌면 당연하였다. 이것을 족징(族徵), 인징(隣徵)이라 한다. 더구나 요구받은 군액을 맞추려면 군역을 납부하기 어려운 상황에 있는 사람들까지도 잡아서 머릿수를 채울 수밖에 없었다. 나아가 어린 아이를 16세 이상의 '정(丁)'으로 첨가하는 '황구첨정(黃口添丁)', 혹은 이미 죽은 사람의 몫까지 군포를 거두어들이는 '백골징포(白骨徵布)'의 사태가 벌어졌다.

　관이 군역자 확보를 위해 마을에 출두하면, 군역대상자의 부모는 초분(草墳 ; 풀무덤)을 가리키며 통곡한다.[15] 사람이 죽으면 풍장(風葬)이라 해서 우선 풀로 사체를 덮어두었다가 살이 썩은 후 뼈만 골라 땅에 묻는 풍습이 조선 후기에도 일반적이었는데, 부모는 "이렇게 죽은 아이에게 어찌 군역을 물리려 하느냐"고 하소연을 하지만, 확인할 방도는 없었다. 『조선왕조실록』에는 사내아이를 낳으면 군역이 무서워 일찌감치 죽여 버렸다느니 불알을 떼어 버렸다느니 하는 소문의 진상을 의논하는 기사가 심심찮게 등장한다.

각 국가기관의 역종별 군안에는 급기야 사람 이름만 가득 증가할 뿐 실제 징수능력이 있는 군역자는 줄어들어 장부 자체가 '허부(虛簿)'로 인식되기에 이르렀다. 각 국가기관의 군역자 모집활동은 '각사자판(各司自辦)'이라 하여 기관 스스로가 재정을 확보하는 활동의 일환으로 이해될 수 있다. 일종의 '관권분립주의(官權分立主義)'에 의거한 활동이다.[16] 그러나 국가기관 간에 군역확보를 둘러싼 각축전이 끊이지 않아, 신분 및 군역체제뿐만 아니라 모든 권력이 왕권으로 수렴된다는 조선왕조의 통치이념마저 근본적으로 뒤흔들리기에 이르렀다.

조선 후기에는 노비가 호를 구성하고 군역을 지는 경우가 많았으나, 국역은 양인에게 부과되는 것이 원칙이었다. 이를 양인의 군역이라 해서 '양역(良役)'이라 하는데, 양인에게 부과된다는 원칙론으로 따지자면 '군역'과 '양역'은 동의어라 할 수 있다. 그런데 굳이 양인의 군역을 운운하는 것에서 현실적으로는 그렇지 못하다는 사실을 반추할 수 있다. 특히 17세기 말부터 18세기 중엽에 이르기까지 양역 혹은 양정(良丁)이라는 말이 빈번하게 사용되었는데, 이는 군역이 대대적으로 개혁된 시기와 일치한다.

1675년, 갓 즉위한 숙종(肅宗)이 군역과 관련해서 호구조사를 강화하고 군역대상자인 양정을 확보하는 정책을 추진하였다. 이 해에 공포된「오가통사목(五家統事目)」과 이듬해에 공포된「양정사핵절목(良丁査覈節目)」[17]이 그것이다.

17세기에는 '이정법(里定法)'이라 하여 리(里, 이후의 面이다)를 단위로 군역자를 파악하는 방법이 제시된 바 있다.[18] 어느 한 마을에서 군역자수에 궐액이 발생하면 원칙적으로 그 마을 사람을 군역자로 채워넣되, 만약 그 마을에 군역대상자가 없으면 인근 마을에서 대상자를 찾지만 리(里)의 범위를 넘어서서는 안 된다는 것이다. 이것은 군역자를 효과적으로 파악하기 위해 지역주민에게 공식적으로 연대책임을 지우는 방법이라 할 수 있다. 그러나 실제로는 족징이나 인징의 빌미가 되기도 했다.「오가통사목」은 호적조사를 통해 군역자를 확보하고 지역의 치안을 도모하려는 방법이었다. '통(統)'이라는 최말단 행정조직을 구성하여 지역자치조직을 중앙에서 일률적으로 장악하려 한 것이다.

병조를 통해서 내려진「양정사핵절목」은 군역대상자의 범위를 16세에서 11세로 낮추는 조치였다. 이미 각 기관이 자의로 모집하거나 군역대상으로 설정한 자들 가운데 나이가 15세 이하인 자들이 있었다. 이들에게 군역을 부과하는 것은 부당하지만, 궐액이 너무 많고 궐액을 채울 군역대상자는 적으니 어쩔 수 없다는 설명이었다. 더구나 5세에서 10세에 이르는 아이들도 별도로 장부를 만들어 11세가 되면 궐액이 생기는 대로 군액에 넣도록 하였다. 그러나 이 조치가 어린 아이에게 군역을 지우자는 것은 아니었다. 누락된 당장의 군액을 채우기 위한 임시방편일 뿐이었다. 말하자면, 군역대상자의 가족이나 그들이 거주하는 지역에다가 군역을 부과한 셈이다.

숙종 초기에 호적조사를 강화하거나 이같이 군역을 확대적용하는 조치를 취한 것은 가능한 한 많은 수의 군역자를 확보하기 위해서였다. 여기에는 국가기관들의 군역확보노력에 부응하면서도 한편으로는 그들의 자의적인 활동을 일률적으로 통제하려는 중앙정부의 의도가 내재되어 있었다. 각 기관이 군역대상자 한사람 한사람의 부담능력을 따지는 게 아니라 군역부담을 낮추는 등의 방법을 써서 무작위로 군역자를 확보하는 상황에 대해, 중앙정부가 나서서 군역을 질 만한 가족인가를 조사하고 우선 양인으로 규정되는 자들을 군역에 충당토록 하였기 때문이다. 개개의 인민에게 양천신분과 국역이 선행적으로 주어져 있는 것이 아니라, 이러한 '양역'정책을 거치면서 신분제가 적용되고 그 원칙이 재정립되는 것임을 알 수 있는 대목이다.

군역자를 일률적으로 확보하기 위한 중앙정부의 정책은 여기서 그치지 않았다. 중앙정부는 각급 국가기관의 역종별 현황 군액 자체를 감축시켜 종전의 정족수로 돌아가는 조치를 취하기에 이르렀다. 각 기관들의 모군활동이 지속되는 가운데 숙종 15년인 1689년에 중앙정부는「각아문군병 직정 금단사목(各衙門軍兵直定禁斷事目)」을 공포함으로써 군액감축의도를 분명히 하였다.[19] 중앙정부는 각 기관들이 중앙의 결재를 거치지 않고 자의적으로 군역자를 확보하는 행위를 '직정(直定)'이라 규정하고, 기존의 군액을 넘어서는 증가분의 군역자를 불법적인 '사모속(私募屬)'으로 단정하여 금지령을 내렸다.

나아가 병조는 각 기관의 군액을 조사하여 역종별로 군액 정족수를 부여하였다. 장부상 허수로만 존재하는 군액을 감축시키고 군역징수를 현실화할 수 있는 수치로 군액을 설정하였다. 이것이 양인군역에 대한 '정액(定額)' 사업이다. 1699년부터 서울에 소재하는 경사군문(京司軍門)소속 군역에 대하여 이 사업을 시행하였으며, 1730년대에는 감영, 병영, 수영, 통영 등 지방에 소재하는 국가기관소속 군역에 대해서도 이 사업을 시행하였다. 1742년의 임술사정(壬戌査定)은 중앙 및 지방소재 국가기관의 양역정액을 최종적으로 확정하는 작업이었다. 곧이어 간행한 『양역실총(良役實摠)』이 그 결과물로서 여기에 기록된 정액을 넘어서는 액외의 증가를 허락하지 않겠다는 의지가 명기되었다.

『양역실총』은 양역의 군액을 기관별·역종별로 확정할 뿐만 아니라, 각 도 각 군현의 기관별·역종별 정액을 확정하였다는 데 더욱 큰 의미가 있다. 『양역실총』은 현재 세 가지 종류가 남아 있다.[20] 하나는 1742년 임술사정 직후에 작성된 『양역 총수(良役摠數)』로서, 중앙 및 지방소재 각종 국가기관의 역종별 군액 총수를 명기하고 도별로 액수를 배분한 것이다. 먼저 중앙기관과 지방소재 감영, 군영소속 군역에 대한 사정원칙과 역종별 감액수를 제시하고 각 도에서 이것을 조정하도록 하였다.

다음은 『양역실총』이라 이름 붙은 1책의 자료이다. 여기서는 『양역총수』에서 제시된 것보다 많은 수의 기관과 역종을 나열한 뒤, 지방감영과 군영소속 군역에 대한 더 상세한 사정방법을 제시하였다. 특히 지방소재 감영 및 군영의 군역에 대해서는 사모속 처리에 역점을 두었다. 중앙기관소속 양역에 대해서는 정액작업이 확대되어 모든 기관과 역종에 적용되기에 이르렀으나, 지방소재 감영 및 군영소속 지방군에는 여전히 사노와 겸역자를 포함한 사모속이 존재하였기 때문이다.

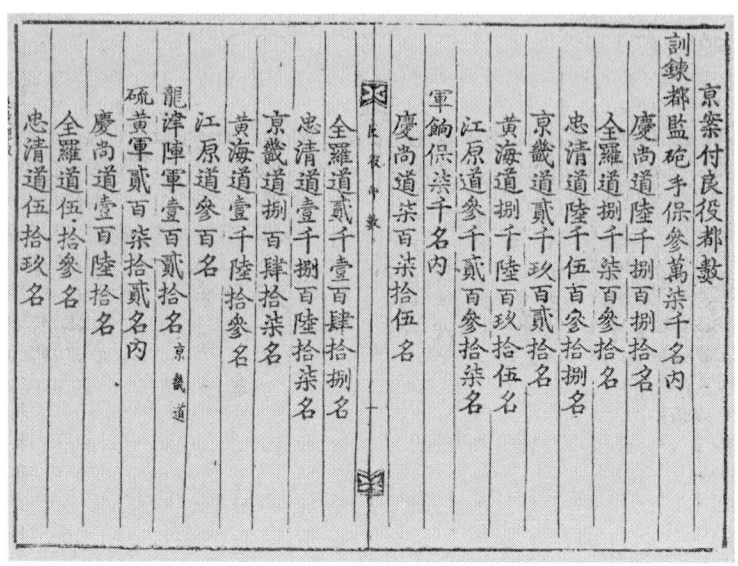

『양역실총』의 경안부 양역도수(京案付良役都數)(1740년대)　중앙에 소재하는 경사 군문(京司軍[門])과 이곳에 소속된 군역자의 역종별 총수를 기록하였다. 이 액수는 지방에 흩어져 있는 군역자들을 집계한 것과 같다. 읍별로 이들의 액수를 확정하여 중앙의 권력기관들이 함부로 군역자를 모집하거나 추가로 징수하지 못하게 한 것이다.

끝으로 이러한 정액방침에 따라 조정한 결과를 각 도에서 보고한 것이 『양역실총』 7책이다. 여기에는 도내 군현마다 소속기관 및 역종별 정액이 기록되어 있다. 각 군현의 행정구역 내에 거주하는 군역자수가 역종별로 확정된 것이다. 이로써 해당 군현은 더 이상 상급기관의 군역자 증액요구에 응할 필요가 없어졌다. 정해진 액수에 맞추어 군역을 부담하면 되었기 때문이다. 양역정액사업은 각종 국가기관의 자의적인 군역자 확보활동을 차단하는 한편, 군현 단위의 지방행정관청이 관

단성현의 경안(京案) 및 외안(外案) 양역자 정액(1740년대) 단성현에 배당된 중앙군과 지방군의 액수이다. 중앙의 경사군문에 소속된 중앙군은 건실한 양인으로 충원시키고자 일찍부터 양역액수를 확정해 왔으나, 감영·병영 등 지방에 소재하는 행정·군사기관소속 양역자에 대해서는 당시에도 여전히 정액사업이 진행되고 있었다. 외안의 양역자수가 적은 것은 지방군 가운데 양인이 적은 탓도 있겠지만, 양천의 신분이 본래 분명치 않다는 점이 근본적인 이유였다.

할구역 내 군역자를 독자적으로 관리할 수 있는 계기를 마련하였다.

지방행정관청에 소속된 인적 재원에 대해서도 군역정액작업이 진행되었다. 지방관청은 본래 병사를 보유할 수 없지만, 군역징수와 같은 방법으로 정해진 액수에 따라 인적 재원을 확보하고 있었다. 나아가 중앙 및 지방소재 국가기관소속 양인 군역자에 대한 정액작업이 마무리되면서, 1750년대에는 사노 군역자에 대한 정액이 진행되었다. 지방소재 감영 및 군영과 지방관청은 인적 재원을 모두 양인으로 확보하기 어려웠기 때문에 군액의 상당부분을 사노로 충당해 왔다.

그러나 사노 군역자에 대한 정액작업은 양인에게 군역을 부과한다는 원칙과 정면으로 충돌하는 정책이다. 사노 군역자는 군역부담이 양역자의 1/2에 지나지 않았는데, 이러한 군역징수의 현실을 공식화하여 사노 군역자의 군액을 확정하는 일은 개별 군역자의 신분을 명확히 구분하는 일이기도 하기 때문이다. 따라서 중앙정부는 신분을 구분하지 않고 역종별 군액만을 파악하는 선에서 원칙론을 지키면서 신분에 따른 군역징수의 현실에 대해서는 지방사회의 군역운영에 위임하는 이원적인 군역정책을 표명하였다. 군역정액사업으로 말미암아 공식적으로는 군역부과에 양천신분제가 부정된 셈이다.

호적대장 '도이상(都已上)'의 군역통계

호적대장 말미에는 단성현 전체의 통계인 도이상(都已上)이 기재된다. '도이상'은 '도총(都總)'이라고도 하는데, 여기에는 해당 호적대장을 작성한 식년의 군현 전체 호구 총수와 함께, 남녀를 직역(職役) 및 신분에 따라 '노(老)·장(壯)·약(弱)'으로 나이대를 구분하여 통계낸 숫자를 적고 있다. 직역 및 신분은 바로 호적대장 본문에서 개인마다 이름 앞에 기재되는 호적기재양식의 하나라 할 수 있는데, 호적에서는 '직역'으로 통칭된다. 도이상의 통계는, 원칙적으로는 호적대장 본문에 기재된 직역자를 집계한 것이다.

군현 단위로 호적대장 작성을 담당하는 향리가 도윤(都尹)과 부윤(副尹)의 주도하에 작성된 면 단위의 호적중초(戶籍中草)를 모아 한데 묶으면서 호적대장 말미에 직역별 총액수를 '도이상'으로 집계하였다. 중앙정부는 본문의 호구수와 직역자수를 일일이 검토하지 않고 이 군현의 통계를 호구 및 군역정책에 반영하였다. 그리고 군역정책의 결과가 다시 호적대장의 '도이상' 통계에 반영되었다.[21]

18세기 중엽 『양역실총』의 정액된 양역자수와 이후 『읍지』 군총(軍摠)조의 군역자수를 당시 호적대장 도이상에 기록된 군역자 통계와 비교해 보면, 다음의 〈표 3〉에서 보는 바와 같이 역종별 수치에 그리 큰 차이가 없다. 18세기 중엽 『대구부 호적대장』에는 양쪽의 수치가 일치하는 사례가 많다. 18세기 중엽에 완료되는 군역정액사업의 결과가 호적대장 도이상 통계에 그대로 반영되었음을 보여준다. 적어도 이 시기에는 지역에 배분된 군역자의 정액이 도이상에 반영되고, 그에 따라 호적대장 본문의 직역기재를 조정하였을 가능성이 높다고 할 수 있다.

호적대장 말미의 도이상 통계는 본문의 호구마다 기재된 직역자를 집계하여 기록하는 것이 원칙이지만, 당시에 진행되던 호구 및 군역정책에 조응하여 이전부터 전해오는 통계를 기준으로 수치를 늘리거나 줄이는 것이 현실이었다. 말하자면, 도이상의 통계는 정책상 그 지역에 배분된 수치에 가까웠다. 그런데 본문에 기재된 직역자를 집계한

〈표 3〉『대구부 호적대장』 도이상 조 군역통계와 『양역실총』 및 『읍지』상의 군액 비교

구분	군역명	양역실총	도이상	읍지	구분	군역명	양역실총	도이상	읍지
중앙군	포수보	227	= 227	228	지방군/읍소속	산성정군	203	= 203	= 203
	어영군	152	= 152	= 152		수미군	75	= 75	= 75
	어영군보	466	= 466	533		대포수/보	15	= 15	
	금위군	226	= 226	= 226		옹장	63	= 63	
	금위군보	702	= 702	610		사기장	6	= 6	
	병조기병	46	202	+ 46		군뢰	110	95	+ 110
	병조보병	156		166		나장보	12	92	+ 12
	기보병보직	48	50	- 50		훈도보	6		+ 6
	장악원악생	4	= 4	= 4		아병	130	590	591
	장악원악공	9	= 9	16		아병복마군보	78	100	- 100
	사복시제원	8	= 8			군뢰보	15	4	- 4
	교서관장인보	19	3	42		기수	50	100	- 100
	선공감장인보	10				기수보	18	68	- 68
	사옹원제원	1				궁인/시인	67	80	32
	사옹원장인	3				탄군	8	9	5
중앙군 계		2,077	2,049	2,073		유황군	91	88	34
수봉군	수군	568	563			각생장인	115	394	248
	수군보	283	282			각청하전	49	102	229
	봉군	75	= 75	= 75		각색화병	8	298	38
	봉군보	225	= 225	= 225		각색수솔	1	125	26
수군·봉군/보 계		1,151	1,145	300		도참군	27	40	
군관	재가군관	80	= 80	= 80		수철장	5	22	
	재가작령군관	107	= 107	= 107		공고/고마격군	17	30	
	대솔출령군관	90	= 90	= 90		여정	1	23	1
	산성작령군관	138	= 138	= 138		군관보	19		
	토포군관	171	= 171	= 171		수영군	14		
	도훈도	32	= 32	31		영리청문서직	2		
	기패관	111	57	+ 111		제약포수	3		
	대솔작령군관	101	111	+ 101		산성모군		200	- 200
	산성출사군관	20	10	+ 20		속오마군수솔		236	- 236
	봉별장		3	- 3		속오마군보		431	- 431
	선무군관			291		속오군보		1,043	-1,043
	(기타의 군관)		38	1,289		속오군보		1,451	1,008
군관 계		850	837	2,432		(기타의 군/보)		1,790	4,246
지방군	마병	226	= 226	= 226	지방군/읍소속 계		1,979	8,544	9,816
	마병보	461	= 461	= 461	총계		6,057	12,575	14,621
	아병복마군	54	= 54	= 54					
	당보수	30	= 30	= 30	(참고) 남구수		23,882	25,428	24,794

* =는 양쪽이 동일한 군액, +는 양역실총과 읍지가, -는 도이상과 읍지가 동일한 경우임.
* 『대구부 호적대장』 도이상(1750), 『경주 도읍지』 「대구부 읍지」(19세기 전반)

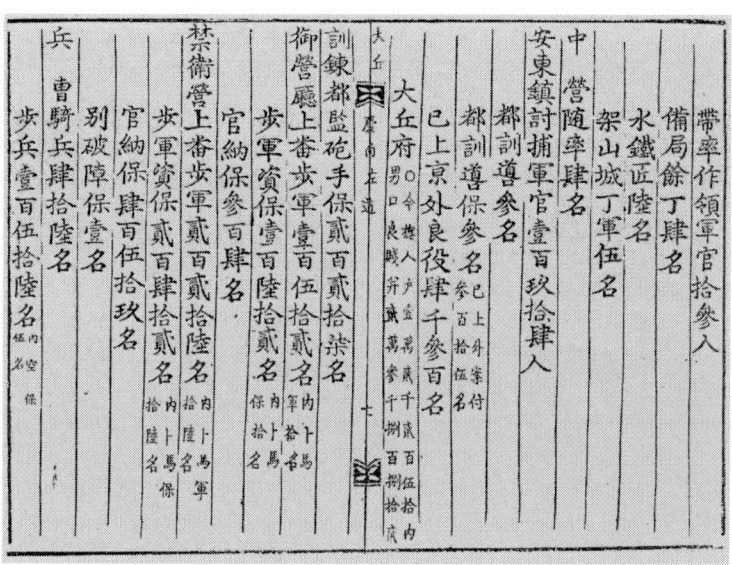

『양역실총』 대구부의 양역자 정액(1740년대) 『양역실총』에 제시된 군역과 정액은 호적장부 '도이상'조의 군역자수를 집계하는 데 현실적인 기초 자료였다. 특히 1750년 호적의 도이상에 실린 역종별 군역자 통계수치는 『양역실총』의 군역자 정액과 끝자리까지 일치한다.

수치와 도이상의 통계가 반드시 일치하는 것은 아니었다. 호적대장 본문을 집계한 수치와 도이상의 통계가 일치하지 않아 담당 향리가 혼쭐이 난 사건은 이미 소개한 바 있다. 그러나 이에 대한 처벌은 호적작성의 원칙을 지키도록 종용하기 위한 시범케이스에 지나지 않았다.

17세기 말에서 19세기에 이르는 단성현 호적대장 도이상의 군역통계와 본문에 기록된 군역자를 집계한 수치를 중앙 및 지방의 국가기관에 소속된 군역자와 지방관청 산하 통치기구에 소속된 읍소속(邑所屬)으로 나누어 40년 정도의 간격으로 비교하면 다음의 〈그림 3〉과 같다.

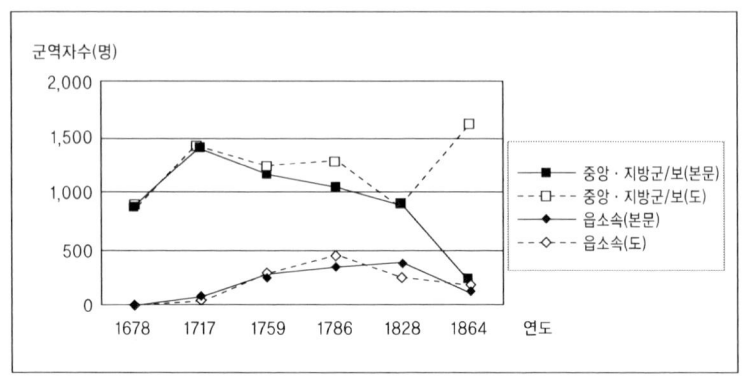

〈그림 3〉 군역 직역자수의 식년별 추이(단성현 호적대장 도이상과 본문 비교)

　도이상과 본문의 군역자 통계는 17세기 말에서 18세기 중엽까지는 거의 일치하지만, 이후로 심한 격차가 발생한다. 특히 중앙군 및 지방군이 그러하다. 17세기 말에서 18세기 중엽은 양정을 확보하고 중앙의 경사군문과 지방의 감영·군영소속 군역자에 대한 정액정책이 시행되던 시기이다. 이 시기 호적대장에서는 이들 직역자에 대한 도이상의 통계와 본문을 집계낸 수치가 거의 일치하고 있다. 그런데 18세기 말에는 도이상의 중앙기관과 지방소재 감영·군영소속 군역자수가 18세기 중엽의 도이상 수치를 유지하는 반면, 본문에서는 그 총액을 채우지 못하고 감소하는 현상이 발생하였다.

　18세기 말의 현상은 중앙 및 지방군 군액이 군현 단위의 총액으로 고정되어 호적대장 본문에서 군역부담자를 일일이 파악할 필요성이 적어졌음을 의미한다. 군현 단위로 정해진 액수만큼 지방에서 상부기관으로 군역을 납부하면 되기 때문이다. 중앙기관 및 지방영진소속 군역자를 파악하기 위한 장부로서 호적대장 본문의 기능이 약화된 것이다.

이러한 호적대장 본문의 군역기재양상에 대해 19세기 초에는 도이상의 수치를 낮추어 본문의 집계와 맞추려는 시도가 행해졌다. 군역정책과는 별도로 호적대장 본문의 집계와 도이상의 통계는 일치해야 한다는 원칙이 고수된 듯하다. 그러나 이는 호적대장의 성격이 변화하는 과정에서 발생한 과도기 현상에 지나지 않는다. 19세기 후반에는 도이상의 수치가 다시 급상승하여 본문의 기재와는 완전히 다른 방향으로 움직이기 때문이다. 이때 군역은 군현 단위의 군총으로 도이상에 표현될 뿐, 호적대장 본문의 개개인에게 기록되지 않는다. 따라서 본문에는 직역을 더 이상 군역 총액을 맞추려는 목적에서 기재할 필요가 없었다.

그러나 지방관청의 읍소속에 대해서는 사정이 달랐다. 중앙군 및 지방군은 각 지역에서 중앙이나 지방의 감영·군영으로 군역을 납부하는 자들이지만, 읍소속은 지방관청의 재정수입과 직결된 각 지역 내의 재원이었다. 읍소속은 중앙군 및 지방군의 역종별 정액이 완료되어 그 액수가 하향 고정되는 18세기 중엽에 오히려 증가하여 19세기 초까지 일정 수준을 유지하였다. 뿐만 아니라 도이상에 파악되는 만큼 호적대장 본문에서도 지속적으로 파악되었다. 지방재정과 관련해서는 호적대장 본문의 직역기재가 제 역할을 한 것이다.

본문에 기재된 군역자의 집계와 도이상의 역종별 통계가 일치하지 않는 현상은 군역의 소속에 따라 경향을 달리한다는 점에 주목할 필요가 있다. 다음의 〈그림 4〉에서와 같이 역종을 소속기관별로 좀더 세분하여 호적대장 본문에 군역이 기록되는 경향을 살펴보면, 호적에 기재되는 군역의 정책적 의미가 더욱 분명해진다.

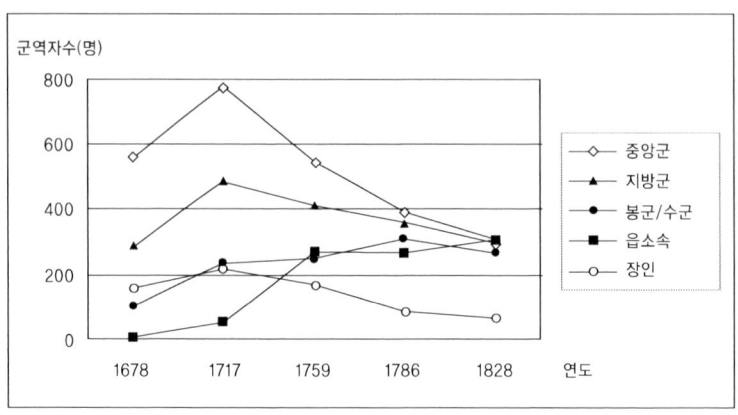

〈그림 4〉 역종별 군역자수의 변화

　　17세기 말 중앙정부의 양정확보노력에 편승하여 중앙기관들과 지방의 감영·군영들은 각 기관소속 군역자들을 단성지역에서 최대한 확보해 나가고 있었다. 그것은 중앙정부의 군역정책이 각 기관의 자의적인 사모속 확보를 금지하고 역종별 군액을 감축하는 방향으로 전환된 18세기 초기까지 지속되었다. 이는 초기의 군액정액화사업이 그리 큰 효과를 보지 못하였음을 의미한다. 그러나 1730~1740년대에 다시 실시된 대대적인 정액사업은 군역자 증가를 억제하는 효과가 충분하였던 것 같다. 〈그림 4〉에서 보는 바와 같이, 도이상의 통계나 본문의 기재에서 18세기 중엽의 중앙군 및 지방군의 군역자수가 감소한 것이 이를 증명한다.

　　그런데 18세기 중엽에 중앙기관소속이 지방의 감영·군영소속에 비해 더 빠른 감소세를 보였다. 여기서 지방군은 병영 산하의 주진(主鎭)에 편성된 속오군(束伍軍)을 비롯하여 기타의 군영과 감영에 소속된 군역자들인데, 이들에 대한 감액조치는 중앙군에 대한 감액만큼 원활하지 못하였던 것이다. 더구나 봉군(烽軍 ; 봉화 올리는 군사)과 수군(水軍), 그리고 이들의 보인들은 오히려 약간 증가하였다. 봉군과 수군은 18세기 전반까지 중앙의 병조에서 관리하는 '경안부(京案付)'의 역종이었다. 그러나 1740년대의 군역정액과정에서 봉군은 지방의 병영에, 수군은 지방의 수영에 각각 소속되어 그곳에서 관리되었다.

　18세기 중엽에 이르기까지 중앙정부는 중앙에 소재하는 각종 국가기관의 자의적인 인적 재원 확보활동을 철저히 통제하는 반면, 인적 재원에 대한 관리를 지방에 소재하는 국가기관에 이전하는 군역정책을 펴왔다. 중앙의 국가기관들은 자체적인 군역재원 확보를 통제당한 대신에 다른 재원을 중앙재무기관으로부터 배분받았다. 균역법이 시행되어 군역부담의 반이 토지에 부과되고 '선무군관(選武軍官)' '양군관(良軍官)' 등의 새로운 군역재원이 설정되었다. 중앙정부는 호조 산하에 균역청을 설치하고 균역청으로 하여금 이러한 재원을 일괄적으로 확보하여 다시 각종 국가기관에 배분하도록 하는 일원적 재정운영체계를 시도한 것이다. 반면에 국경의 방위를 위한 해안의 군사체계와 연락체계는 존속되어야 했는데, 이를 위해 수군과 봉군을 지방소재 군영에 맡겨 현지에서 철저하게 관리토록 하였다.

　중앙정부는 18세기 중엽에 군역정액사업을 최종적인 것으로 확인하면서 지역마다 배분한 역종별 군액이 변동되지 않기를 기대하였다. 그러나 봉군과 수군을 제외한 중앙군과 지방군은 18세기 초에서 중엽으로의 변화가 이미 관성화되어 호적에서 빠른 속도로 감소해 갔다. 19세기 중엽에는 호적에서 중앙군과 지방군을 발견하기조차 어려워

질 정도로 극단적인 변화양상을 보였다.

읍소속은 이들 군역과 사정이 달랐다. 이를 살펴보면, 호적에 읍소속이 등재되는 경향은 여러 가지 업종의 수공업자인 잡색장인(雜色匠人)의 수치변동과 반비례하는 현상을 발견할 수 있다. 18세기 초까지 수군 및 봉군의 수치만큼이나 호적상에 많이 확보되었던 장인들은 이후 점차 감소하고 그에 반비례해서 읍소속이 증가한 것이다.

지방행정관청은 원칙적으로 군역자를 보유할 수 없었다. 그러나 관청의 하급 공무원으로 사역하고 지방경비를 보충하며, 지방 유력자들의 자치조직에 필요한 인력과 재원을 충당하기 위해 군역제도에 준한 징수를 시행하고 있었다. 특별히 국가기관에 소속된 자를 제외하고는 군역자라 할 수 없는 장인도, 지방행정관청이 필요로 하는 물품을 제조해 주거나 관에 정기적으로 생산물품을 납부하고 있었다.

18세기 중엽에 중앙정부는 읍소속마저 정액화하여 군역과 같이 취급하려 하였다. 지방관청은 장인으로부터 필요한 물품을 수시로 징수하기보다 읍소속으로부터 징수한 재원을 물품제조비용으로 사용하는 방법을 택하였다. 장인은 대부분 주거이동이 잦은 유동적인 인구였을 뿐만 아니라 노비신분으로 확정되지 않은 양인이 많아 군역정액사업 초기에 정식의 군역자인 중앙군과 지방군으로 차출되는 경우가 많았다. 따라서 지방관청은 징수가 불안정한 장인을 확보하기보다는 정당한 지방관청 소속자로서 읍소속을 확보하는 편이 유리하다고 판단하였다. 개개의 인적 재원을 군역으로 일원화하려는 중앙정부의 군역정책에 동승하면서도 지방재정을 체계화할 수 있는 기회를 얻은 것이다.

도이상의 군역자 통계는 시기에 따라 양적인 변화를 보이는데, 군역통계를 기록하는 방식도 시기에 따라 변하였다. 특히 겸역자에 대한 통계방식이 그러하다. 겸역(兼役)은 중역(重役) 혹은 첩역(疊役)이라고도 표현하는데, 한 사람에게 두 가지의 군역이 부과된 경우와 공사천에게 군역이 부과된 경우로 구분할 수 있다. 공사천에게는 개별 기관이나 개인에게 신공을 바치는 '신분적인 역'이 존재한다. 따라서 원칙적으로는 양인에게 부과되는 군역이 이들 공사천에게 부과되면, 이를 겸역으로 인식하였다.

두 가지 군역 역종을 겸하는 겸역은 중앙군과 지방군을 동시에 지는 경우가 대부분이다. 그러나 역보(驛保 ; 역리의 보인)와 같이 역원(驛院)에 소속된 자나, 가리(假吏 ; 임시로 향역을 지는 자)와 같이 지방관청에 소속된 자들이 중앙군이나 지방군을 겸하는 경우도 있었다. 또한 서로 다른 지방군영의 역종을 겸하는 경우도 있었다. 도이상의 통계가 남아 있는 단성현 호적대장에서 살펴보면, 이러한 겸역을 군역통계로 제시하는 것은 1678년, 1717년, 1720년에 한정되며, 1732년 이후의 도이상에는 겸역 자체가 나타나지 않는다. 시노(寺奴), 관노 등의 공천이 군역을 겸하는 경우도 마찬가지이다.

겸역은 일신양역(一身兩役)의 무거운 역이며, 군역부담의 편중이라는 점에서 군역부과의 균등원칙에 어긋난다. 이러한 군역부담의 불평등을 해소하기 위한 임시방편으로 겸역자에 대해서는 정역자 부담분의 반만 수취하도록 하는 조치를 내리기도 했다.[22] 그러나 이것은 겸역에 대한 원초적인 해결책이 아니었다. 국가기관이 재정권을 개별·분산적으로 확보하고 있는 상황을 극복하고 중앙집권적으로 관리하려면 겸역 자체를 없앨 필요가 있었다. 따라서 중앙정부는 17세기 말부터

1678년 도이상의 겸역자 통계 기재 지방군의 겸역자는 남녀 직역 통계기록을 끝낸 뒤에 별도로 통계를 제시하였다. 한 사람이 두 가지의 군역을 부과받는 것이 원칙에 어긋난다는 사실을 스스로 인정한 셈이다.

18세기 전반기에 이러한 군역겸역을 부정하고 중앙기관소속 군역을 중심으로 양역을 단역으로 확보하려는 군역정책을 시행하였는데, 호적대장 도이상의 겸역자 통계방식에서 이런 과정을 확인할 수 있다.

한편 사노에게도 각종의 군역직역이 기재된 사례가 많다. 사노에게 군역이 부과되는 것도 상전에 대한 신공부담에다가 군역부담을 더하는 일종의 겸역이라 할 수 있다. 사노군역통계는 속오군을 중심으로 주로 지방소재 기관소속의 군역에 많이 나타난다. 그런데 이것도 18세기 중엽 이후의 도이상 통계에는 나타나지 않는다. 1678년에서 1732년까지의 호적대장 도이상에는 '사노'라는 명칭의 통계 밑에 사노군역의 통계가 부기되었다. 그런데 1759년 이후로는 사노 군역자가 호적대장 본문에는 여전히 있지만, 도이상에는 '사노'라는 명목 밑에 군역을 지는 사노의 수치가 포함되지 않는다. 사노 군역자는 사노라는 신분기재없이 각각의 군역 역종에 합계되었다. 도이상의 군역통계에 양천신분을 구별하지 않게 된 것이다.

사노에 대한 군역부과는 양인 남정〔양정(良丁)〕에 한정된 군역부과라는 원칙에서 벗어난 것이라 할 수 있다. 따라서 18세기 중엽 이후의 도이상은 사노군역을 부정하고 군역부과의 원칙을 재표명하였음을 의미한다. 그러나 18세기 중엽 이후 모든 군현이 단성현처럼 사노군역을 도이상에 기재하지 않게 된 것은 아니다. 언양의 경우는 1818년의 호적대장 도이상에도 사노군역이 기재되며, 1858년이 되어서야 도이상에서 사노군역기재가 사라진다.[23] 군역부과의 원칙을 강조하는 국가의 정책적 의도가 호적대장의 도이상에 반영되는 속도는 이같이 군현에 따라 달랐다고 할 수 있다.

1717년 도이상의 사노 군역자 기재 지방군으로서 두 가지의 군역을 지는 자는 감소하였지만, 본래 양인에게 부과하게 되어 있는 군역을 사노에게 부담지우는 사례는 여전히 많았다. 역종마다 양역자의 액수를 지역별로 확정하는 사업이 시작되면서 이들 사노 군역자는 역종별 통계에서 제외되었고, 대신에 사노의 통계 속에 군역별로 통계가 제시되었다.

1759년 도이상의 군역통계 두 가지 군역을 지는 겸역이나 사노 군역자가 통계에 나타나지 않는다. 사노통계 가운데 군역자의 기재가 사라지고 군역별 통계에서도 사노를 구분하지 않았다. 그러나 호적대장 본문에는 사노이면서 군역을 부과받은 자들이 흔하다.

3 지방관청과 서원의 역

관속(官屬), 관에 소속된 사람들

　지방관청 소재지를 '읍치(邑治)'라 하며, 향촌의 양반들이 거주하는 곳을 읍치에 대해 '외촌(外村)'이라 한다. 향촌의 양반들이 지방사회를 지배하는 것이 현실이기는 하지만 지방행정·재정의 중심은 역시 읍치이다. 향촌양반들의 권력 또한 관아를 배경으로 하지 않을 수 없다. 향촌양반들의 모임인 향회의 규칙 가운데 '사사로이 관아의 일에 간섭하는 자〔私涉官事者〕'에 대한 벌칙조항이 있다. 향회의 공론을 통해 관아와 상대하는 것이 아니라 사사로이 이득을 챙기려는 자를 경계하여 향촌양반들 내부의 질서를 잡으려 한 것이다. 이것은 관사를 책임지고 맡아하는 향리(鄕吏)층을 양반층으로부터 배제함으로써 양반의 고유성을 창출하려는 의도에서 연유한다. 그러나 관아의 일에 끼어드는 것이 양반의 권위를 실추시키는 일이라고 인식하는 것은 한참 뒤의 일이다.

　지방관청 주변에는 관아의 행정·치안·재정사무에 직·간접으로 관여하는 자들이 살았다. 통칭 '관속(官屬)'이라 하거나, '인리(人吏)와 관속'으로 나누어 부르기도 하는 자들이다. 인리는 바로 향리를 말하는데, 여기에 향리가문에 연원을 두는 장교(將校)들이 포함되기도 한다. 국가업무에 문·무(文武)의 구분이 있듯이, 지방관아의 군사 및 치안에 관계된 업무에는 장교가 동원되었다. 모두 지방관청의 실무를 책임지는 자들이다. 또한 향리 주변에는 이들을 도와서 지방행정 및 재정운영의 실무를 수행하는 자들이 포진한다. 그리고 공천으로서 지방관아에 소속된 관노비(官奴婢)가 있다. 이들을 통틀어 '관속'이라 한다.

　고려시대에는 '향리'라는 말이 중앙관리에 대해 향촌에 거주하는

'지방관리'라는 의미로 쓰인 만큼, 이미 국가공무원으로 인식되고 있었다. 이들에게는 공무원으로서의 업무수행에 대한 대가로서 '인리위전(人吏位田)'이 지급되었다. 중앙관리인 문·무, 동·서(東西)의 양반에게 '양반전(兩班田)'이 지급되고 군인에게 '군인전(軍人田)'이 지급되는 것과 같이, 이들에게도 국가업무의 수행에 대한 보답으로서 토지징수권이 배급된 것이다. 국고로 바치는 토지세를 이들 직역자들이 직접 거두어 쓸 수 있도록 하였으니, 이것을 수조권(收租權)의 배분이라 한다.

토지세를 부과하여 국고수입으로 삼는 '공전(公田)'에 대해 토지세를 면제받는 대신에 직역자나 개별 기관이 징수권을 갖는 토지를 '사전(私田)'이라 한다. 그런데 조선왕조에 들어와서 직역자에 대한 특권적인 토지징수권 배분이 점차 제한받게 되고 급기야 개인에게 주어지던 사전이 철폐되기에 이르렀다. 사전을 철폐함으로써 모든 토지를 중앙정부가 관리하고 세금을 일원적으로 징수하는 중앙집권적 재정체제를 수립하려는 정책이 조선 전기 내내 강력하게 추진되었기 때문이다. 이에 따라 향리에게 수조권을 주던 인리위전도 어느 틈에 사라져 버렸다.[24]

이제 직역자는 국가의 공공업무를 수행함으로써 특권적 보상을 받는 존재가 아니라, 공공업무를 국가에 대한 의무로 수행해야 하는 국역자로 전환되었다. 물론 중앙관리들의 관직도 하나의 직역으로서 국역을 지는 것으로 이해될 수 있다. 고려시대에 지역사회의 지배계층으로 군림하던 향리들은 군사방위의 의무를 지는 군역과 같이 '향역(鄕役)'을 지는 존재가 되었다.[25] 향리는 '향리층'으로서 조선시대 양반층과 같이 계층적인 의미를 가지기 이전에 '향역'을 지는 자들이었다. 이것은 향촌사회 내부의 권력관계에 커다란 지각변동을 초래하였다.

조선왕조의 인민통치는 중앙집권적인 관료체제에 기반을 두고 있기 때문에 자치적인 지방정부를 인정하지 않는다. 지방관청도 중앙에서 일괄적으로 통제하는 하나의 국가기관으로 존재한다. 그러나 지방관청에 소속된 공무원이 모두 중앙에서 임명받아 파견되는 것은 아니다. 더구나 조선 전기에는 큰 읍에 속현(屬縣)으로 존재하거나 수령이 파견되지 못하는 고을도 많았다.

조선시대 지방관청은 지방사회의 치안 및 부세징수와 구휼업무를 주된 기능으로 하였다. 이러한 지방관청의 실무를 현지에서 대대로 거주해 온 주민이 담당하도록 하였으니, 이들이 향리이다. 그리고 지방관청업무의 총책임자인 지방관이 이들을 통제하는 것이 원칙이었다. 그러나 지방관이란 중앙에서 파견되어 그 지방에 부임한 자들로서 임기가 끝나면 교체되게 마련인지라, 향리통제의 지속성을 확보하기가 어려웠다. 그래서 지속적으로 지역의 실무자들을 감시하고 견제할 세력이 필요하였다. 지방양반들이 바로 이러한 역할을 하였다. 그들이 주도하는 향청은 수령을 보좌하는 고문기관일 뿐만 아니라 지방관청의 실무자인 향리를 감시하는 역할을 하였다.

한 고을에 대대로 거주해 온 양반가의 족보를 보면, 고려시대와 조선 초기에 실재한 인물들 중에 '호장(戶長)'직을 지낸 선조들이 많다. 호장은 향리조직의 우두머리나 핵심 구성원을 가리킨다. 양반가문의 많은 선조들이 고려시대에도 지방사회의 최상위 지배층인 향리였다. 그런데 이들 가운데서도 중앙관직을 지냈거나 유교의 수양을 업으로 삼은 자들의 가계가 분리되어 나와 소위 '사족층(士族層)'을 형성하고 향리가계를 차별하는 풍조가 생겨났다.

　지방의 세력자로 군림하던 향리들은 조선왕조의 건국과 함께 중앙권력으로부터 '원악향리(元惡鄕吏)'라는 불명예를 부여받았다. 중앙권력은 지역의 토지와 인민을 지배하던 기존의 지방세력을 누르고 주민을 소규모의 호구로 편제하여 일률적으로 파악함으로써 중앙집권적 통치체제를 구현하려 하였다. 지방관청에는 '감관(監官)'이란 직책을 두어 이들로 하여금 지방관청의 통치업무에 관여하고 향리들의 실무를 감시하도록 하였다. 중앙정부는 지역의 양반에 해당하는 자가 감관을 맡기를 권장하였다. 향리를 감시하는 일은 향리와 버금가는 지방권력자만이 담당할 수 있다고 본 것이다.

　향촌의 관리가 향리의 국역, 즉 '향역'을 부담하는 존재로 전락한 이후, 향리들은 지방관아의 일원으로서 징수업무를 수행하면서 스스로 자기 몫을 챙길 수밖에 없는 상황에 직면하였다. 공공업무를 수행하기 위한 재원은 조세징수로 거둔 국고수입에서 나왔다. 그러나 조선왕조는 공공업무를 수행할 인력을 국역이라는 이름으로 징수하였다. 조세는 주로 곡물과 면포라는 현물로 상납되었으므로 수요처에 이르기까지 운송, 저장 및 잡비용이 엄청나게 소요되었다. 그 비용은 정규 세액 이외에 '잡비(雜費)' 내지 '잡역(雜役)'으로 징수되었는데, 해당 업무를 수행하는 데 필요한 경비를 능가하는 경우도 있었다. 공공업무 수행인력을 국고에서 출원하여 지불하지 않고 국역으로 충당하는 체제는 이러한 현물징수를 최소화하는 방법이라 할 수 있다.[26]

　향리들이 이러한 잡비의 운영을 담당하였으며, 그 일부를 자신들의 수당으로 돌렸다. 이를 흔히 '중간수탈'이라고 하지만, 정규의 재정만을 정당한 것으로 생각한 데서 나온 발상이다. 조선왕조는 최소 소비액에 맞추어 정규의 징수액을 정해 놓고, 그것을 납부·관리·배분하는 데 쓰일 제비용을 국역이나 비정규의 재정에서 충당하는 재정체제를 운영하였다. 따라서 향리들의 수당은 비정규의 재정부문으로서 조선왕조 재정체제의 일부라고 할 수 있다. 향리들의 재정운영을 '남징(濫徵)'과 '남용(濫用)'으로 책하는 데에는 국가의 묵인하에 운영되는 비정규의 재정이 과도하게 사용되는 것을 막으려는 정치적 의도가 깔려 있었다.

중앙정부로서도 '향역'이라는 국역의 의무만을 강조한다고 해서 일상적인 지방통치업무가 원활하게 수행될 수 있으리라고 보지는 않았다. 향리의 업무수행을 국역의 의무로 전환한 것은 기존의 향리세력을 통제하기 위한 것일 뿐만 아니라, 공공업무를 국역으로 수행토록 하는 정책의 일환이었다. 그러나 지방통치 및 징수업무 수행과정에서 향리의 비정규적인 재원징수는 어느 정도 묵인되었다. 향리들의 업무수행을 '향역'으로 규정하는 대신에 업무활동에 대한 보수를 자체적으로 확보할 수 있도록 만드는 것이 국고수입을 절약하는 방법이었기 때문이다.

호적에 이들 향리는 '호장·기관(記官)·공생(貢生)·율생(律生)·의생(醫生)·서원(書員)·가리(假吏)·소동(小童)' 등으로 기재되었다. 단성현 호적대장에는 18세기 중엽 이후 '향리'라는 직역명도 보이는데, 이것은 호장과 기관에 한정된 의미로 사용된 것이다. 단성현 호적대장의 '도이상'에 '향리'로 기재되는 직역명의 통계수치는 18세기에 9명 전후로 고정적이다. 중앙정부는 지방공무원인 향리를 일일이 임명하지 않고 지역 단위로 그들의 액수를 파악하였을 뿐이다. 현실적으로 지방관아의 업무를 수행하는 데에는 이보다 훨씬 많은 인원이 필요하였지만, 이들이 세력화되는 것을 막기 위해 공식적인 정족수를 낮은 수치로 견지하였던 것이다.

실제로는 향리의 역할을 수행하면서 표면상으로는 그 예비집단으로 존재하는 것이 '공생'이다. 호장이나 기관은 이 공생을 지낸 자들 중에서 선발되었다. 이들은 지방행정 및 재정의 특정 업무를 수행하도록 고정되어 있지는 않았다. 그러나 이 공생의 정족수도 18~19세기에 20명을 넘지 않았다. 특정 임무를 직역명으로 부여받아 옥사(獄事)에 관여하는 율생이나 토지파악을 주임무로 하는 서원, 그리고 의생도 사정은 마찬가지였다. 이러한 향리규정의 범위를 벗어나서 '가리'니 '소동'이니 하여 업무수행자를 늘리려고도 하였으나, 18세기 중엽 이후에는 이들 직역명이 호적대장의 '도이상'에서 아예 사라져 버렸다. 국역자의 정원을 고정시키는 정액작업이 완료되면서 이러한 임시적인 직역명은 공식적으로 인정받지 못한 듯하다.

그런데 호적대장 본문에 향역을 직역명으로 기재하는 자들을 집계해 보면 매우 흥미로운 사실이 발견된다. 첫째로, 호적대장 본문에 호장 및 기관과 공생을 기재하는 자들은 17~18세기 내내 '도이상'에 제시된 각각의 통계와 거의 비슷한 수치를 유지하고 있다는 사실이다. 단, 19세기에는 호장 및 기관이 낮은 수치를 유지하는 반면에 공생은 40명 전후로 전보다 2배 이상 증가하였다. 향리 가운데 가장 높은 지위에 있는 호장 및 기관은 공인된 정족수를 벗어나지 않고 스스로 증가를 억제함으로써 향리수장으로서의 권위를 유지하는 한편, 현실적인 향역담당자를 공생에서 확보한 듯하다. 이것은 18세기 후반과 19세기에 호적대장 본문에 기재된 군역자의 수가 '도이상'에 제시된 통계치보다 현격히 낮은 경향과 대조를 이룬다.

호장 및 기관과 공생의 호적기재경향에 비해 의생, 율생, 서원을 직역명으로 기재하는 자들은 군역과 마찬가지로 18세기 중엽부터 감소하기 시작하여 19세기에는 거의 나타나지 않는다. 그 대신 18세기 중엽 이후 '도이상'에 제시되지 않던 가리나 소동이 호적대장 본문에는 지속적으로 기재될 뿐만 아니라, '통인(通引)'이나 향교 및 서원의 호방(戶房)으로 기재된 자들이 나타나, 의생·율생 및 서원의 결원을 보충하고 있다. 호적상의 이러한 향역기재경향은 중앙정부가 공인하는 향역의 정족수에 대해 향역자 스스로가 일정하게 대응해 왔다는 사실을 의미한다.

향역자의 대응방식은 바로 '향리층'이라는 계층적인 집단의 형성 및 유지와 직접적인 관련이 있다. 단성지역에서 몇몇 가계만이 호장 및 기관과 공생이라는 향역을 획득해 왔다는 사실에서 확인할 수 있는 사항이다.[27] 단성현에서 공생을 지속적으로 배출한 가계는 합천 이씨와 전주 최씨를 비롯하여 김해 김씨, 김해 허씨, 밀양 박씨, 웅천 주씨 등이다. 기타 20여 성씨들도 공생을 기재하고는 있지만, 개별적인 현상일 뿐이다.

그런데 17~19세기에 지속적으로 공생을 기재하는 가계들 가운데 지속적으로 호장과 기관을 칭하는 가계는 합천 이씨와 전주 최씨 가계뿐이다. 다른 성씨의 가계들은 18세기 초와 중엽에 잠깐 호적에 호장이나 기관을 등재하는 데 그쳤다. 공생을 기재하는 자들의 가계가 향리층의 중심을 이루지만, 향리층을 주도하는 핵심 가계는 그 가운데서도 합천 이씨와 전주 최씨, 두 성씨의 가계였다고 할 수 있다. 더구나 이들 가계는 18세기 말 이후로 호장이나 기관이라는 향역을 독점한 것이다.

이러한 현상과는 대조적으로 18세기 초까지는 이 두 성씨 가계에 의생·율생·서원을 기재한 인물이 존재하지만, 이후로 의생·율생·서원은 공생을 칭하는 기타 가계의 인물들에게 기재되었다. 향역 가운데서도 직위의 높고 낮음이 있어 특정 가계가 높은 서열의 향역을 독점하는 대신, 낮은 서열의 향역을 여러 다른 성씨의 가계에 개방하였던 셈이다. 향리층 내부에 가계에 따라 계층적 서열이 형성되는 한편, 향리층의 범위를 확대하여 내부 성원 사이에 경쟁을 유발한 측면이 보인다. 향리층이 커다란 변동없이 지속적으로 유지되면서 외연으로는 약간의 유동성을 갖는 이유가 여기에 있다.

그러나 향역의 액수에 제한이 가해지고 향리층 스스로가 이런 제한을 계층적 통합방법으로 이용한 만큼, 향역을 기재할 수 있는 사람도 한정되어 있었다. 향리층을 주도하는 두 성씨 가계라 해도 그 가계의 모든 인물이 향역을 기재할 수 있는 것은 아니었다. 향역을 지는 두 성씨 가계의 계보를 따라가며 직역기재상황을 살펴보면, 성인이 되어도 직역을 기재하지 않는 자가 많다. 또한 직역을 기재하는 자라도 한량(閑良), 업무(業武), 납속품관, 유학 등이 다수를 이룬다. 같은 형제들 가운데서도 향역을 지지 않는 자가 있는데, 이들은 직역을 아예 기재하지 않거나 기재하더라도 위와 같이 당분간 군역을 회피할 수 있는 직역명들을 사용하게 된다. 그리고 그 후손들도 대체로 향역에서 벗어나는 경향이 있다.

조선 전기에는 향리에 대한 통제에서 벗어나고자 향역을 기피하는 현상이 있었다. 조선 초기의 법전에 "2대에 걸쳐 향역을 진 자의 후손은 본래 향리의 자손이 아니었다고 호소해도 들어주지 말라〔連二代入役 則雖訴本非鄕孫 勿廳〕"고 한 규정은 향역대상자를 확보해 두려는 중앙정부의 의도에서 나온 것이다. 단지 "향리 가운데 문과·무과를 통해 생원·진사 출신이 된 자나, 군공을 세워서 사패를 받은 자, 형제 가운데 잡과를 보거나 중앙기관의 서무직에 소속되어 고향을 떠나는 자는 대대로 향역을 면제받는다〔凡鄕吏中文武科生員進士者 特立軍功受賜牌者 三丁一子中雜科及屬書吏去官者 並免子孫役〕"고 하여 향역으로부터 벗어날 수 있는 길을 열어놓고 있다. 향리층에서 분화되어 나와 향촌의 양반사회를 형성할 수 있는 법제적인 근거였다고 할 수 있다.[28]

조선 후기에도 향역자의 후손이 대대로 향역을 지게 되며, 향역으로부터 벗어나는 방법도 조선 전기와 다를 바 없었다. 그러나 향리층의 자손이 향역에서 벗어나 '유학'을 직역명으로 사용한다 해도 예전처럼 양반이 될 수는 없었다. 양반이 되는 조건이 이미 법제적인 규정을 넘어 향촌사회에서 '양반으로 인식되는 것'으로 고정되었기 때문이다. 일반적으로 향역을 지지 않는 자라도 형제 중에 향역을 지는 자들이 있으면 그들과 같은 마을에 살았다. 드물게 외촌에 거주하는 경우도 있었으나, 다시 읍치 주변으로 거주지를 옮기거나 더욱이 형제들과 같이 향역을 지게 되는 사례도 있었다. 조선 전기의 계층분화가 이 시대에는 가능하지 않았던 것이다.

반면에 관노비의 '부(父)' 기재를 살펴보면, 관노나 사노 외에 군역자나 품관직자, 향리인 자들을 다수 발견할 수 있다. 아버지를 향리로 기록하는 자들은 18세기 초까지 군역자나 품관직자를 기록하는 자들보다 적었으나, 18세기 중엽 이후에는 각각의 통계수치를 넘어선다. 그리고 18세기 말에는 아버지가 향리인 자가 아버지의 직역을 알 수 있는 자들의 40%에 달한다.[29] 향리와 관비 사이에서 출생한 자들은 종모법에 따라 관노비가 되는 것이 당연하지만, 관노비들 중에는 향리와 사비 사이에서 출생한 자들도 있었다. 향리는 읍치 주변에 거주하면서 지방관아의 업무를 수행하는 데 이들 관노비의 도움을 필요로 하였으며, 그 일부를 자신의 서파 자손으로 충당하였던 것이다.

18세기 호적대장에는 향중이 주도하는 향청 및 향교에 소속된 자들이 증가하였을 뿐만 아니라, 현사보직(縣司保直)이나 작청보직(作廳保直)과 같이 향리들의 사무기구에 소속된 자들도 보이기 시작한다.

현사(縣司)는 단성현의 행정사무를 관장하는 곳으로, 서무담당의 대표인 호장(戶長)이 이를 주관한다. 호장은 지방관청의 재정을 위해 할애된 관둔전과 관노비를 관장함으로써 관청을 하나의 호로 간주할 때 마치 노비의 상전과도 같은 존재였다. 조선 초기까지도 지방관청의 사무를 담당하는 향리들의 대표는 호장이었으며, 그의 근무처인 현사가 지방행정 및 재정실무 수행의 중심기구였다. 그런데 조선 후기에는 호장 이하 분담부서인 육방(六房)의 역할이 강화되면서 그 가운데 이방(吏房) 중심의 사무기구가 작청(作廳)으로 독립되었다.

17세기 초에 군역과는 별도로 향촌의 양반들이 주관하는 향중의 역이 존재한 사실은 이미 언급한 바 있다. 향청과 마찬가지로 현사 및 작청과 이외의 지방관청 산하 통치기구들도 자체의 경비를 확보하기 위해 각 통치기구에 소속되는 인력을 확보하고 있었다. 17세기에서 18세기 초까지 지방관청에서 필요로 하는 경비는 장인을 역부담자로 설정하여 충당하는 경우가 많았다. '관목수(官木手)'와 같이 관청에 소속된 장인들의 노동력을 수취하거나 '잡색장인(雜色匠人)'과 같이 관청에서 필요로 하는 수공품들을 납부하도록 한 것이 그 예이다.

그러나 18세기 전반기에 양역정책이 시행되는 과정에 장인이 중앙기관 및 지방군영의 군역자로 출원되면서 지방관청은 필요한 인력을 확보하는 데 어려움을 겪었다. 이에 지방관청은 산하 각 기구에 군역과 같은 인력을 배당하여 역을 징수하게 하였다. 관속과 달리 지방관청의 행정 및 재정운영에 필요한 인력과 물자를 대는 이들을 소위 '읍소속(邑所屬)'이라 한 것이다.

원속(院屬), 서원(書院)에 소속된 사람들

서원(書院)은 양반층을 교육하는 한편, 유교이념을 실현한 선현을 제향(祭享)하는 기능을 담당하면서 16~17세기에 지방 각지에 건립되기 시작하였다. 지역을 단위로 자치조직을 결성한 양반들은 서원에 모여 향촌지배를 논의하기도 했다. 중앙정부는 향촌사회에서 국가의 통치이념을 지지할 수 있도록 각 지방에 관학(官學)인 향교를 설치한 바 있지만, 서원에도 마찬가지의 역할을 기대하였다. 따라서 서원도 하나의 지방기구로 여기며 필요한 인력을 지급하였다. 때에 따라서는 지방에 파견된 중앙의 관료나 그곳 지방관이 다른 역에 종사하는 자를 서원에 떼어주기도 했다.

이렇게 서원에 지급된 인력을 '서원소속', 줄여서 '원속(院屬)'이라 한다. 관공서에 소속되는 공천(公賤)노비와 같이 서원에도 소속 노비로서 원노(院奴)와 원비(院婢)가 있다. 그러나 원속이라 하면 일반적으로 군역제도에 준해서 지급된 양정(良丁)·하전(下典)·도색(都色)·재직(齋直)·수호군(守護軍) 등을 말한다. 이 가운데 노비가 없는 것은 아니다. 하전은 주로 사노(私奴)로 충당하였다. 이들은 각자의 상전에게 사역되거나 신공을 바치면서 한편으로는 서원일에 동원되거나 서원에 역가를 냈다. 노비로서의 역과 원속으로서의 역이라는 이중의 역을 진 것이다. 따라서 역가는 양인보다 헐했다. 면천과 면역이 다르듯이 노비와 원속도 양천신분과 국역체제라는 각기 다른 근거를 가지는 셈이다.

경주 옥산서원(玉山書院)에는 서원이 창설될 당시부터 지방관이 임의로 인력을 지급하고 있었다. 경주부 부윤이나 경상도 관찰사 혹은 서울에서 파견된 경차관이 타역에 종사하는 양정을 서원에 이속시켰으며, 16세기 말 전란시에는 그 인원이 140명에 이르렀다. 전란 중에 군적에 올릴 정병조차 확보하기 어려운 상황에서도 관찰사와 부윤이 획급조치를 하여, 전란 직후에는 옥산서원에 지급된 인원이 200명을 넘었다고 한다.[30]

그러나 이 가운데 양정은 16세기 말에 서원 묘우(廟宇)의 수호군으로 차정(差定 ; 사무를 맡김)한 18명에 지나지 않았다. 그 외의 원속은 지방군이나 장인으로서 서원의 인력수요에도 응하는 자들이었다. 전란기와 그 직후의 혼란기에는 반대로 이들 원속이 병영의 군역자로 차정되기도 했다. 당시에 원속은 이러한 이중적이고 애매한 소속관계로 말미암아 서원의 사역자인 하전 및 관청에서 배분된 관노비와 함께 '학궁속인(學宮屬人)'으로밖에 인식되지 않았다.

전란이 끝나자 옥산서원의 운영에 간여해 온 향촌의 양반들이 관찰사와 지방수령에게 병영과 수영에 소속되었던 원속을 서원으로 돌려달라고 요청하였다.[31] 16세기 말의 전란을 겪은 이후 서원은 재정적인 기능을 회복하기 위해 가장 먼저 원속과 노비확보에 힘을 쏟았다. 원속에 대해서는 전란시에 군병으로 동원되어 군안(軍案)에 올라가 있는 하전이나 원노(院奴)를 군안에서 떼어내는 일이 급했다. 특히 전란으로 훼손된 서원건물을 재건하는 데 쓸 인적·물적인 재원확보가 시급했다. 흩어졌던 노비들을 서원으로 다시 끌어모으고, 먼 곳에서 군역에 충당되었던 원속들로부터 다시 안정적으로 역가를 징수하여야 했다.

그러나 원속을 체계적으로 파악해야 할 필요성이 대두된 것은 이들을 사역자로 확보하기 위해 벌인 서원 내외의 경합이 직접적인 계기였다. 이들을 사역자로 확보하려는 과정에서 원속이라는 '역'에 대한 체계적인 인식이 도출되기 시작한 것이다. 서원은 지방관청이나 지방군사기관이 "원속에게 다른 역을 부담시킬 경우 향중의 공의를 모아 중벌에 처한다〔院屬人侵責者 共議重罰〕"라는 내용의 약정을 세웠다. 또한 "서원 관리자인 원임에게 알리지 않고 함부로 원속을 사역하는 유생은 정원에서 제외하거나 심하면 제적한다〔儒生不告院任擅使院屬者 一則損徒 再則削還事〕"고 하여 서원 구성원이 원속을 사적으로 지배하는 행위를 부정하고 원속을 공공연한 서원의 역부담자로 정립하려 하였다.[32]

여기에 18세기에는 서원의 유생인 '원생(院生)'도 향교의 교생(校生)과 같이 하나의 직역명으로서 호적에 기재되기에 이르렀다. 원생은 원속의 하나로서 서원에 소속된 자로 인식되었다. 그러나 원생을 포함한 원속은 18세기 중엽에 읍소속의 정족수를 확정하기 위한 군역정책이 실시될 때까지 서원만이 독점할 수 있는 자들이 아니었다. 원속은 지역내 양반세력의 사회권력과 해당 지역에 부임한 지방관의 개인적인 정치력에 기초하여 확보되었다. 따라서 이들의 정치적 영향력이 미치지 않는 범위에서는 원속을 인정하지 않는 경향이 있었다.

영향력을 미치는 범위란, 서원이 소재하고 원속이 거주하는 지역적인 범위와 국가기관 상호간의 권력배분을 둘러싼 정치적 범위 모두를 의미한다. 17세기 옥산서원의 경우, 경주부 관할을 넘어서서 타읍에 거주하는 원속은 그곳 향리에 의해 지방군영의 지방군으로 차정되어 군역을 부담하거나, 지방군영의 직접적인 동원령에 복종하여야 했다. 1623년 인조반정(仁祖反正)으로 정권을 장악한 서인(西人)들은 경상도지역의 서원을 개혁하기 위해 원속의 일부를 중앙기관 및 지방군영에 배속시켰다.[33] 서원의 끈질긴 요청과 관찰사의 양해로 말미암아 옥산서원의 원속이 군역자로 이정(移定)되는 사태는 일단 피할 수 있었으나, 이후 17세기 말까지 서원은 지방관청 및 지방군영과 원속을 둘러싸고 경합을 계속할 수밖에 없었다.

서원이 원속을 서원 고유의 재원으로 파악하기 어려운 것은 서원 자체가 하나의 공공기관으로서 국가의 일원적인 행정체계로 성립되지 않았고, 원속이 국역의 하나로 인식되지도 않았기 때문이다. 원속의 유동성을 제도적으로 개선하려는 시도가 이루어진 것은 중앙정부가 중앙의 각 기관에 양역의 액수를 고정시키기 시작하는 17세기 말부터 였다. 당시에 서원을 하나의 공적인 기관으로 여기고 서원에 소속되는 양정에 정족수를 부여하자는 의견이 제기되었다.[34] 그간 양정을 서원에 투입시켜 보호함으로써 양역대상자가 줄어든 것이라고 보았기 때문이다.

그러나 실제로 서원소속의 정족수를 확정하게 되는 것은 18세기 중엽이다. 이는 읍소속에 대한 정액작업의 일환으로 시행되었다. 상주의 흥암서원(興岩書院)은 옥산서원과 같이 왕으로부터 공인받은 사액서원(賜額書院)으로, 사액된 어필(御筆)을 수호하기 위해 많은 수의 어필수번원생(御筆守番院生)과 수호군을 확보하고 있었을 뿐만 아니라, 원생과 공사천 사역자도 많았다. 그런데 이들 원속 가운데 상당수가 비공식적인 사모속(私募屬)으로 감액의 대상이 되었다.[35] 원속의 정족수 감액처분은 옥산서원도 비껴갈 수 없었다.

옥산서원의 경우에는 우선 타읍에 거주하는 원속에 대한 감액조치가 시행되었다. 그 결과, 50명이 넘던 타읍 거주 원속이 1750년대를 거치면서 급속히 줄어들어 11명에 지나지 않게 되었다. 나아가 1760년대에는 경주부 관할구역 내에 거주하는 원속에 대한 정비작업도 이루어졌다. 옥산서원은 경주부내 원속의 정액이 시도되기 전인 1751년과 1752년에 「소속안(所屬案)」이라 하여 원속의 명단을 작성하였다. 그 이후의 명부로는 18세기 말과 19세기 중엽에 '양하전안(良下典案)'이라는 이름으로 작성된 「소속안」이 현존한다.[36] 그런데 이 「소속안」들을 보면, 경주부내 원속이 정액작업 이후로 오히려 증가하고 있다 (〈표 4〉 참조).

〈표 4〉 옥산서원 「소속안」에 드러난 경주부 거주 원속의 증감

(단위 : 명)

작성 시기	원속명	거주지			계
		옥산(玉山)	안강(安康)	북부(北部)·영천(永川)	
1752년	양정(良丁)	20	2		22
	장인(匠人)		5	20	25
	재직(齋直)	9			9
	가차군(家車軍)		4		4
	하전(下典)	2	14	12	28
	계(%)	31(35%)	25(28%)	32(36%)	88(100%)
1774년	조가양정(朝家良丁)	13	1	1	15
	관급양정(官給良丁)	14	2	9	25
	도색·재직(都色·齋直)	18	1	3	22
	가차군(家車軍)		4		4
	하전(下典)	5	24	31	60
	계	50(40%)	32(25%)	44(36%)	126(100%)
1799년	조가양정	10	7	8	25
	관급양정	1	11	22	34
	도색·재직	22			22
	제기하전(祭器下典)	1	1		2
	가차군		5		5
	액내하전(額內下典)	5	24	28	57
	관급하전(官給下典)	1	10	5	16
	계	40(25%)	58(36%)	63(39%)	161(100%)
1863년	조가양정	2	21	12	35
	관급양정		30	31	61
	도색·재직	50	1		51
	제기하전	1	1	2	4
	가차군		10		10
	액내하전	7	23	21	51
	관급하전		1	1	2
	계	60(28%)	87(41%)	67(31%)	214(100%)

출전 : 「소속안」 1752년·1776년·1799년·1863년(『옥산서원지』).

1751, 1752년의 「소속안」은 원속을 양정, 재직(齋直), 하전(下典) 및 완석군(莞席軍)·마철군(馬鐵軍)·야장(冶匠) 등의 장인으로 구분하고 있다. 양정과 재직은 대부분 옥산서원 소재지인 옥산리(玉山里)에 거주하며, 하전과 장인들은 옥산 주변의 안강(安康)을 중심으로 북부의 신광(神光)과 영천(永川)에 산재하였다.

원속에 대한 정액작업은 양인인 양정과 재직, 사노인 하전으로 구분되어, 즉 신분에 따라 일괄적으로 이루어졌다. 18세기 말의 「소속안」은 정규의 원속 정족수가 중앙정부로부터 받은 '조가획급양정(朝家劃給良丁)'과 '액내하전(額內下典)'으로 한정되었음을 보여준다. 그러나 이 액수를 넘어서서 감영과 경주부가 획급한 '관급(官給)'의 양정과 하전도 지방관청 수준에서는 공식적으로 인정된 듯하다. 이상의 「소속안」들은 모두 경주 부윤의 재결을 받아 작성된 것으로, '관안(官案)'으로 불린다.

원속의 정액은 현실적으로는 고정되지 않고 1774년 이후로 서서히 증가하였다. 1801년에 서원은 원속의 정액이 창설 초기의 원속액수보다 적다는 사실을 들어 감영과 관가에 원속의 증액을 요구하였다. 이때 관급양정의 수를 늘리는 것으로 서원의 요구가 관철된 듯하다. 그런데 옥산서원의 소재지인 옥산리는 타지역과 달리 관급양정의 수가 격감하였다. 옥산리는 그 대신에 서원의 행정 및 재정업무에 직접 동원되는 도색과 재직으로 채워졌다. 옥산리에는 서원의 원노비들이 다수 거주하고 있었고, 주민들 속에서 원속수를 늘리기에도 한계가 있었다.[37] 따라서 옥산서원은 노동력을 동원할 수 있는 자들로 인적 재원을 확보하는 대신, 옥산리 이외의 지역에서 물납(物納)의 형식으로 역을 징수할 수 있는 양정과 하전을 확보하였다고 이해된다.

이상의 「소속안」에 기재된 원속의 액수는 그야말로 공식화된 액수에 지나지 않는다. 옥산서원은 이 '관안'과 성격이 다른 또 하나의 소속안을 작성하고 있었다. 1800년을 전후한 시기와 1835년 무렵에 작성된 「원속사안(院屬私案)」이 그것이다.[38] '사안'은 '관안'에 대한 상대적인 의미로서 붙여진 이름이며, 내용은 다시 '안부(案付)'와 '안외(案外)'로 나뉜다. 안부에는 공식 정족수인 '액내'의 원속을 등재하고, 안외에는 '액외(額外)'의 원속을 등재하였다. 옥산서원은 '관안' 작성에 앞서 자체적으로 '사안'을 작성하면서 '관안'에 등재될 인원을 '안부'에, 그 이외에 독자적으로 파악한 인원을 '안외'에 등재한 것으로 보인다.

옥산서원에는 「양하전 충정안(良下典充定案)」이라고 하여 원속으로 충당될 개개인을 소집하는 문서가 있다.[39] 여기에는 각각 관안과 사안에 등재될 두 가지 종류의 충정안이 있다. 하나는 충정안의 서식을 미리 목판인쇄로 찍어두고 빈 칸에 거주지명과 충정자명, 소속과 역종, 충정 연월일을 기재한 뒤에 경주 부윤과 서원에 소속된 예리(禮吏)가 서명하는 양식이다. 경주부 내에 거주하는 원속의 정액과정에서 작성된 1768년의 충정안을 예시하면 오른쪽과 같다.

이 충정안은 "기계면 탑동리에 거주하는 강몽선이란 자를(몸을) 옥산서원 양정으로 충정한다"는 것이다. 이 충정안의 특징은 부윤과 예리가 서명한 사실말고도 지방관청 관할 내의 면리 행정구역 단위에 맞추어 거주지를 파악하고, 연도를 관공문서의 특징인 중국식 연호로 기록하고 있다는 점이다.

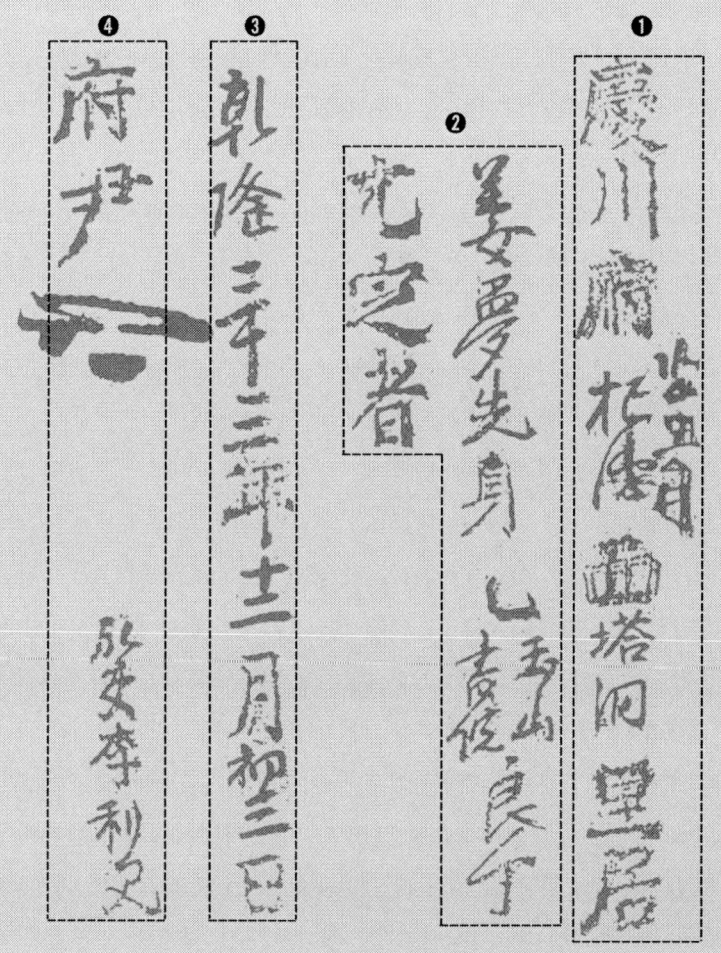

「양하전 충정안」 중 관안(官案)을 위한 충정안(1768)

❶ 거주지 : 경주부 (기계)면 (탑동)리 거
❷ 충정자 및 소속과 역종 : (강몽선)신을 (옥산서원 양정)충정자
❸ 충정 연월일 : (건융 33)년 (12)월 (초3)일
❹ 부윤과 예리의 서명 : 부윤(수결) (예리 이이경)

다른 하나는 옥산서원이 자체적으로 옆의 형식에 준해 작성한 필사본의 충정안이다. 예시된 오른쪽의 충정안은 "영천 요강에 거주하는 허삭부리 너의 몸을 본원의 양정으로 '안부'에 충정한다"는 내용이다. 여기서는 충정년도를 '경신(庚申; 1800)'이라 하여 간지로 기재하고 옥산서원의 이름으로 수결하였다. 아마도 서원의 원임(院任)이 결재한 것으로 보인다. 이 외에도 1810년에 이복손(李卜孫)을 하전으로 충정하는 문서가 남아 있는데, 충정자의 주소란에 도촌(島村)이라고 동리 명만 기재하여 면리제의 격식을 고집하지는 않았다.

허삭부리는 이 충정안이 발급되기 한 해 전의 사안에서 이름을 확인할 수 있다. 그는 1799년 사안의 '안외하전(案外下典)' 항목에 등재되어 있는데, 이름 밑에 "양정으로 갔다(良丁去)"라고 씌어 있다. 같은 사안의 '안외양정(案外良丁)' 항목에는 그의 이름과 함께 "하전에서 올라왔다(下典升)"라고 씌어 있고, 그 뒤에 다시 "1802년에 개정되었다 (壬戌改差)"라고 부기되어 있다. 허삭부리는 1799년경에 안외의 하전에서 안외의 양정으로 변경되었으며, 이후에 다시 안부의 양정이 되었다고 추정된다. 그런데 안부의 양정으로 충정되는 해를 충정안이 작성된 1800년으로부터 2년 뒤인 임술년(1802)으로 밝히고 있다. 무슨 이유로 충정과 사안등재에 2년이라는 시간차가 발생하였는지는 알 도리가 없다. 허삭부리를 액내의 양정으로 변경하는 데에는 옥산서원과 지방관청 사이에 확정을 위한 조정시간이 필요했는지도 모른다.

사안의 안외에 등재된 자들은 안부, 즉 관안에 등재될 것을 예상하고 서원이 독자적으로 확보해 둔 예비군이라 할 수 있다. 서원은 원속을 정규 액내수치로 확정하는 데에는 한계가 있었지만, 안외 원속에

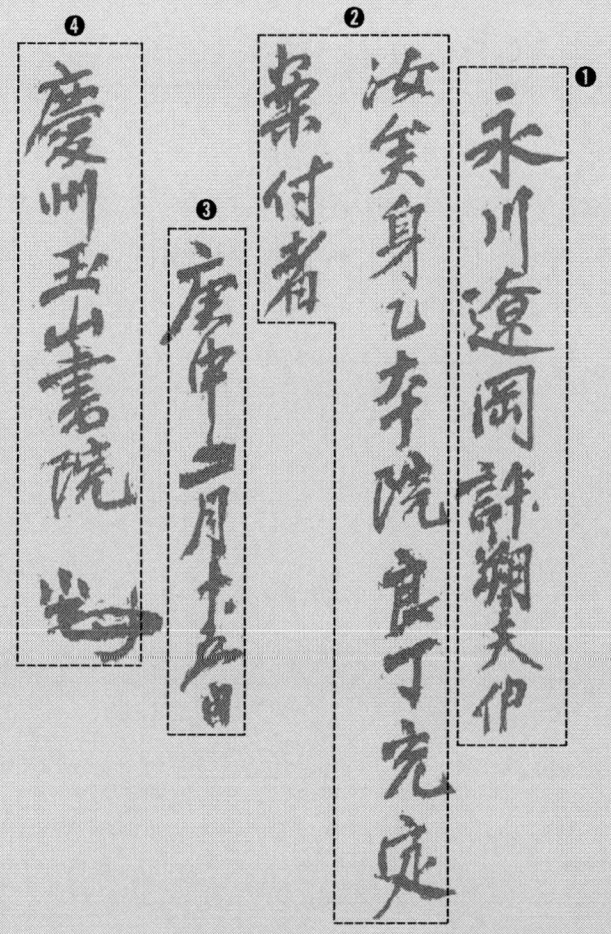

「양하전 충정안」중 사안(私案)을 위한 충정안(1800)

❶ 영천 요강 허삭부리
❷ 여의 신을 본원 양정 충정안 촌자
❸ 경신 2월 15일
❹ 경주 옥산서원(수결)

대해서는 짧은 기간 내에 많은 수를 파악해 낼 수 있었다. 아래의 〈표 5〉를 보면, 1799년 당시에 안부등재자는 166명이었다. 앞의 〈표 4〉에 제시된 1799년 관안에 등재된 액수 161명과 약간의 차이가 있으나 충정과정에서 발생한 사소한 차이에 지나지 않는다. 그 후로 1802년까지 새롭게 등재되는 입안(入案)과 사안에서 제외되는 제안(除案)을 반복한 결과, 2명이 줄어 164명이 되었다. 한편, 안외등재자는 1799년에 125명으로 안부등재자보다 수치가 적다. 그런데 3년 뒤인 1802년까지 안외에 출입한 자를 가감해 보면 총 213명으로 안부의 수치를 훨씬 능가한다.

〈표 5〉 1799~1802년 옥산서원 사안(私案)의 등재자수 변동사항

(단위 : 명)

사안등재 및 변경사항		안부(案付) 및 안외(案外)별			거주지별		
		안부(案付)	안외(案外)	계	옥산(玉山)	안강(安康)	북부영천(北部永川)
1799년 등재자		166	125	291	46	125	120
입안(入案)		28	148	176	13	71	92
이정(移定)	이거(移去)	19	23	42			
	이래(移來)	20	22	42			
제안(除案)	고·병(故·病)	5	1	6	1		5
	도망(逃亡)	9	26	35	1	15	19
	파정·충납(把定·充納)	14	29	43	2	17	24
	유생거(儒生去)	1	1	2		1	1
	불명	2	2	4			4
1802년 존안자(存案者)		164	213	377	55	163	159
1799~1802년의 증감		-2	+88	+86	+9	+38	+39
(참고)1835년경 사안(私案)		218	61	279			

그러나 이것은 원속을 서원의 인적 재원으로 확보하기 어려운 측면, 즉 원속의 유동성을 반증하는 것이기도 하다. 1799년 사안에서 이후 3년간 원속의 변동사항을 살펴보면, 사망, 도망, 타군역으로의 차정 등을 이유로 삭제되는 자들과 새롭게 입안되는 자들이 매우 많다. 특히 안외 원속은 3년 사이에 과반수가 새로운 인물들로 채워졌다. 장부상 제적기록이 충실치 못한 것을 감안하면 거의 대부분이 교체되었다고 해도 과언이 아니다.

〈표 5〉를 보면 안부와 안외 사이에 40여 명의 이정(移定)이 보인다. 여기에는 안외에서 안부로 혹은 하전에서 양정으로의 변동은 물론이거니와 안부에서 안외로 이동하는 자가 13명, 양정이 하전 및 도색·재직으로 하강 조정되는 경우도 15명이나 된다. 안외의 원속은 관안의 원속을 확보하기 위한 예비인원이기는 하나, 관안의 액내 원속 총액이 채워지기만 하면 안부와 안외의 원속이 서로 교체되든 역종이 변경되든 간에 상관이 없는 듯하다. 정액과정에서 양정과 하전은 양천신분으로 확연히 구분되는 원칙이 있기는 하지만, 당시의 현실에서는 양천신분의 구분이 의미를 상실하였다.

원속에 대한 불안정한 파악은 원속의 거주지 분포에서 실상을 찾을 수 있다. 서원이 있는 옥산리 이외의 지역에서 도망자나 타군역으로 파정(把定)된 자가 많다는 점이 그것이다. 서원이 인적 재원을 확보하는 능력은 서원과 원속의 거주지 사이의 거리에 영향을 받는 제한적인 것이었다. 서원은 안외의 원속을 가능한 한 많이 파악한 위에 관의 공식적인 통제에 의존하여 안부의 원속을 확보할 수 있었다.

1835년경에 작성된 또 하나의 사안이 현존한다. 이 사안에는 '안부'

의 원속 총수가 218명으로 1800년 전후의 160여 명보다 월등히 증가하였다. 1863년의 관안에 보이는 총수는 이미 이때에 확보된 것임을 알 수 있다. 반면 1835년경의 '안외' 원속은 61명에 지나지 않는다. 1800년 전후의 안외 원속에 비해 현격히 감소한 것이다. 말하자면, 1800년경부터 1835년경 사이에 대체로 안외의 원속을 관안의 액내 원속으로 전환하는 방법으로 원속을 확보해 갔다는 것이다. 관권력을 이용한 파악이 불안정한 원속을 확보할 최선의 방법이었기 때문이다.

사안의 안외 원속은 기관이 정규의 액수를 벗어나 임의로 '사모속(私募屬)'을 확보하였다는 사실을 그대로 보여주고 있다. 각종 국가권력기관의 사모속은 군역의 정액작업과정에서 엄격히 금지되어 왔다. 그러나 일반 군역을 피해 자발적으로 서원에 입속하는 자들이 있었고, 서원은 이들을 안외의 원속으로 파악해 두고 수시로 관안의 액내 원속으로 확정해 받으면서 인적 재원의 총액을 유지할 수 있었다.

18세기 중엽 중앙정부는 원속을 비롯한 '읍소속'에 대해 정족수를 부여하였다. 그런데도 불구하고, 이후 이들의 공식적인 수치가 증대한다. 중앙정부가 지방관청 산하 제기구의 자체적인 소속자 확보활동을 묵인하였기 때문이다. 중앙정부의 입장에서는 그러한 활동이 정규의 액수로 공식화되어 전반적으로 파악될 수만 있으면 그만이었다. 그리고 이것이 인적 재원에 대한 파악을 중앙집권화하는 진로임에는 틀림이 없다. 역에 대한 지방자치적 운영과 중앙집권적 통제는 이러한 방식으로 상호 결합되어 조선왕조 말기까지 지속되었다. 이것이 조선왕조 국역체제의 근본적인 특징이다.

4 / 노비의 역

노비상속과 노비의 호적등재

신등면 단계의 권두망(權斗望) 호가 남긴 준호구에 기록되었듯이 권두망의 처는 광주 이씨(廣州李氏)로서, 사후에 이조판서를 제수받은 이도장(李道長)의 딸이다. 단계의 안동 권씨 동계공파 종가에는 권두망의 처 이씨가 부모로부터 노비를 물려받은 사실을 증명하는 「화의명문(和議明文)」이 남아 있다.[40] 이도장이 사망한 후, 1677년에 그의 자녀들이 부모의 전답과 노비를 다시 나누어 갖는 과정에서 작성한 것이다.

'화의'란 상속자가 사망한 뒤에 아직 상속되지 못한 재화가 있거나 이미 상속이 끝났어도 재조정할 필요가 있을 때 그 자녀들끼리 합의하여 재산을 다시 나누는 것을 말한다. 이 문서에는 이도장의 적자녀 8명이 '일녀(一女)' '이남(二男)' '삼녀(三女)' 하는 식으로 남녀 구별없이 나이순으로 기재되어 있고, 한두 명씩의 노비를 골고루 나누어 가진 사실이 적혀 있다. 아직 상속받지 못한 노비는 몇 명 되지 않았지만, 자녀들에게 균등하게 상속되었다. 그리고 얼자녀에게는 노비가 아니라 토지가 배분되었다. 얼자녀는 원칙상 노비신분이기 때문에 노비를 장기적으로 소유하기 어려웠을 것이다.

이도장의 둘째 딸인 권두망의 처 앞으로 상속된 노비는 두 명인데, 그 가운데 한 명은 1678년 호적에 바로 등재되었다. 나머지 한 명은 호적에 아예 등재되지 않은 것으로 보인다. 이도장의 자식들은 당시의 단성현 호적대장에서 찾을 수 없으며, 그들이 나누어 가진 노비 역시 단성현에서 찾아보기 어렵다. 권두망의 처 이씨의 형제들과 그 노비들은 단성 이외의 지역에 거주한 듯하다.

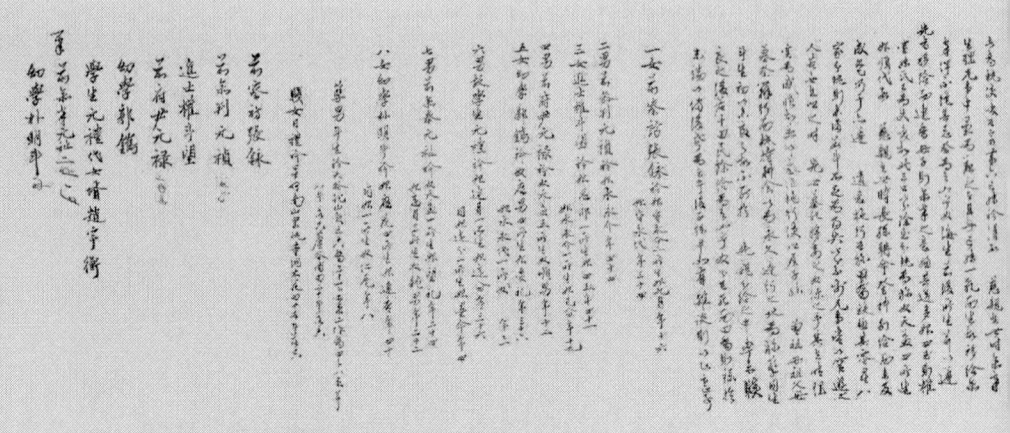

이도장 자식들의 노비분배를 위한 「화의명문(和議明文)」 적은 수의 노비를 많은 자식들에게 나누어주는 것이기에 적장자와 기타 형제, 딸에 대한 배분비율을 고르게 할 수밖에 없었다. 딸에 대한 상속은 상속비율이 어느 정도인가에 관심이 집중되고 있다. 그러나 그 전에 주목해야 할 점은 딸에게 상속될 재산이 사위의 이름으로 배분된다는 사실이다. 기본적으로 재산은 개인에게 소유권이 있지만, 상속의 목적은 가족의 경제력을 유지하는 데 있기 때문이다.

이 「화의명문」이 작성된 지 20년이 채 못 되어 단성에 거주하는 안동 권씨 집안의 다른 파 자손이 남긴 재산상속문서가 있다. 원당면에 거주하는 권대유(權大有 ; 족보에는 權鏏)가 1690년 3월 24일자로 자녀들에게 노비와 전답을 상속하는 내용을 담은 「허여문기(許與文記)」가 그것이다.[41]

이 문서에서 권대유는 노 45명, 비 55명을 합해 모두 100명의 노비를 장자(長子) 덕일(德一)과 중자(仲子) 덕수(德壽), 사위〔女壻〕 신두문(辛斗文), 막내아들〔末子〕 덕여(德輿), 그리고 첩녀(妾女)와 첩자(妾子)

〈표 6〉「허여문기」에 보이는 권대유 가의 노비상속

(단위 : 명)

상속대상	노	비	계
봉제사(奉祭祀)조	6	5	11
장남	12	11	23
차남	10	12	22
말남	11	12	23
적녀	3	10	13
첩자	2	4	6
첩녀	1	1	2
계	45	55	100

에게 분재하였으며, 장남 덕일에게는 별도로 제사를 받들기 위한 '봉사조(奉祀條)'의 노비를 상속하였다.

　노비와 전답을 상속하는 문서를 일반적으로 '분재기(分財記)'라 한다. '허여'란 분재와 같은 뜻으로 쓰이기도 하지만, 정확하게는 일단의 분재를 행한 뒤에 아직 분재하지 않은 특정인 소유의 재산을 다시 나누어주는 것을 말한다. 1690년의 이「허여문기」는 "자식들이 모두 처의 재산을 전혀 얻지 못하였고, 출가한 딸이 제사를 받들지 못하기 때문에" 분재한다고 밝히고 있다.

　그런데 1678년의 호적대장을 참고해 보면, 이「허여문기」는 권대유가 이미 분급한 상속분을 다시 조정한 문서임을 알 수 있다. 1690년의「허여문기」에서 분재의 대상인 100명의 노비 가운데 33명은 1678년 호적대장에 이미 권대유와 덕일의 소유로 나뉘어 등재되어 있다. 말하자면, 노비와 전답을「허여문기」로 상속하기 12년 전에 호적상으로는 이미 일단의 노비를 분재하였던 것이다.

입석리 권대유(權大有)와 그의 자녀들이 거주하던 원당면 입석마을의 모습이다. 입석천이 지류와 만나 마을 앞을 흐른다. 권대유는 여기서 자녀들에게 노비와 함께 토지를 상속하였다. 권대유 소유 토지는 과반수가 주거지인 '원당두구물원'을 비롯한 주변 원당지역에 집중되어 있었다. 원당두구물원에는 권대유 소유 논 전체의 30%에 달하는 143두락의 논과 밭 전체의 26%에 달하는 79두락의 밭이 있었는데, 그 중 절반 이상이 선조제사를 위한 사위(祀位)와 장남 덕일의 재산으로 상속되었다. 장남 덕일은 노비 또한 주로 입석마을에 거주하는 자들을 상속받았다.

이「허여문기」를 작성할 1690년 당시에 권대유는 61세로 생존해 있었는데, 아마도 처의 사망을 계기로 처 소유 노비를 포함하여 재차 재산상속을 시행한 것으로 보인다. 그러나 분재를 재조정한 것이 단지 그 이유 때문만은 아니었다. 출가한 딸아이가 집안의 제사를 받들기 어렵다는 것이 분재를 다시 행하는 또다른 이유였다. 이것은 권대유 집안의 제사를 위해 많은 양의 '봉사조'를 분급한 것과도 관계가 있다.

조선 전기의『경국대전』에 따르면, 적자녀에 한해서 남녀균분으로 재산을 상속하되 제사를 모시는 장자에게 각자에게 배분되는 상속량의 1/5을 더해주는 것이 원칙이다.[42] 그런데 1690년 권대유 집안의 분재를 살펴보면, 봉사조가 적자의 1/2에 해당하여 제사를 받들기 위해 남기는 노비의 비율이 한층 높아졌다. 또한 적녀에게는 적자의 1/2을 약간 웃도는 양을 분배하는 수준에 그쳐 적자를 우대하는 상속을 행하였다. 딸의 재산상속분이 줄어든 것은, 자식들에게 재산을 균등하게 배분하다 보니 재산이 분산되어 양반가의 경제규모가 점차 작아졌기 때문이다. 이에 대해 딸아이를 시집보낸 사돈집에서 '나의 딸에게는 많은 양의 재산을 나누어주었는데, 며느리에게 딸려온 재산은 적으니 부당하다'고 항의하게 마련이었다. 따라서 '가세가 기울어 조상의 제사를 받들기도 어렵다'고 변명을 하면서도 결국 딸에게 일정량을 분급하기 위해 다시 분재를 행하는 일이 종종 발생하였다.[43]

1690년에 허여한 이유를 '출가한 딸이 제사를 받들지 못하기 때문'이라 한 것은 실제로 사돈집의 경제상황이 악화되었거나 사돈집에서 위와 같은 항의를 한 때문이라고 짐작할 수 있다. 남녀균분상속에서 '장자우대적 분산상속'으로 전환되는 과도기의 분재상황을 이「허여문기」에서 엿볼 수 있다. 장자를 우대하여 상당량의 재산을 장남에게 몰아주고 결혼한 딸을 '출가외인'으로 취급하는 상황이 고정된 것은 이로부터 한참 뒤의 일이다.

이 같은 분재상황에서 엿볼 수 있는 또 하나의 사실은, 노비가 전답과 같이 개인에게 소유되고 상속될 수 있는 존재라는 점이다. 더구나 노비의 자식들은 노비 자신의 상전에게 소유권이 있었다. 17세기까지의 법제적 규정으로는 '일천즉천(一賤卽賤)'이라 하여 부모 가운데 어느 한 쪽이라도 천인, 즉 노나 비이면 그 자식도 노비가 되었다. 단, 상전이 다른 노와 비 사이에서 태어난 자식은 어미의 상전에게 귀속되는 것이 관례였다. 생물학적으로 볼 때, 모자나 모녀관계는 부자나 부녀 관계보다 분명하기 때문이다. 노비의 자식들은 신분제에 얽매여 태어나면서부터 노비가 되는 셈이다.

1690년 권대유의 자식들에게 분재된 노비들 가운데 부모와 함께 권대유 가계에 귀속된 노비소생은 전체의 반수를 훨씬 넘는다. 그들의 사망한 부모 역시 대부분 권대유 가계나 그 선조들이 소유한 노비였을 것이다. 그러나 출생으로 인한 노비귀속과 달리 매매로 인한 노비소유도 있었다. 분재기에 '매득(買得)'이라 표시되어 있는 1명의 노와 3명의 비가 그들이다. 물론 그들의 소생은 매득자의 소유이다.

그런데 1690년에 상속의 대상이 되었던 권대유의 노비들을 살펴보면, 얼른 수긍하기 어려운 연령분포가 나타난다. 첫째, 분재노비의 나이가 50세를 넘지 않는다는 점이다. 비가 낳은 자녀는 그 비의 상전에게 귀속되는 것이 관례이다. 따라서 생물학적으로 자녀생산이 가능한 50세 이하의 비가 높은 소유가치를 지니게 마련이다. 호적에서 보건대 권대유에게 50세 이상의 노비가 없었던 것은 아니지만, 이들은 상속대상에서 제외된 것으로 보인다.

둘째로, 권대유의 분재노비는 31~50세의 연령층이 비대한 반면, 16~30세의 연령층은 전반적으로 축소된 인구피라미드를 그리고 있다는 점이다. 그 소생들과의 나이차로 따지자면, 권대유의 비들은 19세 이후로 출산하여 최대 5명의 소생과 함께 권대유의 노비로 존재하였다. 그런데 출산 초반기 연령대에 해당하는 젊은 노비부부들이 결여되어 있는 것이다. 이것은 상전이 비의 자녀들을 모두 자신의 노비

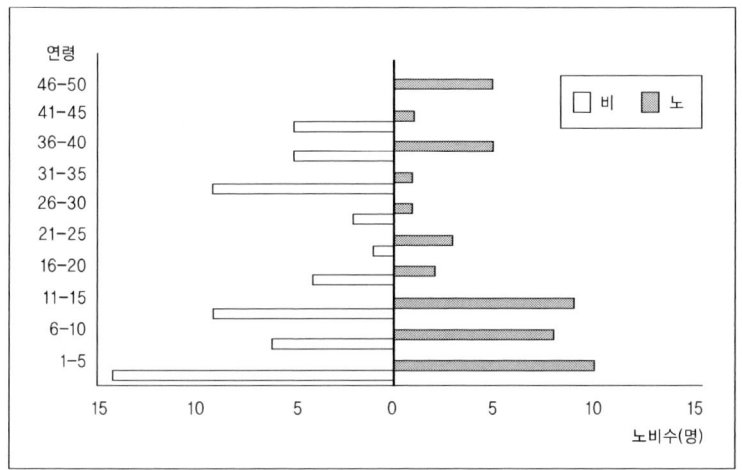

〈그림 5〉 1690년 권대유 가(家) 분재노비의 연령분포

로 확보하기 어려운 현실, 즉 노비의 유동성을 말한다. 따라서 노비의 수를 어느 정도 유지하기 위해서는 끊임없이 노비를 사들일 수밖에 없다.

그러면 권대유 가의 노비는 국가적인 문서인 호적에 어떻게 등재되었는가? 우선 노비상속시기인 1690년으로부터 12년 전인 1678년의 호적장부에는 권대유와 장남 덕일이 각각 호를 구성하고 자신들의 노비를 등재하였다. 각 호에는 소유자와 함께 사는 노비는 물론, 다른 지방에 거주하는 노비도 등재되어 있다. 호적장부에는 같은 동리나 다른 동리에 이들 노비가 호를 별도로 구성한 사례도 찾을 수 있다.

1678년의 호적대장 원당면(元堂面) 문법리(文法里) 제6통 제4호에는 당시 47세인 권대유와 45세인 그의 처 재령 이씨, 15세인 둘째 아들 덕수가 등재되어 있다. 또한 바로 그 식년에 21세의 맏아들 덕일이

노비의 역 263

아버지의 호에서 분호하여 20세의 처 인천 이씨와 함께 제6통 제5호로 편제되었다. 그리고 권대유와 덕일의 호에는 각각 27명과 6명의 노비가 기재되어 있다.

1678년 호적의 권대유 호에 기재된 27명의 노비 가운데 9명은 '입별호(立別戶)'라 하여 별도로 호를 구성하였으며, 6명은 남편이나 부친의 호로 이거(移去)하였다고 기록되어 있다. 1명의 비는 '고정사(故丁巳)', 즉 1677년에 사망(故)하였다. 또다른 9명의 노비는 이전 식년의 호적에서와 같이 권대유 호에 거주하는 자들이며, 나머지 2명은 '가현(加現)'이라 하여 1678년 호적의 권대유 호에 새롭게 등재된 자들이다. 따라서 살아 있는 노비 가운데 권대유 호에 기재된 26명 중 15명은 권대유 호가 아니라 다른 호에 적을 두고 있으며, 11명만이 권대유 호에 적을 둔 셈이다. 또한 아들 권덕일 호에 기재된 노비들은 상전인 권덕일이 별도로 호를 세우면서 새롭게 들어온 자들이므로 모두 권덕일 호에 적을 두는 노비라 할 수 있다. 이 외에도 상전호와는 별도로 호를 구성하여 그곳에 상전의 이름을 권대유로 기재한 노비도 여러 명 있다.

호적에서는 상전의 호에서 나와 다른 호에 적을 두는 노비들을 '외거노비(外居奴婢)'라 하고, 상전의 호에 적을 둔 노비들을 '솔거노비(率居奴婢)'라 한다. 조선시대의 호적은 주민등록과 같이 현지에 동거하는 자들을 한 호에 기재하는 것이 원칙이므로, 솔거하는 노비는 바로 상전의 호에서 상전의 가족과 함께 사는 자들을 말한다.

노비 가운데 '담사리(淡沙里)' '마당쇠(麻堂金)'와 같은 이름을 가진 자가 많다. 이러한 이름을 들으면 사극에서 종종 보듯이 상전집 좁은 문칸방에 여러 명이 어깨를 세우고 자거나 담벼락에 붙여 거푸집을 지어 살면서 마당 쓸고 장작 패고 물기르며 가사를 돕는 노비들의 모습을 상상하게 된다. 그러나 실제로 이러한 이름을 가진 노비는 상전집과 떨어진 곳에 독립해 있는 경우가 더 많다. 따라서 노비의 이름만 가지고 그들이 사는 형태를 거론할 수는 없다.

노비는 신공을 납부하는 방식에 따라 '앙역(仰役)노비'와 '납공(納貢)노비'로 나눌 수 있다. 한 집안의 노비를 일괄적으로 기록한 '노비안(奴婢案)'은 '앙역노비질' '수공노비질(受貢奴婢秩)'로 구분하여 작성하는 경우가 많다. '수공'은 '납공'을 상전의 입장에서 일컫는 말이다. '앙역'은 노동력을 제공하는 것이며, '납공'은 노동력 대신 현물을 납부하는 것이다. 노동력 제공과 납공을 반반씩 하는 '반역(半役)'도 있다. 이들은 상전집과 가까운 곳에 별도로 가족을 이루고 독자적인 경제생활을 영위하면서 수시로 상전댁의 행사에 동원된다.[44]

호적에는 역을 지는 방식이 아니라 거주형태에 따라 노비를 기재하였다. 대체로 상전집에 노동력을 제공함으로써 신공을 삼는 노비들은 상전호의 '솔거'로 기재된다. 그러나 17세기 말과 18세기 초의 호적에는 '앙역'이면서 상전호에 솔거하지 않고 별도로 호를 세워 사는 외거노비인 경우도 있다. 이들은 대부분 상전이 사는 마을에 거주하고 있다. 바로 '반역'을 지는 자들이다.

권대유와 그 장남이 1678년 호적장부에 등재한 현존 노비는 단성현 내 다른 동리에 거주하는 자들을 포함해 모두 47명이다. 1717년의 호적장부에는 권대유 사망 후 그의 적자 3명이 각각 호를 세우고 있는데, 이들이 등재한 현존 노비는 모두 45명이다.

〈표 7〉 호적장부에 등재된 권대유 가계의 노비

(단위 : 명)

노비등재형태		1678년	1717년	1759년	1786년	1825년	1865년
현존	솔거노비	17	27	29	18	25	46
	외거노비(동내)	15	11	2			
	외거노비(동외)	15	4				
	외거노비(타지방)		3	6			
	계(A)	47	45	37	18	25	46
이탈	도망		4	2		6	12
	방매		2				
	사망	1	3	1		1	1
권대유 가계 남성의 호수(B)		(2)	(3)	(7)	(9)	(13)	(17)
A/B(명)		23.5	15.0	5.3	2.0	1.9	2.7

* 외거노비의 (동내)는 소유자와 같은 동리에 거주하는 노비, (동외)는 단성현내 다른 동리에 거주하는 노비, (타지방)은 단성현 이외의 지역에 거주하는 노비를 가리킨다.

1690년 노비상속을 전후하여 호적장부에 등재된 노비의 총수는 상속노비 총수의 절반에도 미치지 못한다. 소유 노비를 모두 호적에 등재하는 것이 아니기 때문이다. 오른쪽의 〈표 8〉을 보면, 특히 연소자층의 호적누락이 심하고, 장년층에서도 약간의 결락이 있다. 반면에 상속대상에서 제외되었던 51세 이상의 노비들이 호적에 다수 등재되었다는 점은 주목할 만하다.

상속대상에서 제외되었던 늙은 노비들은 '노제(老除)'라 하여 납속을 하지 않고도 노비의 역을 면제받았다. 그러나 호적에는 상전호에 계속해서 등재되거나, 독립호를 구성하였더라도 상전호와 가까운 곳에 사는 경우가 많았다. 이들은 상전호와 관련하여 호적상의 역할을 다하고 있는 셈이다. 실제로 상전에게 신공을 바치는지의 여부는 분명

〈표 8〉 권대유 가계 남성들이 상속받은 노비와 호적에 등재한 노비들의 연령분포

(단위 : 명)

연령	1690년 상속노비	호적등재노비					
		1678년	1717년	1759년	1786년	1825년	1867년
1~15세	56	11	6	3		1	1
16~50세	44	32	24	24	9	18	41
51세 이상		4	15	7	9	6	4
계	100	47	45	34	18	25	46

치 않지만, 상전호에 의지하여 여생을 보내고 있다는 점만은 분명하다. 상전과 노비가 일방적인 착취-피착취 관계로 유지되기는 어려웠을 것이다.

18세기를 거치며 권대유 가계 남성들이 호적장부에 등재한 노비의 수는 현격히 감소하였다. 후손들의 호수가 증가할수록 호당 평균 노비 수도 감소하였다. 노비가 여러 사람에게 분산상속됨으로써 개개인의 노비소유규모는 후대로 갈수록 작아질 수밖에 없었다. 이러한 상황이 호적장부에도 반영되었다. 또한 도망 등의 이탈자가 항상적으로 존재하였다. 그런데 19세기 중엽에는 권대유 가계 후손의 호수가 증가했음에도 불구하고 등재노비 총수는 17세기 말 수준을 회복하였다. 그러나 200년 동안에 권대유 가계의 노비수가 실제로 이 정도의 증감을 경험한 것인지는 의심스럽다. 그보다는 노비와 관련된 국가정책과 그에 대응하는 호적등재방법이 이와 같은 결과를 낳았을 것이다.

국가문서인 호적에 노비가 양인과 함께 등재된다는 것은 노비도 호구에 기초한 국역(國役)의 부담을 진다는 의미이다. '국역'이란 왕토에서 생활하는 백성이 왕권으로 상징되는 국가에 부담하는 모든 노역(勞

役)을 말한다. 군사체제에 의거한 군역과 토목공사나 징수물자수송에 동원되는 요역(徭役)이 대표적이다. 세물은 징수라기보다 '상납(上納)'이라 표현되어, 납부자가 수요처까지 가져다바치는 것이 원칙이었다. 따라서 모든 상납을 국역으로 인식하기도 했다. 여기에 더해 공납(貢納)·진상(進上)물품을 제조 혹은 채집하도록 분정(分定)하거나, 지방재정운영상 지방세적 징수를 행하기 위해 지역의 호구수에 기초해 '호역(戶役)' '구전(口錢)'을 설정하였다. 호적이 징수를 위한 기본대장이라는 것은 이것을 말한다.

호적에 노비가 등재되어 지역 단위 호구수의 일부를 차지하는 것만으로도 그 노비는 국역부담의 일정 부분을 담당하는 것이라 할 수 있다. 특히 호적상에 호를 구성하면 호를 대상으로 하는 '호역'을 부담하여야 하는데, 독립된 호를 구성한 외거노비도 예외는 아니다. 단지 상전호와 같은 지역에 거주하는 외거노비인 경우에는 현실적으로 상전호가 노비호의 부담에 관여하였다. 단성현의 노비소유자는 그 자신이 호적상에 호를 구성할 뿐만 아니라 자신의 외거노비를 호의 대표자로 등재함으로써 지역 단위의 호역부담에서 많은 부분을 담당한 것으로 여겨진다.

호의 대표자인 주호가 양인인 호 가운데 노비를 소유하는가(노비소유호) 그렇지 않은가(노비무소유호)를 구분하고, 노비가 호의 대표자인 '노비호' 가운데 그 소유자가 단성현에 거주하는가(외거노비A)와 단성현 이외의 지역에 거주하는가(외거노비B)를 구분하여 각 호수의 추이를 각 식년의 전체 호수에 대한 비율로 살펴보면 〈표 9〉 및 〈그림 6〉과 같다.[45]

〈표 9〉 단성현 호적대장 노비호수와 노비소유 유무에 따른 호수의 추이

(단위 : 호)

호의 유형	1606년	1678년	1717년	1759년	1786년	1825년	1865년
노비소유호	124	381	658	938	1,209	1,357	1,674
노비호(외거노비A)	23	421	298	302	105	14	13
노비호(외거노비B)		476	291	183	123	36	23
노비무소유호	73	845	1,267	1,514	1,608	1,670	924
계	220	2,123	2,514	2,937	3,045	3,077	2,634

* 노비호(외거노비A)는 소유자가 단성현 내에 거주하는 노비의 호, 노비호(외거노비B)는 소유자가 타지방에 거주하는 노비의 호이다.

〈그림 6〉 노비호와 노비소유호의 누적비 추이

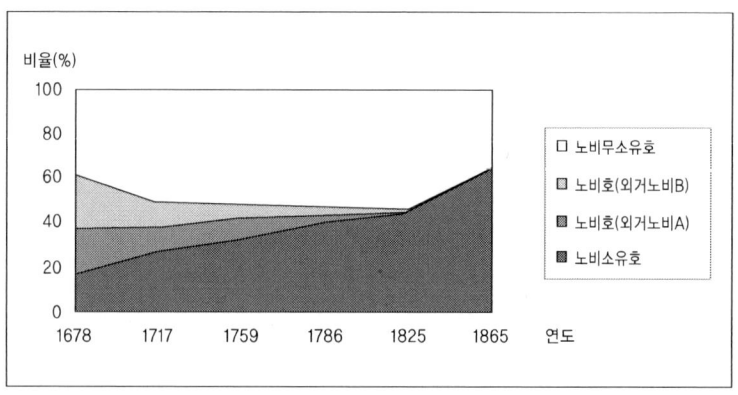

 1606년에 작성된 호적장부는 노비를 소유한 자의 가족과 그 노비들을 주된 대상으로 삼은 비상시의 호구조사였다. 무엇보다 호구수 자체를 늘릴 필요가 컸던 1678년 호적장부상에 단성현의 총호수는 많은 수의 노비호로 충당되었다. 그런데 이후 이들 노비호는 점차 감소하여 19세기에는 동리당 한두 호에 불과한 예외적인 존재가 되고 말았다.

그 대신 노비를 소유한 호가 증가하였다. 이렇게 노비를 소유한 호와 상전이 단성현 내에 거주하는 노비호를 더하면, 17세기 말에서 19세기 초까지 단성현 총호수의 40%정도를 지속적으로 유지하였음을 알 수 있다. 단성현에 노비를 소유하는 호들과 그들의 노비가 별도로 호를 구성한 노비호가 단성지역 호역부담의 40%를 담당해 온 것이다. 그리고 19세기 중엽에는 노비소유자의 호가 단성현 총호수의 40%를 훨씬 웃돌았다.

뒤에 이야기하겠지만, 호적에 등재되는 노비의 비율은 19세기 초까지 점차 감소하였다. 그에 반해 위와 같이 노비를 소유한 호가 증가하는 것은 호당 소유 노비의 수가 줄어들었음을 의미한다. 권대유 가계의 경우처럼 후대로 갈수록 호가 늘어나는 가운데 각 호가 소유하는 노비의 수가 감소하는 경향은 단성현에서 일반적인 것이다. 그리고 권대유 가계는 지역 단위로 부과되는 호역을 분담함으로써 단성지역에서 양반가문으로서 그 지위를 계속해서 인정받을 수 있었다.

1678년 당시에 권대유는 자신의 거주지이자 단성현내 하부행정구역인 원당면의 호적작성을 책임지고 있었다. 권대유는 이 지역에 할당된 호수와 인구수를 채우기 위해 자신의 노비들을 제공하였다. 여기에는 권대유에게 의존하며 살고 있던 나이든 노비들도 동원되었다. 이 지역의 유력자로서 지역의 국역부담을 지역주민들에게 배분하는 동시에, 스스로가 지역에 할당된 국역의 일부를 책임졌던 것이다. 이러한 활동은 권대유와 같은 지역의 유력자들이 노비소유권을 확보하는 데에도 효과가 있었을 것이다.

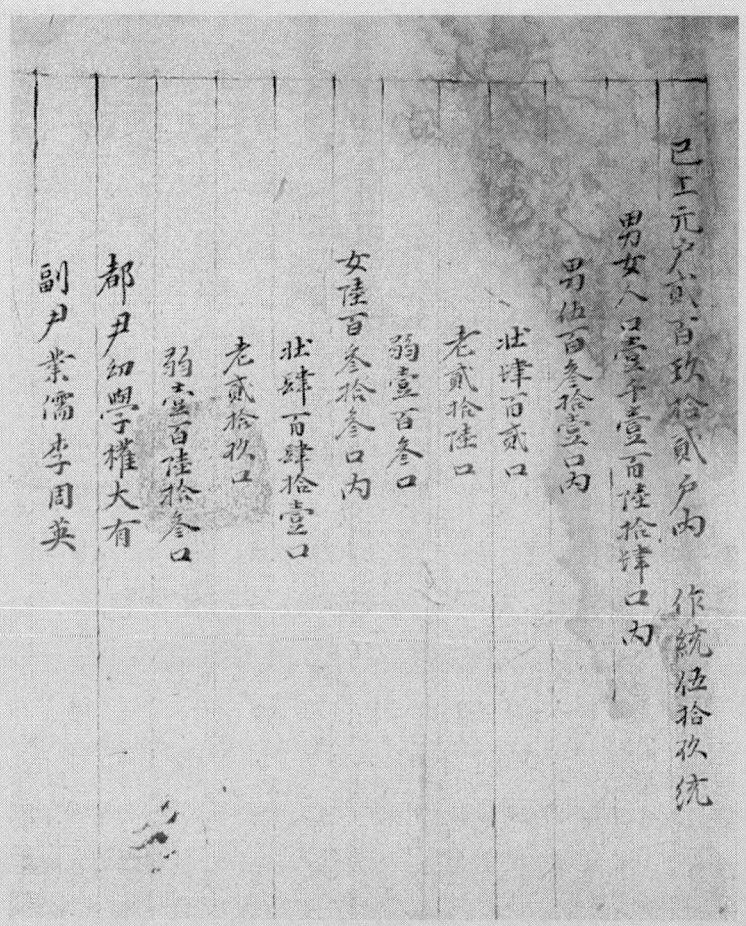

단성현 호적대장 원당면 이상(已上)조의 도윤 권대유(1678) 단성현의 1678년 호적대장에는 면마다 말미에 면 단위의 통수와 호수, 남녀의 노·장·약(老壯弱)별 인명수가 나열되고, '도윤(都尹)'과 '부윤(副尹)'의 성명이 기재되었다. 당시 권대유는 원당면의 호구편제를 책임지는 '도윤'을 맡고 있었다. 자식들에게 노비를 분재할 때와 면내의 호구 및 노비기재를 총괄할 때, 권대유는 어떤 인식을 가지고 노비제와 대면하였을까?

군역을 지는 사노(私奴)

개인이 소유하는 사노는 전쟁시에 군역자의 궐액을 메우기 위해 예비적으로 파악될 뿐이었다. 1606년의 호적장부에는 사노로서 군역을 지는 자가 보이지 않는다. 그러나 이후 중앙과 지방의 각종 국가기관이 사노를 기관에 소속시켜 인적 재원으로 확보하기 시작하였다. 군역자는 각종의 명칭으로 중앙기관과 지방군영, 지방관청에 소속되었다. 그들은 지역을 방위하는 병사로, 기관의 잡무담당자로, 혹은 병사와 기관의 재정을 지원하는 자로 군역의 의무를 수행하였다.

중앙정부는 각종 국가기관들의 임의적인 군역자 액수 증설행위를 막았으며, 이미 설정된 사노 군역자에 대해서는 그 수를 줄이는 정책을 시행하였다. 17세기 말부터 중앙기관에 소속된 군역자에 대해 이런 군역정책을 시행하였으며, 18세기 전반에는 지방소재 군사기관, 18세기 중엽에는 지방행정관청에 소속된 군역자에 대해 시행하였다.

단성현 호적장부에는 〈표 10〉, 〈그림 7〉과 같이 사노로서 각종 국가기관의 군역명을 기재한 자들이 존재한다.[46] 17세기 말 이후 중앙기관의 군역자에 대한 정책으로 말미암아, 호적장부에는 사노로서 중앙기관에 소속된 자들이 예외적으로 나타날 뿐이다. 사노에게 군역을 부과하는 기관은 주로 지방의 군사기관이었다. 양인은 우선적으로 중앙기관의 군역자로 소속되었기 때문에 지방군은 사노로써 부족한 군액을 채울 수밖에 없었다. 이후 지방군을 양인으로 확보하려는 정책이 시행되어 사노에게 지방군역을 부과하는 비율이 점차 감소하기는 하였으나, 19세기에 이르기까지 여전히 상당수의 사노 군역자가 존재하였다.

원칙적으로 지방행정관청은 지방하급관리로서 향역자를 위시한 관

〈표 10〉 단성현 호적대장 군역자 소속별 사노의 수

(단위 : 명)

군역자 소속		1678년	1717년	1759년	1786년	1825년	1865년
군역자계 (A)	중앙기관	562	697	497	366	289	90
	지방군영	390	717	656	665	566	138
	지방관청	42	95	322	427	432	130
	장인	120	246	167	86	58	14
	계	1,114	1,755	1,642	1,544	1,345	372
사노군역자 (a)	중앙기관	1	1				
	지방군영	185	250	190	110	57	10
	지방관청	14	20	101	50	39	26
	장인	39	30	8	1		
	계	239	301	299	161	96	36

〈그림 7〉 단성현 호적대장 군역자 소속별 사노의 비율

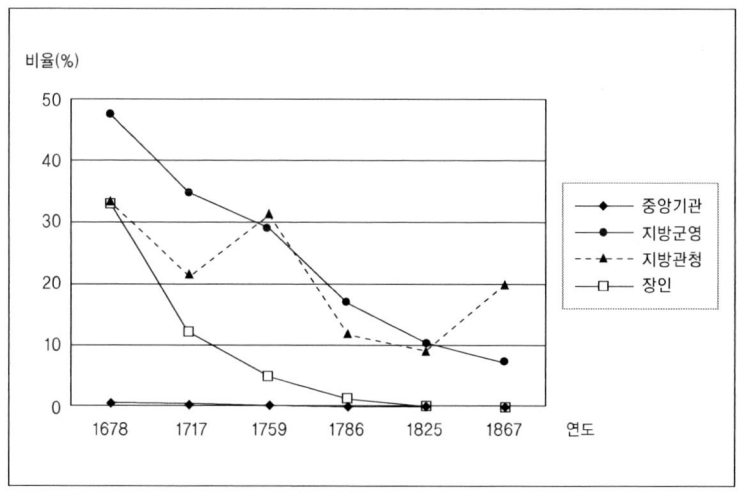

노비의 역   273

속 외에 군역자를 둘 수 없었다. 그러나 지방경비를 보충하기 위해 설정한 읍소속이나 지방 유력자들의 자치조직에 필요한 인력과 재원을 충당하기 위해 향중이 설정한 '향중의 역'이 군역의 하나로 전환되어 나갔다. 특히 18세기 중엽에 지방행정관청에 소속된 군역자를 일괄 조사하여 지방 단위로 액수를 확정하는 과정에서 이들이 분명한 군역자로 표면화되었다. 중앙정부가 지방행정관청에 사역되거나 재원을 납부하는 부류를 군역으로 규정하여 중앙집권적으로 파악하려 한 것이다. 1759년 호적에 이러한 군역명을 가진 사노가 상당한 비율로 등재된 것은 이 때문이다.

장인은 군역자라 할 수 없으나 지방관청에 필요한 물품을 제조, 납부하고 있었다. 장인들 중에는 17세기 말부터 중앙기관이나 지방군영 각 기관소속 장인으로 확정되거나 전혀 다른 역종의 군역자로 충당되는 자들이 많았다. 사노로서 장인인 자들도 여러 종류의 군역자로 전환되는 경우가 많아 소속이 분명치 않은 사노장인은 급격히 감소해 갔다.

18세기 중엽까지 시행된 군역정책은 양천신분제에도 중대한 변화를 초래하였다. 중앙정부가 '모든 군역은 양인신분에게 부과한다'는 왕조 초기의 원칙을 복구하려 함으로써, 실질적으로 군역을 부과받은 사노들에게 노비신분을 벗어버릴 계기가 찾아왔던 것이다. 이들이 사노라는 신분을 더 이상 호적장부에 기재하지 않는다는 것도 18세기 중엽 이후 사노 군역자가 감소한 이유 중 하나였다. 지방행정구역 내에서 부담해야 할 군역 총수가 일정한 액수로 고정된 뒤로는 이러한 현상이 더욱 심화되었다.

그런데 18세기 중엽 이후 사노 군역자수가 현격히 감소했음에도 불구하고, 그들 가운데 지방관청에 소속된 자들의 비율은 여전히 높았다. 지방관청소속 군역자에 대해서는 중앙정부의 군역정책이 의도대로 실현되기가 어려웠기 때문이다. 지방관청소속 군역자는 지방의 재정운영을 위한 재원이기도 했다. 지방관청의 인적 재원은 지방관청과 사노소유자 사이의 합의에 의해 운영되었다. 중앙정부는 이러한 지방관청의 재정에 대해 어느 정도 자치적인 운영을 인정하였던 것이다.

지방사회에서 사노 군역자를 어떻게 운영하고 있는지를 살펴보기 위해서는 우선 호적상 사노가 처해 있는 상황에 따라 군역이 부과되는 경향이 다르다는 점을 주목할 필요가 있다. 사노가 상전호에 솔거노로 등재되는지, 상전호에서 독립하여 별도로 노비호를 형성하고 있는지에 따라 군역이 부과되는 경향이 달랐기 때문이다. 노비호에 외거하는 사노들을 단성 내에 상전이 거주하는 경우(외거노A)와 단성현을 벗어난 지역에 상전이 거주하는 경우(외거노B)로 나누어 살펴보면 아래의 〈그림 8〉과 같다.

〈그림 8〉 사노 유형별 사노 군역자의 비율

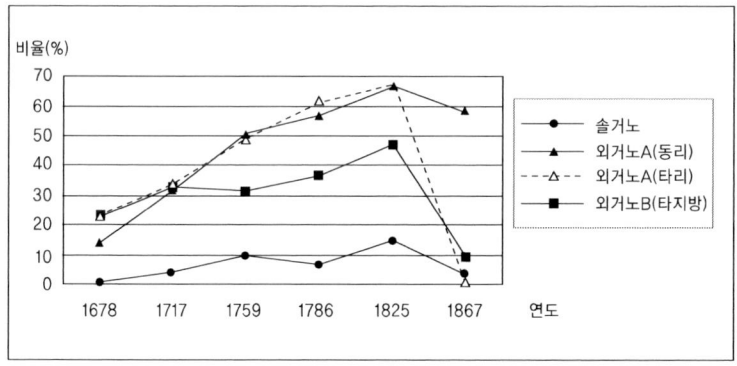

군역이 부과된 사노는 주로 외거노였다. 17세기 말에는 상전이 가능한 한 멀리 거주하는 사노에게 군역이 부과되는 비율이 높았다. 그러나 18세기 중엽 이후로는 상전이 타지방에 거주하는 외거노보다 단성현 내에 거주하는 외거노에게 군역이 부과되는 비율이 높아졌다. 이런 현상은 상전의 영향권에서 벗어난 사노보다는 상전이 단성지역에 거주하여 신원이 분명한 사노에게 군역이 부과되었다는 것, 바꾸어 말해 단성현에 거주하는 상전들이 타지역에 거주하는 상전에 비해 단성현에 정해진 군역액수를 채우는 데 더욱 적극적이었음을 의미한다.

사노에게 군역을 부과하기 위해서는 사노의 소유자로부터 양해를 얻어야 했다. 지방군에 종사하는 사노가 정기적인 점검에 나오지 않으면 지방군영은 사노소유자에게 장교를 보내 군역수행을 요구하였다. 이에 대해 사노소유자는 자식이 과거시험을 보러 한성에 가는 길에 동행시켰노라며 그 때문에 점호에 출두할 수 없었다고 변명하기도 했다. 혹은 그 사노가 외거노가 아니라 '호하노자(戶下奴子)', 즉 솔거노임을 주장하거나, 소유하는 사노가 1명밖에 없는 '단노(單奴)'이기 때문에 속오군 등의 군역에 내어줄 수 없다 하면서 소환하러온 장교를 문밖으로 쫓아내는 상황이 발생하기도 했다. 군역액수에 결원이 생겨도 솔거노나 단노는 군역에 대정(代定)하지 않는 것이 관례였기 때문이다.[47]

사노의 상전은 자신의 사노에게 군역이 부과되는 것을 달가워하지 않았다. 노비신공을 충분히 징수하기가 어렵기 때문이다. 그러나 상전은 지역에 정해진 액수에 맞추어 군역을 부담해야 했으므로 군역액수를 채우는 데 사노를 제공하지 않을 수 없었다. 여기서 사노를 소유하는 형태에 따라 솔거노만 소유한 호, 외거노를 1인만 소유한 호, 솔거

〈그림 9〉 사노 소유형태별 사노 군역자 보유비율의 추이

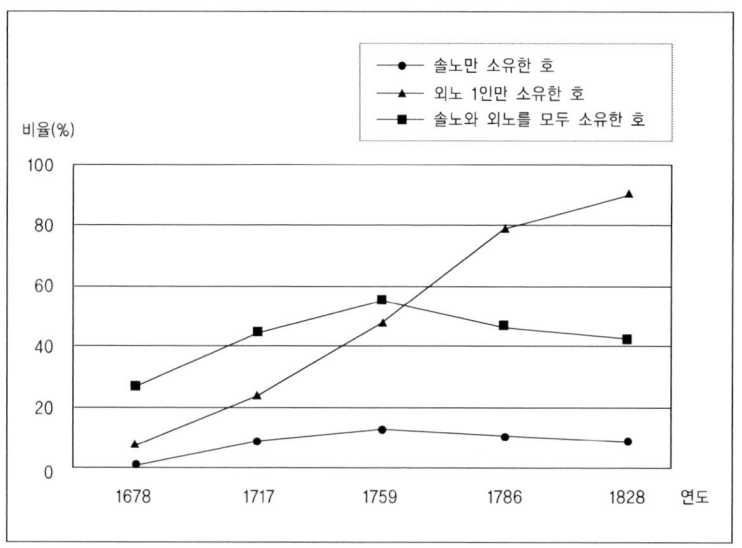

노와 외거노를 모두 소유한 호로 나누어 사노 군역자 소유호의 비율을 살펴보면, 솔노나 단노에게 군역이 부과되는 경향성을 읽을 수 있다.

위의 〈그림 9〉를 보면, 17세기 말에는 호적에 솔노만 등재하는 호나 외거노 1인만 등재하는 호인 경우, 과연 자신의 사노를 군역자로 제공하지 않는 경향이 분명하게 드러난다. 그러나 18세기 초부터 솔노만을 등재하는 호 가운데 사노 군역자를 가진 호가 10%정도로 늘어나 이후에도 비슷한 비율을 유지한다. 솔노와 외노를 모두 소유한 호 가운데 사노 군역자를 가진 호가 50% 전후를 유지하는 데 비해 훨씬 낮은 비율임에는 틀림없지만, '호하노자'라고 해서 군역부과를 거부할 수만은 없는 상황이 이후로 지속된 것이다.

그런데 외거노 1인만 소유한 호 가운데 사노가 군역자인 경우는 18세기 중엽에 50%를 육박하고 18세기 말 이후로는 80%를 상회하게 된다. 단노에게 군역을 부과하지 않는다는 원칙이 무색할 정도로 높은 비율이다. 오히려 자신의 단노를 군역에 제공하면서 별도로 노비호를 세운 듯한 인상을 준다. 호적에 사노를 1인만 등재하는 상전들은 실제로도 소유 노비가 그리 많지 않으며 그에 상응하는 정도의 사회·경제적 지위에 있는 자들이라 할 수 있다. 이들이 단성사회에서 그만한 지위라도 유지할 수 있는 방법의 하나가 바로 자신의 사노를 호역과 군역에 제공하는 것이었다.

17세기 말에는 상전이 단성현에 거주하지 않는 외거노에게 군역이 많이 부과되고 솔거노에 대한 군역부과를 피하는 등, 단성현내 상전호의 사노 군역부담이 상대적으로 적었다고 할 수 있다. 그에 비해 18세기 중엽에는 상전이 단성현 내에 거주하는 사노에게 군역이 부과되는 사례가 어느 때보다 많다. 이 두 시기에 사노 군역자를 소유한 단성현 거주 상전호는 어떠한 호인지 〈표 11〉을 통해 유형을 살펴보자.

〈표 11〉 사노 군역자를 가진 단성현 거주 상전호의 유형 및 유형별 사노 군역자수 비교

(단위: 호/%/명)

상전호의 유형	1678년			1759년		
	상전호수 및 비율		사노 군역자수 및 호당수	상전호수 및 비율		사노 군역자수 및 호당수
향안입록자나 그 자제의 호	32호	58%	43	1.34	66호	49%	102	1.55
기타 양반을 표명하는 자의 호	10호	18%	16	1.60	43호	32%	56	1.30
군역자나 그 자제의 호	13호	24%	15	1.15	25호	19%	40	1.60
계	55호	100%	74	1.35	134호	100%	198	1.48

1678년에 사노 군역자를 가진 상전의 호는 모두 55호로 집계된다. 그 가운데 『단성 향안』에 이미 이름을 올리고 있거나 이후의 향안에 입록(入錄)되는 자와 그들의 자제들로 구성된 32호를 확인할 수 있다. 이는 사노 군역자를 가진 상전호 전체의 반을 넘는 수치이다. 또한 사노 군역자의 상전들 중에는 18세기 초에 단성 향안조직의 향장(鄕長)을 지내는 권두원(權斗元)도 있다. 양반층의 지방자치적인 사회조직의 우두머리가 자신의 사노를 군역자로 제공한다는 것은 그가 향촌 내부에서 군역부과의 배분에 관여할 뿐만 아니라 그것을 책임지는 위치에 있음을 상징적으로 보여준다.

단성에서는 18세기 초에 향안이 철안(撤案)될 때까지 재지양반의 향안조직이 기능을 발휘하였을 것이라 여겨지고 있다.[48] 단성의 재지양반들은 1621년에서 1659년까지 30여 년 사이에 몇 년 간격으로 새롭게 향원(鄕員)이 되는 자들을 계속해서 향안에 입록해 왔다. 그런데 그 뒤로 거의 40년간 어떤 이유에서인지 향안입록을 중단하였다. 1699년에 다시 향안입록을 단행하고 얼마 지나지 않아 1707년을 끝으로 다시는 입록을 시행하지 않았다. 1678년의 호적대장은 향안조직을 둘러싸고 향촌사회 내부에서 무언가 문제점이 해결되지 못하고 있던 시기에 작성되었다고 할 수 있다. 이런 상황에서 재지양반들이 지방관아의 군역운영에 협조한 것은 향촌사회의 질서를 재정비하려는 노력의 일환이었는지도 모른다.

사노 군역자를 소유한 단성의 상전호 중에는 향안입록자나 그 자제가 아니면서 가계 구성원이 군역을 지지 않는 호들도 보인다. 이들은 향안입록자와는 다른 성관을 가지는 자들이며, 성관이 같더라도 전혀 다른 가계의 인물들이다. 향안입록자나 그 자제들이 주로 '유학'이라는 직역명을 쓰는 데 반해, 이들은 대부분 업유(業儒)·어모장군(禦侮將軍)·통덕랑(通德郎)·충의위(忠義衛)·교생(校生)·면강(免講) 등의 직역명을 쓰고 있다. 이들 가운데 '유학'을 직역명으로 쓰는 자는 1명 뿐이다. 이와 함께 부형이나 자제가 중앙기관소속 군역자인 호의 경우에는 주호 본인이나 가족 중 한 사람이 납속(納粟)으로 얻은 품관명이나 명예직으로 판단되는 직역명을 쓰고 있다.[49] 호적대장에 양반들이 주로 사용하는 '유학' 등의 직역명을 기재하지는 못하지만, 자신의 사노를 군역에 제공함으로써 장차 그러한 직역명을 획득하여 주호 자신이나 가족이 군역부담을 피할 수 있는 길을 모색한 것으로 보인다.

18세기 중엽에는 향안입록자의 직계·방계자손이 여전히 사노 군역자의 상전호 가운데 반수에 가까운 비율을 차지하며 가장 많은 수의 사노 군역자를 제공하고 있다. 그런데 17세기 말의 상황과 비교하면 향안입록자 가계 중에서도 안동 권씨, 합천 이씨, 밀양 박씨 등의 가계가 사노 군역자를 가장 많이 소유하고 있다. 이들 성씨집단은 17세기 말과 18세기 초에 향안입록이 재개되었을 당시 17세기 중엽까지의 입록상황에 비해 월등히 많은 수의 향안입록자를 배출하고 있다. 이 중에서도 안동 권씨 가계는 1678년 당시 100여 명의 사노 가운데 군역자는 5명에 불과하였는데, 1717년에는 사노 170여 명 중 20여 명, 1759년에는 130여 명 중 40명 가까이를 군역자로 제공하고 있다. 이들은 다른 성관의 양반가계들에 비해 많은 수의 노비를 호적에 등재하고 있을 뿐만 아니라, 사노 군역자의 비율도 높다.

향안조직은 기능을 멈추었지만 향안입록자의 자손들은 여전히 단성현의 군역운영권에서 벗어나지 않고 지속적으로 관계를 가질 수 있었던 것으로 보인다. 또한 호적에 많은 수의 노비를 등재하는 한편, 사노 군역자도 되도록 많이 제공하는 것이 향촌사회에서 자신들의 위상을 공고히 하고 노비소유권을 유지하는 데에도 유리하였을 것이다.

18세기 중엽 사노 군역자의 상전호를 조사하다 보면, 한 가지 주목할 만한 현상을 발견할 수 있다. 향안에 입록된 자들의 성관과 전혀 다른 성관을 쓰거나 같은 성관을 쓰더라도 향원 가계와 계통을 달리하는 가계들이 '유학' 등의 직역명을 쓰면서 사노 군역자를 제공하는 사례가 대폭 늘어났다는 점이다. 이들 중에는 이전 시기의 호적대장에 나타나지 않던 가계가 많으며(22호), 등재되던 가계라 하더라도 군역호인 가계가 많다(19호). 자신의 사노를 군역자로 제공함으로써 호적상에 양반층이 사용하던 호적기재양식을 쓰게 된 것으로 보인다. 이것은 후술하듯이 18세기를 거치며 '유학' 등의 식역기재자가 지속적으로 증가하는 현상과 관련이 있는 것 같다.

이상에서 살펴본 바와 같이, 자기 소유 사노를 군역자로 제공하는 일이 강제에 의한 것만은 아니었다. 그것은 군역배분을 둘러싼 지역사회의 권력관계에서 일정한 역할을 수행하는 것인 한편, 사회적 위상을 유지하는 방법이었다. 직접적으로는 자신이나 가족의 군역부담을 사노에게 전가함과 동시에 지방관청으로부터 그 사노에 대한 소유권을 보장받는 길이기도 했다. 단성현 밖에 거주하는 상전은 단성현의 군역 운영에 개입하기 어려웠을 것이며, 사노를 군역자로 제공하는 대가나 사노에 대한 소유권을 보장받기도 어려웠을 것이다. 상전이 타현에 거주하거나 거주지를 알 수 없는 외거노에게 군역을 부과하는 비율이 단성현 내에 상전이 거주하는 외거노에게 군역을 부과하는 비율보다 낮은 이유가 여기에 있다.

노비는 개인에게 상속되고 매매되는 존재였다. 이렇게 노비소유가 가능한 것은 노비가 국가에 의해 규정되는 존재이기 때문이다. 노비는 출생과 더불어 법제적인 신분으로 규정되었다. 그러나 노비에 대한 사적인 징수권이 항상 안정적으로 확보된 것은 아니었다. 더구나 노비에게 국역이 부과되는 등, 국가권력의 통제로 말미암아 상전들은 노비의 신공수취를 위협받았다.

여기에 사노 군역자의 군역가가 양역자의 반으로 낮게 책정되면서 노비신공의 부담도 점차 낮아졌다. 군역을 운영하는 입장에서 이것은 사노를 군역자로 확보하기 위한 방편이었으며, 상전의 입장에서는 불안한 노비소유권을 그나마 유지할 수 있는 방안이었다. 사노 군역자의 입장에서는 군역부담과 노비신공부담을 합하면 양역자의 군역부담과 다를 바 없었다. 그러나 노비와 양인이 이렇게 동등한 부담을 진다는 것은 현실적으로 양자의 경제적 상황이 크게 차이나지 않으며, 양천신분의 구분도 모호한 상황이었음을 의미한다. 사노 군역자를 둘러싸고 국가와 상전이 타협할 수 있었던 것이 단지 군역제도상의 문제에서 기인하는 것만은 아니라는 뜻이다.

18세기 후반 이후, 양인에게 군역을 부과하는 원칙이 이념적으로나마 강조됨으로써 사노 군역자수가 현격히 감소해 갔다. 상부에 보고되는 '도이상' 집계에 군역의 역종별 액수만 기재되고 그 역종 내부에 존재하는 양천신분의 구분은 사라졌다. 군역부담도 지역에 배분된 군액에 따라 지역적인 공동납부의 형태로 전환되어 갔다. 호적상 개별 인구에게 군역명을 기재하는 것마저 실제의 군역징수와는 거리가 멀어졌다. 그러나 호적대장 본문의 호구별 기록에는 군역자에게 사노임을 명시하는 사례가 적은 수치이긴 하지만 여전히 존재하였다. 군역에 대한 국가적인 의도에도 불구하고 상전과 사노 군역자의 관계를 쉽게 청산할 수 없었음을 말한다.

5 / 신분상승의 전설

신분제 해체(?)

조선시대의 노비는 노비부부의 출산을 통해 재생산되며, 상속과 매매를 통해 소유권이 인정되었다. 노비는 마치 가축과 같이 소유주 가족이 생활을 영위하기 위한 일종의 재화라 할 수 있다. 이러한 점에서 조선시대의 노비는 서구 고대사회에 연원을 두는 노예와 다를 바 없었다. 그러나 조선시대의 노비는 제도와 현실 면에서 노예로 단정해 버리기 어려운 특징을 가지고 있다. 특히 제도 면에서 노비는 상전에게 귀속되는 한편, 양인과 같이 국역을 지는 대상이라는 점에서 그러하다. 현실 면에서는 상전과 노비 사이에서 인신적 종속관계가 무색할 정도의 상호부조적인 관계를 발견할 수 있다. 그러나 양천신분제의 법제적 규정을 허구로 단정할 수 있을 정도로 증명이 가능한 단계는 아니다.

조선의 사회현실에 중국 고대사회의 노비제도를 뒤집어씌운 제도 규정의 불합리성과 현실적 괴리를 생각하기에 앞서, 우리는 조선 후기 노비의 양적인 변화를 가지고 양천신분제의 해체를 논해 왔다. 이러한 '신분제 해체론'은 호적에 기재된 직역을 분류, 취합하여 조선 후기 사회구조의 변화를 분석한 일본인 학자 '시카타 히로시[四方博]'의 연구에서 유래한다.[50] 지금도 신분제 해체를 설명하는 연구는 그의 연구방법으로부터 크게 벗어나지 않는다. 그는 조선시대의 사회구조를 '양반-평민-노비'라는 사회계층으로 구분하고 18세기 이후 양반층의 비대화를 조선사회의 후진성 내지는 정체성(停滯性)으로 인식하였다. 후대의 연구자들은 18세기 이후의 양반층 증대에 더해 노비 감소현상에 주목하여, 신분제 자체가 허구화되어 조선사회가 해체되어 가는 현상으로 재해석하였다.

신분제 해체론은 조선시대 신분제가 제도만이 아니라 사회현실로도 해체되어 갔다는 가정을 전제로 한다. 양천신분제는 조선 초기부터 법전에 명시되었으며, 호적의 개개인에게 적용되었다. 1800년에 관공서에 소속된 공천(公賤)이 폐지되고 1896년에 시행된 갑오개혁으로 사천(私賤)마저 부정될 때까지 양천신분제는 지속되었다. 그러나 18세기 이후 현실적으로 노비의 존재가 의미를 잃어가는 대신에 양반과 상한(常漢)의 계급대립이 사회구조의 주축을 이루게 된다는 것이다. 따라서 이러한 과정을 양천제에서 반상제(班常制)로의 이행으로 이해하기도 한다.[51]

그런데 이러한 신분제 논의에 대하여, 우선 노비의 비중이 조선시대 전과정을 통해 일방적으로 감소경향만 나타낸 것은 아니라는 사실을 주목할 필요가 있다. 17세기의 호적에 등재된 노비는 당시 전체 호구의 과반수를 차지한다. 그러나 조선 전기를 거치면서 17세기까지 노비가 증가하였을 가능성이 있다. 또한 호적에 노비로 구성되는 호는 18세기에 감소하여 19세기에는 거의 자취를 감추지만, 인구수로 살펴보면 19세기 중엽에 다시 노비인구가 증가하는 현상을 볼 수 있다. 단성현 호적대장에는 17세기 말부터 노비구수가 감소하기 시작하여 19세기 초에는 전체 인구의 15%정도까지 하락하였다가 19세기 중엽에 다시 25%정도로 증가한다. 이러한 현상은 시카타가 조사한 대구호적에서도 확인된다.

17세기까지 노비가 증가하였다고 추정하는 이유는, 첫째로 양인과 노비가 혼인하는 양천교혼(良賤交婚), 둘째로 양인이 군역을 피하고자 하는 피역(避役)에 있다. 노비는 일천즉천(一賤卽賤)이라 하여 부모 중

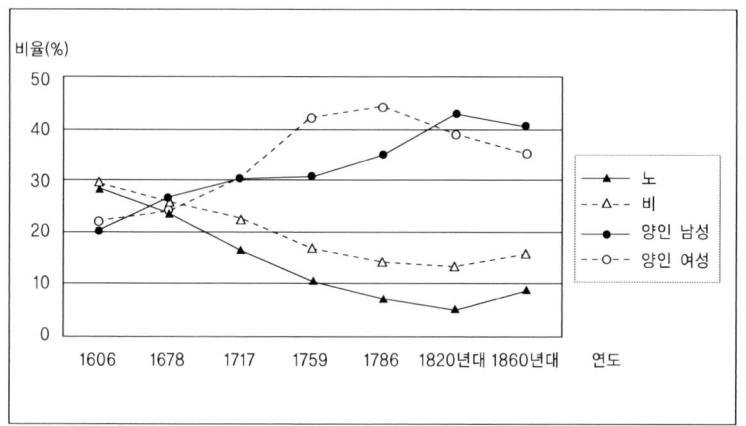

〈그림 10〉 단성현 호적대장 노·비 및 양인 남·녀의 분포

어느 한 쪽이 천인, 즉 노비이면 그 자식도 노비가 되었다. 이러한 원리대로라면 양인과 천인이 혼인하여 자식을 낳을 때마다 노비는 증가하게 된다. 여기에는 노비를 안정석으로 확보하려는 상전의 의도가 내재되어 있다. 노비끼리 혼인하든 양인 남성이 천인 여성, 즉 비와 혼인하든 간에 그 사이에서 태어난 자식은 천인인 어미의 상전에게 귀속되는 것이 일반적이다. 그런데 천인 남성, 즉 노와 양인 여성 사이에서 출생한 자식은 천인인 아비의 상전에게 귀속된다. 특히 이 경우의 자식들을 '양처소생(良妻所生)'이라 부른다. 이들을 둘러싸고 양인으로 분류하여 이들에게 군역을 부과하려는 국가와 노비로 분류하여 신공을 징수하려는 상전 사이에 갈등이 내재한다.

왜란(倭亂)과 호란(胡亂)을 겪은 뒤 군역과 신분제를 재정비하게 되는 17세기에 양처소생의 귀속문제가 활발하게 거론되었다. 조선 전기부터 군역대상자인 양인들이 승려로 출가(出家)한다는 등의 이유를 내세워 역부담을 피하려는 현상이 있었다. 16세기에 정식 군병으로 번을 세우거나 부역에 동원하는 대신 보인(保人)을 세워 군포(軍布)를 받기 시작하였는데, 이것도 피역현상에 대한 대응책의 하나였다. 양란 중에는 양인들이 군병으로 가지 않고 사노를 사서 대신 보내는 일도 있었다. 군역자를 실명으로 확보하기 위해 미리 양정(良丁)을 파악해두는 군역정책이 구체화되고 있었지만, 그들은 이미 권력자의 노비로 들어간 뒤였다. 양인과 노비의 구분이 애매하고 인민이 신분을 선택할 수도 있는 것이 현실인 상황에서 양천신분제가 어떠한 의미를 가질지 의심스러울 정도였다.

중앙정부는 노비소생의 귀속을 '종모법(從母法)'에 일률적으로 적용시켜, 일천즉천의 원리에 따라 증가일로에 있는 노비를 제도적으로 억제하려 하였다. 노비의 혼인관계 여하를 불문하고 출생자는 어미의 신분에 따르도록 함으로써 아비가 천인이어도 어미가 양인이면 그 소생은 양인으로서 군역대상자가 되었다.

그러나 이 종모법은 곧바로 공식화되지는 못하였다. 노비의 소생들을 다시 노비로 재생산하지 못함으로써 노비신공수입이 감소될 것을 우려한 상전들의 반발이 예상된 때문이었다. 종모법은 개인에게 소속된 사천보다 왕실이나 권력기관에 소속된 공천에 대해 먼저 문제시되었다. 공천은 왕실이나 국가기관의 수입원이었으므로 종모법을 적용하지 않고 이전과 같이 일천즉천의 신분관례를 고수하려 하였다. 군역자를 확보하기 위한 정책이 공천에 대해 모순을 일으키고 있었던 것이다. 오랜 논란 끝에 공사천을 불문하고 종모법이 적용된 것은 1730년대에 이르러서이다.

양역자 확보정책과 종모법의 종용에 영향을 받아서인지, 17세기 말부터 18세기 전반에는 호적상 노비가 감소하고 상대적으로 양인이 증가하였다. 그런데 주목되는 것은 19세기 초까지 비보다 노가 더 가파르게 감소하는 현상이다. 이와 동시에 여성에 대한 남성의 비율이 60대 40에 이르는 18세기 중엽까지 남성이 감소하다가 이후 다시 증가하여 19세기에는 정상적인 성비를 회복하게 된다. 18세기 중엽에 군역정액사업이 완료된 점을 상기하면, 이러한 현상은 양천을 불문하고 군역을 피하려는 의도가 강하였다는 사실을 나타낸다. 그러나 이제 피역을 이유로 노비의 증가를 이야기하기는 어려워졌다.

호적대장상의 노비 감소는 특히 외거하는 사노비의 감소에 영향을 받았다. 다음의 〈그림 11〉을 보면, 노비 가운데 상전호에서 독립하여 별도로 호를 세운 외거노비들이 18~19세기에 지속적으로 감소하였다. 노비호를 구성한 사노에게 군역이 부과되기 쉬웠으며, 국역부과를 매개로 양천신분기재의 틀을 벗어나는 경향이 있었음은 이미 살펴본 바와 같다. 사노의 입장에서는 피역보다 국역에 노출되어 천인신분에서 벗어나려는 의도가 강했다고 할 수 있다. 따라서 이들 외거노비의 감소는 종모법과 관계가 있다.

또한 다음의 〈그림 12〉처럼 외거노비가 구성한 노비호의 주호부부 두 사람 모두가 노비인 경우, 남편이 양인이고 아내가 비인 경우, 남편이 노이고 아내가 양인 즉 '양처'인 경우, 어느 한 쪽만 노비로 존재하여 혼인관계를 알 수 없는 경우로 나누어 그 비율을 살펴보면, 부부 양쪽이 다 노비임을 분명히 하는 노비호는 노비호 전체에서 차지하는 비율이 지속적으로 감소하는 경향을 볼 수 있다. 그에 반해 어느 한 쪽이

〈그림 11〉 호적에 등재된 노비의 공·사천 및 외·솔거별 비율

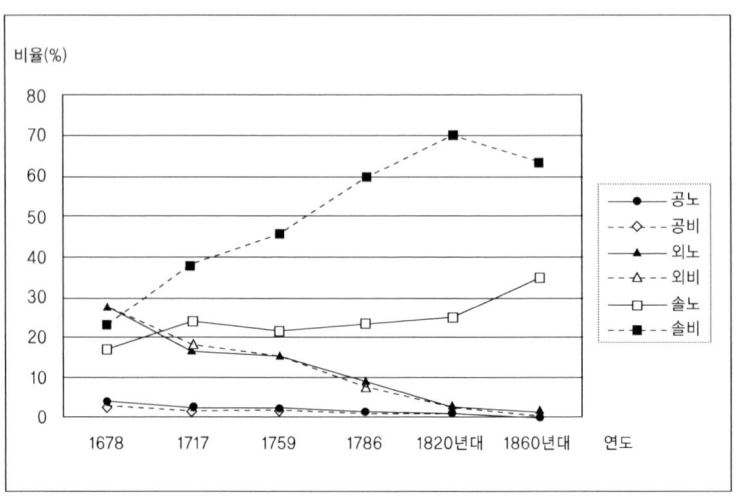

〈그림 12〉 외거노비호의 혼인관계별 비율

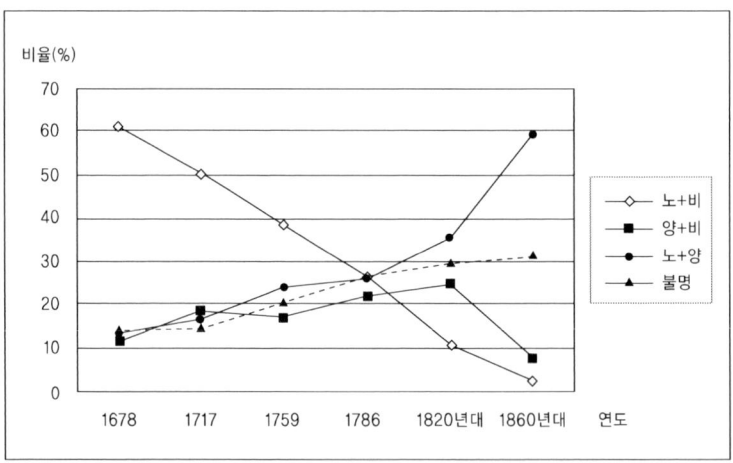

불분명하거나 양천교혼인 경우가 19세기 초까지 증가하였다. 양천교혼 가운데에서도 특히 노와 양처의 혼인사례가 18세기 전반 이후 전보다 높은 비율을 보이면서 19세기에 월등히 증가하였다.

노비의 상전이 노비호를 호적에 등재한 것은 자신의 호를 포함하여 지역의 총호수를 맞추기 위해서였다. 부부가 노비인 호는 남편인 노를 호의 대표자로 세우지만, 그 가족은 모두 처인 비의 상전에게 귀속된다. 노비부부의 상전이 같은 사람이 아닐 경우에는 이 노비호의 등재 여부를 누가 주관할지가 애매해진다. 노비가 혼인을 하여 가정을 꾸리더라도 상전호에 솔거로 등재하는 편이 귀속문제를 해결하는 데는 확실하다. 노비호를 구성해야 할 상황이란 정해져 있는 것이 아니다. 양천교혼의 경우에도 독립호를 세우지 않고 상전호에 다른 소유 노비와 함께 '비부(婢夫)' '노처(奴妻)'라는 형식으로 양인들이 등재되기도 한다. 그러나 어느 한 쪽만 노비로 등재된 호들은 그 귀속이 분명하다고 할 수 있다. 노의 양처소생이 다음 식년에 양인호로 등장하면서 노비호가 감소하는 와중에도 이러한 호들의 비중이 점차 높아지는 이유는 여기에 있다.

이러한 현상과 더불어 솔거하는 노비, 특히 솔비의 비중이 갈수록 증가하는 현상은 무엇을 의미하는가? 이 현상은 솔거노비를 등재하는 상전호가 증대하는 한편, 소유하는 평균 노비수가 감소하는 현상과 궤를 같이한다. 노비가 상전댁에 들어와 살든 그 근처에 살든 간에 상전은 자신과 가까운 곳에 노비를 두는 경향이 강해졌다. 이러한 사실은, 반대로 상전의 입장에서 노비를 파악하기가 어려워지고 있는 현실을 반영한다. 노비를 여러 형제들이 분산적으로 상속받아 소수의 노비를 철저히 관리하는 방법을 써서라도 노비를 쉽사리 포기하지 않으려 한 것도 이것을 말한다.

18세기를 거치며 노비가 감소하는 이유에 대해 한편에서는 노비가 상전의 수탈을 피해 도망하여 양인화하기 때문이라는 견해가 있는가 하면, 다른 한편에서는 상전이 노비를 필요로 하지 않게 되었다는 견해가 있다. 노비를 동원한 농업생산이 비효율적이기 때문에 노비를 차라리 다른 사람에게 방매(放賣)하거나 속량(贖良)시키는 편이 낫다는 것이 후자의 생각이다. 두 견해 모두 일리가 있다.

그러나 도망한 노비는 다른 상전을 찾아가는 것이 일반적이었다. 노비가 상전을 선택하는 것이다. 양인화하면 국역이 부과될 위험이 있기 때문에 국역과 노비신공이라는 양쪽의 부담을 모두 피하려면 관권력이 닿지 않는 오지나 섬으로 도망가는 방법밖에 없다. 그러나 이는 그야말로 이상에 지나지 않거나 실현되더라도 극히 예외적이다. 관할 지방관청에 의해 곧바로 파악되기 때문이다. 섬은 주로 왕실이나 중앙기관의 둔토나 목장 등이 들어선 관계로 해산물 등을 공납하는 역할을 한다. 이곳으로 도망한 자들은 중앙권력과 지방관청 간의 경쟁을 충분히 활용하고 싶어하지만, 노비의 완전한 도망이란 결국 비현실적일 수밖에 없다.

호적에는 노비의 이동이 기록되어 있다. 우선 '방매(放賣)'는 호적상의 출입을 의미하는 이래이거(移來移去)의 하나로서 '매거(賣去)'라고 표기하기도 한다. 다음으로 '피탈(被奪)'이라 하여 본래의 상전에게 붙들려가는 사례를 볼 수 있다. 방매는 매매계약에 따라 정식으로 노비의 귀속권을 이전하는 것이나, 피탈은 제각기 복잡한 사정이 있다. 피탈은 피로(被攎)·건탈(見奪)·착거(捉去) 등으로도 표현되는데, 다른 상전 밑에 있다가 도망하여 현재의 상전에게 투탁(投託)한 자들 가운데서 발생한다.

기존의 상전은 도망간 노비를 찾아내거나 도망비의 소생들을 자신에게 귀속시키려고 하는데, 이것을 '추쇄(推刷)' 혹은 '추심(推尋)'이라 한다. 기존의 상전과 그 수족들이 직접 수소문하여 도망노비를 찾아다니기도 하지만 대부분 현재 상전과의 분쟁에 휘말려 관아에 조정을 요청하기에 이른다. 이 일에는 오래 전부터 집안에 보관해 온 노비안은 물론, 노비상속과 매매 관련 문서들이 동원되고 몇십 년 이전의 호적이 들추어지기도 한다.

도망노비 당사자보다는 주로 그 노비의 소생에 대한 귀속이 문제시된다. 도망간 노비는 상속받기 전에 도망하였거나 이미 사망한 경우가 많기 때문이다. 호적에는 이러한 자들을 '구원도(久遠逃)'라고 기재하기도 하며, 100세가 넘도록 나이를 계속해서 기록하는 경우도 있다. 도망노비는 비록 사망하였을지라도 그 소생들만은 자신에게 귀속시킬 근거를 마련해 두고자 한 것이리라. 따라서 호적에 '피탈'이라고 기재하기까지는 두 상전 사이에 오랜시간 공방이 치열하게 오갔으리라고 짐작할 수 있다.

호적에 도망노비를 표현할 때, 막연하게 '오래 전에 도망하였다'라고 기록하지 않고 도망한 해의 간지를 기록해 두기도 한다. 도망한 지 몇 해 지나지 않은 경우가 많은데, 이것 또한 훗날의 근거로 삼기 위한 것이다. 그런데 노비의 도망에 대한 흥미로운 기록이 눈에 띈다. '도거진주(逃居晉州)'와 같이 어디에 도망가 사는지를 표시한 사례가 그것이다. 간혹 어느 군현의 어느 동리에 산다는 기록까지 있다. 이것도 훗날에 노비추쇄의 근거로 삼을 만한 기록이기는 하나, 어디에 사는지 뻔히 알면서도 당장 달려가 잡아오지 않고 도망으로 처리해 두는 이유가 무엇인지 궁금해진다.

본래 정당하게 자신의 노비로 취득한 것이 아니어서 다시 도망하여 어디에 사는지 알고 있어도 자신의 노비라고 주장하기 어려운 처지를 나타낸 것인지도 모르겠다. 그러나 어떠한 경우이든 분명한 점은, 사람을 파악할 수는 있으나 현실적으로 노비신공을 거두기는 이미 어려워졌다는 사실이다. 호적에 기재되는 도망노비 중에는 단지 도(逃), 도망(逃亡)이라고만 기록된 사례가 가장 많다. 이들 도망노비를 상전이 거주하는 군현 내에서 찾아보기는 어렵다. 호적에 등재되지 않았을 수도 있지만 군현을 넘어서서 존재하는 소위 '외방노비(外方奴婢)' 가운데 도망노비가 많았다고 추측된다. 도망을 하려면 되도록 멀리 가야 하는 이유도 있지만, 처음부터 멀리 사는 노비에게 매해 꼬박꼬박 신공을 거두기란 만만치 않았을 것이기 때문이다. 이런 노비를 계속해서 자신의 노비로 유지하기 어려운 상황이 항상적으로 존재하였다.

호적상에 도망사실이 표기된 노비가 등재된 노비 가운데 많게는 1/3에 육박할 때도 있다. 그러나 모든 노비를 호적에 등재하는 것은 아니므로, 호적만으로 보면 노비의 도망현상이 과대평가되었을 위험이 있다. 노비의 도망이 빈번하게 발생하는 이유를 노비에 대한 과도한 착취와 차별 때문이라고 보는 견해는 노비를 애초부터 억압된 존재로 상정하는 감이 없지 않다.

15세기 말 오희문(吳希文)의 『쇄미록(鎖尾錄)』에는 일기의 첫머리부터 노비가 상전집에 뛰어들어와 상전과 다투는 장면이 등장한다.52) 종놈이 감히 주인에게 대드는 것도 황당한 일인데, 일기의 필자가 꾸짖고 달래 간신히 두 사람을 말리고 있으니, 더욱 기가 막힌다. 억압과 착취에 꼼짝 못하는 노비의 모습이 당시 분위기에서 전형적인 모습은 아닌 듯하다. 17세기 이후에 지방사회에서 일반화되어 간 '향약(鄕約)'에는 노비가 양반을 업신여기는 경우 죄를 물어 처벌하기 위한 벌칙조항이 올라오기도 한다. 그러나 이 또한 노비가 되고자 양반가에 투탁하는 등, 양인과 노비가 현실적으로 구분하기 어려운 상황에서 거론된 것이다.

18세기에 들어 호적상에 나이든 비가 혼자서 독립호를 구성한 사례를 많이 발견할 수 있다. 60세 이상이면 '노제'로서 더 이상 상전에게 신공을 납부하지 않아도 되지만, 상전호 주변에 호를 세우고 호역을 담당하는 것이다. 현실적으로 이러한 호는 호적상의 호수를 채우는 역할을 할 뿐, 상전호가 그 호역을 대신하는 것으로 보인다. 늙은 노비들은 죽을 때까지 상전호에 의지해서 여생을 보내려고 하는 것이다. 18세기 후반이면 양인이 자신 또는 가족을 노비로 파는 '자매(自賣)' 문서가 발견되기 시작한다. 그 문서의 대부분은 "생활고에 시달리다 어쩔 수 없이"라는 이유를 달고 있다. 자매는 이렇듯 빈한한 자가 의지할 곳을 찾는 방법의 하나였다.

18세기에는 소농경영이 발달하고 노비를 동원한 경작보다 일반 평민에게 소작을 주는 지주경영이 효과적일 것이라고 예상한다. 더구나 양반들의 가계경영이 재산의 분산상속으로 말미암아 점차 소규모화되어 다량의 노비를 소유하기 어려워졌다. 그러나 경제력이 축소되는 과정에서도 노비보다는 토지의 매각이 우선시된다.[53] 노비에 대해서는 그들 가족의 생계를 위해 토지를 무상으로 지급하는 한이 있어도 가능한 한 유지하려는 경향도 보였다. 노비가 상전을 필요로 하듯이 상전도 노비를 필요로 한 것이다. 어쩌면 상전과 노비는 경제적으로 상호부조하는 관계에 있었는지 모른다. 흔히 말하는 '모럴이코노미(moral economy)'의 한국적 상황 가운데 하나라고 할 수 있지 않을까?

상전이 노비를 필요로 하는 현상은 호적에서 뚜렷하다. 공천이 폐지된 19세기 초까지도 적지 않은 사노비가 존재하였으며, 19세기 중엽에는 오히려 노비가 증가하는 현상이 그것이다. 이는 비록 수는 적지만 노비를 소유하는 상전이 증가하였다는 데 우선적인 이유가 있다. 재산상속이 분산적으로 이루어져 왔기 때문에 소유하는 노비수가 줄어드는 것은 당연한 이치이다. 분산적으로 노비를 소유하는 것은 줄어드는 노비를 그나마 철저히 관리하는 효과를 가져왔을 것이다. 그러나 무엇보다 문제는 양반행세를 유지하려면 노비를 반드시 소유하여야 했으며, 더구나 양반지향적인 사람들이 계속해서 증가하였다는 데 있다.

19세기 호적에 노비가 등재되는 양태에는 사실 약간의 비현실적인 경향도 없지 않다. 호마다 노비 한두 명을 등재하는 것이 호적의 양식인 것처럼 유행하고 허구의 인물을 노비로 등재하기도 했다. 이러한 상황에서는 노비를 소유한 상전이 증가함으로써 해당지역 노비 총수도 증가하게 된다. 이것이 바로 호적상 노비가 증가한 직접적인 원인이다. 그러나 이러한 노비기재를 행하게 된 사회문화적인 요인은 양반지향에 있다.

양반지향의 허와 실

호적은 중국 고대의 양천신분제에 기초하여 각자의 국역부담 여부를 직역(職役)으로 나타냈다. 양천신분의 구분이 조선사회의 현실에 적합하였는지는 이미 의심의 여지가 많다. 이번에는 직역이라는 국역체계로 인민의 신분을 규정하는 국가적 신분제가 사회현실상의 계급격차를 그대로 반영하는가에 대해 생각해 볼 차례이다.[54]

흔히 '모칭유학(冒稱幼學)'이라 하여 '유학'을 함부로 칭하는 일을 비판하는 말이 있다. 조선 전기에는 일찍부터 노비나 고공(雇工 ; 남의 집에 기식하면서 집주인의 부림을 받던 사람)을 '모칭'하는 자가 많다고 하여, 한 호에 고공을 3명 이상 등재하지 못하도록 한 일도 있었다.[55] 18세기 초에는 군역자의 정액사업과 관련하여 유학을 '모칭'하는 자를 군역에 충정하자는 논의가 진행되기 시작하였다.[56] 유학이란 앞에서도 말한 바와 같이 과거를 보기 위해 당분간 군역을 면제받은 자를 일컫는다. 일시적인 면제이므로 유학을 직역명으로 삼는 자라도 군역 대상자인 것만은 틀림이 없다. 그러나 과거를 보지도 않으면서 늙어 죽을 때까지 호적에 유학을 직역명으로 기재하는 자들이 있었다.

다음의 〈그림 13〉을 보면, 17세기 말의 호적에서 이러한 유학과 과거에 입격한 생원·진사·무과 출신, 그리고 관직명을 직역으로 하는 자들은 전체 호적등재 남성의 10%정도이다. 이들은 대개 당시 향안에 입록된 자들이거나 그 가족, 그와 가까운 친척들이다. 현실적으로 단성지역을 지배하는 상층계급들이 이러한 직역명을 호적에 사용하고 있었던 것이다. 지배층이 10%정도라는 것은 세계사의 일반적인 지배층 비율에 비해 약간 높은 수치이지만, 당시까지만 해도 직역은 사회

〈그림 13〉 단성현 호적대장 유학, 품직자의 추이(도이상과 본문 집계 비교)

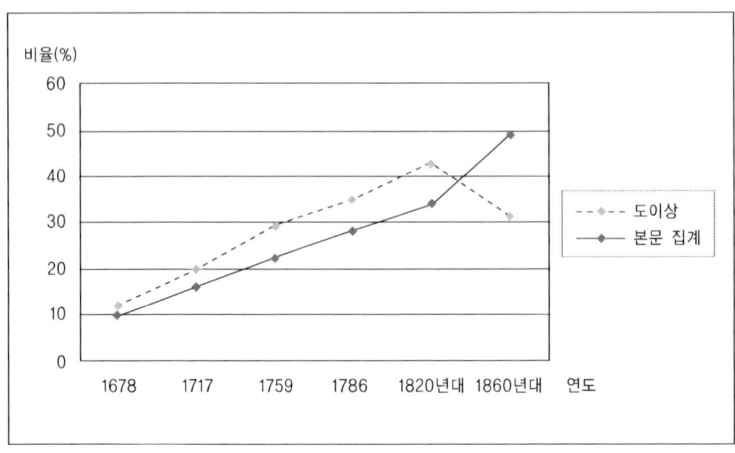

계층 혹은 계급의 현실을 고려하여 기재되었다고 볼 수 있다.

그런데 18세기를 거치면서 유학 등의 직역명을 기재한 남성의 비율은 일직선으로 증가하는 추세를 보인다. 19세기 중엽에는 더욱 급격히 증가하여 전체 남성의 50%에 육박한다. 사회현실이 호적에 등재된 그대로라면 모든 인민의 반수가 지배층인 셈이다. 그러나 지배층만을 대상으로 호적을 작성한 것이 아니라면, 이것은 이미 그들이 지배층으로 볼 수 없는 위치에 있었다는 사실을 반증한다.

18세기 초부터 이러한 직역명을 쓰는 자들 중에는 선조가 상층계급에 속한 자들이 많지만, 군역자이거나 신원을 알 수 없이 새롭게 등재된 자들도 섞여 있다. 이러한 사례는 시간이 갈수록 늘어났는데, 그 결과 17세기 말에는 한정된 계급만이 사용하던 직역명을 19세기 중엽이면 전체의 반수나 되는 남성들이 사용할 정도로 사태가 진행되었던 것이다. 18세기 이후의 직역기재는 사회계층이나 계급현실과는 괴리된 모습을 보였으며, 괴리의 정도가 더욱 심화되고 있었다.

한 가지 흥미로운 사실은, 호적대장의 말미에 기록된 '도이상'의 이들의 통계가 호적대장 본문에 기재된 개별 인구의 직역명 집계와 차이가 있을 뿐만 아니라, 19세기 중엽을 제외하고는 '도이상'의 통계수치가 본문의 집계를 웃돈다는 점이다. '도이상'의 통계수치는 원칙대로라면 호적대장 본문에 기재된 개별 인간의 직역명을 그대로 집계한 수치이다. 상부기관은 이 '도이상'의 통계수치에 기초하여 지역의 호구수 및 직역자수를 파악하게 된다. 해당지역에 대한 호구정책은 호적대장 본문에 기재된 직역자들을 일일이 세어보는 것이 아니라, 이렇게 '도이상'으로 보고되는 수치에 근거할 뿐이다. 말하자면, 중앙정부는 호적대장 본문에 기재된 직역과는 관계없이 '도이상'의 직역자수를 해당 지역의 직역자 수치로 인정하였다는 것이다.

유학이나 관직을 '모칭'하는 자들을 통제하자는 논의와 달리, 중앙정부가 호적대장상에 모칭자들이 일방적으로 증가하고 있는 현상을 그대로 인정한 이유는 무엇인가? 더구나 호적대장 본문에 유학이나 품관직명을 직역명으로 사용하는 자들이 지방관청이나 중앙정부에서 인정하는 수치보다 적은 이유는 무엇인가?

지방주민들이 유학이라는 직역명을 그렇게 쉽사리 얻을 수 있었던 것은 아니다. 유학을 모칭하는 자를 경계한 것은 군역대상자가 감소할 것을 우려한 조치였다. 지방수령은 중앙의 군역정책에 부응하여 자기 지역에 배당된 수치만큼 군역대상자를 확보해 두어야 했다. 그에 대해 지역주민이 군역을 피해 유학이라는 직역명을 획득할 때에는 그에 상응하는 대가를 지방관청에 제공하여야 했다. 납속(納粟)하여 명예 품관직명을 사거나, 소유하는 사노를 군역자로 대신 세우거나, 기타 지방재정에 필요한 재원을 제공하는 것 등등이다.

일정한 군역자수를 확보한 이상, 기타의 인적 재원에 대한 징수는 지방재정의 몫이었다. 중앙정부는 지역에 배당된 군역징수가 완수되는 한, 직역명 사용과 관련된 지방관청의 군역운영과 재정운영에 대해서는 묵인한 것이다. 지방관청은 호적대장을 보고하면서 높은 수준으로 유학 및 품관직 액수를 얻어두고 이것을 지역주민에게 운용할 여지를 넉넉히 확보해 두었다.

그러나 어떠한 경로를 밟았든 호적상에 유학이나 품관직명을 획득하였다고 해서 이후 그들이 지역사회에서 양반으로 인정받은 것은 아니다. 그것은 전혀 별개의 문제이다. '양반(兩班)'이라는 말은 고려시대의 동반(東班)과 서반(西班), 즉 문·무관직자를 지칭하는 말로서 특권 계층을 의미하였다. 엄연히 국가가 인정하는, 귀족에 비견될 만한 계급이었다. 그러나 조선시대의 양천신분제하에서 양반은 군역대상자인 양인의 일종에 지나지 않았다. 따라서 고려시대와 같은 법제적 보장은 존재하지 않았다. 조선시대에는 호적에 양반이 별도의 직역명으로 성립하지 못하는 것이 당연하였다. 따라서 유학이나 품관직명과 같이, 현실적으로 지방의 양반층이 주로 사용하는 직역명이 관례로 존재한다 해도, 국가는 이에 그다지 얽매이지 않았다. 직역과 현실적인 사회계층의 괴리는 처음부터 예정된 일이었다.

그런데, 18세기 중엽에 군역정액이 지역 단위로 확정된 이후, 지방수령은 재결(災結 ; 자연재해를 입은 논밭으로, 감세의 대상이 된다)획득을 위한 호소와 함께, 군역징수의 어려움을 상부기관에 호소하는 데 모든 정열을 쏟아부었다. 이 호소는 주로 재해로 인한 호구의 유실과 호구가 타지로 유리되는 실태를 과장하여 군역을 탕감해 달라는 내용이었다. 수령의 노력이 성과를 거두면 지방주민은 수령이 '선정'을 베푼 것으로 여겼다. 수령의 호소는 대개 '반호(班戶)와 노비호(奴婢戶)가 많아 군역을 부과할 호가 적다'는 말로 시작되었다. 여기서 처음으로 유학이나 품관직을 사용하는 자의 호를 '반호' 즉 양반호라고 지칭하였다. 그러나 이것 또한 지역사회에서 통용되는 양반층과는 거리감이 있다. '반호'가 많다는 것은 양반층이 주로 사용하는 직역명을 호적에 기재하는 자들이 많다는 호적기재의 현실을 말하는 것일 뿐, 실제로 양반이 그 정도로 많다는 의미는 아니기 때문이다.

중앙정부는 지방수령의 이러한 호소에 그다지 귀를 기울이지 않았다. 그러나 19세기에 들어서면서 호적에 유학이나 품관식명을 기재하는 자들이 지속적으로 증가하는 현상을 더 이상 방치할 수만은 없었다. 19세기 초에는 호적대장 본문의 집계와 도이상의 통계를 일치시켜 직역자 파악을 현실화하려 하였고, 나아가 도이상의 통계에서만이라도 유학이나 품관직의 수를 억제하려고 노력하기 시작하였다. 급기야 19세기 중엽 이후로는 도이상의 통계에 이들을 낮은 수치로 고정시켜 두려 하였다. 단성호적의 도이상에는 1870년 이후 '유학'의 통계수치가 1,160여 명으로 고정되었다. 군역자를 고정된 정액으로 확정하는 것과 마찬가지로 유학 등의 직역에 대해서도 정액조치를 취한 것이다. 그러나 이런 조치에도 불구하고 호적대장 본문에는 유학이나 품관직명을 직역명으로 사용하는 자들이 계속해서 늘어났다.

〈그림 14〉 부녀, 과부, 씨 호칭 여성의 추이(도이상과 본문 집계 비교)

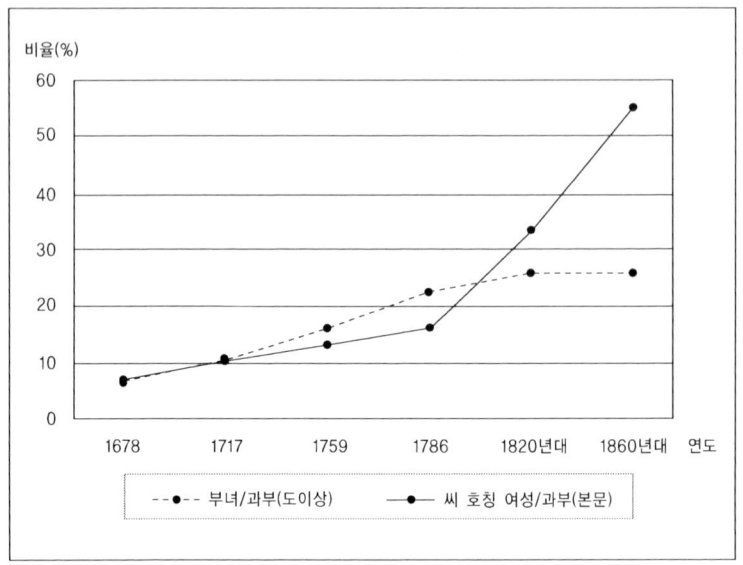

한편, 직역과 사회계층의 현실이 비록 다르다 해도 호적기재시에 사회계층적 구분이 전혀 무시된 것은 아니다. 특히 여성의 직역명이나 호칭이 이러한 사실을 말해준다.[57] 위의 〈그림 14〉를 보면, 호적대장의 '도이상'에는 양인 여성인구가 부녀(婦女)와 양녀(良女), 과부(寡婦)와 과녀(寡女) 등으로 통계처리되어 있다. 부녀와 과부는 양반집 아녀자, 양녀와 과녀는 평민 아녀자를 일컫는 말이다. 그런데 도이상의 '부녀'라는 기재가 호적대장 본문에는 보이지 않는다. 단, 직역명을 기재하지 않고 '씨' 호칭을 쓰는 여성을 집계한 수치가 1678년과 1717년 호적대장의 도이상에 적힌 '부녀'의 통계와 거의 일치한다. '씨' 호칭은 본래 사대부가의 부녀에게 쓰도록 규정되어 있으므로, '부녀'도 양반계층의 부녀자를 나타내는 것으로 여겨지는 것이다. 유학이나 품관 직자들의 모(母)·처(妻)·부(婦) 대부분은 '씨' 호칭을 쓰고 있다. 이러한 호는 여아를 거의 등재하지 않고 있다.

도이상의 부녀, 과부나 본문에 과부나 씨 호칭을 쓰는 여성의 수는 유학이나 품관직명을 직역명으로 사용하는 남성과 비교해 볼 때 18세기 말까지 낮은 수치로 억제되어 온 듯하다. 그러나 19세기에 들어서면 도이상의 부녀와 과부의 증가세는 주춤하는 데 반해, 본문상에 '씨' 호칭을 쓰는 여성은 급격히 증가하여 19세기 중엽이면 50%를 훌쩍 넘기고 만다.

여성에 대한 직역명과 호칭은 유학이나 품관직명을 직역명으로 기재하는 남성들의 증가세와 전체적인 경향에서는 큰 차이를 보이지 않는다. 이는 호를 단위로 주호가 양반층이 사용하는 직역명을 기재하게 되면 처에게도 그에 걸맞은 호칭을 사용하게 된 결과이다. 이렇듯 여성에 대한 호칭과 사회계층의 현실 간에도 괴리가 발생하였다.

마찬가지로 1870년 이후 단성호적대장 도이상의 '부녀' 통계는 1,577명으로 고정되었다. 직역명의 도이상 통계는 19세기에 축소되거나 매식년 고정된 수치로 나타날 정도로 국가에 의해 작위적으로 조절되었다. 이런 수치가 사회계층적 현실을 반영한 수치라고는 할 수 없다.

유학의 증가를 '모칭'을 통한 '신분상승(身分上乘)'으로 이해하는 경우가 많으나, 거기에는 논리상의 모순이 있다. 모칭 자체가 불법적인 것임은 물론, 모칭자는 실제로 모칭된 신분에 속하지 않는다.[58] 본래의 신분층에 속하면서 거짓으로 상층신분을 기재하는 행위를 결과적으로 신분이 상승한 것으로 이해하는 것은 잘못이다. 이러한 모순은 직역과 사회적 신분을 같은 것으로 보는 인식에서 비롯되었다고 여겨진다. 직역은 모칭할 수 있어도 사회적으로 인식되는 신분계층은 그럴 수 없다. 두 가지는 별개의 문제이다.

19세기 호적은 실제로 양반이 증가한 것이 아니라 양반을 지향하는 자들이 증가한 결과를 보여준다. 호적상에 양반이 즐겨쓰는 직역명을 붙이고 그 호의 부녀에게 씨 호칭을 쓰며, 노비까지 한두 명 등재하는 호 구성이 일반화되어 갔다는 사실은 바로 양반흉내를 내는 호적기재가 정형화된 것임을 의미한다. 그러나 조선 전기의 『경국대전』은 이미 호구식에서 이런 식의 정형을 제시한 바 있다. 주호부부에게 '직(職)'과 '씨(氏)'를 기재하고 솔하 자식과 함께 노비를 등재하는 호구양식이 그것이다. 조선 전기에는 이런 양식이 상층계급에 한정된 호구양식이었는지 모르지만, 19세기에는 모든 인민에게 균등하게 적용될 수 있는 형식이 되어 갔다. 국가는 호적상의 직역기재를 통해 백성을 고르게 파악할 수 있으면 그것으로 만족한 듯싶다.

이제 조선시대의 신분제 자체의 성격에 대해 관심을 기울일 단계에 왔다. 우선 중국 고대의 양천신분제가 조선사회에 적합하였는지에 대해 다시 한번 생각해 볼 필요가 있다. 노비와 양인을 구별하기 어려운 현실에 대해 국가는 중국 고대사회의 노비제도를 가져와 법제적으로 노비를 규정하였다. 조선왕조는 인민을 신분적으로 구분하여 그에 따라 국역을 부과하는 방식으로 통치하고자 했다. 따라서 국역부담의 능력이 있는 양인에게 국역을 부과하는 대신, 이들에게 노비소유를 허락하였다고 할 수 있다. 그런데 국역부과대상에서 제외된 노비들에게도 국역이 부과되었다. 조선시대의 노비가 노예와 다른 최대의 특징은,

상전에게 신공을 납부하는 동시에 국역을 지기도 하였다는 점이다. 이것은 노비와 양인의 신분구분이 본래 유동적인 데서 연유한다.

다음으로, 양인에 대해서는 직역이라는 신분제를 일률적으로 적용하였다. 동일 직역명을 가진 자들 내부에 현실적인 계급차별이 존재하는가 아닌가에 대해 일일이 관심을 둘 수는 없었다. 어느 정도의 사회계층적 차별을 고려하는 것이 국역체계를 수립하는 데에는 현실성을 가지지만, 국가가 획일적으로 정하는 신분제로는 민간 차원의 계층적 차등이나 그 변동에 대응하기 어려웠기 때문이다. 더구나 직역은 필요에 따라 이동이 가능하였다.

양반이라는 계층은 지역사회의 인식에 기초하여 설정되는 것으로, 전국규모로 인정되는 것은 아니었다.[59] 이 지역의 양반이 다른 지역에서도 반드시 양반으로 인정받는 것은 아니었다. 국가적으로, 법제적으로 보장되지 않은 계층이기 때문에 계속해서 양반가문으로 인정받기 위해서는 스스로 여러 가지 방법을 동원하여야 했다. 그것은 일방적인 권력행사나 경제력만으로는 이룰 수 없었다.

이렇게 생각할 때, 조선시대에는 직역을 매개로 한 국가의 신분제나 사회현실로서의 계층 혹은 계급이 장기적으로 고정된 것은 아님을 알 수 있다. 전제주의적인 조선왕조의 정치이념은 모든 백성이 균등하게 왕권으로 상징되는 국가에 수렴되는 것을 이상으로 하였다. 이러한 정치이념 때문에 사회현실로 인식되는 계층과 관계없는 획일적인 직역의 설정이 가능하였다고 할 수 있다. 조선시대 신분제의 특성은 신분 자체의 유동성에 있으며, 그 유동성으로 말미암아 왕조가 끝날 때까지 국가적 신분제를 고수하려 하였는지도 모른다. 현실성을 상실한 직역

〈그림 15〉 근세 동아시아 삼국의 신분제 비교

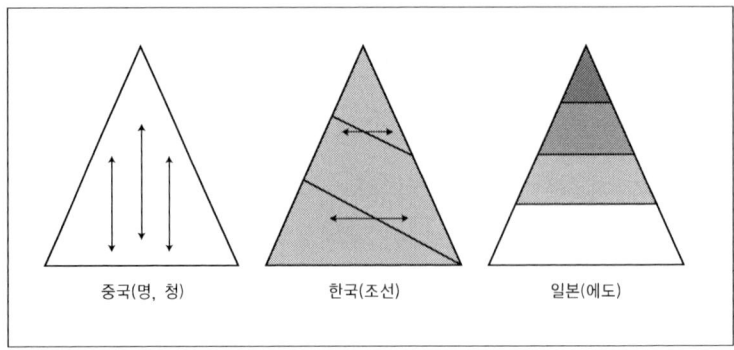

이 조선시대 말기에 이르도록 호적에 기재되는 이유가 여기에 있다.

근세 동아시아 사회는 조선과 동일한 전제주의적인 국가를 형성하고 있었다. 그러나 내부의 신분구조는 각 지역이 서로 다른 양상을 보인다. 도식적으로 이해하자면, 중국의 경우는 일찍부터 신분제가 해체되고 상업이 발달하여 인구의 이동이 활발하였을 뿐만 아니라 신분간 이동도 자유로웠다고 평가되고 있다. 중국사회는 어떤 면에서 '공(公)'은 가문을 나타내며 관직을 갖는 것은 개인의 영달을 위한 '사(私)'에 해당된다고 한다.[60] 여러 가문의 개별적인 특성이 존재할 뿐, 신분제의 차별은 극히 사사로운 일이었다고 할 수 있다. 이에 반해 일본의 근세사회는 도시에 거주하는 무사(武士), 정인(町人)과 농촌에 거주하는 촌인(村人) 등으로 지역공동체와 신분이 일치하고, 신분의 이동이 상대적으로 어려웠다고 알려져 있다.

한국의 근세는 신분제가 적용되고는 있으나 신분의 상하격차가 분명하지 않았고, 무엇보다 이동이 가능하였다. 신분이 중국에는 미치지

못하나 일본에 비해 유동적이라고 한다면, 한국의 신분제는 중국과 일본의 중간형태라고 할 수 있다.[61]

　조선사회 해체의 전제로서 법제적으로든 사회관례로든 신분제가 조선사회에 확고하게 자리잡고 있었다는 인식은 일본사회의 신분제에 익숙한 식민지시대 일인학자가 일본의 신분제를 조선사회에 적용시킨 관점과 다를 바 없다. '사농공상(士農工商)' 사민(四民)의 신분구별이 상대적으로 분명한 일본의 근세나 화족(華族)·사족(士族)과 평민이라는 신분제가 지속되던 명치시대의 관점에서 조선사회에도 마찬가지로 확고한 신분제가 성립되어 있었을 것으로 판단하였을 뿐이다.

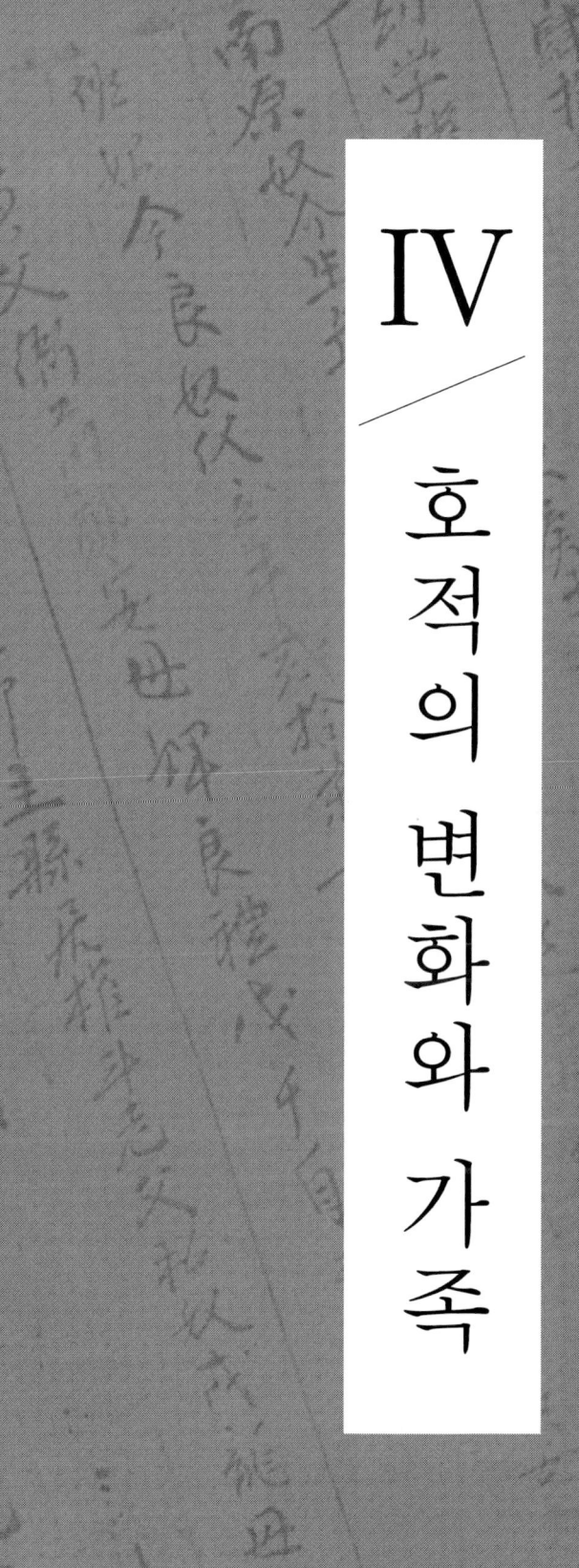

IV

호적의 변화와 가족

1 / 조선시대의 호구(戶口)

호적에 나타나지 않는 인구

　17～19세기 단성현의 호적대장에는 당시의 주민 모두를 등재하였는가· 모든 주민을 빠짐없이 등재하였다면, 이것은 일정 시기에 정지된 모든 인구를 전국적으로 일제히 조사하는 근대국가의 인구센서스와 다를 바 없다. 대체로 인구센서스는 5년에 한 번씩 전국적으로 실시되며, 그것에 기초하여 매해 인구변동사항이 조사된다. 한국에서 근대적인 인구센서스는 1925년에 '국세조사(國勢調査)'라는 이름으로 식민지정부에 의해 시행되기 시작하였다. 그리고 1937년 이후 해마다 인구변동사항이 발표되었다. 그에 비해 조선시대의 호구조사는 전국의 모든 주민을 대상으로 하지만, 그들 모두를 장부에 기록하지는 않았다.

　한편, 호적장부는 주민등록의 형태를 띠고 있다. 근대사회 이후의 주민등록은 거주를 함께하는 가족을 파악하여 세대 단위로 작성하고 이후 개별 인적사항에 변동이 있을 때마다 그 내용을 기록한다. 한 세대를 하나의 호로 편성하여 세대의 대표자가 바뀔 때에는 세대 자체를 소멸시키고 새로운 세대주를 중심으로 새로운 세대를 구성한다. 또한 세대의 개별 구성원이 출생하고 사망하고 혼인하고 양자결연을 맺거나 이주할 때마다 세대 내의 개인기록을 갱신한다. 그러나 조선시대의 호적장부는 개별 인구의 변동을 그때마다 수시로 기록하는 번거로움을 감당하지 못한다. 단지 3년마다 그 동안의 변동사항을 포함시켜 일제히 호구를 재편할 뿐이다.

　'인구(人口)'란 일정한 인간집단이나 지역 안에 사는 사람의 수를 말한다. 인간은 태어나서 죽을 때까지 생명을 유지하기 위해 식량을 조달하고 소비하며, 다시 인간을 출산하는 생물체이다. 생물체로서의 인간은 자연에 노동력을 가하는 '생산'활동과 자신의 삶과 육아를 위한 '소비'활동을 반복한다. 그것이 사회적인 총체로 이루어짐으로써 그 사회에 존재하는 인간의 수를 파악하는 것은 인민통치를 위한 필수사항이 된다. 말하자면, 출생과 사망, 혼인 등에 대한 인구학적 분석을 시도하여 인구변동의 사회문화적 요인을 분석하기에 앞서 인구기록 자체가 가지고 있는 정치·경제적 성격을 고려해야 한다.

인구학(人口學 ; population statistics, demographics)은 특정지역의 현재 인구현상으로부터 미래의 인구변동을 추계하고, 그로 인한 사회변동에 대응할 방법으로 제기되었다. 인간이 태어나서 어느 정도 교육을 받아야 하고 노동을 하며 소득이 있을 것이며 의료비를 투여해야 하고 생명을 유지할 수 있을 것인지, 그 사이에 언제쯤 혼인하여 몇 명의 인간을 재생산할 수 있을 것인지 등을 추량하여 보험료나 사회보장비용을 산출하는 회계사로부터 인구학적 원리가 도출되었다.

인구학의 고전인 『인구론』에서 맬서스(Thomas Robert Malthus, 1766~1834)는, 사람들 대다수가 물질적 생활조건을 개선하기 위해 출산율을 높임으로써 인구는 기하급수적으로 증가하는 반면, 식량은 산술급수적으로 증가해서 전 세계가 식량위기를 맞을 것이지만, 스스로 인구를 억제함으로써 그러한 사태를 극복할 수 있다고 보았다.[1] 일부 지역에서는 산업혁명 이전부터 출산율이 감소하기 시작하였고 도시화가 진행됨과 동시에 인구성장률이 정체하였으며, 산업혁명 이후의 생산력은 인구증가에 대처할 수 있을 정도로 높아졌다. 특히 인구변동을 초래하는 인구억제는 사회문화적 요인에 크게 영향을 받았다.

이러한 사실은 과거의 인구에 미래지향적인 인구학 원리를 적용함으로써 제시될 수 있었다. 이것을 '역사인구학(歷史人口學 ; historical demography)'이라 한다.[2] 역사인구학은 제2차 세계대전 이후, 패전의 원인을 인구현상으로부터 분석하기 위해 시작되었다. 그러나 과거의 인구기록은 인구학을 목적으로 작성된 것이 아니다. 인구센서스가 전국적으로 시행되기 이전 단계의 인구기록은 교회의 행사기록으로 남아 있었다. 출생하여 세례를 받고 결혼식과 장례식을 치르고 『성경』을 학습한 신도들을 기재한 교회기록에서 출산력·혼인력·사망력 등의 인구학적 지수를 찾아냄으로써 과거의 인구현상과 변동을 추적한 것이다. 여기에는 '가족복원법(家族復元法)'이라 하여 개별 인간의 개별 사건을 가족 단위의 정보로 재구성하는 방법이 시도되었다. 또한 자료상의 기록누락에 대해서는 '모델생명표'에 의거한 사망률 보정, 임신력에 의거한 출산간격검토 등의 방법이 이용되고 있다.

그런데 동아시아 사회의 과거 인구기록은 호적과 같은 주민등록자료로 남아 있다. 개개인의 일생기록을 모아서 가족 단위로 복원할 필요도 없이 당시의 가족을 호구로 편제한 결과물이 그대로 전해오고 있는 것이다. 그렇다면 호적자료는 서구사회에서 역사인구학을 시도하기 위해 들여오던 여러 가지 사전작업의 수고를 덜어준 셈인가· 반드시 그렇다고는 할 수 없다.

이는 단순히 호적이 모든 주민을 빠짐없이 등재하지 못하였기 때문만은 아니다. 기록에 누락이 있다 하더라도 무의식적으로 작성되고 무작위로 선택된 샘플은 인구학적 보정을 통해 인구현상사실에 접근할 수 있는 길이 있기 때문이다. 그러나 호적에는 호적작성의 정치·경제적 목적에 따른 일관된 작성원리가 적용되었다. 처음부터 작위적으로 작성된 샘플은 의도된 지수만을 보여줄 뿐, 누락된 인구에 접근할 수 있는 길을 차단한다. 호적의 인구기록이 갖고 있는 이러한 자료적 결함은 인구의 연령분포와 호당 구수에서 분명하게 드러난다.

단성호적대장에 등재된 남녀인구의 연령분포를 시기별로 살펴보면 아래의 〈그림 16〉과 같다. 17세기 초와 19세기 중엽의 인구는 규모 면에서 확연한 차이가 있지만, 연령별 인구분포는 모두 남녀 성비가 균형을 이루면서 40대 전반 연령층을 정점으로 다이아몬드 형태의 분포를 보인다. 많은 인구가 출생하고 많은 인구가 일찍이 사망하는 '다산다사(多産多死)'의 전통사회에서는 연령층이 낮을수록 인구막대가 옆으로 퍼지는 피라미드 형태의 남녀 연령분포를 보이는 것이 정상이다. 이런 정상적인 연령분포를 상정하면, 호적에는 30대 이하 낮은 연령층일수록 누락인구가 많아진다고 할 수 있다.

〈그림 16〉 1606~1867년 단성현 호적대장 등재 남녀의 신분별 연령분포

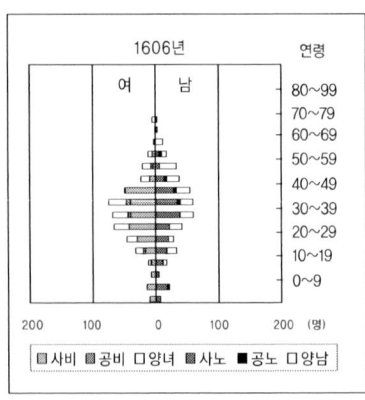
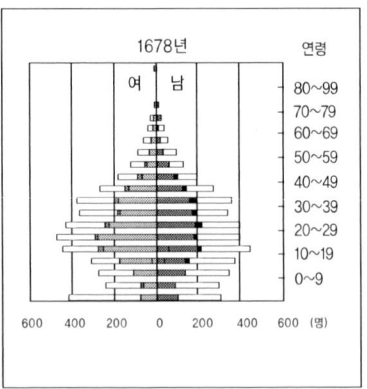

호적작성의 중요한 목적 중 하나가 군역징수라고 한다면, 15세 이하의 남아가 그다지 등재되지 않은 것은 어쩌면 당연한지도 모른다. 군역징수가 시작되는 16세를 기점으로 그 이상에서 많은 결락이 보이는 것도 군역자로 파악되기까지 군역부과를 피하려 한 의지가 반영된 것으로 볼 수도 있다. 그렇다면 양역파악이 시작되는 17세기 말에서 모든 군역 역종에 대한 정액이 확정되는 18세기 중엽에 이르기까지 40대 이하의 연령층이 증대한 것은 군역부과나 피역활동과 어떠한 연관성이 있는가· 무엇보다도 여성인구의 연령분포가 남성인구의 연령분포와 연동하여 등재되거나 여성인구가 남성인구보다 많이 등재된 이유는 무엇인가·

호적의 인구등재양상을 개별 양인 남성에 대한 군역부과만으로 설명할 수는 없다. 첫째로 호적은 호를 단위로 주호부부 및 그 자식들과 그들에게 종속된 인구를 기재하게 되어 있는 호구양식에 기초한다. 둘

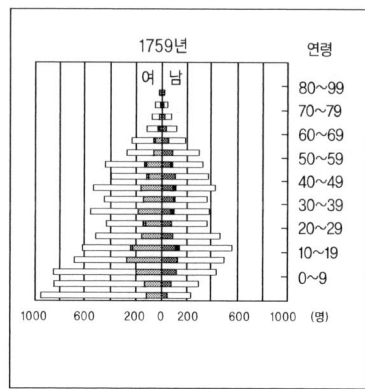
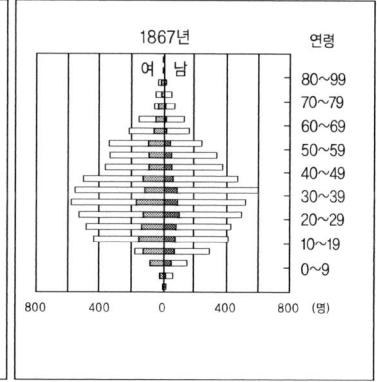

째로 호총(戶總)과 구총(口總)이라 하여 지역사회에 할당된 총 호구수가 존재하며, 그에 준하여 선택된 호구가 호적에 등재된다.[3] 17세기 말에는 양역자 확보를 위해 군역부과를 예상하여 15세 이하의 군역예비자까지 파악하려는 호적정책을 펼치고 있었으므로 15세 이하 연령층이 호적에 대거 등장하게 되었다. 호의 구성요소로서 여성인구도 상응하여 증가하였다. 18세기 중엽에 군액이 확정된 이후로는 지역의 '군총(軍摠 ; 군역 총수)'이 배당되는 선에서 호구 총수가 확보되었으며, 특히 구총은 호내의 나이 어린 여성인구로 채워졌다.

18세기 말에 작성된 『호구 총수(戶口摠數)』는 1789년 당시 전국 군현의 면별 호구수와 함께 군현 전체의 호구수를 기록하고 있다. 같은 해에 작성된 경상도 단성현의 호적대장이 현존하는 바, 호적대장 말미에 수록된 '도이상'조의 단성현 총 호구수는 3,012호, 1만 3,839명이며, 그 가운데 남자가 5,772명, 여자가 8,067명이다. 이 수치는 『호구총수』의 경상도 단성현 호구 총수 및 남녀구수와 일치한다.[4] 『호구총수』에 기재된 전국 각지의 호구수는 바로 호적대장의 '도이상' 통계수치에 의거한 것이다.

『호구 총수』의 1789년 군현별 호구 총수 가운데 언양현(彦陽縣)을 보면, 호당 구수가 7.69명이라는 매우 높은 수치를 보인다. 마침 이 시기의 『언양현 호적대장(彦陽縣戶籍大帳)』세 면이 남아 있어 당시 단성현 등지의 호적대장과는 다른 특징을 볼 수 있다. 이 시기 언양현 호적은 '협인(挾人)'을 다수 등재하고 있다는 점이 그것이다.[5] 언양의 경우에는 한 호에 주호가족과 노비나 고공을 등재할 뿐만 아니라, 친인척이 아닌 자들의 가족을 협인으로 등재하여 호당 구수를 늘렸다. 당시

〈그림 17〉 1789년 단성현과 언양현 호적대장상의 남녀 연령분포 비교

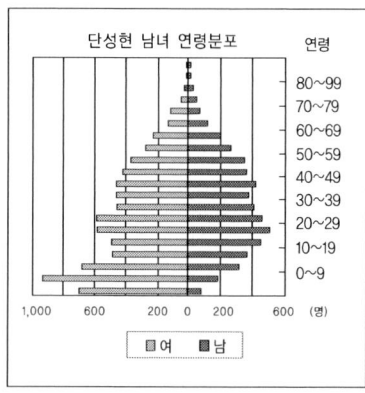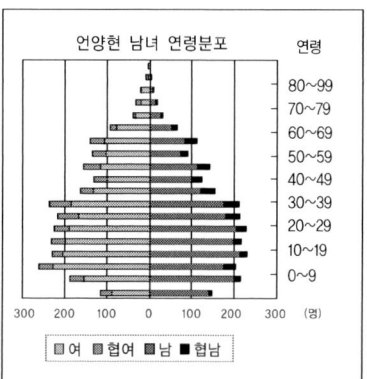

언양현에는 호수에 비해 구수가 많은 상태로 호구수가 책정되어 평소에는 등재하지 않았던 협인까지 호의 구성원으로 등재하였던 것이다.

여기서 위의 〈그림 17〉을 통해 1789년 당시의 단성현 호적대장과 언양현 호적대장에 등재된 남녀인구의 연령분포를 비교해 보자. 단성의 경우에는 40대 이하 연령층에 누락이 많고 미성년의 여성인구가 상대적으로 많이 등재되어 있다. 앞에서 본 18세기 중엽의 단성현 호적대장과 연장선상에 있음을 알 수 있다. 한편 언양현 호적대장에도 아동층과 청년층에 누락이 많아 단성현과 공통점을 보인다. 그러나 단성현에 비해 30대 이하 연령층이 많이 등재되었다. 그리고 연령대별로 남녀비율이 고르게 분포되어 있어 단성현처럼 여자아이들이 더 많이 기재되는 현상은 보이지 않는다. 호당 구수를 채우기 위해 남녀를 불문하고 대부분의 호내 구성원을 동원하지 않을 수 없었을 것이다. 여기에 더해서 협인이 등재되었던 것이다.

〈표 12〉 1789년 언양현 호적대장 세 면의 원호·협인 남녀수 및 성비

면명	남(명)			여(명)			남성비(남/여×100)		
	주호	협인	계	주호	협인	계	주호	협인	계
상북	1,055	172	1,227	1,018	249	1,267	104	69	97
중북	255	52	307	330	71	401	77	73	77
하북	830	89	919	784	111	895	106	80	103
계	2,140	313	2,453	2,132	431	2,563	100	73	96

1789년 언양현 호적대장에서 상북면과 중북면, 하북면 세 면의 총계를 살펴보면, 협인을 제외한 주호가족의 구성원은 남녀 수치가 비슷하여 성비가 100을 나타낸다. 그러나 면별로 따져보면 중북면의 주호가족은 남성비가 77에 지나지 않으며 다른 면은 100을 넘는다. 전체 통계상의 남녀비율이 비슷할 뿐, 면마다 누락상황이 다른 것이다.

언양현 호적에서 흥미로운 점은 역시 협인의 남녀 성비이다. 언양현이 호내 구성원을 늘리고 그에 더해 협인을 등재하게 된 사정은 앞에서 언급하였다. 언양현 호적의 경우 주호가족들의 남녀 성비가 비슷한 데 비해, 협인들은 남성비가 73으로 여성이 상대적으로 많이 등재되었다. 단성현이나 언양현 모두 호당 구수를 채우기 위해 여성인구를 더 많이 동원한 것이다. 이제 호적에 등재된 인구가 예상되는 수치에 맞추어 선발된 자들임이 분명해졌다. 단, 구체적인 선발방법은 지역마다 시기마다 달랐다.

언양현 호적대장은 지역마다 할당된 호구 총수를 호적에 확보하는 방법이 다양하였다는 사실을 보여준다. 그러나 더욱 중요한 것은 호의 구성원을 누락시키거나 더하는 방법이 아니라, 한 호내에 등재된 협인

이 가족을 이루고 있다는 점이다. 본래 협인으로 구성되는 가족은 호적에 등재하지 않고 호적과는 별도로 『협호성책(挾戶成冊)』에 기재하게 되어 있다.[6] 아직 이러한 책자가 발견된 바 없어 실제로 작성되었는지의 여부는 알 수 없다. 그러나 언양현 호적대장에 등재된 협인은 호적에 등재되지 않는 가족들이 실재하였다는 사실을 확인시켜 준다.

다시 17~19세기 단성현 호적대장의 남녀인구 연령분포를 살펴보자(앞의 〈그림 16〉 참조). 각 시기의 연령분포는 정상적인 인구피라미드를 가정할 때, 연령층마다 불규칙적으로 인구가 누락되어 있음을 볼 수 있다. 그렇다면 고연령층을 정점으로 가장 많은 수치를 보이는 연령층을 지나면서 유년층으로 갈수록 점점 넓어지게 선을 그어 남녀 대칭이 되도록 정상적인 인구피라미드를 작성할 때, 호적에 누락된 인구를 모두 파악해 낼 수 있을 것인가· 결론부터 말하자면, 상당히 회의적이다.

〈그림 18〉 호적에 등재된 남녀인구의 연령분포로부터 추정한 누락인구

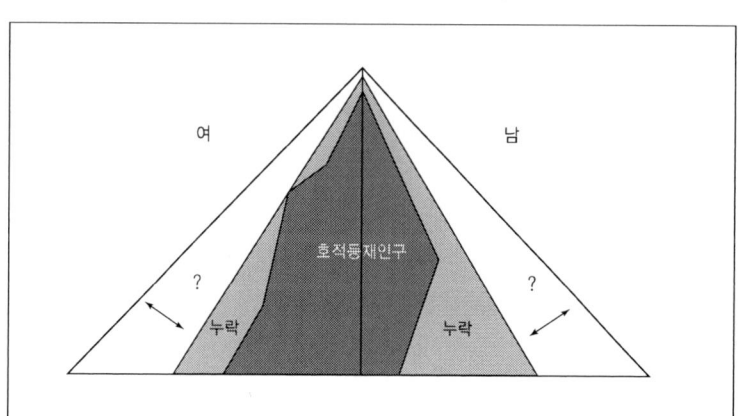

당시에는 호의 구성원으로서 호적에 등재되지 못한 인구가 존재하였을 뿐만 아니라 호를 구성할 수 있는 가족 전체가 호적에 등재되지 못하는 경우도 있었음을 염두에 두어야 한다. 더구나 호적에 누락된 가족이 어느 정도인지는 확인하기도 어렵다. 호적에 등재되지 않는 가족은 노비가족이나 언양현 호적에서 본 것과 같은 협인가족에 한정되지 않는다. 지역과 시기에 따라 호적에 등재될 가족의 구성은 다양하다. 호적에 등재된 가족은 당시에 할당된 호구 총수를 채우기 위해 지역의 전체 주민 가운데 동원된 가족일 뿐이다.

그러나 호적에 나타나지 않는 인구를 확인할 방법이 전혀 없는 것은 아니다. 호적에 등재된 호구에서도 여러 가지 인구학적 요소를 발견할 수 있다. 인구누락과 관계없이 인구현상을 추정할 수 있는 지수를 제시하는 한편, 족보나 기타 인구기록을 대조하여 보완하는 방안이 검토되고 있다. 나아가 서구에서 출발한 역사인구학의 방법론은 그 지역의 자료적 성격으로부터 도출되었다는 점을 감안하여 조선시대의 인구자료에 적합한 연구방법론을 모색하여야 한다는 인식도 제기되고 있다.[7] 여기서는 호적이 갖는 인구자료로서의 성격을 인지하는 데 머무르지만, 앞으로도 이러한 문제는 지난한 연구과제로 남아 있다.

호구 총수의 변동과 호구수 조정

호구조사과정에서 누락된 호구가 많았다는 사실에서 조선왕조의 호구조사가 철저하지 못하였기 때문이라거나 조사능력이 낮은 수준에 있었기 때문이라는 결론을 도출하기 쉽다. 조선시대 모든 법전은 호구조사시 누락행위에 대해 엄격한 처벌규정을 두고 있다. "몇 호 몇 구가 누락되었을 때 책임자 및 당사자 누구는 각각 어떠한 처벌을 받는다"
는 식으로 벌칙조항이 상세하고 엄중하다. 그럼에도 불구하고 호구누
락이 그렇게 많았고 당시의 지식인들도 '풍속과 법도가 해이해졌다'고
한탄하고 있으니, 조선 후기에 국가제도가 제대로 작동하지 않는 단계
에 들어섰다고 판단하는 것도 무리는 아니다.

그러나 호구수의 추이를 시기별로 살펴보면, 조선 후기의 호구 총수
는 단순한 조사누락의 결과가 아님을 알 수 있다. 시기마다 호구정책
은 변화하였으나 호구조사에는 어떠한 일관된 원칙이 적용되었다.[8)]
호구조사원칙은 호적이 국역운영을 위한 기본대장이라는 점과 불가분
의 관계를 가진다.

조선건국 직후인 태조(太祖) 4년(1395)의 전국규모 호구수는 15만
3,403호, 32만 2,746명으로 기록되어 있다. 호당 구수가 2.1명에 불과
하니, 부부 외에 호의 구성원으로 파악되는 인원이 거의 없었던 셈이
다. 그로부터 40년 뒤『세종실록』지리지에 기록된 1432년의 전국 호
구수는 22만 호, 80만 명 정도로 호당 구수가 3.5명을 넘어서게 된다.
이후 100년 동안 호구파악수준이 비약적으로 향상되어 중종(中宗) 38
년인 1543년에는 83만 6,669호, 416만 2,021명을 기록하여 호당 구수
가 5명에 육박하였다. 일제 초의 인구조사로부터 세계의 인구증가율
을 적용하면 당시의 인구가 1,000만 명을 넘어선다고 추정되고 있으나
실제의 인구수는 알 수 없다.

1789년 당시 전국 각 군현의 호구수를 기록한『호구 총수』에는 인조
(仁祖) 17년인 1639년부터 정조(正祖) 13년인 1789년까지 3년마다 서
울 5부(部)와 전국 8도의 호구 총수가 기재되어 있다. 여기에 이어

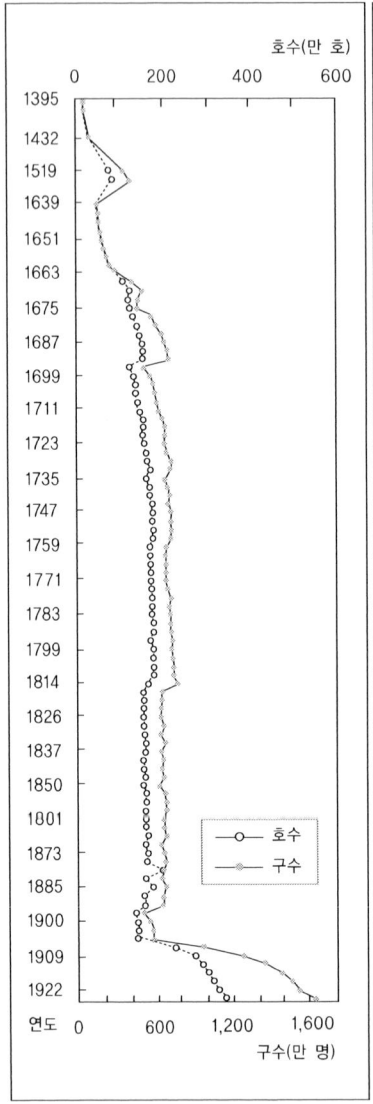

〈그림 19〉 조선 초기~식민지 초기 전국 호구수 추이

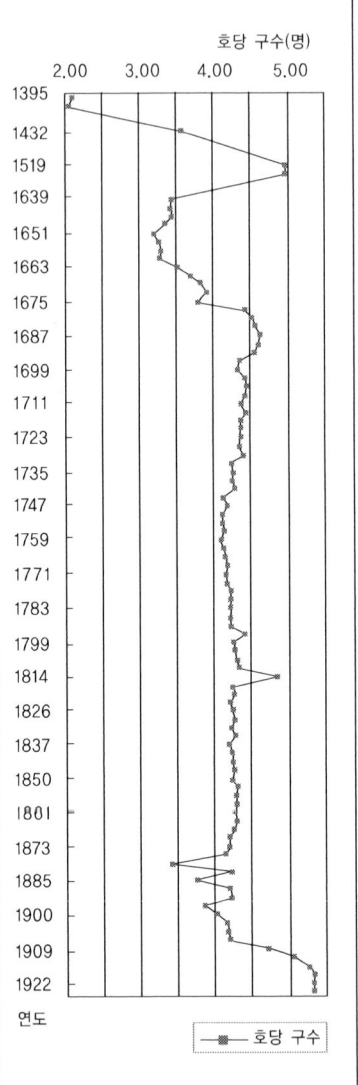

〈그림 20〉 조선 초기~식민지 초기 전국 평균 호당 구수

1792년 이후『조선왕조실록』등의 자료에서 3년마다 행해진 호구조사의 전국규모 호구 총수, 그리고 1897년 대한제국성립 이후의 호구 총수와 1907년 이후의 통감부 조사, 식민지 초기 민적(民籍)조사의 결과를 연결하면, 그 추이를 한 눈에 살펴볼 수 있다. 이로부터 추론한 조선 후기 전국규모 호구 총수의 변화는 첫째, 양란 이후 17세기 말까지, 둘째, 이후 19세기 말까지, 셋째 1897년 대한제국성립부터 1906년까지, 넷째 통감부에 의해 호구조사가 실시되는 1907년 이후의 네 시기로 구분되며, 시기마다 특징이 다르다.

1639년 전국의 호구수는 44만 1,827호, 152만 1,165명으로 호당 구수가 3.5명 정도였다. 역시 왜란과 호란을 겪으면서 장부상의 호구파악이 저조해진 상황을 반영한다. 그러나 1660년대를 넘어서면서 호구수는 1543년의 수준을 회복하였으며, 30여 년 뒤인 1693년에는 154만 7,237호, 704만 5,115명의 호구수를 기록한다. 이때 호당 구수는 4.5명을 넘는다. 왜란과 호란을 겪은 이후 예전의 호구파악수준을 회복하는 데에는 그리 오랜 시간이 걸리지 않았다. 오히려 이러한 사태를 극복하는 과정이 호구파악을 강화하는 계기가 된 듯하다.

17세기 중엽을 전후로 호패법(號牌法)이나 양천신분제에 대한 논의가 활발히 진행되었으며, 17세기 후반에는 면리제(面里制)와 '오가작통법(五家作統法)' 등으로 지방행정체제의 말단을 정비하여 인민을 파악하려는 노력을 아끼지 않았다. 단지 1696년의 호구수 하락과 이후의 점진적인 회복은 중앙기관소속 군역자로부터 시작된 군액(軍額)정액화사업에 영향을 받은 듯하다. 호구파악을 강화하여 군역자수를 늘리려는 정책에서 군역자수를 고정시켜 군역을 안정적으로 징수하려는

정책으로 전환하였기 때문이다.[9]

　18세기 전반기를 거치며 호구수는 증가하는 추세를 보인다. 그러나 이는 17세기 후반과 같이 급격한 것이 아니라 느린 속도로 진행되었다. 군액정액사업이 완료되는 18세기 중엽 이후로는 증가세가 완화되었다. 그나마 1817년 이후에는 호구수가 감소하여 대한제국이 성립하기 직전까지 거의 일정한 수치를 유지하였다. 여기서 주목할 만한 점은 대한제국이 성립하기 전까지 18~19세기 전국의 호구 총수가 장기적으로 정체된 상황과 함께 호당 구수도 4.2~4.3명 전후로 거의 일정하다는 점이다. 19세기에 호구수가 하락 균일화하기 직전과, 대한제국기에 들어서기 이전 10년간의 호당 구수에 일시적인 격변이 있을 뿐이다.

　물론 위에서 제시한 4.2~4.3명이라는 호당 인구수는 전국규모의 평균치에 지나지 않는다. 오른쪽의 〈표 13〉을 통해 볼 수 있는 것처럼, 『호구 총수』의 1789년 호당 구수는 4.22명이지만 도별 호당 구수는 전라도 3.83명에서 함경도 5.62명까지 다양하다. 경상도를 보면 도 전체 평균 호당 구수는 4.36명이지만 예안 2.85명에서 언양 7.69명까지 군현별로는 폭이 더욱 넓다. 평균적인 세대나 호의 규모가 지역마다 심한 격차를 보이는 것이다. 인접지역 간 격차가 심한 경우도 많다. 이러한 현상을 보일 때에는 호를 현실적인 세대나 가족으로 단정하기 어려운 측면이 있음을 느끼게 된다. 전국규모의 호구파악에 정책적인 조율이 있었을 뿐만 아니라 지역사회 내부에서도 지역마다 경향을 달리하면서 호구수가 조정되었을 가능성이 있다. 각 지역 호당 구수의 시계열적인 변화양상이 이 점을 분명히 보여준다.

〈표 13〉『호구 총수(戶口摠數)』 1789년 도별 호구수

(단위 : 호/명)

도명	군현수	원호(元戶)수	구수	남	여	호당 구수	성비
한성부	5부	43,929	189,153	96,169	92,984	4.31	103
경기도	38관	159,160	642,069	324,888	317,181	4.03	102
원춘도	26관	81,876	332,256	167,384	164,872	4.06	102
충청도	54관	221,625	868,219	427,831	440,388	3.92	97
전라도	56관	319,160	1,220,804	575,485	645,319	3.83	89
경상도	71관	365,220	1,590,973	725,062	865,911	4.36	84
황해도	23관	137,041	567,813	304,947	262,866	4.14	116
평안도	42관	300,944	1,296,044	639,229	656,815	4.31	97
함경도	24관	123,882	696,275	346,381	349,894	5.62	99
1789년 전국 총계		1,752,837	7,403,606	3,607,376	3,796,230	4.22	95

현존하는 호적대장에서 지역별 호구수의 시기별 변화를 살펴볼 수 있다. 뒤의 〈표 14〉에서 보듯 『호구 총수』 1789년 단성현의 호당 구수는 4.59명으로 경상도 전체 평균 수치보다 조금 높은 편인데, 면별로 보면 법물야면 4.22명에서 원당면 4.88명까지로 그리 큰 격차를 보이지 않는다. 그러나 〈그림 21〉에서 시기별로 각 면의 호당 구수 변화를 살피다 보면, 우선 단성현 전체의 호당 구수가 설정되고 그에 따라 각 면의 호당 구수가 상향 혹은 하향 조정되었음을 알 수 있다.[10]

1606년의 단성현 산하 행정구역별 호당 구수는 3~5명까지 지역마다 다양하다. 그러나 1678년 단성현 각 면의 호당 구수는 한두 면을 제외하면 전체 평균인 3.9명 전후로 수렴되어 있다. 1717년에는 단성현 평균 호당 구수가 증가함과 동시에 면별 호당 구수의 폭이 넓어졌지

〈표 14〉『호구 총수(戶口摠數)』 1789년 단성현 각 면의 호구수

(단위 : 호/명)

면명	원호	구수	남	여	호당 구수	성비
원당	328	1,599	685	914	4.88	75
현내	402	1,780	879	901	4.43	98
북동	339	1,610	671	939	4.75	71
오동	234	1,060	409	651	4.53	63
도산	497	2,418	968	1,450	4.87	67
생비량	371	1,608	632	976	4.33	65
신등	354	1,711	714	997	4.83	72
법물야	487	2,053	814	1,239	4.22	66
계	3,012	13,839	5,772	8,067	4.59	72

〈그림 21〉 단성현 각 면의 호당 구수 추이

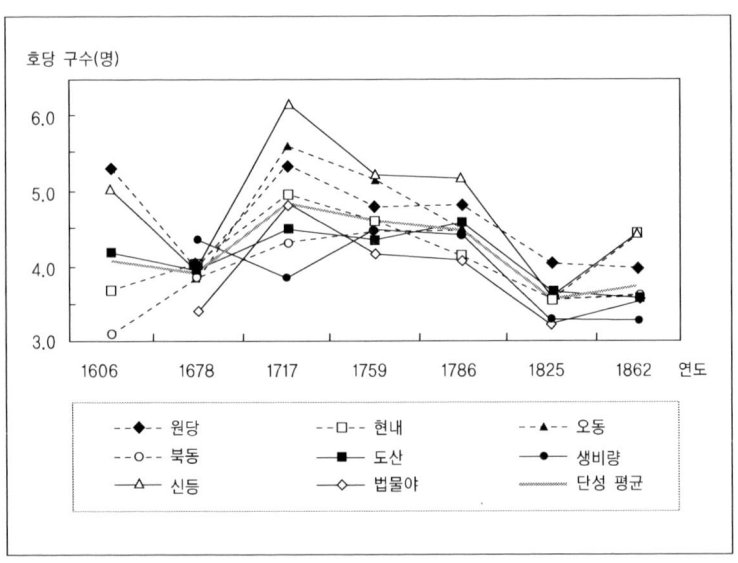

만, 1759년에 단성현 평균 호당 구수가 약간 하락하면서 각 면의 호당 구수 폭이 다시 좁아졌다. 이후로 각 면의 호당 구수는 한두 면을 제외하고는 평균 호당 구수의 변화를 따라간다. 호당 구수의 면별 순위가 바뀌기도 하지만, 대체로 일정 수준을 유지하는 편이다. 면마다 호수와 구수를 파악하는 관례를 가지고 호구조사를 행하면서도 단성현 전체의 호구책정에 준하여 면의 호구수를 조정한 결과라 할 수 있다.

그렇다면 단성현내 면별 호구수 조정은 무엇 때문인가· 전국규모 호구수는 18~19세기 내내 거의 변동이 없다. 이것은 현실적인 인구변동과는 관계없음을 말하지만, 단순히 조사상의 부정이나 나태함을 의미하는 것은 아니다. 호적에 호구수를 증대시키지 않고 거의 일정 수준을 유지하면서도 3년마다 계속해서 호적을 작성할 이유가 있었다.

19세기 초 단성현에 호를 대상으로 지방재정이 분담된 사례가 『구루문안(句漏文案)』에 남아 있다. 이 책자에는 1850~1854년에 단성 현감을 역임한 이휘부(李彙溥)가 단성현의 재정운영에 대해 감영 등지에 보고한 내용이 있는데, 1851년에 단성현 모든 면리에서 '요호전(饒戶錢)' 혹은 '요전(饒錢)'을 일률적으로 징수한 사실을 볼 수 있다.[11]

단성현은 환곡 등의 지방재정 운영과정에서 발생한 적자를 메우기 위해 단성현 각 면의 호수를 기준으로 호당 일률적인 액수로 요호전을 부과하였다. 그 면의 호수가 바로 그 지역에서 납부해야 할 요호전의 총액인 셈이다. 그런데 요호전을 부과할 각 면의 호수는 수시로 조정되었다. 이는 요호전을 부담하는 호 자체의 증감이라기보다는 다른 지역과 비교해서 실제로 그 지역 주민이 질 부담을 되도록 고르게 배분하기 위한 조정이라고 할 수 있다. 각 면의 호수는 실재하는 모든 호를

〈표 15〉『구루문안』 1851년 단성현 각 면의 요호전 징수내역

면명	1851년 2월 28일			1851년 3월 19일			1851년 7월 6일			호적	
	호수	요호전	평균	호수	요호전	평균	호수	요호전	평균	호수	식년
원당							354	166.40	0.47	332	1864
현내							563	264.69	0.47	217	1864
북동							399	187.68	0.47	354	1846
오동							232	109.12	0.47	206	1849
도산	472	193.52	0.41				482	226.45	0.47	461	1849
생비량	394	161.54	0.41				384	180.37	0.47	390	1849
신등	309	126.69	0.41	309	145.23	0.47	317	149.05	0.47	314	1846
법물야	515	211.15	0.41	525	246.75	0.47	526	247.36	0.47	494	1846
계		1304.62			1500.24		3,258	1531.22		2,768	

나타낸 것이 아니라 지역의 부담을 정하는 기준에 지나지 않았다.

주목되는 것은 요호전을 부담할 각 면의 호수가, 현내면을 제외하면, 당시 호적장부에 집계된 호수와 크게 다르지 않다는 사실이다. 19세기 호적의 호구수는 18세기 이래 호구수를 유지함으로써 현실과 상당히 괴리되어 있었다. 그러나 이 호수는 각 면의 재정부담을 고르게 배분하기 위한 수치로서 의미를 잃지 않고 있다. 각 면은 전해오던 호수를 기준으로 단 몇 호의 증감에도 민감해질 수밖에 없다. 호적작성 때마다 해당 면의 호구수를 책정하는 데 감돌았을 긴장감이 느껴진다.

호적을 작성할 때마다 새로운 호가 등재되기도 하고 기존의 호가 빠지는 '낙호(落戶)'가 발생하기도 한다. 이 낙호들은 지역의 호적 작성 담당자에게 호적출입에 관한 서류작성비용을 지불하였다.[12] 지역사회에서는 지역에 전래되는 호구수에 맞추어 자체적으로 호구를 편제하여 호구등재에 상응하는 부세부담을 안기고 있었다. 이 과정에서 낙

호에게도 호적에서 빠져나오는 대가를 지불토록 한 것이다. 그 지역에서 사회권력을 쥐고 있다고 해서 함부로 호적에서 빠질 수 있는 것도 아니었으며, 호적에서 빠진 낙호가 다른 지역으로 도망할 필요도 없었다. 지역적으로 부과된 재정부담은 지역내 주민에게 배분되었으며, 호적상 호구출입도 그에 맞게 이루어졌다. 호적의 호구수 결함이 단순한 신고누락이나 조사누락이 아니라는 것은 이 부분 때문이다.

조선시대 호적의 호구변동이 현실과 괴리되어 있음은 일찍부터 알려져 왔다. 현실적인 인구수를 추정하는 방법도 여러 측면에서 모색되어 왔다. 흔히 1907년 이후 통감부나 총독부가 조사한 호구수가 현실에 가깝다는 전제하에 조선시대 호구 총수나 호당 구수를 조정하여 당시의 인구수를 추정하기도 한다.[13] 조선시대 호적의 호구변동은 현실적인 인구변동과 전혀 관계가 없을지도 모른다. 그러나 세계 일반적인 인구증가율을 적용하여 인구규모를 추정하는 것도 무슨 의미를 가질 수 있을지 의문이다.

우리는 조선이라는 시공간의 인구현상이 오히려 세계 일반적인 것과 같은지 다른지를 알고 싶다. 그러한 인구현상의 사회문화적 요인이 역사적 사실을 얼마나 풍부하게 드러낼 수 있을지에 관심이 있다. 그러나 여기서는 호적자료 자체의 내용을 좀더 즐길 필요가 있다. 대한제국기에 호구수 하락을 초래한 정책적 의미와 사회현실은 무엇인지, 통감부나 총독부가 조선의 호구조사에 대해 어떠한 생각을 하였으며, 그리하여 현실적인 인구와 가족이 파악되었는지, 인구와 가족정책에 대한 조선인민들의 대응방법은 어떠하였는지 등등, 근대 이후에 이르는 인구와 가족문제의 역사적 연원을 좀더 더듬어 보자.

2 / 광무호적(光武戶籍), 호적기재양식의 변화

호적표(戶籍表), '호주'와 '직업'

1894년 갑오(甲午)년은 동학농민운동이 절정에 달하면서 오랫동안 추구되어 왔던 조선왕조의 개혁정책이 본격적으로 시도된 해였다. '갑오개혁기'라 불리는 이 이후 2,3년 동안 조선의 통치·재정이념을 정비하는 과정에서 호구정책에 대한 개혁도 주창되었다. 대한제국성립 직전인 1896년 9월에 '호구조사규칙(戶口調査規則)'과 '호구조사세칙(戶口調査細則)'이 공표되어 종래와는 다른 호구조사가 실시된 것이다.

새로운 호구조사가 시작된 것은 1896년 건양 원년(建陽元年)이지만, 대한제국이 성립한 1897년 이후 1907년에 이르는 광무년간(光武年間) 내내 계속되었다.[14] 따라서 호구조사규칙에 의거하여 작성된 호적표를 통칭 '광무호적(光武戶籍)'이라 하며, 조선왕조 구래의 호적과 대비하여 '신식 호적(新式戶籍)'이라고도 부른다.

단성에도 당시의 호적표 몇 장이 남아 있다.[15] 1904년 2월자로 작성된 30장과 1905년 2월자로 작성된 28장의 호적표가 하나로 묶인 채 배양의 합천 이씨가에 소장되어 왔다. 대한제국기에 단성현은 단성군으로 편제되면서 구래의 동서남북 사방면이 부활되고 기존의 면(面)은 리(里)로, 기존의 리(里)는 동(洞)으로 재편되었다. 이 호적표는 '단성현 원당면 배양리(丹城縣元堂面培養里)'에서 재편된 '단성군 남면 원당리 배양동(丹城郡南面元堂里培養洞)'을 행정구역으로 하고 있다.

광무호적은 개별 호마다 호적표(戶籍表)를 작성한 뒤, 이를 면 단위의 책자로 묶어 중앙에 보고하도록 되어 있다. 일본에 소장되어 있는 광무호적은 '내부(內部)'라 적어 보고받는 중앙부서를 표기하거나 '경상건(京上件)'이라 하여 중앙에 보고된 책자임을 표시한 것들이 대부분이다. 그런데 배양동의 광무호적은 동리 내의 호에 한해서 단순히 호적표 낱장을 철해 놓았을 뿐이다. 더구나 배양 현지의 한 가문에서 이런 관문서를 보관하게 된 경위도 분명치 않다. 아마도 광무호적이 동리 단위 주민들의 자치적인 조사에 기초하여 작성되었기 때문인 것으로 추측된다.

호구조사규칙이나 세칙에서 표명하는 호구조사방법은, 호적표의 양식을 관에서 일률적으로 민에게 나누어주면 호마다 가족상황을 기록하여 관에 납부하도록 하는 것이었다. 호를 단위로 호구표를 작성한 뒤 중간에 지역 단위의 자치적인 호구조사를 거치지 않고 민이 직접 관에 신고토록 한 것은 소위 '실호실구(實戶實口)'를 파악한다는 호구 파악의 대원칙을 재천명하는 동시에 현실화하려는 방안이었다. 이전부터 지역을 단위로 내려오던 호구수에 맞추어 등재 여부를 조정하고 일정한 통호번지수에 따라 하나의 장부에다가 연이어 호를 기재하는 종래의 호적기록관례와는 다른 방법이 제시된 것이다. 그러나 지역사회에서 이루어진 광무시기의 호구조사는 기존의 자치적인 시행을 벗어나지 못하였다. 배양동에 대세를 이루던 합천 이씨가에 이 지역의 호적표가 한 묶음으로 보관되어 온 것이 그 증거이다.

배양동의 광무호적은 호구조사세칙에서 제시된 양식에 따라 한 호당 한 장의 호적표로 작성되었다. 따라서 배양에는 1904년과 1905년에 각각 30호, 28호의 광무호적이 남아 있는 셈이다. 호적표 말미에는 군수의 직인이 찍혀 있다. 이 호적표는 기존의 호구단자(戶口單子)나 준호구(准戶口)의 양식을 그대로 계승한 것이라 할 수 있다. 그러나 구호적과는 양식상 몇 가지 중요한 차이가 있다.

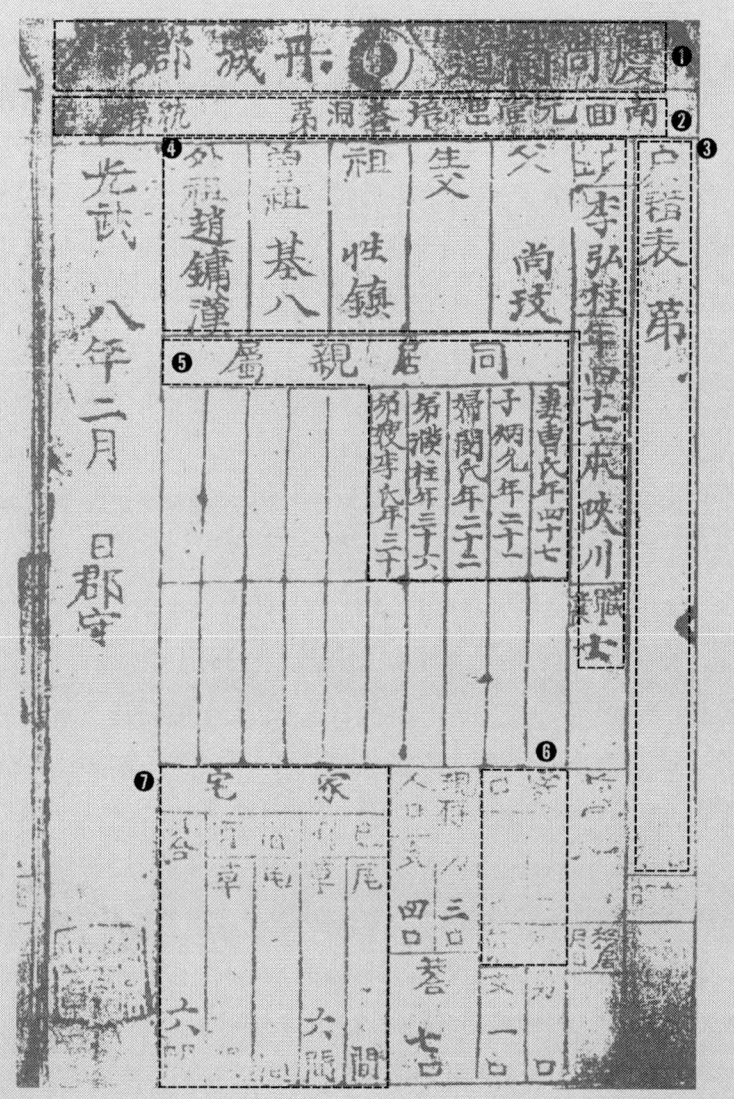

경상남도 단성군 남면 원당리 배양동 호적표(1905) 구호적의 호구단자와 같이 한 호당 한 장씩 작성되었다. 호적대장처럼 별도의 장부로 작성하지 않고, 낱장의 호적표를 그대로 묶어서 사용하였다. 이 점은 식민지시대에 작성된 민적도 마찬가지이다.

호적표에는 '경상남도(慶尚南道) 단성군(丹城郡)'이 최상단에 기재되고(❶), 그 밑에 '남면(南面) 원당리(元堂里) 배양동(培養洞) 제( )통(統) 제( )호(戶)'라는 식으로 번지수가 기재되었다(❷). 행정구역이 개편되었음을 알 수 있으나 통호를 기재하는 것은 기존의 호구단자와 다를 바 없다. 그런데 이와 함께 오른쪽 첫줄에 '호적표 제( )호'라고 별도로 호번을 기재하도록 되어 있다(❸). 이것은 호구조사를 실시할 때마다 통호번호가 재편되는 것이 아니라, 호마다 고유번호를 부여함으로써 가호를 빠짐없이 파악하려는 의지를 보인 것이다. 현존 배양동 호적표는 통호번호는 물론 호적표 번호도 기재되기 전 단계의 자료이다. 10호를 한 통으로 묶는 통호번호는 다른 자료에서 발견할 수 있지만, 호적표 번호는 확인할 수 없다.

호의 구성은 호의 대표자를 '호주(戶主)'라 명시(❹)하고 그의 가족을 '동거친속(同居親屬)'(❺)으로 구분하였다. 구호적에는 호주라는 표기가 없어서 호의 맨 처음에 등재되는 자를 호의 대표자인 '주호(主戶)'로 간주할 뿐이었다. 또한 구호적에는 주호부부 모두에게 '부(父)·조(祖)·증조(曾祖)·외조(外祖)'로 구성된 '사조(四祖)'가 기재되었는데, 호적표에는 호주 한 사람에게만 사조를 기재할 수 있게 되어 있다(❹). 이제 호의 대표자가 분명해짐으로써 호에 대한 책임과 권리가 호주 일인에게 집중되었다. 중앙정부는 호내 구성원 개개인보다는 호 자체를 파악하는 데 관심을 둔 것으로 보인다.[16]

'친속'의 범위가 법제적으로 확정되지는 않았지만, 부계의 직계존속 및 비속과 그에 더해진다 하더라도 방계 형제까지로 한정되는 것이 통상의 관념인 듯하다. 배우자의 부모나 기혼 형제의 배우자가 친속에 포함되는지의 여부는 애매하다. 구호적에서 등재되던 노비, 고공, 노처, 비부 등 주호에게 인신적으로 예속된 자들은 갑오개혁으로 인해 법제적으로 소멸하였다. 호적에 빠져 있던 협인의 개념도 더 이상 거론될 여지가 없었다.

그런데 현실적으로 그 호에 더부살이하는 자들의 존재를 부정할 수는 없었다. 원칙상 그들을 호구조사에서 놓칠 수는 더더욱 없었다. 그래서인지 호적표는 호내 구성원 가운데 '친속'이 아닌 자들을 '기구(寄口)'라 하여 남녀수만 기재하였다(❻). 호적표의 '기구'는 먼 친척을 포함하여 친속이 아닌 자들이라는 광범위한 개념이다. 수량적으로나마 이들을 기재한 것이라 여겨진다. 한편으로 생각하면 구호적에서는 이름과 나이와 부모가 기재되던 자들이 이제 수량으로만 파악되는 색다른 차별을 겪게 되었다고도 할 수 있다.

중앙정부는 호적표 작성을 통해 호주를 분명히 하고 한 호에 등재되는 구성원을 제한하려 하였다. 거기에는 호수를 늘리려는 호구정책상의 현실적인 의도가 깔려 있었다. 당시 재정과 관련된 개혁은 지방재정을 중앙으로 집중시키는 데 주안점을 두었다.[17] 정규의 조세와 더불어 지방에서 자율적으로 징수, 소비하던 모든 재원을 토지와 호에 부과하여 결호세(結戶稅)로 통일하고, 이를 국고수입으로 삼아 중앙재무기관이 일괄적으로 재분배하는 것이 그것이다. 호의 규모를 일정하게 제한하여 잘게 분쇄하고 그런 호를 가능한 한 늘리면서 호에 대한 책임을 호주 한사람에게 확정지울 필요가 있었던 것이다.

그러나 구호적과 뚜렷하게 다른 광무호적의 기재양식은 호구파악의 현실적인 필요성에서만 고안된 것이 아니다. 구호적에서 광무호적으로 호구파악방법이 전환된 데에는 이념적인 전환이 바탕에 깔려 있었다. 호적표의 두 가지 항목이 이 점을 드러낸다. 하나는 가옥에 대한 파악이며, 다른 하나는 호주의 신분규정이다.

호적표가 기존의 호적과 다른 이념 위에 서 있음을 나타내는 첫 번째 항목은 바로 '가택(家宅)'이라는 항목이다. 호적표의 '가택' 항목에는 호 구성원이 동거하는 가옥이 자기 소유[기유(己有)]의 집인지 빌린[차유(借有)] 집인지, 기와집[와가(瓦家)]인지 초가집[초가(草家)]인지, 크기가 몇 칸(間)이나 되는지를 기재하게 되어 있다(❼). 호적표에 가옥에 관한 사항을 기재하는 것은 호에 대한 호주의 권리가 가옥에 대한 권리를 포함하고 있다는 것을 의미한다. 이것은 동시에 호적표의 호 구성원이 '이러한 규모의 한 집에 거주하는 자들'임을 말한다.

'가택'란을 광무호적 기재양식에 첨가한 데에서 지역내 호구 총수를 맞추기 위한 기존의 호구편제와는 달리 생활공동체로서 실제로 동거하는 가족을 하나의 호로 파악하려 한 중앙정부의 의도를 읽을 수 있다. 구호적도 원칙상으로는 경제생활을 함께하는 동거세대를 한 호로 규정하지만 전체 호구수에 따라 호구수를 조정하는 것이 현실이었다. 그에 반해 호세징수와 관련하여 호수를 최대한 늘리려는 의도에 앞서 현실상의 가족과 인구를 있는 그대로 조사하려 한 것이 갑오개혁의 호구파악방안이었다.

일찍이 동학농민운동을 계기로 1894년 6월 25일에 군국기무처를 설치하고 중앙관제로서 전국의 재정을 총괄하는 탁지아문(度支衙門)을 두기에 앞서, 그 달 13일에 의정부(議政府)는 고종에게 호적법을 구례대로 다시 새울 것을 제의한 바 있다.

"호적을 식년(式年)마다 반드시 고쳐 작성하는 것은 백성의 수를 알고 나라의 근본을 소중히 하기 때문입니다. 근래에 호적법이 해이해져 이 해도 벌써 절반이 지나갔으나 아직 일제히 올라오지 않았다고 하니 나라의 규율로 보아 매우 해괴한 일입니다. 이제부터는 중앙과 지방의 호적을 『대전회통(大典會通)』에 실려 있는 대로 실제대로 작성해서 보고하도록, 옛 규례를 거듭 강조하여 각별히 엄하게 신칙(申飭)하는 것이 어떻겠습니까."[18]

중앙정부는 현실적인 호구파악이 구례의 호적법에 근거하여 이루어지지 못하고 있다고 인식하고, 조선왕조가 법제로써 거듭 확인해 온 호구파악의 원칙을 그대로 적용하는 것이 당시 호구정책의 최선이라고 여겼던 것이다. 이러한 인식은 이후 1896년에 반포된 '호구조사규칙'과 '세칙'에 그대로 반영되었다. '호구조사규칙'에서는 "원호(原戶)를 은닉하여 누적(漏籍)하거나 원적(原籍) 내의 인구를 고의로 빼는" 행위를 처벌하겠다고 하고, 나아가 '호구조사세칙'에서는 "호주의 부모·형제·자손이 각 호에 분거하여 적을 달리할 때에는 모두 하나의 호적에 기입하여 인구가 중첩기재되는 일이 없도록" 하라고 하였다.

실재하는 인구를 모두 호적의 호구로 기재해야 한다는 것은 조선왕조 내내 강조되어 온 호적작성의 원칙론이었다. 그러나 구호적의 관례에서 보듯이 구래의 호구파악방식과 그 원칙 사이에는 상당한 괴리가 있었다. 이에 대해 중앙정부는 갑오개혁을 전후로 모든 백성을 왕권에 의해 일괄적으로 파악하여야 한다는 이념에 입각하여 호구파악의 원칙론을 실현하고자 하였다. '왕토왕민(王土王民)'의 이념이 현실정책에서 구현되기를 희망한 것이다.

다음으로, 호구파악이념의 현실화와 함께 호적표 양식의 신분에 대한 개념이 전격적으로 바뀌었음을 볼 수 있다. 구호적에서 호내 구성원 개개인에게 기재되던 '직역(職役)'에 대신하여 호적표는 호주에게만 '직업(職業)'이라는 난을 설정한 것이다. 호주에 한해서 '사(士)' '농(農)' 등으로 기재되는 직업이 바로 호주 및 '동거친속'에 한정된 호구성원 전체의 신분이 되는 셈이다. 그런데 신분을 규정하는 대상이 개인에서 호로 전환되었다는 것보다 더 주목해야 할 점은 신분을 규정하는 용어와 그 개념이 '직역'에서 '직업'으로 바뀌었다는 점이다.

구호적에서 직역은 사회계층의 현실을 고려하면서도 국역을 징수하기 위해, 그리고 그 부담을 지역사회에 배분하는 형태로 기록되었다. 조선왕조의 신분은 양·천(良賤)구분에 기초하여 설정된 직역이 있을 뿐이다. 현실사회에서 사족(士族)이니 양반·상놈이니 하는 반상의 구분은 법제적으로 규정되지 않았으며, 상기의 법제적인 신분과 반드시 일치하는 것도 아니었다.[19] 따라서 직역은 '사회적 신분'에 대비되는 '국가적 신분'으로 이해될 수 있다. 이에 대해 '사·농·공·상(士農工商)'으로 구분되는 '직업'은 우선 종래의 양천신분제나 국역체제를 부정하는 의미를 지니고 있다. 이는 갑오개혁으로 노비제가 철폐되고 관리나 군인이 국역부담자가 아니라 공무원이 되는 상황과 궤를 같이한다.

그런데 여기서 '직업'은 서로 모순되는 두 가지 개념을 포함하는 동시에 그것과는 또 다른 개념으로 인식되었음을 지적해 둘 필요가 있다. 하나는 여기서 거론된 '직업'이 단순히 근대 산업사회에서 시민으로서 평등한 법적 권리를 가지고 분업화한 제각각의 직능(職能)만을 의미하는 것은 아니라는 점이다. '직업'의 내용이 중국의 고전(古典)에서 기원하는 '사농공상'의 사민(四民)에 근거를 두고 있기 때문이다. 그러나 한편으로 이 '사민'은 왕권 아래 평등한 백성, 즉 '왕민(王民)'을 가리키며, 이러한 의미로 근대 이후 평등한 시민의 분업개념과 연결된다.

어떤 면에서 '농공상'은 업(業)이 분명하다. 문제의 핵심은 '사(士)'가 어떠한 직업인지에 있다. 본래 고대 중국의 사민 가운데 '사(士)'는 고관인 경(卿)과 대부(大夫) 다음에 위치하기 때문에 고관은 '사'에 포함되지 않는다. 천자(天子)와 제후(諸侯)를 제외한 민들을 사민이라 부르며, 사민 사이에 법제적으로 규정되는 차별은 없는 듯하다.

조선은 명예직인 '대부' 앞에 '사'를 붙여서 실관직자와 함께 '사대부(士大夫)'로 부르고 심지어 이들을 사족(士族)으로 통칭하였다. 이는 고려시대에 '양반(兩班)'이 관직자를 의미하던 데 비해 관직의 서열을 희석시킬 뿐만 아니라, 전·현관직자가 아니더라도 조상 가운데 관직자가 있거나 대대로 학문을 수양해 온 가문의 자손들을 모두 '양반'으로 인식하게 되는 과정에서 형성된 개념이라 할 수 있다. 제후에 해당하는 조선의 왕을 제외한 모든 백성이 사민이라는 원칙 아래 '사'의 계층적 위상을 사회적으로 인정하였다.

갑오개혁 및 광무개혁은 현실적인 사회계층적 차별에 대하여 사민은 왕권 아래 평등하다는 '왕민'의 이념을 다시금 천명하고 나섰으며, 그것을 제도적으로 실현하려 하였다. 호적표의 '직업'은 '직역'처럼 법제적 구속력을 강하게 가지지는 않았으나, 공문서에 기재되는 이상 구호적의 '직역'과 같이 국가적 신분임에는 틀림이 없다. 단지 국역체계를 부정하고 괴리되어 오던 사회적 신분에 맞추어 '사농공상'으로 국가적 신분을 재구성한 것일 뿐이다. 중국에서는 이미 '사농공상'이라는 구분이 신분제적 의미를 상실하였으나, 한국에서는 사회적·국가적 신분 간의 괴리와 신분의 유동적인 경향에도 불구하고 신분제가 유지되어 왔던 것이다.

일본의 경우에는 예외적 존재가 있기는 하지만, '사농공상'이라는 신분이 사회적인 지위로서 적용되어 왔다.[20] 일본 중세사회에 무장(武將)들의 존재를 무시할 수 없는 상황에서, 문관(文官) 개념에 치중되었던 '사'를 문관과 무관 모두에게 적용하였으며, '사'가 점차로 '무사(武士 혹은 사무라이-侍-)'라는 의미로 수렴되어 갔다. '사'가 그 이외의 민들을 지배하는 형태로 양자 사이의 서열화가 진행되는 한편, 도시화와 함께 '직인(職人)'이 특화되어 나오면서 '사' 이외의 민 가운데 농·상의 직능별·거주별 분리가 이루어졌다. 일본은 '사농공상' 그 자체로 신분사회를 이루었던 것이다.

근대화를 표명하는 명치정부는 호적으로 국가적인 인민파악을 실시하면서 명치 초기까지 이러한 신분구분을 법제화한 바 있다. '전통적 방법의 근대적 적용'이라 할 수 있는 묘한 신분제가 탄생한 셈이다.[21] 광무호적에 기재된 '직업'은 여기에서 용례를 따왔을 가능성이 있다. 그러나 같은 시기에 전개된 양국의 호구조사는 형식은 물론, 신분의 역사적 전개과정에서도 현격한 차이를 지니고 있다. 대한제국의 호적은 '직업'이든 '사농공상'이든 간에 전통적 신분체제를 부정하면서 발생하였다는 점이 그것이다.

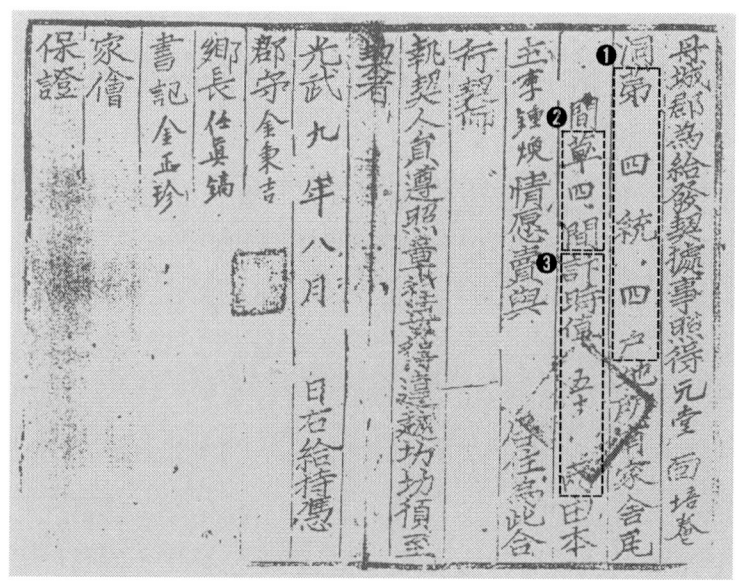

단성군 원당면 배양동의 가사표(1905) 가옥마다 초가인지 기와집인지 구별하여 그 규모를 칸수로 기재하고 집값을 명시하였다. 호구파악과는 전혀 다른 개념의 문서이지만, 가옥과 호적의 호를 동일한 선상에서 파악하려는 목적에 부응하여 작성되었다. 이 문서가 통호번호에 준하여 작성되었다는 점이 그것을 의미한다.

가사표와 가호안

가옥에 대한 호주의 권리는 호적표 외에 '가사표(家舍表)'라는 별도의 문서로도 작성되었다. 단성군에는 1905년 8월에 작성된 가사표가 남아 있다.[22] 이것 역시 배양동의 것으로, 광무호적과 마찬가지로 한 호당 한 장씩 작성되어 모두 40장이다.

이 가사표에는 가옥의 통호(統戶)번지수(❶)에 따라 가옥의 형태 및 칸수(❷), 가옥의 '시가(時價)'(❸)를 기재하였다. 가사표에서 호의 주체는 원칙적으로 호주가 아니라 가옥의 소유주이다. 그러나 단성군 배양동의 경우, 가사표의 가옥은 두 가지 의미에서 호적표의 호와 동일시할 수 있다.

첫째로 가사표는 먹고자는 공간으로서 가옥만을 기재하지만, 본래 '가사(家舍)'란 단순히 건물 하나를 의미하는 것이 아니라 호를 구성하는 자들이 공동으로 생활하는 공간을 의미한다. 따라서 가사표의 가옥 규모는 여러 건물의 칸수를 합해 통계낸 것일 수 있다. 반대로 한 호가 여러 가사에 거주하지 않는다는 것을 말한다. 둘째로 호의 호주가 가옥의 소유주가 아니더라도 그 가사에는 호의 대표자인 호주가 존재한다는 점이다.

단성군 배양동의 자료에서 가옥의 소유주와 호주가 다른 경우를 확인하기는 어렵다. 가사표에는 호구조사규칙에서 제시한 대로 한 통에 10호의 호번을 기재하는데, 제1통 제1호부터 제4통 제10호까지 40장이 빠짐없이 현존하지만, 현존 호적표에는 통호번지수를 적는 칸이 비어 있어 대조할 수 없기 때문이다. 소유주와 호주가 동일하다는 전제 하에서 가사표로부터 1905년 배양동에 존재한 40호의 가옥을 확인할 수는 있다. 그러나 이 가사표에 등재된 호가 당시 배양동의 모든 호를 망라한 결과는 아니다. 배양동의 호적표는 1904년에 작성된 30장, 1905년에 작성된 28장이 남아 있어 중복을 피하면 모두 37호가 되는데, 그 가운데 10여 호는 가사표에 기록되지 않았다.

여기에 1904년 10월에 시행된 『경상남도 단성군 가호안단(慶尙南道丹城郡家戶案單, 이후 '가호안'이라 약칭함)』이 보고용 책자형태로 규장각에 소장되어 있어 이들 자료와 비교해 볼 가치가 있다.[23]

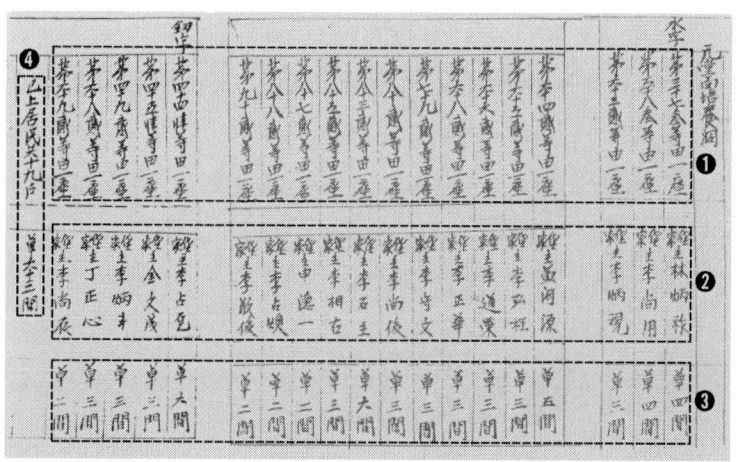

『경상남도 단성군 가호안단(家戶案單)』의 원당면 배양동(1904)   토지대장인 양안(量案)의 형식을 빌려 지번에 따라 가옥과 대지를 파악한 문서이다. 가옥과 대지의 소유권은 분리되어 있지만, 관둔전을 제외하면 현실적으로 일치한다. 조선시대의 공전(公田) 개념에 기초한 토지소유권의 특징이 존속한다. 이것도 호구가 아닌 가옥을 파악하는 것이지만, 거주를 함께 하는 가족을 하나의 호로 파악하는 근거가 된다.

이 가호안은 단성군 전체 면리를 망라하여 면리별로 대지의 지번(❶)에 따라 대지의 소유주인 '대주(垈主)'와 가옥의 소유주인 '가주(家主)'를 기록하고(❷), 가주에 따라 가옥의 형태와 칸수를 적은(❸) 것이다. 또한 동리마다 '이상(已上)'조(❹)를 두어 그 지역 전체의 호총(戶總)과 초가·와가별 칸수의 통계를 기재하였다. 가호안은 토지대장의 형태이지만 가주가 있는 대지만을 대상으로 가주 및 가옥을 병기하기 때문에 가사표와 바로 대조할 수 있다. 가사표와 마찬가지로 당시에 파악된 단성군 각 면리의 가옥을 망라하여 기재한 자료라 할 수 있다.

대주와 가주가 다른 경우는 읍치지역이던 군내면(郡內面) 성내동(城

內洞)과 향교가 있던 교동동(校洞洞)에서 먼저 발견된다. 지방재정을 위해 설치하였던 관둔전(官屯田)이나 향교의 교궁전(校宮田) 위에 가옥이 들어서서 가옥의 소유주가 달라졌다. 가사의 대주와 가주가 다른 경우는 역시 성내동에만 세 건이 있을 뿐이며, 기타 지역에는 없다. 원당면 배양동은 각 가사의 대주와 가주가 모두 동일하다.

그런데 이 가호안의 배양동에서는 가주가 모두 19명밖에 파악되지 않는다. 이 수치는 다음해에 작성된 가사표의 가옥 소유자 40명의 반수에 지나지 않으며, 같은 해인 1904년에 작성된 호적표의 호주 30명에도 미치지 못한다. 가사표와 가호안은 모두 가사의 소유자인 가주를 파악하며, 지번이나 통호번지의 순번에 따라 가주를 기재한다는 점에서 같다. 그러나 이렇게 각 자료가 가주의 수를 달리하고 있는 것을 단지 가호안 이후 가사표가 작성되는 1년 동안의 변화라고 말하기는 어렵다. 가호안은 군 전체의 가주 총수를 보고하는 단계에서 호적표나 가사표의 조사와 달리 가주수를 하향 조정하여 보고한 자료라고 이해하는 것이 오히려 합리적이다. 여기서 호적표에 등재된 호주의 가호안 및 가사표 등재 여부를 살펴보면 〈표 16〉과 같다.

〈표 16〉 호적표 호주의 가호안 및 가사표 등재 여부

호적표	가호안(광무 8년)		가사표(광무 9년)		계
	등재	미등재	등재	미등재	
광무 8년	8	22	19	11	30
광무 9년 추가	2	5	4	3	7
호적등재 계	10	27	23	14	37
호적 미등재	9	-	17	-	

이에 따르면, 광무 8년(1904)의 호적표에 등재된 30호와 광무 9년 (1905) 호적표에 새롭게 등재된 7호를 합한 총 37호 가운데 1904년 가호안에 등재된 호는 10호에 지나지 않는다. 1905년 가사표에 등재된 호도 23호에 머문다. 호적표로 작성되었지만 가호안이나 가사표에는 등재되지 않은 호가 상당수 존재하는 것이다. 반대로 가호안이나 가사표에는 등재되어 있으면서 호적표에는 나타나지 않는 호도 많다. 합호하거나 분호한 것으로 보이는 한두 호가 있기는 하나, 이것을 제외하더라도 당시 배양동의 자료에서는 호적표를 비롯하여 가호안과 가사표에서 60호에 가까운 호를 찾아낼 수 있다.

호적표에 나타나는 호의 가족수와 구성은 다양하다. 한 호에 한두 명밖에 없는 호가 있는가 하면, 8명에서 16명까지 대규모의 가족이 기재되는 호도 여럿 있다. 종래의 호적작성원칙에 의하면, 혼인과 동시에 아버지나 형제의 호에서 분호하여 새로운 호를 형성하는 것이 일반적이다. 그러나 호적표에는 결혼한 형제나 조카, 종질의 가족이 동거하는 경우도 10호 가량 존재한다. 맏아들이 아버지의 호와 별도로 호를 구성하는 사례도 있는데, 이것은 숙부에게 출계한 경우이다. 호수를 늘리려는 중앙정부의 의도와는 거리감이 느껴진다.

가호안의 대지 지번 순서와 가사표의 통호수 순번이 일치하지는 않지만, 이 두 자료는 대략적으로 가옥이 놓인 순서대로 호를 파악해 간 것으로 보인다. 가사표의 제1통 제1호에서 제2통 제3호까지는 가옥 지번이 水60번대를 중심으로 그 이전의 지번이며, 제2통 제9호에서 제3통 제1호까지는 水80번대 전후, 그리고 제3통 제6호에서 제3통 제10호 사이는 釖 지번이다. 가사표에는 형제의 가옥이 붙어 있는 경우가 없어 이들 호가 실제로 분호하여 거주를 달리한 것으로 판단된다. 호적표는 가족이 한 가옥에 동거하는지의 여부를 파악하여 실상에 맞추어 하나의 호로 파악한 듯하다. 그러나 문제는 관에 보고되는 단계에서 많은 호가 누락되었다는 사실이다.

  어떠한 호를 보고하고 누락시키는지, 그 일관된 원칙은 발견되지 않는다. 1904년의 가호안에는 배양동의 19호만을 보고하였는데, 가옥의 규모는 2~6칸, 가족의 규모는 2~11명으로 다양하다. 각 자료에서 서로 누락된 호들은 가옥규모가 1~2칸인 호들이 많지만, 5~9칸의 규모에 집값이 300량 이상인 가옥들도 있다. 가사표에 일련의 통호번호가 확정되는 단계에서도 큰 규모의 가옥들이 누락되는 사정은 마찬가지이다. 소규모의 호를 제외하고 호세를 부담할 능력이 있는 호들을 선별한 것도 아니며, 큰 규모의 호들이 권력을 발휘하여 호세부담으로부터 빠져나간 것도 아니다. 종래와 같이 지역 내부의 합의에 따라 순차적으로 보고되었을 가능성이 크다.

  물론 호적표와 가호안 및 가사표에 기록된 가옥규모는 같은 호라도 서로 다르게 기재되는 경우가 많다. 칸수가 실제 규모대로 기재된 것인지 의심스럽다. 그러나 가호안과 가사표에 적힌 가옥 칸수는 호적표에 기재된 칸수보다 대체로 적으며, 이런 경우 가옥의 시가는 상대적으로 높은 편이다. 호적표에 기재된 칸수가 가호안이나 가사표에 기재된 칸수보다 사실에 가깝다고 가정한다면, 가호안과 가사표에 기록된 가옥규모는 실제보다 하향 조정된 것이라고 할 수 있다. 보고서에 현지사정의 어려움을 표현하려는 양상은 기존의 호적과 크게 다르지 않은 것이다.

광무시기에 보고된 배양동의 호수는 구호적에 비해 어떠한가· 19세기의 구호적 중 배양동이 속해 있는 원당면의 호적으로는 1825년과 1828년, 그리고 1864년의 호적중초만 남아 있는데, 배양에는 각각 63호, 43호가 기재되어 있다. 19세기 단성현 각 면의 호수변동경향은, 이미 살펴본 바와 같이, 19세기 초에서 중엽으로 가면서 호수의 증가세가 정체되거나 호수가 오히려 감소하는 경향을 보인다. 1904년의 가호안에 등재된 단성군 각 면리의 호수를 집계하면 19세기 중엽의 수준과 비슷하다. 그러나 가호안 배양동에 등재된 19호는 19세기 중엽에 비해 현저히 감소한 수치이다. 단지 가사표에만 40호로서 19세기 중엽의 수준을 유지하고 있다.

이제 더욱 분명해진 것은 가호안과 가사표도 구호적과 마찬가지로 단성군의 호수현황을 보고하는 자료이며, 같은 시기에 가사표와 가호안에는 보고되지 않은 많은 호들이 호적표로 작성되고 있었다는 점이다. 호적표는 구호적에 누락되었던 호들을 공식 문서로 파악한다는 목적을 실현하고 있었다.

갑오개혁이 진행되고 있던 1895년 10월에 내부대신 유길준(兪吉濬)은 내각총리대신 김홍집(金弘集)에게 「향약규정 및 향회조규 청의서〔鄕約規程及鄕會條規請議書〕」를 제출하였다.[24] 여기서 그는 동리 단위의 자치조직으로 향회를 구성하여 각 향회가 자체적으로 호구와 산업을 조사토록 하자고 제안하였다. 그 세목은 첫째, 종래에 정액화로 고정된 원호수(原戶數)가 얼마이든 실제 수치로서 호를 파악할 것, 둘째로 인구는 고용(雇傭) 및 기구(寄口) 한 사람이라도 놓치지 말 것, 셋째로 지방관청의 공역(公役)은 각 면의 호수에 준하여 동원하고 면의 공역은 각 동리의 호수에 준하여, 동리의 역은 각 호의 장정수에 준하여 동원할 것 등이었다. 또한 호구조사시에 해당 지역의 가옥, 우마(牛馬), 물산 등 산업에 대한 조사도 같이하자고 하였다.

이후 1896년에 공포된 호구조사세칙은 실호실구를 조사한다는 목적에서는 유길준의 제안과 같다고 할 수 있지만, 호구조사의 주체를 누구로 세울 것인가 하는 문제에 있어서는 차이가 있었다. 광무시기 호구조사는 유길준의 제안처럼 향회가 주관하여 동리에서 조정하는 것이 아니라, 국가에서 제공하는 양식을 호주 본인이 직접 작성한 뒤 행정조직을 통해 중앙에 이르게 하는 방식이었다.

갑오개혁은 중앙정부가 모든 재원을 일률적으로 파악하고 징수하여 일원적으로 배분하는 조선왕조의 재정이념을 현실화하려는 노력이었다고 할 수 있다. 특권적 토지와 무명잡세의 폐지, 결호전으로의 일원화, 조세의 금납화, 중앙재무기관 설치와 지방관리의 파견 등이 그것이다. 그러나 대한제국기의 호구정책은 조선왕조 통치이념의 원칙을 실현하려는 갑오개혁의 의지를 계승하면서도 지방사회의 자율적 운영은 부정하는 방향으로 진행되었다.

대한제국이 성립한 1897년 당시 예안지역의 호구파악은 여전히 지방사회의 자치조직인 향회(鄕會)가 주도하고 있었다. 1896년 가을에 시작된 새로운 호구조사가 이듬해에도 지속되었는데, 새로운 호구파악과 함께 호구에 대한 과세문제도 거론되고 있었다. 이만도(李晚燾)는 『향산일기(響山日記)』 1897년 6월 4일조에 다음과 같이 적고 있다.

"향회에서 듣건대 호전(戶錢)을 배분하는 것이 많으면 매호마다 9

량이나 된다 하니, 도대체 무슨 명목인지 모르겠다. 새로운 법이라고 말하면서 백성을 부리는 것이 이와 같으니 술렁이는 민심을 어찌하려나."[25]

　그러나 호전책정에 대한 우려는 그 해 9월 8일에 열린 향회에서 조금 완화된 듯하다. 즉, 새로운 호구조사에 의해 파악된 '신호(新戶)'가 1,100여 호에 이르는데, 호전은 1년에 매호 9량식 납부하되 종래의 원호수(原戶數)인 402호에 배분하도록 결정이 났다. 호당 납부량은 늘었지만, 실제보다 호수가 훨씬 적은 구래의 총호수에 맞추어 호전부담을 배분함으로써 지역의 전체 납부량을 낮추는 정도로 타협을 본 것이다.
　여기서 '신호'라 하여 구호적에는 빠져 있던 많은 호들을 새롭게 파악한 듯이 말하고 있지만, 지역사회에서는 이미 파악하고 있던 호들로 보는 것이 타당하다. 지역에서 호구조사를 자치적으로 시행하면서 실제 호구들 가운데 구호적에 등재할 호구와 빠질 호구들을 배분, 조절하고 있었음은 이미 언급하였다. 이러한 이원적인 호구파악은 지역의 자치적인 활동으로 가능하였으며, 지방관청 차원에서 묵인되고 있었다.
　광무정권은 지방관청의 재정으로 사용되던 호세를 국고수입으로 전환하려는 의도를 관철시켰다. 그러나 종래의 호수에 맞추어 호세를 징수하는 선에서 타협을 봄으로써 중앙정부가 실재하는 모든 호를 파악하는 데까지는 이르지 못하였다. 많은 누락호들이 호적표로 작성되어 갔지만, 중앙정부에까지 모두 보고되지는 않은 듯하다. 호구파악이 호를 단위로 하는 징수와 관련이 있고 호구조사가 지방사회의 자치에 맡겨져 있는 이상, 중앙정부에 의한 '실호실구'의 파악을 현실화하기는 어려웠다.

구호적과 마찬가지로 광무호적도 작성하는 단계와 지역 단위의 호수를 상부에 보고하는 단계에 격차가 있었다. 배양동의 호적표와 가사표 및 가호안에 드러나는 현격한 호수 차이는 바로 이것을 말한다. 광무 초기의 예안과 같이 단성지역에서도 1905년 당시까지 호구조사의 자치성이 지속된 것으로 이해할 수 있다.

그러면 이번에는 인구등재 면에서 호적표와 구호적을 비교해 볼 차례이다. 1825년 호적에 등재된 배양리의 남녀인구는 남성 131명, 여성 135명, 총 266명으로 남녀 서로 비슷한 수치이다. 또한 1864년 호적에 등재된 배양리의 남녀인구는 남성 92명, 여성 78명, 총 170명으로 남성이 약간 많은 편이다. 1904년의 호적표 30호에는 등재된 사람이 모두 140명인데, 남성이 86명, 여성이 54명으로 〈그림 22〉에서 보는 바와 같이 남성인구가 월등히 많다.

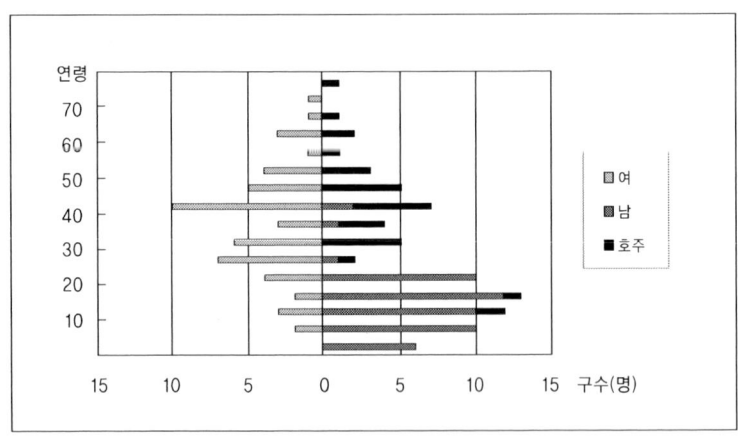

〈그림 22〉 1904년 호적표(광무호적) 등재자의 연령별 분포

남녀인구의 연령별 분포도를 순차적으로 살펴보면, 1825년의 호적에는 남녀 모두 20세 이하가 많이 결여되어 있는 가운데 특히 15세 이하 연소자들의 등재율이 낮았다. 그런데 1864년에는 이런 현상이 더욱 심화되어 15세 이하의 연소자는 거의 찾아보기 어려울 정도이다. 18~19세기 구호적에서는 이러한 다이아몬드형의 연령별 분포가 일반적인 현상이었다. 이에 비해 1904년 호적표의 남녀인구 연령별 분포도는, 보이는 것처럼 기존의 다이아몬드형에 더해 20대 이하 남성인구가 늘어난 형태이다. 여기서 20대 이하의 남성은 주로 호내의 구성원이며, 30대 이상의 남성은 주로 호주이다. 광무호적에 나이 어린 남성이 대거 등재된 것은 군역부과가 사라지고 호구부담이 호세로 일원화되었기 때문으로 보인다. 앞으로 호주역할을 할 남성인구를 기재하는 데 더 많은 신경을 쓴 셈이다.

그런데 가사표에는 구호적과 같이 여성이 호주로서 등재될 수 있었음을 간과해서는 안 된다. 여성도 가옥을 소유하고 호주로서 하나의 독립된 호를 세울 수 있었다. 남성만이 호주가 될 수 있는 규제는 전혀 찾을 수 없다.

개별 남성들에게 표기하는 '직역'에서 호주에게만 표기하는 '직업'으로 신분을 재조정한 데에는 어떠한 현실이 고려되었을까· 배양동의 경우 직업은 '사'와 '농'만이 기재되었는데, 그 중 '사'를 기재한 사람은 모두 합천 이씨이다. 직업을 '사'로 기재하는 호주들은 대체로 규모가 큰 가옥을 소유하여 상대적으로 경제력이 있었을 뿐만 아니라 신분적으로도 배양동에서 상위계층에 속한다고 할 수 있다.

그러나 호주의 직업이 '사'라고 해서 모두 가옥의 규모가 크거나 가옥의 시가가 높았던 것은 아니다. 호적표에 호주가 '사'인 호는 9호인데, 그 가운데 3호는 가옥규모가 3칸이며 가옥의 시가도 150량에 미치지 못한다. 반대로 호적표와 가사표에서 가옥규모가 6칸 이상이거나 가옥의 시가가 150량 이상인 호는 15호인데, 그 중에는 호주의 직업에 '농'이라고 표기한 합천 이씨가의 2호, 타성 4호가 섞여 있다. 합천 이씨는 가까운 친척들로 문중조직을 형성하고 그에 기초하여 배양동을 주도해 왔다. 그러나 호적표의 합천 이씨 호 가운데에는 직업을 '사'보다는 '농'으로 기재한 호주가 더 많다.

단성군 원당면 배양동에는 이승문의 자식인 원, 청, 잠, 숙 등의 후손이 세거하였다.[26] 그 가운데 이잠의 자손이 1900년대까지 가장 많은 수로 실제 세거하였으며 나머지 형제들의 후손은 타지로 이주하거나 대가 끊긴 경우도 많았다. 호적표에는 이잠의 증손인 정시와 정한의 후손이 대다수를 차지한다. 이들 후손을 몇 개의 가계로 나누어 28명의 호주로서 그 유형을 분류해 보면, 호주의 부(父)나 호주 자신이 그 계파의 장손인 경우가 10명이다. 주목할 만한 점은 이 10명 가운데 7명이 호주의 직업을 '사'로 기재하였다는 사실이다. 파계의 종손은 수대에 걸쳐 그 가계의 재산을 상속받으면서 경제적으로 안정되고 신분적으로도 가계 내부에서 존중받았을 것으로 예상된다. 이러한 사회 내부의 신분관계가 국가적인 문서인 호적의 직업기재에 상당부분 반영되었다고 할 수 있다.

광무시기의 국가적인 신분규정은 국역이라는 제한된 의미를 벗어나서, 사회 내부에서 차등적으로 인식해 오던 사회현실적 신분질서를 반영하고 있다. 이것은 기존의 호적에 기재된 직역이 18세기 중엽 이후

사회현실적인 신분질서와 괴리되어 갔고, 19세기에는 직역만으로 신분을 구별하기가 거의 불가능해졌던 것과는 다르다.

직업이 호주에 한해서 기재된다는 것은 호를 단위로 신분이 파악된다는 말이며, 이것은 동거하면서 동일한 사회적 위상을 갖는 가족의 현실을 반영한 것이라 할 수 있다. 이 가족은 보다 광범위한 부계혈연의 가계 내부에서 계승, 분화되는 것으로 인식되고 있었다. 호적표에는 가족이 계승되고 분립된 결과로서 가족의 사회적 위상이 직업으로 기재되고 장차 계승, 분립하여 가족을 형성할 대상, 즉 남성이 중점적으로 등재되었다고 보여진다. 광무호적은 구호적의 호구조사방법을 계승하는 한편, 중앙정부가 전국규모로 확보한 호구수가 전보다 저조하기는 하였지만 가족의 파악에 보다 접근해 가는 성과를 낳았다.

3 / 민적(民籍), 호적의 새로운 얼굴

명치호적과 민적

1907년에 통감부는 '임시호적조사(臨時戶口調査)'를 행함으로써 그 때까지 대한제국이 시행해 온 호구조사에 대한 불신을 드러냈다. 대한제국 내부(內部)에서 조사한 1906년도 호구수는 138만 4,493호, 579만 3,576명이었으나, 1907년 경무고문부(警務顧問部)가 조사한 호구수는 233만 3,087호, 978만 1,671명으로 호수나 구수 모두 1.7배가 많았다. 당시 의병운동 영향으로 평안도의 호구파악이 상대적으로 미미하였는데도 불구하고 이렇게 전체 호구수가 증가된 결과를 보이자, 통감부는 매우 성공적인 호구파악이었다고 자축하였다.[27]

1908년에는 내부의 관제를 제정하면서 내무행정상의 호구조사를 지방행정관서의 판적과(版籍課) 대신 경무국(警務局)이 주관토록 하였다. 호구조사는 원칙상 인민의 신고 의무에 토대를 두지만 이것만으로는 실적을 기대하기 어려우니 경찰관이 호구를 실사하여 결함을 보완한다는 구실이었다. 이어 1909년에는 '민적(民籍)'의 필요성을 인정하고 민적법을 발포하여 새로운 호구기재양식에 의거한 민적조사를 시행하였다.[28]

이리하여 1909년에 조사된 민적의 전체 호구수는 274만 2,263호, 1,293만 4,282명으로 호당 구수가 4.72명이었다. 인구수는 1906년의 2배를 넘어섰다. 민적법이 폐지되는 1923년에는 호구수가 328만 2,792호, 1,744만 6,913명, 호당 구수 5.31명으로, 인구수가 1906년의 3배에 달하였다. 민적법 시행으로 식민지 초기 10여 년 사이에 무려 3배에 달하는 인구를 파악해 낸 것이다. 그렇다면 조선의 구호적과 광무호적에 새로운 호적양식을 적용시킨 민적은 실제로 어떠한 내용을

담고 있었는가·

통감부가 호적을 '민적'이라 명명한 이유는 분명치 않다. 단지 민적은 '국적(國籍)과도 통한다'는 모호한 설명에서 그 이유를 짐작할 뿐이다. '국적'이란 근대국가의 국민으로서 주권에 복종하고 국가에 의해 보호받을 자격을 말한다. 민적은 풀어서 쓰면 '국민의 호적'이라 할 수 있으며, 국가 내부의 관할사항이다. 그러나 국민이나 국적은 국가와 국가 간의 관계, 곧 국제관계로부터 발생한 개념이다. 일본정부는 통감부를 조선인민에 대한 호구조사의 주체로 삼으면서 조선인민을 일본 내국인과 구별하려 하였다. 종래대로 '호적'이라 하지 않고 구태여 '민적'이라 부른 데에는 조선 식민지화 초기의 성향이 그대로 반영되어 있다.

명치유신(明治維新) 직후인 1870년만 해도 일본은 종래에 지방마다 제각기 시행해 온 '인별장(人別帳)' '종문개장(宗門改帳)'에 준하여 일본 국내의 호구를 파악하고 있었다. 그러다가 '폐번치현(廢藩置縣)'으로 지방행정구역을 중앙집권화한 뒤인 1872년에야 비로소 전국규모의 호적을 작성하기 시작하였다. 이것이 소위 '임신호적(壬申戶籍)'이다. 초기의 명치호적에는 화족(華族), 사족(士族)과 같은 족적(族籍)을 기록하였으나, 점차 모든 신분층에 일률적인 호구양식을 부여해 나갔다. 현거주지를 기준으로 삼아 호구를 파악하고 호주를 중심으로 호구성원을 기록하는 호구기록양식은 광무호적과 유사하다.[29]

그러나 명치호적은 호구를 정기적으로 재조사하는 것이 아니라 일단 한번 작성한 후에는 호구의 변동사항만을 확인하는 장부였다. 호구성원의 개별적인 변동사항이 발생할 때마다 수시로 호적을 갱신하였으며, 호주가 사망하거나 이주하였을 때에는 새로운 호주를 중심으로 호를 재편성하였다. 신규의 호적은 그 주소대로 장부에 끼워 넣고 폐기된 이전의 호적은 '제적부(除籍簿)'에 묶어두었다.

조선의 민적은 이러한 명치호적의 양식에 준하여 작성되었다. 민적조사가 시작된 1909년에 경상도 안동지방의 한 유지는 자신의 일기에 민적조사에 대해 다음과 같이 적고 있다.

"이날 호적(戶籍)일로 드디어 친척 원로들이 우리집에 모였다. 용지는 인쇄한 것이며 서식에는 사조(四祖)를 적지 않는다. 그러나 주호(主戶) 이하 모두에게 생년월일을 쓰고 아녀자의 이름도 쓴다. 주호 어머니의 이름도 쓰는데, 어미가 살아 있으면 외조부모의 이름도 쓴다. 처와 처의 부모이름도 쓰며, 며느리와 며느리의 부모 이름도 쓴다. 아, 옛 법규는 사라지고 새로운 규례가 등장하였구나."30)

민적이 작성되는 1909년에도 지방에서는 광무호적 작성 때와 같이 마을 단위로 회의를 열어 민적조사에 응하고 있음을 볼 수 있다. 그런데 지방 동리의 원로는 민적을 '호적'이라 인식하고 호의 대표자에 대해서도 광무호적 때 사용하던 '호주(戶主)'라는 용어를 쓰지 않고 여전히 구호적 시기의 '주호(主戶)'를 사용하고 있다. 구호적은 물론 광무호적에도 있던 호주의 '사조'기재가 없어진 것에 놀랄 뿐만 아니라 모두에게 출생년에 월일까지 쓰고 '아녀자의 이름'을 들먹이는 지경에 이르렀다며, 새로운 인민파악방법에 위화감을 느끼고 있다.

民籍簿用紙	事由	事由	事由	事由
			死亡	

		次男	長女 ❻	三男	三男
位身	位身	位身	位身	位身	
姓 父	姓 父 尹	姓 父 尹	姓 父 尹	姓	
名 母 庸煥	名 母 氏	名 母 庸煥 氏	名 母 庸煥 氏	名	
生年月日 光武八年六月二十日	出生別 次男	出生別 長女	出生別 三男	出生別	
	又尚	孟壽	昊日尚		
	生年月日 光武十年十月十日	生年月日 光武四年五月二十三日	生年月日 隆熙四年四月二十六日	生年月日	
	本	本	本	本	

단성군 법물야면 모례리의 민적 '戶主된原因' 등으로 한글이 섞여 있으며, '농업'이라고 직업을 기록하는 양식으로 보아 민적작성 초기의 것이다. 1920년대에 호주가 변경되면서 제적부로 철해졌다.

事 由	事 由	本 籍		
	❼ 四三年五月十九日 移去于山陰郡車峴面 愚仕洞無番	❹ 兩班 慶尚南道 丹城郡 法勿面 慕禮洞 里 ❸ 農業	❷ 六四 統 八 戶	❶ 本 安東 前戶主 權東準 戶主된原因 及其年月日 開國四百七十五年貳月三十合以產出

	身 位		戶 主	
妻			姓 名	權 庸 熺
❺ 名 雖 尹 氏		父 尹魯淳 母 河氏 出生別 長女 本 茂松	父 慶康澤 母 慶氏 出生別 長男	
生年月日 開國四百九年二月四日		生年月日 開國四百八年青三日		

(用紙美濃)(甲號四ノ二)

앞에 제시된 문서는 1909년 당시에 작성된 단성군 법물야면 모례리의 한 민적이다. 이 민적은 '호주된 원인과 그 연월일[戶主된原因及其年月日]'(❶)란에 전호주가 개국 475년(1866)에 사망함으로써 현호주가 이 호를 계승하였다고 기록하고 있다. 민적이 처음으로 작성되는 1909년 이전에 전호주가 사망하여 호를 승계한 사실이 기록되었다는 것은 민적이 조선 구호적의 기록을 참조하여 신고되었음을 말한다.

이 민적의 기록에 의하면, 전호주는 현호주가 태어나기(1876) 10년 전에 사망하였다. 현존하는 1861년의 법물야 구호적에서 전호주를 확인할 수 있다. 그러나 1867년의 호적이 남아 있지 않아 호의 승계여부는 확인할 수 없다. 더구나 현존하는 1882년의 호적에도 현호주는 등재되지 않았다. 호적상으로는 이렇듯 호의 계승 여부를 확인할 수 없지만, 족보에서 살펴보면 현호주는 전호주의 조카로서 삼촌이 사망하고 한참 뒤에 그의 계자가 된 사실을 확인할 수 있다. 따라서 호를 승계한 것도 전호주가 사망하고 한참 뒤의 일일 것이나 민적에는 이런 사실이 기록되지 않았다.

민적은 광무호적과 같이 10호를 한 통으로 묶는 통호번호(❷)로 주소를 구분하였다. 또한 호주의 직업(❸)을 기록하고 여기에 '양반'(❹)이라는 신분구분을 더했다. 광무호적에서 애매해졌던 신분기록이 민적에서 되살아난 셈이다. 초기 명치호적에서 행한 신분구분이 조선의 민적에 적용된 것으로 보인다. 그러나 이후에 작성되는 민적에서는 이러한 직업이나 신분구분이 사라진다.

민적에는 광무호적과 같이 호주에게만 사조를 기록하는 것이 아니라 호주를 비롯한 모든 구성원에게 (사조가 아닌) 부모를 기록하였다.

민적에는 여성의 이름을 적게 되어 있으나, 제시된 사례에서는 처에게 종전과 같이 '씨(氏)'라는 호칭만 적고 있을 뿐이다(❺). 그러나 일찍이 사망하여 민적에서 삭제되었던 장녀에게는 이름을 썼다(❻). 이후의 민적에서는 여성에 대한 호칭이 점차 사라지고 고유한 이름을 쓰게 된다.

예시된 민적은 호주변동의 '사유(事由)'란에 명치 45년(1912)에 현 호주가 산청군 차현면으로 이주함으로써 민적 자체가 제적됨을 밝히고 있다(❼). 말하자면 이 민적은 호주의 이주로 말미암아 민적장부 원본에서 떨어져 나와 제적부에 철해져 있던 자료이다. 그런데 1909년에 일제히 민적이 작성된 이후 1923년에 조선호적령이 반포되어 민적법이 폐지될 때까지, 몇 차례에 걸쳐 민적조사가 다시 시행되었음을 알리는 사례가 있다.[31]

제주(濟州) 대정면(大靜面) 하모리(下摹里)의 주민을 대상으로 작성된 세 권의 민적부(民籍簿) 원본이 그것이다. 이 민적부는 개별 호의 민적들을 하나의 장부로 묶어놓은 것인데, 일련의 주소로 개별 민적을 정리하여 철한 시기가 서로 다르다. 서로 다른 시기의 민적부가 남아 있다는 것은 마지막 기록을 끝으로 각 민적부가 더 이상 사용되지 않았으며, 별도의 민적으로 다시 작성되었음을 의미한다.

1909년에 처음으로 민적조사를 시행할 당시에 실재하는 호구를 민적으로 작성하고 그 민적들을 일련의 주소에 따라 민적부로 묶었다. 이후 개별 호의 구성원에게 변동사항이 있을 때마다 민적부에 변동사항을 기록하고, 호주에게 변동사항이 있을 때에는 이 호주의 호 자체를 제적시킨 뒤 이 호를 계승하는 형태로 호주를 새로 세워 이 사람을 기준으로 민적을 재작성하여 그 자리에 끼워 넣었다. 그런데 어느 때인가 민적조사가 일제히 다시 실시됨으로써 그때까지 사용되던 민적부는 사용이 중지된 채로 지금까지 남아 있는 것이다.

제주지역 하모리의 세 가지 민적부를 임의로 각각 '민적부A' '민적부B' '민적부C'라 명명하자. 각 민적에 기재된 '호주된 원인 및 시기'는 호주의 변경에 따라 새롭게 민적을 작성한 시기를 알려준다. 민적부A의 첫 장인 제1통 제10호에는 '전호주(前戶主)'란에 전호주의 성명과 함께 '분가(分家)'라 씌어 있으며, '호주가 된 원인과 시기'란에는 "前戶主○○○ 死亡에 因ㅎ야 開國五百年一月一日 戶主됨"이라고 기록되어 있다. 이 호는 1891년에 전호주가 사망함으로써 누군가 호를 계승하였고, 현호주는 이 호에서 분호하여 새롭게 호를 형성하였음을 알리고 있다.

이렇게 현호주가 호를 형성한 시기를 민적부A에서 살펴보면, 빠르게는 1851년부터 늦게는 1912년 4월까지 나타난다. 또한 민적부A의 통호번호는 광무호적과 같이 10개 호를 한 통으로 묶어 열거하였는데, 대부분 기존의 통호번호에 새로운 통호번호를 덧칠하는 방식으로 기재되었다. 이는 1909년부터 작성해 온 민적을 1912년 4월 이후 새로운 주소로 다시 수합하여 작성한 것임을 말한다. 그리고 출생, 사망, 이래이거, 혼인 등 호 구성원의 변동사항은 1917년까지 기록되었다. 일련번호로 정리된 민적부A는 이후 1917년까지 사용된 것이다.

그런데 민적부B는 장부 겉장에 '대정 4년 민적부(大正四年民籍簿)'라고 적혀 있어 1915년에 하나의 장부로 묶인 것을 알 수 있다. 1909년 이후의 민적에 새로운 통호번호를 덧칠하는 방식으로 작성된 민적부A와는 달리, 민적부B에는 통호번호를 수정한 흔적이 없다. 또한 민적부B의 통호번호는 민적부A의 통호번호와 대부분 다르다. 민적부B에는 통호번호와 지번(地番)이 병기되어 있다. 지번은 토지의 한 필지에 붙이는 것으로, 호의 지번은 가대(家垈 ; 집터)의 번호가 된다. 호에 대한 번지수가 아니라 가대에 대한 번지수이다. 따라서 하나의 지번에 하나 이상의 호나 가옥이 성립할 수 있다. 민적부B는 1915년 어느 시점에 민적부A와는 별도로 그때까지의 민적을 일괄적으로 새롭게 정리한 장부라 할 수 있다.

민적부A는 민적부B의 작성으로 폐기되었지만, 민적부B 작성 후에도 한동안 일부 호 구성원의 변동사항을 기록하여 민적부B와 함께 병용되었다. 그리고 민적부B는 호주나 호 구성원의 변동사항을 1923년까지 기록하고 있다. 민적부B는 1915년에 작성된 이후 1923년까지 사용된 것이다. 그 즈음에 다시 민적부C가 작성되었기 때문이다.

민적부C의 각 호 민적에는 통호번호는 없고 대지 지번만 존재한다. 민적부B는 10호를 한 통으로 등재하는 광무시기의 호번관례를 계승하고 이후에 지번을 함께 기재하는 형식을 취하였으나, 민적부C에서는 통호의 편성을 포기하고 대지 지번에 따라 주소를 단일화한 것이다. 민적부C의 작성시기는 민적부B상에 마지막 호구변동기록이 보이는 1923년이거나 그 직후이다. 이후 호구변동사항은 1926년까지 기록되었다.

민적부A에는 281호의 민적이 남아 있다. 통호번호에 의거하면 20호 가량의 민적이 앞뒤로 떨어져 나간 것으로 추정되므로 민적부A를 일련의 통호번호로 재정리할 당시에는 300호 가량이 존재하였을 것으로

〈표 17〉 각 민적부의 작성 및 사용시기와 현존 호수

민적부	작성시기	사용시기	작성 당시 전체 호수(추정)	현존 호수	부적등재
민적부A	1912년경	1912~1917년	301호	281호	18호
민적부B	1915년경	1915~1923년	301호	297호〈277호〉	13호
민적부C	1923년경	1923~1926년	277호	294호	7호

* 민적부B의 〈 〉는 중복등재된 호를 제외한 호수이다.
** 부적등재는 현존 호수 가운데 附籍이 부록되어 있는 호를 말한다.

보인다. 민적부B는 통호번호대로라면 1915년에 301호를 등재하였다. 이후 1923년까지 8년 사이에 14호가 소멸하고 10호가 새로이 파악되어 297호가 현존한다. 그러나 여기에는 원적(原籍)과 중복등재된 20호가 있다. 이것을 제외한다면 실제로는 277호가 남는 셈이다. 민적부C에는 통호번호 대신에 지번만 있어 현존 호수 294호만 확인될 뿐, 작성 당시의 호수를 추정하기는 어렵다. 단지 민적부C에는 민적부B와 같이 중복등재된 호가 없다.

이상의 세 민적부는 민적이 처음 작성되던 1909년부터 조선호적령이 반포되는 1923년까지 민적작성상의 변화를 보여준다. 우선 광무호적에서 민적으로의 변화를 민적부A에서 살펴보자.

대정면 하모리에는 19세기 초부터 광무시기를 거쳐 융희 1년인 1907년에 이르기까지 구호적 형태의 호적이 남아 있다. 1907년 호적에 등재된 호는 모두 301호인데, 그 가운데 민적부A나 민적부B에 등재된 호구와 관련이 있는 호는 170호 가량이다. 나머지 호구들은 민적에 없다. 이것은 민적이 광무시기의 행정구역보다 좁은 범위에서 작성된 때문으로 보인다.

〈표 18〉 광무시기 호적과 초기 민적의 호구수 및 남녀수

구분		호수	구수	남	여	호당 구수	남녀 성비	여성 호주	여성 호주 비율(%)
광무 호적	1906년	210	849	379	470	4.0	81	5	2.4
	1907년	301	865	376	489	2.9	77	29	9.6
민적부A		281	1,409	655	754	5.0	87	4	1.4

〈그림 23〉 1907년 호적과 민적부A의 등재남녀 연령분포

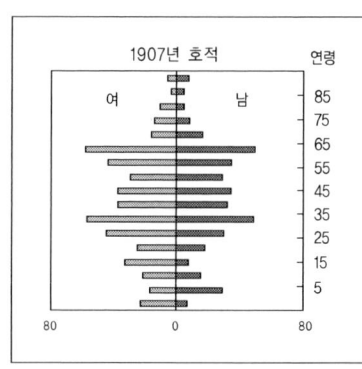 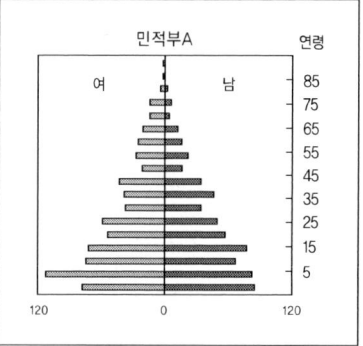

위의 〈표 18〉을 보면, 대정 하모리의 1907년 호적에 등재된 남녀는 모두 865명으로, 호수 301호로 나누면 호당 구수가 2.9명에 지나지 않는다. 1907년에는 여성이 호주인 호가 29호나 되는 것으로 보아 1906년까지 파악된 호구에 비해 호수를 늘리는 정책이 시행된 것으로 보인다. 또한 1907년 호적의 남녀 연령분포는 전형적인 19세기 조선호적의 모습이다. 연소자층이 대거 누락되어 있는 것이다.

이에 반해 민적부A에는 현존 호수가 281호이지만 남녀인구는 1,409명이나 되어 호당 구수가 5명으로 증가하였다. 남녀 연령분포도 20대

이하 연령층이 꽤나 증가한 것을 볼 수 있다. 민적은 연소자층을 호 구성원으로 확보함으로써 인구파악의 성과를 높였다고 할 수 있다. 뿐만 아니라 민적법 시행 초기의 민적은 광무시기의 호적에 기초하여 작성하면서도 광무시기 호적에서는 누락되었던 많은 호구들을 공식적인 문서 안으로 끌어올리는 성과를 거두었다.

또한 오른쪽의 〈표 19〉를 보면, 민적부A에 현존하는 281호의 민적 가운데 1907년 호적과 호주가 동일한 경우는 과반수인 157호나 된다. 또한 1907년 호적의 호 구성원이 호주를 승계하거나 그 호로부터 분호하여 민적을 등재한 경우가 각각 9호, 21호이다. 그리고 광무시기에 누락되었지만 등재호구의 형제나 자식, 손자 등으로 확인되는 사람들이 민적조사를 통해서 새롭게 파악된 경우는 54호나 된다. 기타 광무시기 호적에 등재된 호구와 친척관계는 아니지만 하모리에 거주하면서도 호적에서 누락되었던 호구들을 고려하면, 민적조사로 새롭게 파악된 호는 이 수치를 훨씬 상회할 것이다. 1908년부터 민적부A가 정리되는 1912년 사이에 이 지역으로 이주해 온 것으로 확인되는 호는 6호에 지나지 않는다.

그런데 민적부A에서 호주된 원인과 시기란을 살피다 보면, 1907년 이전의 광무시기 호적에서는 누락되었다가 새롭게 민적을 작성하게 된 호들이 이전의 호를 승계하거나 이전의 호에서 분호한 것처럼 기록되어 있는 것이 눈에 띈다. 명치호적은 전호주가 사망하였을 때나 나이 들어 뒤로 물러나 은거(隱居)할 때에 한해서 장남이 '이에〔家〕'를 승계하고 차남 이하의 자식만이 '분가(分家)'하는 것을 원칙으로 하였다. 민적은 처음으로 민적을 작성하는 호에 대해서도 '호주된 원인과 그

⟨표 19⟩ 민적부A 호주의 1907년 호적과의 관계

1907년 호적 등재호구와의 관계	민적부A의 현존 호주
호주가 동일한 경우	157
구성원이 호를 승계한 경우	9
구성원이 분호한 경우	21
누락호구(등재자의 형제, 직계 후손)	54
1908~1912년에 이주해 온 호	6
불명	34
계	281

* 누락호구는 1906년 이전의 호적도 참고하였다.

연월일'이라는 항목에 이러한 명치호적의 기재방법을 적용하였던 것이다. '호주된 원인'란에는 '전호주의 사망' 외에 분호, 분가, 임시분가 등이 기록되어 있다. 여기서 조선호적을 편제할 때 일반적으로 사용되던 '분호'라는 용어를 기록한 호는 14호에 지나지 않고, 명치호적의 원칙으로 거론되는 '분가'라는 용어를 기록한 호는 90호나 된다.

그러나 광무시기 호적에서 초기 민적으로 변화하는 실상이 명치호적의 원칙과 반드시 일치하는 것은 아니다. 다음의 ⟨표 20⟩을 보면, 우선 전호주가 사망하였을 때 장남만이 호주를 승계하는 것이 아니라 차남도 호주를 승계하였다. 또한 장남이 아버지의 호에서 분호한 사례도 전체 분호한 호의 반수에 가깝다. 장남이 분호하는 사례에서 나타나는 특징은, 분호시기가 아버지의 사망 이후가 아니라 아버지의 생존시였다는 점이다. 이것은 자식이 혼인하여 가족을 이루면 별도로 호를 세우는 조선호적의 원칙에 따른 것이다. 장남이 분호하는 현상은 조선의 호적에서는 당연하지만, 명치호적의 원칙에는 어긋난다.

〈표 20〉 1907년 광무호적에서 민적부A로의 호주변동에 따른 호주간의 관계

호주승계 및 분호			합호	
전호주와의 관계	호주승계	분호	합호 호주와의 관계	합호
장남	6	9	장남	1
2남	3	3	장손	1
3~4남		3	아우	1
2남의 장자		1	모(母)	1
아우		3	첩	1
불명		2	부적(附籍)	1
계	9	21	계	6

한편, 민적부A에는 분호와 반대로 광무시기의 호들이 하나의 민적으로 합호(合戶)하는 사례가 있다. 모두 합해 6호인데, 광무시기에 분호했던 장남, 장손, 아우의 가족을 자신의 호로 다시 불러들이거나 여성 호주로 존재했던 어머니나 첩의 호를 폐지시킨 경우이다. 또한 독립되어 있던 호를 원호의 부적(附籍)으로 등재한 사례도 보인다. 독립호로 존재하기에는 불안정한 자들이 합호한 것으로 여겨진다. 그런데 이러한 합호현상은 초기 민적보다 1915년 이후의 민적부B에서 두드러진다. 후술하듯이 합호현상은 민적작성 후기의 특징을 잘 드러내준다.

호구파악방법의 대전환, '거주지'에서 '본적지'로

제주 대정면 하모리의 세 가지 민적부 가운데 민적부B는 광무호적에 기초하여 작성되던 민적이 이후 식민지적인 호적으로 전환되는 과정에서 지니는 특징을 여실히 보여준다. 민적부B가 1915년에 일련의 주소로 정리될 때의 호수는 301호였으나 이후 14호가 결락되고 민적

부B가 마지막으로 사용되던 1923년에는 287호가 현존하였다. 그런데 그 가운데 20호는 통호번호를 부여받아 하나의 호를 성립시키고 있지만, 호주 1인만 존재하는 데다가 호주 자신과 그 가족이 다른 호의 구성원으로 중첩등재되어 있다.

이러한 호주의 '사유(事由)'란에는 가령 '原籍 수里 ○統○戶 李△△ 長男으로 本戶에 居住함'이라고 기재하여, 같은 마을에 사는 아버지의 호에 '원적'으로 합호되어 있으나 실제 거주지는 바로 이 '본호'임을 밝히고 있다. 이렇게 민적의 원적과 실거주지가 다른 호들은 민적부B 작성시 두 호가 하나의 호로 합호하는 과정에서 잔존한 호들이다.

민적부A에서 민적부B로 호가 재편되는 과정에서 일어난 가장 큰 변동은 분호가 사라진 반면 대대적으로 합호가 실시되었다는 점이다. 아래의 〈표 21〉에 따르면, 전호주의 사망으로 호주를 승계하는 24명은 예외적인 3명을 제외하면 모두 장남, 장손이거나 양자이다. 명치호적의 호주승계원칙이 대체로 지켜진 셈이다. 합호의 경우에는 민적작성

〈표 21〉 민적부B의 호주변동과 호주간의 관계

호주승계의 경우		합호의 경우		
전호주와의 관계	호주승계	합호 호주와의 관계	합호	원적이 다른 본호
장남	18	장남	6	16
장손	2	장손	1	1
양자	1	父	3	
2남	1	母, 婦	1	1
3남	1	아우	1	
종형	1	타지 원적		2
계	24	계	11	20

초기에 생존해 있는 아버지를 두고 분호하던 장남들이 다시 부모의 호에 합호하는 경향이 두드러진다. 특히 원적과 거주지를 달리하며 1인만 존재하는 본호의 호주는 거의 장남이다. 또한 살아 있는 아버지가 자식의 호로 합호하는 사례도 세 건 있다.

이러한 현상은 분리되었던 단혼가족들이 노부모 중심의 직계가족으로 모여서 하나의 호를 구성하는 방법으로 민적이 재편되어 갔음을 보여준다. 민적을 직계가족으로 구성하기 위해 단혼가족으로 구성된 장남의 호나 부모의 호를 소멸시키는 과정에 원적과 본호, 즉 현주소를 달리하는 호들이 존재하였다. 이미 직계가족으로 민적을 합호하였으나, 기존의 호를 소멸시키지 않고 현주소에 그 흔적을 남기는 경우가 민적부B에 20호나 존재하는 것이다.

여기서 우리는 민적상에서 주소에 대한 개념이 명확치 않다는 사실을 눈치챌 수 있다. 민적의 주소는 '본적'이라는 단일 항목에 현주소를 쓰는 것이 원칙이다. 그런데 민적부B에서는 원적이든 본호든 모두 민적으로 존재하여 '본적'을 기재하고 있으나, 그 의미는 서로 다르다. 이것은 특히 원적이 본호와 같은 마을에 있지 않고 타지에 있는 경우에 문제시될 수 있다.

원적과 본호를 달리하는 20호 가운데 2호가 이러한 예이다. 이 호들은 다른 호들과 마찬가지로 민적부B에서 일련의 통호번호를 부여받았다. 그 중 한 호는 민적부A에서 다른 호의 부적으로 등재되었다가 민적부B에서 정식 민적을 작성한 호이다. 그러나 민적부C에서는 이 호들이 모두 사라져 버렸다. 하모리의 민적에서 이들 호가 사라진 것은 단순히 이들이 다른 곳으로 이주한 때문은 아닌 듯싶다.

> 居住屆
> 本籍 全羅南道 務安郡 二老面 上里 四拾四番地
> 現住所 濟州島 大靜面 下摹里 千拾七番地
> 戶主 梁○仁 明治拾五年 二月 一日生
> 妻 姜○圓 明治二拾五年 三月 三日生
> 長男 梁○根 明治四拾四年 五月 二拾五日生
> ········ (중략) ········
> 右ㅊ御屆候也
> 大正拾一年 拾二月 拾五日 右願人 梁 仁
> 下摹里區長 殿

민적부B 책자에 끼워져 있는 「거주신고〔居住屆〕」라는 문서는 원적과 본호의 관계에 대해 시사하는 바가 있다. 1922년 하모리 구장에게 제출된 이 문서는 오늘날의 '전입신고서'에 해당한다. 민적상으로는 '본적' 외에 현주소를 따로 거론하지 않지만, 신고서에는 '본적(本籍)'을 전라남도 무안군으로, '현주소(現住所)'를 제주도 대정면 하모리로 기재하여 주소를 달리하였다.

여기서 '본적'은 단순히 전에 살던 곳의 주소이며 '현주소'는 이주해 온 곳의 주소로서 민적상으로는 모두 본적에 해당한다고 볼 수 있다. 그러나 이 호는 민적부B와 민적부C 어느 곳에서도 민적을 작성하지 못하였다. 1922년 즈음 이미 이 호는 하모리에 민적을 세우지 못하고 전에 살던 곳을 '본적'으로 삼아 민적을 유지하면서 하모리에서는 단지 거주지 조사의 대상이 되었는지도 모른다.

전입신고서와 마찬가지로 민적부B에는 「민적등본(民籍謄本) 발급

> 民籍謄本下附申請
> 本籍 濟州島 大靜面 下摹里
> 現住所 仝上　　　　　　　戶主 李○○
> 一, 手數料 金五錢也
> 右者ニ對スル民籍謄本一通を御下附相成度此段及奉願候也
> 大正拾二年 五月 二拾日　　　　右願人 李○○
> 大靜面長 展
> (뒷장)
> 壹千三拾六番地
> 本 全州 前戶主 分家ニ因リ大正五年 三月 八日 戶主ナル
> 父 ○○ 母 △氏 出生別 貳男
> 姓名 李○○
> 生年月日 文久三年 拾一月 拾九日

신청서」가 한 장 끼워져 있다. 이 문서는 1923년에 대정면장 앞으로 신청된 것인데, 뒷장에 호주에 대한 민적등본이 씌어 있다. 등본을 신청한 호주 이○○는 민적부B에서 어느 호의 부적으로 있다가 1916년에 가족과 함께 분호하여 부적이 있던 장소의 현주소로 9통 7호라는 통호번호와 1036번지라는 지번을 부여받았다. 민적부C에서도 이 호주는 동일한 지번으로 민적을 유지하고 있다.

1923년 이후로도 이 호가 다른 곳으로 이주한 것은 아니어서 호주 '이○○'가 민적등본을 신청한 이유는 분명치 않다. 단지 이 신청서 양식에도 '본적'과 '현주소'가 구분되어 있다는 점이 주목된다. 민적부B에서 원적에 대해 본호를 구분하는 것과 같이, 민적등본이나 거주신고서에서도 '본적'에 대해 '현주소'를 구분하는 것으로 보이기 때문이다.

민적의 '본적'은 이미 현주소만을 의미하지는 않게 되었다.

원적과 본호, 즉 본적과 현주소가 서로 다른 호들은 민적부C에서 모두 사라져 버렸다. 민적부C에서는 이제 민적상의 주소이던 '본적'이 단순한 현주소지가 아니라 출신 본거지를 나타내는 의미로 변화하였다. 민적부B에서 보이던 원적과 본호의 병존현상은 민적이 현주지주의(現住地主義)에 입각한 현거주자의 주민등록적인 성격에서 출신지에 근거한 본적지주의(本籍地主義)의 인구등록으로 전환되는 과정에서 생긴 과도기적 표현이라 할 수 있다.[32] 이것은 민적의 성격 자체가 변화하였다는 것을 의미한다.

그런데 민적부C에는 민적부B 작성시에 분호되어 있던 호들이 합호한 사례가 2호에 지나지 않는다. 그에 반해 분호한 사례는 13호나 된다. 현주소의 단혼가족을 본적지의 직계가족으로 전환하기 위한 합호현상에 대해 민적이 다시 현주소의 단혼가족으로 분해되어 간 것인가· 그러나 분호의 내용을 살펴보면 이것은 오히려 본적지주의의 민적이 정착되어 가는 과정에서 발생한 현상임을 알 수 있다. 이때 분호된 13호 중에는 차남 이하의 자식이 분호하는 경우가 두 건이고, 기타 대부분은 형제나 그 가족이 분호하는 경우이다. 장남이나 장손, 양자가 분호한 사례는 단 한 건도 없다.

조선의 호적이나 초기의 민적은 장남이든 차남이든 혼인하여 가족을 이루면 부모의 호에서 분호하여 독립호를 세웠다. 그러나 이제 호주의 자식들이 혼인하여 가족을 이루게 되면, 장남 가족을 제외한 차남 이하의 가족이 아버지의 호에서 분리될 수 있었다. 현실적으로는 호주가 사망한 뒤에 장남이 그 호를 승계하고 차남 이하의 형제들이 분호하는 것이 일반적이었다. 결국 민적의 호 구성원은 직계가족을 넘어서지 않는 형태를 유지하였다. 민적부B 단계에서 형성되기 시작한 직계가족 중심의 본적지주의 민적이 민적부C 이후에 일반적인 형태로 정착한 것이다.

민적을 현거주지와 관계없이 직계가족 범위에서 본적지로 파악하려는 시도는 조선사회에 유례없는 호구파악방법이다. 조선은 일찍부터 현거주지를 기준으로 호를 파악하는 호적제도를 실시하여 중앙집권적인 인민파악을 시도해 왔으며, 광무시기에는 호의 주권자로서 호주를 설정하여 호주에 대한 일률적인 장악을 시도하였다. 종전의 호구파악방법을 파기하려 한 1909년의 민적법은 일본의 명치호적을 준용하여 제정되었으나, 법제적 규정에서나 호구파악의 현실에서나 종래 조선의 관례를 크게 벗어나지 못하였다. 민적의 호구파악방법이 크게 변화하기 시작하는 것은 1910년대 중엽의 일이다.

그런데 민적의 성격이 변화하는 과정은 흥미롭게도 민적법이 '조선의 관습'이라는 이름을 빌려 시행되는 과정과 궤를 같이한다.[33] 통감부, 이어 총독부는 조선인민을 '원활하게' 파악하기 위해서는 조선의 관습에 의거하여 민법을 갖추고 그에 따라 호적을 작성하여야 한다고 생각하였다. 그러나 1908년부터 조사되기 시작한 조선의 '관습법'이 1912년의 조선민사령(朝鮮民事令)으로 법제화되는 과정을 거치면서 호적작성과 관련된 실제의 조선관습은 부정되어 갔다.

1910년대 중엽의 민적법은 전호주가 사망하였을 때에 한해서 호주가 계승되며 장남은 분가할 수 없다고 규정하게 된다. 이 규정은 호주승계 및 분가와 관련하여 식민지 당국이 잘못 인식한 조선의 관습에 근거를 두었다. 1914년에 총독부 경무과 민적계에서 편찬한 『민적요람(民籍要覽)』에는 민적법상 '분가를 허락하지 않는 자'에 대한 조항에 상속과 관련된 조선의 관습이 언급되어 있다. "장자상속주의(長子相續主義)를 취하는 조선에서 장남은 가(家)를 상속할 책임이 있기 때문에 어떠한 경우에도 분가를 허락하지 않는다"는 것이 그것이다. 나아가 장남 이외의 자도 "조선에서 여호주(女戶主)는 어쩔 수 없는 경우에 예외적으로 인정한 것이므로 여자의 분가도 인정하지 않는다"고 하였다. 여성은 분가에 의한 호주권의 취득, 즉 새로운 가족을 형성할 권리를 제한받은 것이다.

또한 민적법 '폐가(廢家)' 항목에서는 '관습상 폐가를 인정하는' 경우를 제외하고는 함부로 폐가할 수 없도록 규정하였다. 관습상 폐가를 인정하는 경우란 호를 계승할 자가 없는 '절가(絶家)'였다. 선조제사의 필요에 따라 호를 승계하기 위해 다른 호의 양자로 들어가 버리고 난 후 본래의 호를 이을 양자를 찾지 못한 경우나, 봉사할 선조가 없는 경우에 그 호는 폐가될 수 있었다. 여기서도 남편이 사망하여 호주를 상속하는 부녀는 폐가할 수 있다는 조항을 더하고 있다. 여자는 어쩔 수 없는 경우를 제외하고는 원칙상 호주로 인정할 수 없으므로 '변칙인 여호주의 가를 폐하고 타가(他家)의 가족으로 입가(入家)'하는 것이 좋다는 것이다.

『민적요람』에 부록으로 더해진 「관습조사보고서 발췌(慣習調査報告書拔萃)」에는 가부장권 내지 부권(夫權)과 관련하여 총칙의 제5조로 '처의 능력에 제한이 있는가'라는 항목이 설정되어 있다. 여기서 조선사회는 "처에 대한 남편의 권력이 매우 강하여 처의 행위능력이 극히 제한되어 있다"고 지적하며, 남편이 소재불명, 정신상실, 구금된 경우에 처는 단독으로 법률행위를 할 수 있으나 이는 남편에 의해 취소될 수 있으며, 그 이외에는 중요하지 않은 일이라도 남편의 허가없이 단독으로 법률행위를 할 수 없다고 하였다. 조선사회에서는 여자가 가사 이외에 기여할 수 있는 일이란 거의 없었다고 단정하고, 남편이 사망한 경우 처의 위상에 대해서는 언급조차 하지 않았다. 처나 모가 어쩔 수 없이 호주가 되는 것은 '제사상속이 아니라 호주만 상속'하는 것으로 이해될 뿐이었다.[34]

분가 및 폐가규정과 관련된 '조선의 관습'은 호적의 호와 현실의 가족을 일률적인 법제로 파악하기 위한 근거로 작용하였다. 인민을 일률적으로 파악하려는 민적의 입장은 조선의 구호적과 다를 바 없을 것이나, 여기에 현실적인 가계의 계승까지 민적의 호와 일치시키려 하였다는 점은 국가적 인민파악에 있어 민적법의 진일보된 측면이다. 그러나 이런 일원적인 법제화가 조선의 실제적인 가족의 관습에 대한 정확한 이해를 바탕으로 이에 부응하며 진행되었다는 의미는 아니다. 민적법은 조선의 관습을 인정한다는 미명하에 관습의 이름을 빌려 일본의 호적법을 식민지 조선의 인민파악에 적용한 것에 지나지 않는다.

일본 명치정부의 호적이 이전과 달리 본적지주의적인 성격을 띠면서 분가한 가족을 본가에 입적시키는 방향으로 전환되기 시작한 것은 1898년 호적법 개정 이후라고 알려져 있다.[35] 일본의 호구조사도 처음에는 중국이나 한국의 호적과 같이 현주소의 세대를 호적상 한 호로 파악하였다는 것이다. 그런데 타지방으로 잠시 이주한 자들이 고향으로 돌아오지 않고 타지에서 오랫동안 생활하게 됨으로써 고향의 호적은 출신지 본적이 되고 만다. 여기에 가족에 대한 법제적 규정인 민법 친족법이 제정되면서, 호적은 가족을 출신지로 파악하는 대장으로 전환되었다.

명치 초기 호적법에는 호주가 호적변동사항에 대해 신고하는 것 외에 호주의 호에 대한 권리나 의무를 명시하지 않았다. 그런데 1898년에 민법이 성립함에 따라 사권(私權)으로서 호주의 권리와 의무가 분명해졌다. 이에 따르면, 호주는 가족 구성원의 입적 및 제적에 대한 권리와 거주이전에 대한 명령 및 거부권을 갖는다. 가족이 이에 따르지 않을 때에는 그에게 양육비를 지불하지 않아도 되며, 제적시킬 수 있다. 이러한 일본 호적법의 전환과정이 그대로 조선의 민적법에 적용되어 간 것이다.

일본의 호적법을 적용하면서 '조선의 관습'이라는 가면을 벗어 버리는 것은 1923년에 시행되는 조선호적령에 이르러서이다. 제주의 민적부C는 이 호적령이 반포된 직후 작성되어 이후 2년여 동안 사용되었다. '민적부'라고 이름 붙였지만, 현실적으로는 이후의 호적과 다를 바 없다. 민적부B의 과도기적인 현상을 거쳐 민적부C가 가족을 '본적지'로 파악하는 장부로 전환되었다는 점에서, 용어뿐만 아니라 내용상으로도 같은 시기 일본의 호적과 구별되지 않는다. 민적에서 다시 호적으로 불리기 시작한 이유도 조선인민에 대한 파악방법이 일본인민에 대한 파악방법과 동일해졌기 때문이다.

식민지 조선의 인민을 대상으로 민적을 작성해 온 결과, 1923년의 호구파악은 앞에서 본 바와 같이 1907년에 시행한 통감부의 임시호적조사에 비해 월등히 높은 성과를 거두었다. 다음의 〈표 22〉를 통해 제

〈표 22〉 민적부C의 1923년경 호구수 및 남녀수

호수	구수	남	여	호당 구수	남녀 성비	여성 호주	여성 호주 비율
294	1,645	774	871	5.6	88.9	12	4.1%

〈그림 24〉 민적부C의 1923년경 남녀 연령분포

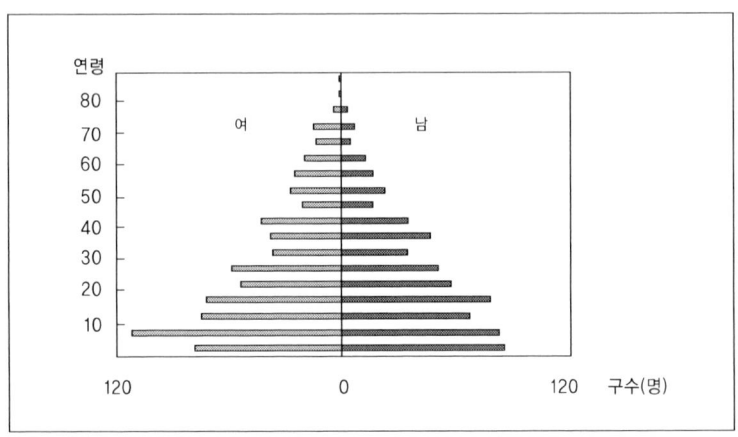

주 하모리의 민적부C에서 1923년경의 호구수를 보면, 호수의 증가는 없지만 호당 구수의 증가분만큼 인구수가 증가한 것을 알 수 있다. 또한 〈그림 24〉를 통해 민적부C의 1923년경 남녀인구의 연령분포를 살펴보면, 여전히 5세 이하의 유아들이 민적에 등재되지 못한 상황을 짐작할 수 있으나, 대체로 다산다사(多産多死)형의 정상적인 인구피라미드를 그리고 있다.

본적지주의에 근거한 호적제도는 유동적인 인구를 혈연적인 가족에 근거하여 파악함으로써 인구등재 누락을 최소화하는 인민파악방법이라 할 수 있다. 더구나 범죄자에 대한 파악이나 그 가족에 대한 연좌제

적용이 쉬워져 국가가 인민을 장악하기가 용이하다는 점에서 국가주의적 혹은 식민지적인 성격을 충분히 가지고 있다.

그러나 호적에는 출생과 사망, 혼인과 이주에 관한 신고가 늦어지거나 아예 기록조차 되지 않는 경향이 있을뿐더러, 일시적인 인구이동은 파악되지 않는다. 따라서 호적만으로 해당 시점의 인구동태를 파악하기는 어렵다. 총독부는 민적의 작성과 병행하여 이미 1911년에 「숙박 및 거주규칙[宿泊及居住規則]」을 제정하고 민적과는 별도로 거주이동을 조사하였다.[36] 이후 1913년부터 1919년까지 다섯 차례에 걸쳐 이 규칙은 개정되었으나, 단기적인 인구이동에 대한 조사가 어느 정도 실현되었는지는 분명치 않다.

일본은 명치호적에 대한 호적법 개정시기부터 인구학적 내용을 포함한 전국 단위의 인구동태 및 정태를 통계내고 있었으나, 1920년에 이르러서야 근대적인 인구조사라 할 수 있는 인구센서스를 '국세조사(國勢調查)'라는 이름으로 시행하였다. 근대국가가 근대화를 추진하기 위해서는 도시화·산업화 과정을 전국적인 통계로 분석하고 미래를 계획할 필요가 있다. 인구센서스는 그 연장선에서 부부단혼가족을 매개로 개별 인구의 이동을 조사하여 전국규모의 인구통계로 제시하기 위해 시도되었다. 인구는 국가의 세력, 혹은 '국력'이라는 발상이 '국세조사'라는 용어를 낳았다고 할 수 있다.

일본의 근대적 인구조사는 근대사회에 핵가족이 일반적인 가족형태가 되고 개인의 활동이 자유로워진다는 이념을 근거로 하였다. 따라서 핵가족보다 규모가 큰 가족공동체와 그 가족관계는 전통적인 요소로 부정되어야 했다. 그러나 이러한 인식은 호나 가(家)와 같은 가족 단위로 전국규모의 인민을 파악하는 데 익숙치 못한 서구사회의 발상에서 나온 것이다. 서구 근대국가는 더구나 활발해지는 인구이동에 대해 가족형태를 핵가족으로 일률화함으로써 개인을 중앙집권적으로 장악하려 하였다. 그런데 전통사회의 분산적인 주민파악에 대신해서 가족과 인구를 전국규모로 조사하기 위해서는 정지된 시기의 인구현상을 일제히 조사하는 것이 가장 효과적이었을 뿐이다.

일본이 식민지 조선의 인민에 대해 호적제도와는 별도로 국세조사를 시도한 것은 1925년의 일이다. 본국에서 두 번째 국세조사를 시행하던 때에 식민지 조선에도 동일한 근대적 인구조사를 시도하였던 것이다. 그러나 전통적인 요소로 여겨지는 호적제도는 소멸하지 않았다. 호적은 이후에도 일본과 식민지 조선에서 지속적으로 작성되었다. 혈연적인 가족관계마저 국가가 일률적으로 파악한다는 것은 단순히 전국규모의 통계를 제시하는 인구센서스보다 훨씬 치밀한 인민파악방법이라 할 수 있다. 식민지 당국이 호적제도와 국세조사를 병행한 이유가 여기에 있다.

조선인민에 대한 호구조사장부가 '호적'에서 '민적'으로, 그리고 다시 '호적'으로 바뀌는 과정은 조선이 일본의 식민지로 전락하는 과정과 궤를 같이한다. 국가주권의 유무라는 관점에서 민적은 조선인이 일본 천황의 '황민(皇民)'으로 전환되는 과도기에 존재하기 때문이다. 1920~1930년대에 식민지 조선인을 파악하는 문서였던 호적은 1940년에 이르러 '창씨개명(創氏改名)'을 등록하는 문서로 활약하게 된다.[37]

4 / 호적과 족보의 이데올로기

등재되는 자와 등재되지 않는 자

인구를 기록하는 '시기'를 생각할 때, 호적은 현재 인구에 대한 기록이며 족보는 과거 인구에 대한 기록이다. 호적은 현재 인구 가운데 국가가 필요로 하는 인구를 기재하고, 족보는 과거의 선조들 가운데 현재의 후손들이 필요로 하는 인구를 기재한다. 이런 점에서 현존하는 혹은 현존했던 인구 가운데 각각의 자료에 등재되지 않는 인구가 발생하게 마련인데, '등재되지 않는' 인구가 각 자료에 '등재된' 인구의 성격을 규정하게 된다.

여기서 단성의 합천 이씨(陜川李氏) 세 계파 자손들 가운데 남성인구를 대상으로 삼아 먼저 호적대장에 기재되지 않는 인구를 생각해 보자.[38]

현존하는 단성현의 모든 호적장부에서 합천 이씨 남성을 찾아내 각각의 사조(四祖)나 가족관계기록에 기초하여 계보를 작성해 보았다. 이것을 족보와 비교해 17~19세기에 단성에 거주한 적이 있는 것으로 보이는 합천 이씨가(家) 세 계파의 1,700여 명을 확인할 수 있었다. 이들을 모체로 호적에 등재된 자와 등재되지 않은 자를 가려내어 특정 시기 합천 이씨 남성들의 호적등재비율과 연령별 분포도를 횡단면적으로 살펴보고자 한다. 여성을 분석대상에서 제외한 것은 그들이 단성현 이외의 지역으로 출가한 경우 호적에서 찾을 수 없는 데다가 족보에는 출생년도가 기록되지 않아 남성과 같은 분석을 시도하기 어렵기 때문이다.

다음의 〈표 23〉에서처럼 현존하는 호적대장을 30~50년 간격으로 설정하여 각 시기마다 단성에 거주한 사실이 있다고 추정되는 합천 이

〈표 23〉 합천 이씨 남성의 식년별 호적등재와 누락의 추이

(단위 : 명/%)

호적대장 식년	1606년	1678년	1717년	1750년	1780년	1820년대	1860년대	계
등재자	22	83	150	174	169	215	132	945
누락자	12	60	115	161	204	150	69	771
계	34	143	265	335	373	365	201	1716
누락비율(%)	35	42	43	48	55	41	34	45

씨가 남성들을 집계해 보면, 1606년에 34명에서 1780년에 373명으로 줄곧 증가하다가 19세기 중엽을 넘어서는 시기에는 201명으로 집계된다. 마찬가지로 호적에 누락된 합천 이씨 남성들의 비율은 17세기 초에 35%에서 18세기 말의 55%에 이르기까지 점차적으로 증가하다가 이후로 감소하여 19세기 중엽에 34%를 점한다.

그렇다면 단성에 거주하는 합천 이씨 인구가 18세기 말까지 급속도로 증가하다가 19세기에 와서 감소해 버린 것인가· 19세기에 합천 이씨들이 타지역으로 이주한 경우가 많을지도 모르지만, 이것은 일차적으로 자료상의 문제이다. 합천 이씨는 원당면, 현내면, 오동면, 도산면 등지에 거주하였다. 현존하는 19세기 단성호적에는 이들 지역의 호적이 2~4시기밖에 남아 있지 않다. 그러나 합천 이씨 족보를 따져보면 19세기에 인구가 더욱 증가한 것으로 계산된다. 단, 이들 중에 호적등재자의 부모형제가 아닌 까닭에 단성지역 거주 여부를 확인할 수 없는 사람이 많다. 그러나 실제로는 이들 대다수가 단성에 거주하였을 것으로 보인다. 따라서 19세기에도 단성의 합천 이씨 가계의 인구는 계속 증가하였을 것이며, 호적에 누락된 비율도 표에서 보이는 것보다 훨씬 높았을 것이다.

호적에 누락된 인구의 비율이 점점 높아진다는 것은 호적을 작성할 때마다 인구증가와 관계없이 적정량의 인구만 등재하는 데 그쳤다는 것을 의미한다. 19세기 중엽을 넘어서면서 호적에 등재되는 합천 이씨 남성도 대폭 감소하였다. 이 시기에 단성호적에 등재되는 인구는 전반적으로 감소한 반면, 상대적으로 합천 이씨 이외의 성씨들이 많이 등재되었다. 이 시기에 단성으로 이주해 온 성씨들도 있었겠지만, 예전에는 호적의 등재대상이 되지 못하였던 성씨들이 동족을 이루어 호적에 등장하는 경우가 많아진 것으로 볼 수 있다.

이번에는 단성에 거주한 것으로 보이는 합천 이씨 남성 가운데 시기마다 호적에 등재된 자들과 누락된 자들의 연령분포를 살펴보자. 호적에 등재되는 인구의 연령분포가 30대를 정점으로 상하의 나이대가 줄어드는 다이아몬드 형상을 나타낸다는 점은 앞에서 살펴본 바와 같다. 문제는 누락된 인구를 포함한 남성의 연령분포이다.

〈그림 25〉 합천 이씨 남성인구의 연령분포

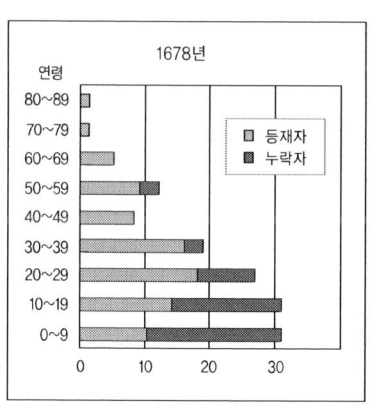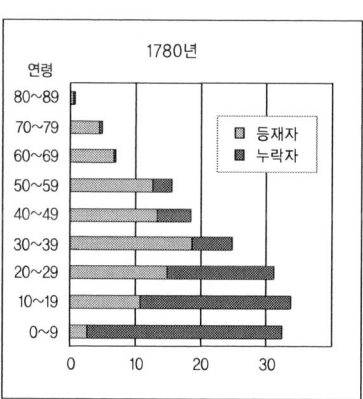

전근대 사회에는 피라미드 형태가 정상적인 연령분포라 할 수 있는데, 17~18세기 합천 이씨 남성의 연령분포를 보면 10대 이하의 연령층이 부족하다. 족보와 앞뒤 식년의 호적에서 누락된 인구를 아무리 많이 찾아내도 이 연령층을 다 채울 수 없다. 이러한 현상은 호적과 족보에 등재되는 인구가 주로 20대까지 살아남은 자들임을 나타낸다. 바꾸어 말해, 호적과 족보는 20대가 되기 전에 사망한 자들을 등재하는 데 소홀하였다고 할 수 있다. 호적에는 젊은 부부의 호에 연소한 자식을 등재하기도 하지만, 이는 소수에 지나지 않는다. 족보에도 등재된 인구 가운데 간혹 '조졸(早卒 ; 요절夭折)'이라고 기재하여 어려서 사망한 사실을 밝히는 경우가 있지만, 대부분은 성장하여 혼인기에 이른 자들이 등재되었다.

다음으로 호적에는 등재되었지만 족보에는 등재되지 않은 자들을 살펴보자. 합천 이씨는 본래 신라 수도 토착주민의 후손으로, 그 일파가 고려 초에 지금의 합천인 강양지역에 이주함으로써 지역 지배층으로 본관을 인정받은 성씨이다. 합천 이씨는 16세기 초에 족보를 작성하기 시작하여 이로부터 두 세기를 훨씬 넘긴 18세기 중엽에 족보를 재작성하였다.[39] 18세기 중엽에 작성된 합천 이씨가의 족보는 합천에 거주하는 자들뿐만 아니라 합천 이외의 지역으로 이주한 후손들까지 망라하고 있다.

단성의 합천 이씨는 14세기 말에 단성으로 이주해 온 이운호(李云皓)를 공동의 선조로 한다. 18세기 중엽 족보를 통해 그의 네 아들로부터 이어져 내려온 여러 계파의 계보를 그릴 수 있다.[40] 그러나 17세기 이후의 호적에서는 그 가운데 크게는 세 계파의 후손들이 주로 단성에 거주하고 있는 것을 확인할 수 있다. 조선 전기를 거치며 단성의 여러 계파들이 다시 타지역으로 이주하거나 가계계승이 단절되었기 때문이다.

그렇다고 18세기 중엽의 족보에 17세기 이후 단성지역에 거주해 온 세 계파의 후손 모두를 등재한 것은 아니었다. 17세기 초의 호적은 이들 합천 이씨 세 계파가 당시에 이미 신분적으로 분화되어 있음을 보여주는데, 세 계파 가운데 특히 한 계파의 후손은 18세기 중엽의 족보 작성에 참여하지 않았다. 호적의 신분기재를 확인하기 위해 해당시기의 호적자료에 등재된 자들과 그들의 아버지에 한해서 각자의 직역명을 분류하여 집계하고, 그 가운데 족보에 등재된 자의 수치를 표시하면 다음과 같다. 단, 18세기 중엽의 족보작성에 참여한 A, B 두 계파와 참여하지 않은 C계파를 별도로 집계하였다.

〈표 24〉 합천 이씨 A, B계파의 호적상 직역분포와 족보등재 여부

(단위: 명)

직역명		17세기 초		17세기 말		18세기 초		18세기 중		18세기 말
유학		11	(5)	18	(16)	80	(27)	113	(8)	136
품관, 업유		7	(4)	15	(12)	9	(3)	1		1
업무, 한량, 교생						2				1
군역	장교	2		3		4				4
	병보			10		18		5		3
사노				4		14		5		4
서얼				5	(2)					
직역무기				11	(5)	24		38		33
계		20	(9)	64	(35)	151	(30)	162	(8)	182

* ( )는 18세기 중엽의 족보에 등재된 자의 수치이다.

〈표 25〉 합천 이씨 C계파의 호적상 직역분포와 족보등재 여부

(단위 : 명)

직역명		17세기 초		17세기 말		18세기 초		18세기 중		18세기 말
유학								2		9
품관, 업유				3	(2)	11		4		2
업무, 한량, 교생						11		10		15
군역	장교	1	(1)	2	(1)	1				
	병보	1	(1)	12	(1)	11		2		4
향역				7		22		11		14
관노/사노				11		9		6		6
불명		1	(1)	3		12		18		26
계		3	(3)	38	(4)	78	(0)	53	(0)	76
참고 호적자료		1606년		1678년		1717~1732년		1750~1762년		1780~1789년

* ( )는 18세기 중엽의 족보에 등재된 자의 수치이다.

먼저, 족보에 등재된 인물들을 중심으로 호적에 기록된 직역명을 살펴보자. 족보를 작성하던 18세기 중엽에 생존하여 족보작성에 참여한 자들은 호적에 모두 유학(幼學)이라는 직역명을 사용하고 있으며, 이들의 선조는 단성에 거주하는 합천 이씨 세 계파 가운데 A, B 두 계파의 자손이다. 이 두 계파의 선조들은 18세기 초까지 호적에 유학이나 관직·품계명을 직역명으로 기재하는 자들이 대부분이고, 기타 업유(業儒)나 무과급제(武科及第) 등, 당시 상위의 계층으로 인정받은 직역명을 기재하고 있다. 여기에 서자 2명이 족보에 등재되었다. 그러나 서자의 후손은 단성에 거주하여 호적에는 등재되었지만, 족보에는 등재되지 않았다. 족보에 등재된 A, B 두 계파의 인물들은 소위 양반으로 인정받는 상층계급으로 보인다.

C계파의 선조는 군역을 지는 자들인데, 17세기 말까지만 족보에 등재되었다. 18세기 중엽까지 이어지는 이 계파의 후손들 중에는 족보에 등재된 사람이 한 명도 없다. 이들 후손은 18세기 중엽의 족보작성에 참가하지 못하였음을 말한다. 17세기 초 당시에 족보에 등재된 군역자 2명은 호적에 '수문장(守門將)'과 '수군(水軍)'이라는 직역명을 쓰고 있다. 〈표 25〉에서 17세기 말 이후 주로 호장, 기관, 공생 등의 향역(鄕役)을 지는 향리들이 이들의 직계후손이다. 17세기 말의 인물로 족보에 등재된 군역자 2명도 이 계파의 후손이다. 같은 시기에 품관명을 기재한 자가 있으나 '납속(納贖)' 등으로 얻은 명예직으로 판단된다. 족보에 등재된 C계파의 인물들은 양반으로 인정받지 못하는 계층으로 보이며, 그나마 18세기 이후의 후손들은 단성에 거주하면서도 족보에는 등재되지 않았다.

　단성의 합천 이씨 세 계파는 17세기 초에 이미 여러 계층으로 분화되어 있었다. 18세기 중엽의 족보는 단성에 거주하는 세 계파를 등재하기는 하지만, 유학 등의 직역을 기재한 상층신분과 그들의 서자, 그리고 군역을 지는 평민에 한해서였다. 그러나 서자와 군역자는 17세기 말까지만 등재되었다. 더구나 향역자와 노비는 일찍부터 족보등재대상에서 제외되었다. 이것이 합천을 중심으로 주변지역에 세거하던 합천 이씨가를 망라하면서 작성한 18세기 중엽 족보의 등재범위이다. 18세기 중엽의 족보는 작성 당시에 단성지역에서 상층계급으로 인정받던 자들을 등재하였으며, 그 계파의 선조들이 오랫동안 그러한 계층으로 존재해 왔음을 증명하고 있다. 족보등재시에 계층적인 선별을 시도한 것이다.

C계파의 18세기 이후 자손들이 족보에 등재되지 못한 것과 마찬가지로, A, B 두 계파의 자손들 중에도 족보에 등재되지 않은 자들이 많다. A, B 두 계파 안에도 17세기 초부터 장교가 존재하며 17세기 말에는 일반 군병과 사노까지 있다. 물론 이들과 그 후손들은 족보에 등재되지 않았다. 한 계파 안에서도 17세기 초부터 계층적인 분화가 이루어졌고, 이들이 족보에 선별적으로 등재되었음을 의미한다. 눈에 띄는 점은 유학, 품관직, 업유 등의 직역명을 사용하여 상층계급으로 보이는 자들 중에도 족보에 등재되지 않은 자들이 있다는 점이다. 족보에 등재될 만한 자격을 갖춘 것으로 보이는 자들이 등재되지 못한 이유는 무엇인가· 이것은 18세기 중엽에 족보를 편찬하게 된 이유와도 관련이 있다.

 A, B 두 계파의 인물로서 상층계급이 사용하는 직역을 기재하면서도 족보에 등재되지 않은 자들은, 첫째로 그 후손이 단절되었거나 타지역으로 이주한 경우로서, 족보에 등재될 계층적인 자격과는 무관한 경우이다. 둘째로 선조와 본인은 족보에 등재되었으나 그 자식들은 족보에 등재되지 않은 경우이다. 이들도 호적에 상층계급이 사용하는 직역을 기재하지만 대체로 서자로 확인되는 경우가 많다. 서자의 후손들은 족보에 등재되지 않았다.

 가장 중요하게는 선조나 본인은 호적에 상층계급이 사용하는 직역을 기록하지 않았으나 다음 세대의 호적에 그것을 기록하게 된 경우이다. 이들은 17세기 말에 나타나기 시작하여 18세기에 들어 증가하였다. 특히 군역자의 후손들은 1730년대에 '업유' '유학' 등의 직역명을 쓰다가 18세기 중엽에는 모두 '유학'으로 기재하고 있다. 그러나 유학 등의 직역명을 호적에 기재한다고 해서 이들이 양반이 된 것은 아니다. 앞에서 본 바와 같이, 18세기에는 호적에 기재된 직역명으로 사회 현실적 계층을 구분해 내기 어려워져 갔다. 이들이 족보에 등재되지 않은 이유는 바로 여기에 있다.

18세기 중엽의 족보에 이러한 배타적인 인구등재를 시행하게 된 이유는 국가적 신분으로 확정되는 직역과 지역사회에서 통용되는 사회계층 간에 괴리가 있었기 때문이다. 18세기 중엽에 호적상의 직역기재가 더 이상 실제의 계층적 구분을 명확히 해주지 못하는 상황이 심화되었으며, 그것은 단성을 넘어 합천 이씨가 거주하는 모든 지역에서 일반적인 현상이었다. 현실의 사회계층이 변동함에 따라 국가적 신분을 적용하는 범위도 변화한다. 그러나 양자 모두가 모호해져 가는 현실은 기존의 지배계층에게 견디기 어려운 상황이었을 것이다. 여기에 기존의 상위계층은 족보를 작성하여 계보를 확인함으로써 소위 양반으로 인정되는 자들을 다른 계층과 구별지었던 것이다.

이전에 유학이나 품관직명 등은 상위계층이 주로 사용하던 직역명이며, 하층민은 사용을 제한받았다. 그러나 18세기에 하층민 출신으로서 사회적 위상을 높여 나가려고 하는 자들이 유학을 직역명으로 호적에 기록하기 시작한 이래, 19세기에는 더욱 광범위한 계층이 이러한 흐름에 편승하였다. 이런 상황에서 합천 이씨는 19세기에 들어서도 18세기 중엽 이후의 합천 이씨 후손들을 포괄하며 재차 족보를 중수하였다.[41] 이 시기의 족보중수는 18세기 중엽에 족보를 작성한 것과 동일한 이유에서였다.

합천 이씨는 1920년대에 여러 계파를 분합하여 각각의 족보를 편찬

배산서당 배양리 소재. 합천 이씨 파보 가운데 하나는 이곳에서 편찬되었다. 1771년에 배양리의 합천 이씨들이 선조인 이원(李源)과 이광우(李光友)를 모시기 위해 '배산서원'이라는 이름으로 문중서원을 세웠는데, 1868년에 서원철폐령에 의해 철거되었다가 1919년에 다시 '배산서당'의 이름으로 건물이 들어섰다. 이후 한주학파(寒洲學派) 이병헌(李炳憲)이 중국에서 공교회(孔敎會)를 조직한 강유위(康有爲)와 직접 교유하고 이곳에서 금문경학(今文經學)적 공자교운동을 전개하였다. 이병헌의 공자교사상은 이미 한주학통을 벗어나 있는 까닭에 유림들로부터 외면당하기도 하였지만, 한국 유교경학의 중심이 고문경학(古文經學)임을 볼 때, 그의 학문적 업적은 높이 평가받고 있다고 할 수 있다. 그가 이곳에서 편찬된 합천 이씨 파보의 서문을 썼다는 사실은, 서파를 비롯하여 폭넓은 계층을 포함하는 이 파보의 특징과 무관하지 않으리라 여겨진다.

하였다. 여기에는 18세기 이래 양반층으로 인정받아 온 집안만을 모은 족보도 있는 한편, 서자나 군역자나 향리를 선조로 하는 자들을 대거 등재한 족보도 있다.[42] 이때의 족보는 19세기 이전의 족보와 다른 계보를 그리면서 새로운 계층적 통폐합을 이루어냈다고 할 수 있다. 호적에 기재되는 국가적 신분뿐만 아니라 족보에 등재되는 사회적 신분도 유동적이었음을 의미하는 부분이다.

여러 족보가 작성되던 1920년대는 이미 조선이 일본의 식민지로 전락하여 민에 대한 국가적 신분규정이 사라진 때이다. 그러나 동성동본의 혈연집단을 형성하려는 족보의 편찬은 전보다 더욱 활발해졌다. 당시의 출판물 가운데 가장 많은 비율을 차지하는 것이 바로 족보와 개인의 문집(文集)이다. 문집은 개인의 한문학 및 성리학 수양과 동류배와의 교류를 표현하고 있는데, 이것도 상층계급이 갖추어야 할 교양의 하나였다. 국가적 신분규정은 의미를 상실하였지만, 민간의 계층인식은 전통사회의 연장선에서 발전하고 새로운 환경에 적응하여 변형되고 있었던 것이다.

조선 후기의 족보는 부계 구성원의 정통성을 증빙함으로써 혼인관계의 정당성을 표명하기 위해 작성되었다. 말하자면, 통혼권(通婚圈)이라 하는 정당한 혼인범위 내에서 신분집단을 형성하기 위한 증빙자료였던 셈이다. 동일 신분이 아니면 부계 구성원의 정통성을 인정받지 못하기 때문에 족보에는 부모의 신분적 구별에 의거하여 등재 여부가 결정되었다. 족보등재의 결정요인인 신분은 부모의 혼인관계에 기초하여 구분되었다. 어머니가 정처인가 아닌가, 천인인가 아닌가 하는 적·서(嫡庶)와 서·얼(庶孼)의 구분에 기초하여 아버지의 신분을 계승할 것인지가 정해지는 것이다. 이와 같은 족보의 등재원리라면, 족보는 '부모의 혼인관계에 기초하여 계층적으로 결집한 사회집단의 일원임을 증빙하는 자료'라고 해야 할 것이다.

주민등록과 계보의 이념

　호적과 족보는 모두 조선시대의 인구와 가족을 기록한 자료이다. 그러나 각 자료는 누가 어떠한 의도와 형식을 가지고 작성하였는가에 따라 다른 성격을 가진다. 호적은 기본적으로 지역사회에서 자치적으로 행한 조사에 기초하지만, 궁극적으로 중앙정부의 국가적 의도에 근거하여 작성되었다. 그러나 족보는 동일한 부계조상을 가진 자들에 의해 순전히 민간 차원에서 편찬되었다. 한국의 전통사회는 오랫동안 전제주의 왕조국가로 성립해 왔으나, 국가와 민 사이에 존재하는 여러 사회집단의 활동이 병존하였다. 호적과 족보를 작성한 주체의 차이는 자료적 성격의 차이를 나타내며, 이것은 조선사회의 운영원리와 현실을 그대로 반영하고 있다.

　호적장부는 실재하는 주민을 '호(戶)' 단위로 기록한 '주민등록'의 형태를 띠고 있다. 호적에는 구성원의 가족관계 및 종속관계가 기재되고, 개인의 출생, 사망, 결혼, 인구이동사항이 기록된다. 그러나 호구변동사항이 있을 때마다 수시로 그 사실을 기록하는 현재의 주민등록과는 다르다. 조선시대 호적은 3년에 한 번씩 당시 상황을 기준으로 지난 3년 사이의 인구변동을 조사하여 일제히 기록한 것이다. 단, 지역 내의 인구를 빠짐없이 기록한다는 원칙에도 불구하고 현실적으로는 필요한 만큼의 인구만 등재하였다. 그것은 국가의 인구파악능력이 부족해서가 아니라 현지 주민의 조세납부능력에 맞추어 호구수를 조절한 결과였다.

　이에 반해 족보는 혼인 및 양자관계로 형성되는 가족이 동일한 부계 선조로부터 계승되는 상황을 '계보'로 기록하였다. 그 시기는 알 수 없지만 혼인으로 인한 배우자의 입적, 양자결연으로 인한 '출계(出系)' 상황이 기록되고 개인의 출생 및 사망시기가 기재되었다. 족보는 작성 과정에서 국가의 개입을 받지는 않지만, 근대 민법상에 필요한 가족관계를 기록하고 있으며 거주지 이동과 관계없이 가족의 '출신(出身)'을 명확히 한다는 점에서, 식민지시기 이후 지금에 이르는 호적과 유사성을 갖는다.

흔히 조선시대 족보를 '종법질서에 기초하여 부계혈연의 동족결합을 강화하기 위한 물적 근거'라고 규정한다. 여기서 '동족(同族)'이란 동일 성관(姓貫)을 가진 남성과 그 배우자 및 자녀로 구성되는 가족의 집합체를 말한다. 성관, 즉 성씨(姓氏)와 본관(本貫)이 동일하다는 것은 바로 '동성동본(同姓同本)'을 말한다. 이러한 동성동본 가족이 집합하는 범위를 동일한 선조로부터 부자관계로 연결하여 계보로 나타낸 책자가 바로 족보(族譜)이다.[43]

자녀가 아버지의 성관을 따르며 부계를 기준으로 계보를 작성한다는 관례로 인해 족보는 남성우월적인, 즉 여성차별적인 시대상을 반영하는 문서로 인식되고 있다. 동성동본 남성인 아버지를 가족의 대표자로 삼기 때문에 동족으로 묶이는 가족은 곧바로 '가부장제(家父長制)'에 기초하여 형성되었다는 인식도 여기서 출발한다. 족보라는 물적 증거에 기초하여 동족결합을 시도함에 따라 작게는 가부장제의 가족에서 크게는 동성동본을 '일가(一家)'의 혈연으로 여기는 '대동(大同)' 인식이 형성되었다. '대동보(大同譜)'라는 족보명은 이러한 인식에 기초하고 있다.

그러나 조선시대 족보에 대한 이러한 인식은 조선 말기에 이르러서야 적용될 수 있거나, 전혀 현실적이지 않은 관념적인 것이라는 생각이 고개를 들고 있다. 동족을 결합하려는 의지가 없었던 것은 아니지만, 강조하는 만큼 동족인식이 강하지는 않았으며 현실화되기도 어려웠다는 역설이 가능하기 때문이다. 족보상에 등재되는 동성동본의 범위와 방법도 일률적이지 않으며, 그렇게 형성된 사회집단의 규모가 커질수록 허상에 가까워지는 경향이 없지 않다. 여기서 동족과 부계인식의 역사적 과정을 재음미해 볼 필요가 있다.

중국 한식(漢式) 성씨를 쓰게 된 것은 빨라야 삼국시대부터이다. 공식적인 기록으로는 중국 역사서에 씌인 "신라국왕 김진흥(新羅國王金振興)"이 최고(古)이다. 왕족이 성을 쓰기 시작하고 이것이 국제적으로 인정받게 되자, 왕족과 혼인관계에 있는 상층 귀족들 사이에 성씨 사용이 유행처럼 번졌다. 이름 앞에 성을 쓰는 형식에 맞추어 고유한 성씨를 창출하기도 하고 중국에서 사용하는 성씨를 따오기도 했다. 이리하여 성씨가 지배층 일반에 확산된 것은 고려왕조에 들어서이다.

각지의 지배세력들을 규합하여 형성된 고려는 건국공로자 등에게 새로운 성을 내리거나 기존의 성을 바꾸어 주는 식으로 성을 하사하고, 지방행정구역을 설정하면서 지역마다 그 지역 지배층의 성씨를 확정하였다. 여기에 지역명에 따른 본관(本貫)이 성씨와 함께 사용되면서 성관(姓貫), 관향(貫鄕)이라는 개념이 생겨났다. 처음에 중앙정계나 국제사회의 정치적인 문제로 출발한 성씨가 민간에서 자의로 사용되기 시작하고 이제 지방통치에 필요한 수단으로서 국가적으로 규정되기에 이른 것이다.

이후 신흥지배층의 형성과 지역간 인구이동에 따라 중앙에서는 수 많은 성씨가 나타났다 사라지고, 지방에서는 종래에 분정된 '토성(土姓)' 위에 새롭게 '내성(來姓)'이 창출되었다. 그러나 성을 쓰는 행위가 아무리 민간에 확산되었다 해도, 실제로 성을 사용하는 자들은 얼마되지 않는 지배세력에 한정되었다. 평민들 사이에 성씨 사용이 일반화된 것은 조선 후기에 들어서이며, 노비가 제도적으로 철폐된 근대 초기에 이르러서야 모든 인민이 성을 쓰게 되었다.

처음부터 당연하게 아버지의 성씨를 따라야만 한 것은 아니었다. 한때 필사본의 진위논쟁으로 화제가 되었던 『화랑세기(花郎世紀)』에서는 부계계보라기보다 여성들로부터 이어지는 모계의 계통을 발견할 수 있으며, 어쩌면 당시에 부계·모계라는 인식 자체가 있었는지 의심스러울 정도의 내용을 담고 있다.[44] 가까운 인척간에 연애관계가 얽혀있어 유교윤리나 현재의 가족제도로 볼 때 불경스럽기까지 한 내용을 그리고 있다.

그러나 『화랑세기』 필사본의 진위 여부는 차치하고라도, 그 내용을 불경스럽다고 하는 것에는 문제가 있다. 이후 고려시대의 근친혼(近親婚)과 서류부가(婿留婦家)의 풍습이나 조선시대의 처가·외가를 존중하는 사회관계로 보건대, 『화랑세기』의 배경이 되는 당시의 혼인 및 남녀관계를 완전한 허구라고 단정할 수는 없다. 무엇보다 『화랑세기』 필사본에 적힌 복잡한 혼인·연애관계는, 사실이라 하더라도, 결코 불경스러운 역사가 아니다.

고려시대에는 결혼하여 자식이 장성할 때까지 처가(妻家)에서 생활하는 서류부가의 결혼형태가 일반화되어 있었고, 조선시대에도 지속적으로 그 흔적이 나타난다. 자식들에 대한 재산상속은 조선 중기에 이르도록 남녀균분으로 행해졌으니, 딸자식을 멀리 시집보내도 시가에서 기가 죽어 지내지 않을까 걱정할 필요가 없었다.

　봉작(封爵)·서직(蔭職)의 상속도 친손과 외손에 차별이 없었으며, 무덤에 넣는 묘지명(墓地銘)에도 친손과 외손을 모두 기재하였다. 고려시대에는 화장의 풍속과 불교식 제사를 고급스럽게 여기는 풍조가 지배층들 사이에 퍼져 있어 족보와 같은 동족결합을 위한 '물적 근거'로서의 산소는 필요로 하지도 않았다. 양반고을인 안동지역의 16세기 말 무덤에서 한 부인의 편지가 발견되었는데, 거기에는 망부(亡夫)에 대한 애절한 사랑이 흘러넘치고 있다.[45] 이 편지에서 부부의 정은 보일지언정 부계 중심의 동족인식은 찾아볼 수 없다.

　조선 후기 호적에서 확인하였듯이, 평민 가운데에는 양자가 자신의 성을 양부의 성으로 바꾸는 경우도 있었으니, 평민들에게 동성동본 혼인은 별로 문제될 것이 없었다. 전국규모로 동성동본을 같은 혈연으로 인식하고 선조로부터 동일한 세대의 이름자에 같은 항렬(行列)을 쓰기 시작하는 19세기 후반 이후에야 동성동본 금혼이라는 인식이 일반화되었을 뿐이다.

　조선시대 중엽 이후에 작성된 족보에는 고려시대에 살았던 선조들의 호적이 별첨자료로 등재된 경우가 많다. 족보에 기록된 이 호적들은 주호부부에게 사조(四祖)를 기재하는 호적의 일반적인 형태를 띠고 있다. 그런데 개중에는 증조의 사조와 증조의 증조의 사조가 기재되고 더 나아가 그 이상의 직계 선조가 등재된 것도 있다. 족보에 실린 이러한 호적은 직계로서는 증조까지 기재되는 사조형식의 호적을 대대로 이어붙인 형태를 띠고 있다.

민간의 족보는 이와 같은 계보를 모아서 작성한 것이다. 현존하는 가장 오래된 족보는 세종 5년(1423)에 작성된 문화 류씨(文化柳氏)의 『영락보(永樂譜)』로 알려져 있다. 그러나 이것은 서문만 남아 있고 계보의 내용은 전해지지 않는다. 계보의 형식을 갖춘 현존 최고(古)의 족보는 성종 7년(1476)에 작성된 안동 권씨(安東權氏)의 『성화보(成化譜)』이다.[46] 이 당시의 족보는 조선시대 족보의 근원적인 성격을 지니고 있지만, 조선 후기 족보와는 등재방법에서 차이가 있다. 『안동 권씨 성화보』의 서문과 계보에서 그 사실을 확인할 수 있다.

『안동 권씨 성화보』가 이후 몇 차례 중수된 안동 권씨 족보와 다른 점은 첫째로 자식들이 성별과 무관하게 출생순으로 기재되며, 손녀나 외손자녀의 계보, 즉 '여계(女系)'가 몇 대에 걸쳐서 기록된다는 점이다. 둘째로 『성화보』에는 이후의 족보에 계보를 올리는 십여 계파들 가운데 단지 두세 계파만이 등재되었다는 점이다.

『성화보』에는 딸에 대한 차별이 보이지 않는다. 또한 사위를 '여부(女夫)'라고 기재하였는데, 그 중에는 '후부(後夫)'라 하여 당시 명문사족 출신 여성의 재혼사실을 버젓이 밝힌 것도 있다. 무엇보다도 딸과 손녀는 물론 외손녀, 외손녀의 딸과 혼인하는 집안의 성씨들을 대거 등재함으로써, 안동 권씨 부계의 족보라기보다는 차라리 혼인네트워크로 얽힌 여러 성씨의 집합체를 그린 것으로 보일 정도이다.

서거정(徐居正, 1420~1488)은 『안동 권씨 성화보』의 서문에서 "지금 중앙관직자 수천 명이 모두 안동 권씨 두 파의 자손"이라고 말하고 있다. 서거정은 15세기에 유행한 성리학적 명분론에 입각하여 『동국통감(東國通鑑)』 등의 통사를 지은 명문가 출신의 문인·사가(史家)로서 중앙관로의 요직을 두루 거친 인물이다. 그의 어머니가 바로 조선 건국 초기에 유교적 정치이데올로기를 형성하는 데 공을 세운 대학자 권근(權近)의 딸이다. 『안동 권씨 성화보』는 당시 여러 성씨의 가족들이 혼인을 계기로 사회집단을 형성하고 있음을 밝히기 위해 작성한 것이다. 중앙정계 중추부의 명족들이 혼인관계로 서로 연결되어 있다는 사실을 안동 권씨 계보를 통해 나타낸 것이다. 조선 초기 족보의 이러한 성격은 조선 후기의 족보에도 기본적으로 적용된다.

안동 권씨 족보는 이후 1604년, 1701년, 1734년, 1794년에 중수되었다. 안동 권씨 대종가의 계파를 포함하여 여러 다른 계파들이 족보를 중수할 때마다 계속해서 새롭게 등재되었다.[47] 그런데 여러 차례 족보의 중수를 거치면서 계보상 외손자녀에 대한 기록이 축소되어 갔다. 출생순으로 등재되던 자식들이 아들과 딸, 적자녀와 서자녀로 구분등재되었다. '부계혈연집단이 강화'되어 갔다는 이해는 조선 후기 족보의 이러한 현상에서 연유한다. 그러나 딸에게 사위의 성명을 기록하는 것과 마찬가지로 이전에는 기록에 소홀했던 장인의 성명을 기재함으로써 배우자의 성씨가 더욱 많아졌다는 점을 간과해서는 안 된다. 조선 후기 족보에도 초기 족보와 같이 혼인관계로 맺어진 성씨가 광범위하게 등재될 뿐만 아니라, 오히려 확대되어 나갔던 것이다.[48]

조선 후기 족보에 외손자녀에 대한 기록이 축소된 이유는 무엇인가· 『안동 권씨 성화보』에 등재된 여러 성씨의 후손들이 그 사회집단을 계승하기 위해 족보를 중수하려 하였다면, 족보는 이후로 태어난 후손들의 수만큼이나 방대한 분량이 되었을 것이다. 그러나 안동 권씨 말고도 많은 성씨들이 별도로 족보를 작성하고 각 동성동본 부계계보에 배우자의 출처만을 등재함으로써 이 문제는 해결될 수 있었다. 이들 사회집단은 혼인을 매개로 연결되므로, 서로의 족보를 신뢰한다는 전제 위에 혼담이 오고갈 때 족보에서 해당 가문의 후손임을 서로 확인할 수만 있으면 되었기 때문이다. 조선 후기의 족보에는 이같이 '여계'의 기록을 줄여 계보를 단출히 함으로써 초기 족보에는 등재되지 않았던 계파들을 수용할 수 있게 되었다.

16세기 이후 족보를 처음 만드는 성씨들이 증가하여 18세기에 많은 동성동본 성씨들이 족보를 처음으로 편찬하게 된다. 유행처럼 번져 나간 족보편찬은 우선 각지에 광범위하게 퍼져 살고 있는 동성동본의 가계를 확인하는 작업에서부터 시작되었다. 각 지역의 가계들이 가지고 있는 가첩(家牒)이나 호적을 대조하여 동일 선조로부터 계파를 연결하였다. 때로는 선조대의 세대수나 이름이 일치하지 않거나, 어느 선조대까지는 구술로만 전해 오는 경우도 있었다. 족보편찬을 주도하는 가계에서 원로들을 모아 이러한 가계들의 족보가입 여부를 의논하였으며, 동일 성씨의 계파인지가 불명확한 경우에는 후대에 엄밀한 조사를 당부하는 단서를 붙여두기도 했다.

현실적으로 오래 전에 다른 지역으로 이주하여 서로 연락이 끊어진 계파는 족보에 등재되기 어려웠다. 동성동본 성씨로서의 정통성을 확인할 수 없을뿐더러 통혼 가능한 동일 계층으로 존재하는지도 의심스러웠기 때문이다. 단, 중앙관직자나 저명한 학자가 있어 지배계층으로 인정받는 계파라면, 가계계승이나 출신에 관련된 정보가 애매하더라도 족보에 함께 등재될 가치가 있다고 보았을 것이다. 동일 성씨집단으로서 상호협력할 수 있고, 다른 성씨들에게 통혼상대로서 사회적 위상을 내세울 수도 있기 때문이다.

조선 후기 족보는 여전히 혼인을 매개로 한 계층적 결합을 주요한 목적으로 삼았다. 동일 성씨 내부에 일부 계층만 등재하는 한편 통혼할 수 있는 여러 성씨집단을 포괄한다는 의미에서, 족보를 단순히 '부계친족'이 결합하기 위한 물적 증거로만 이해해서는 곤란하다. '부계친족'이라는 인식은 조선 후기 족보가 중국의 족보를 원형으로 하는 데서 나온 발상이다. 이것은 중국의 종법질서(宗法秩序)가 조선 후기에 일반화되어 갔다고 여기는 인식과도 관련이 있다.

중국 당대(唐代)까지의 고보(古譜)는 문벌귀족의 전성기에 조정이 가문의 계보를 모아 심사하여 귀족 가계의 서열을 정하려는 목적에서 편찬한 것이다. 과거에 응시할 때 응시자의 내력과 선대의 업적 등을 기록하는 데 족보가 사용되고 관리로 임명받는 데 최대 조건이 되었다. 그런데 송대(宋代) 이후에는 가계의 서열화가 사라지고 가문의 흥망이 심해지면서, 민간에서 동일 선조[同祖]의 족인을 집합시키기 위해 족보를 특화하였다. 특히 구양수(歐陽脩, 1007~1072)가 편찬한 『구양씨보도(歐陽氏譜圖)』나 소순(蘇洵, 1009~66)이 편찬한 『소씨보도(蘇氏譜圖)』 등이 이후 대부분의 족보편찬시에 표본이 되었다. 가문마다 각기 다른 법도에 의거하여 족보를 기록하였으나 적자승계(嫡子承繼)를 원칙으로 하는 주대(周代)의 종법(宗法)부활을 이상으로 하는 점만은 같다.[49]

중국에서는 부계혈연집단을 '종족(宗族)'이라 부르고 종족집단의 명부인 족보를 '종보(宗譜)'라고 부르는 것이 일반적이다.[50] 중국의 경우 족보에 배우자의 성씨 외에 사위의 이름이나 장인의 이름까지 기재하는 경우는 흔치 않다. 종족 구성원의 명부로서 그 순수성을 유지하고 있는 셈이다. 명대(明代)에 와서 가장 많은 족보가 편찬되었다. 상업이 발달한 문화 중심지인 강남델타 혹은 각지의 도시에서 족보편찬이 활발하였는데, 종족의 재력과 문화가 여기에 관계되었을 것으로 보인다. 신분이 매우 유동적인 사회이니만큼 부계혈연관계에 의지하려는 움직임이 보다 강하였을 것이다. 중국은 19세기 중엽 이후 '부계혈연 강화의 시대'라고 불릴 정도로 족보편찬이 성행하였다.

이러한 중국의 족보는 혼인관계를 중시하는 한국의 족보와는 상당히 다른 모습이다. 조선 후기의 종법질서라는 것도 부계혈연집단으로 결집하기 위한 중국의 종법과는 다른 현실을 가지고 있었다. 송대 이후 중국의 족보와 조선의 족보에서 찾아볼 수 있는 공통점이라면, 국가와 개인 사이에 존재하는 사회집단이 자발적으로 편찬하였다는 점이다. 그러나 이러한 사회집단은 서로 다른 형태로 결집되었다고 할 수 있다.

호적이나 성관은 국가적인 필요에 의해 국가통치이념에 입각하여 생겨났다. 한국의 역대 왕조는 중국의 전제주의적인 정치이념을 받아들여 지방통치를 위해 일찍부터 호적이나 성관을 사용해 왔다. 호적에는 부세를 거둘 수 있는 건실한 주민들을 등재하고, 지역사회의 상층계급에 한해 성관을 부여하였다. 그러나 호적에 등재되거나 성관을 인정받은 자들에 한해서는, 그들을 일률적이고 평등한 관계로 파악하였다. 호적에 기재되는 직역은 신분적인 차별이 아니라 국역부담을 구분하는 역할을 하였을 뿐이다. 왕권으로 상징되는 국가에 대해 이들 주민은 모두 평등한 '왕의 백성'이었던 셈이다.

족보도 처음에는 국가통치의 필요에 의해 발생하였다. 그러나 조선시대의 족보는 국가의 균등한 신분파악에 대응하기 위한 방편이었다. 국가의 신분파악에는 현실적인 사회계층적 차별이 무시되었기 때문이다. 신분적 차별이 모호하고 신분간 이동이 상대적으로 용이한 사회에서 계층적 차별에 기초한 계층적 집단의 결집이 요구되었던 것이다.

족보편찬이 성행하기 시작하는 18세기부터 조선사회에도 중국과 같은 '종법질서'가 일반화되었다고 이해하고 있다. 그러나 계층적 결합의 근거가 되는 혼인네트워크를 구축하는 것이야말로 조선시대 족보의 기본 성격이었다. '종법질서'는 혼인으로 형성되는 가족을 동일지역, 동일계층의 사회집단으로 결집하기 위한 이념에 지나지 않았다. 족보에 등재되는 계파와 거주지역이 광범위하게 확대됨에 따라 전국에 걸친 동성동본 후손을 하나의 친족으로 여기는 극히 관념적인 사회집단이 형성되기에 이르렀다. '종법질서'는 이러한 과정에서 강조되었을 뿐이다. 종법질서가 일반적인 사회인식이 되는 시기는 한참 뒤로 물려져야 한다.

지금 우리들 대부분은 호적과 족보를 전통적인 구시대의 산물이라고 생각한다. 호적과 같이 국가가 인민을 일률적이고 균등한 양식으로 파악하는 전통은 참으로 오래되었다. 그러나 이 전통은 중앙집권적인 근대국가가 형성될 때 보다 유용하게 사용되었다. 족보상의 계보는 고대사회로까지 거슬러 올라가지만, 종법질서에 기초한 부계혈연의 결집이 강조되는 것은 근대사회가 형성되기 시작할 무렵이었다. 오랜 전통으로 인식되던 많은 것들이 사실 그리 오래되거나 낡은 것이 아닐 수도 있다는 말이다.

5 / 가족의 변화

호적의 '호(戶)'와 가부장적 '가(家)'

호적에 가족을 기록하는 틀은 중국 고대사회에서 연유하여 한국의 고대사회에 적용되고 고려시대부터 널리 이용되기 시작하였다. 동아시아의 고대국가는 현실적으로 존재하는 다양한 세대(世帶)의 가족을 중앙집권적으로 지배하기 위한 일률적인 형태를 제시하고, 그에 따라 '호(戶)'로 재편성하였다.

호적의 호는 한 쌍의 부부와 미혼의 자녀들로 구성된 '단혼가족(單婚家族)'을 기본 단위로 하지만, 그 가족에 부수적이고 종속적인 구성원들을 호 구성원의 범위에 포함시켰다. 연구자들은 단혼가족에 노부모를 더한 '직계가족(直系家族)', 기혼 형제의 가족을 포함한 '복합가족(複合家族)' 등, 가족구성의 범위나 구성원 간의 관계에 따라 가족의 형태를 나누기도 한다. 그러나 고대사회의 호가 갖는 특징은 여기에 그 가족과 친인척관계에 있지 않은 자들을 가호의 구성원으로 포함한다는 데 있다. 즉, 신분적인 지배관계로 맺어진 노비(奴婢)와 경제적 지배관계로 맺어진 고공(雇工), 그리고 국역체제상의 보조가족이 호의 구성원으로 포함되었다.

학술사적으로 볼 때, 호적에 대한 연구가 곧바로 가족에 대한 연구로 이어지는 것은 아니다.[51] 호적의 '호'가 농업경영의 기본 단위로서 실재하는 가족의 형태를 그대로 나타낸다고 한다면, 호적에서 가족이야기를 하는 데 주저할 일이 없다. 그러나 호적의 호와 실재하는 가족의 형태에는 차이가 있다. 호적은 징세와 통치를 위한 장부로 작성된 것이기 때문이다. 호적의 호는 농업재생산의 기본 단위로서 자연스럽게 구성된 '가(家, 이것을 흔히 '자연가'라고 부른다)'가 아니라 국가에 의해 의도적으로 편제된 '편호(編戶)'라는 것이다.

본래 가족은 혼인과 출산 및 양자관계 설정을 통해 항상 새롭게 형성되고 계승되며 소멸하기도 하는 유동적인 것이다. 정지한 어느 시점에서 가족의 규모와 형식이 그 지역에 평균적인 것, 혹은 전형적인 것을 가족형태로 인식하고 분류할 뿐이다. 그런데 현실을 무시하고 호구를 편제하였다가는 호적이라는 장부가 지배수단으로서 그다지 유효하지 않게 되므로, 가능한 한 사실에 근접한 호구파악을 시도하였을 것이다. 따라서 호적에 등재된 개별 호 중에는 실재하는 가족형태에 근접한 것이 높은 비율로 존재할 가능성도 있다. 그러나 이 때문에 호적이 실재하는 평균적인 가족형태를 보여주고 있다는 설명은 논리적이지 않다.

국가는 호적작성을 위해 광범위한 지역에 일률적으로 적용할 수 있는 표본적인 호구양식을 제시해 왔다. 그리고 호적을 작성할 당시의 정책적 의도에 따라 실제의 호구편제상황은 가변적일 수밖에 없다. 호구편제양식에 기초하여 필요한 만큼의 호구를 파악하기 때문에 '편호'는 지역의 호구 총수와 긴밀한 관계를 가진다. 호적의 호는 이러한 양식과 의도적인 편제로 말미암아 이미 '형식상의 가(家) 공동체'임을 전제로 해야 한다.

 戶, 某部 · 某坊 · 第幾里住
 某職 · 姓名 · 年甲 · 本貫 · 四祖
 妻, 某氏 · 年甲 · 本貫 · 四祖
 率居子女, 某某 · 年甲

奴婢・雇工, 某某・年甲

이것은 『경국대전(經國大典)』 호전(戶典)에 실린 '호구식(戶口式)'이다. 조선왕조가 고려왕조의 호구파악방식을 이어받아 호적을 작성하기 위한 법규로서 제시한 호구기재양식이다. 호구식에는 먼저 주소를 기재하는데, 여기에 보이는 '부(部)'는 조선의 왕도인 한성(漢城) 동서남북 4부를 말하며, '방(坊)'은 그 산하 행정단위이다. 호구양식은 전국 어디에서나 통용되는 법규이지만 한성에 거주하는 주민을 기준으로 제시되었음을 말해준다. 법전 본문에 "外則稱某面某里"라고 주를 달아 '경(京)' 이외의 지방에서는 면·리로 표기할 것을 제시하고 있다. 이하, 호구단자(戶口單子)나 준호구(準戶口)도 이 규식에 따라 작성되었다.

호구식에 첫 번째로 등재되는 자를 호의 대표자로 간주하여 '주호(主戶)'로 통칭한다는 것, 주호부부에게는 본관과 사조를 기재한다는 것은 이미 언급하였다. 위의 양식에서는 주호에게 '직(職)'을 쓰도록 하면서 '역(役)'이나 기타 신분기재에 대해서는 언급하지 않았다. 또한 처에게 '씨(氏)' 호칭을 쓰는 것만 제시하고 기타 서민층 이하의 여성 호칭에 대해서는 언급하지 않았다. 여기에도 일반인〔庶人〕은 사조를 알지 못할 경우에 다 쓰지 않아도 좋다는 주를 달았다. 호구식은 사대부의 호구기재를 기준으로 제시되었음을 의미한다.

이 호구식에서 주목하려는 부분은 주호부부 이외의 구성원이다. 우선 기혼자는 주호부부에 한정된다. 자녀는 주호인 부모 밑에 '솔거(率居)'하는 자에 한해서 등재된다. 물론 사망하거나 출가(出嫁)하거나 별도로 호를 구성해서 부모의 호에서 나가는 등, 3년 전에 작성되었던 호적기재내용과 다른 변동사항이 생겼을 때에는 그 사실을 호적에 부기한다. 자식들의 혼인 여부보다는 동거 여부를 우선시한 것이다. 여기에도 "사위에게는 본관을 함께 기재한다〔女婿則幷錄本貫〕"라고 주를 달아 사위가 등재되는 경우를 상정하고 있다. 딸이 혼인하여 이적하기 전에 사위가 처가 쪽에 얼마간 거주하는 관행이 있었기 때문이다.

앞서 고려시대에는 호적에 등재되는 가족의 범위를 보다 상세하게 제시하였다.[52] 주호부부 이외의 가족 구성원을 '동거자식(同居子息), 형제, 조카〔姪〕, 사위〔壻〕 등의 족파(族派)'로 규정하였으며, 이어서 '출가자식(出家子息)'을 포함하기도 했다. 한 호에 혼인한 자녀는 물론 형제의 가족도 등재할 수 있다. 그러나 장성한 손자에 대한 언급이 없는 것으로 보아 혼인한 자녀를 장기적으로 등재하기는 어려웠던 것으로 보인다. 형제의 가족도 가족 전체가 아니라 개인 자격으로 등재하였을 뿐이다.

조선시대의 호구식이나 고려시대의 호적등재범위는 혼인하여 자녀를 출산하고 가족을 이루게 되면 분호할 것을 전제로 하는 규정이라 할 수 있다. 동거하면서 경제생활을 함께하는 가족이 실제로 어떠한 범위로 존재하였는지는 알기 어렵다. 단지 조선시대의 호적은 주호부부와 미혼의 자식으로 구성되는 단혼가족을 가족의 기본 단위로 설정하고 있다.

사회인류학이나 역사인구학의 연구에 따르면, 핵가족이 일반화된다고 하는 근대사회 이전에 이미 소규모의 가족이 평균적으로 존재하였다.[53] 가족이란 개념을 혈연관계와 혼인관계로 맺어진 사람들로 한정하고 이러한 전제하에 가족의 규모를 생각할 때, 한국사회도 일찍부터 소규모 가족이 일반적이었으며 이에 준거하여 호적에 호의 가족범위를 규정한 것인지도 모른다.

문제는 여기에 노비(奴婢)와 고공(雇工)이 주호의 가족과 함께 등재된다는 사실이다. 친인척관계가 아닌 부류들이 한 호에 등재되는 것은 고려시대에도 마찬가지였다. 물론 조선시대의 호구식은 사대부가의 호적을 표준으로 삼은 것이기 때문에 노비나 고공을 소유하지 않은 서민들의 호에까지 반드시 적용되어야 하는 항목은 아니다. 또한 노비나 고공은 독립된 가족으로서가 아니라 개별적으로 신분관계나 계약관계를 맺어서 솔거하는 부류이다.

노비는 각각의 상전(上典)이 있어 개인이나 공공기관에 개별적으로 소유되며 상속될 수도 있다. 조선시대 호적에는 상전의 호에 솔거하는 노비에게 그 주인을 기록하지는 않지만, 통상 그 호의 주호를 솔거노비의 소유자로 인식하였다. 그러나 국가는 호적을 통해 노비나 고공을 호 구성원의 일원으로서만 파악할 뿐, 각각의 개별적인 소유관계에는 그다지 관심을 쏟지 않았다. 또한 노비가족으로 구성되는 독립호도 존재한다. 이들에게는 상전을 일일이 기록하지만, 국가에게는 이들 역시 양인과 같이 호구를 구성하여 그에 상응하는 국역을 부담하는 존재일 뿐이다. 호적상 노비는 단순히 소유물이 아닌 것이다.

조선시대의 노비는 노예제사회에서와 같이 소유물로만 존재하지 않고 호적에 호의 구성원으로서 존재한다. 이러한 점에서 조선시대 호적의 호는 구성원 모두 주호에게 귀속되는 '가부장제적(家父長制的) 가(家)'의 성격을 갖는다.[54] '가부장적'이란 가 공동체의 장(長)이 아버지와 같은 존재임을 말한다. 가장이 가 공동체 구성원 모두의 혈연적인 아버지는 아니지만 아버지와 같은 권위 혹은 권력을 가진다는 의미이다. 따라서 '가부장적 가'는 가족의 최소 단위인 단혼가족에 친인척과 비혈연의 구성원이 개별적으로 포함되는 광범위한 '가족'을 일컫는다.

호구양식에 의거하여 작성된 조선시대 호적의 호는 단혼가족을 기본 형태로 하면서도 친인척이나 비혈연관계에 있는 구성원을 포함한다는 점에서 '가부장제적 가'의 형태를 띤다. 더구나 호의 대표자가 양식상 드러나지 않는 가족들을 대표한다는 점에서도 그러하다. 친인척인가 아닌가를 불문하고 이미 가족을 이룬 자들이 호의 개별 구성원으로서 등재되기는 하지만, 그들의 가족 자체가 주호의 뒤에 잠재되어 있다는 것이다.

첫째로 주호가족과 친인척관계에 있지 않으면서 가족을 구성하고 그 호에 속해 있으나, 호적에는 표면화되지 않는 자들이 있다. 단성현 호적대장에서는 찾을 수 없지만, 경상도 언양의 호적에서는 호의 구성원 가운데 '협인(挾人)'이라 하여 비혈연 가족이 등재된 것을 볼 수 있다. 협인들로 구성된 협호에 대한 상대적 의미로서 호적에 등재된 호를 '원호(元戶)' 혹은 '주호'라고 불렀다. 호적의 호에 이들이 협호로서가 아니라 개별 협인으로 등재된 것은, 호적의 원호에는 단혼가족을 등재하는 것이 원칙이었기 때문이다.

언양호적에는 특이하게도 『협호성책』에 올라야 할 가족들이 원호에 등재되었다. 이것은 언양에 요구된 전체 호구수가 호수에 비해 구수가 많았기 때문에 협인들로써 인구수를 채운 것으로 추측되고 있다. 말하자면, 호적에는 그 지역에 실재하는 모든 가족이 등재되는 것이 아니라 그 가족이 속해 있는 원호만이 등재된다는 것, 그리고 원호의 호구수는 이전부터 그 지역에 배당된 호구 총액에 준하여 조정된다는 것을 말한다.

주호와 협호가 현실적으로 하나의 가 공동체를 이루기 위한 상호연대성이 있는지는 호적상으로 확인할 수 없다. 단지 친인척에 한정된 가족의 범위를 넘어서서 주거지역 내부에 공동작업을 행하고 공동의 이해관계로 얽힌 사회집단이 형성되어 있을 가능성만은 부정할 수 없다. 그것은 주민이 자발적으로 형성한 것일 수도 있으며, 국가가 통치와 징수를 위해 조장한 것일 수도 있다. 호적의 호는 주민의 자율성을 전제로 한 편제방법에 지나지 않을 수도 있다. 그러나 어떠한 경우이든 간에 호적의 호는 여러 가족을 포함하여 '가 공동체'의 형태로 편제된 것이라 할 수 있다.

둘째로 노비의 배우자인 노처(奴妻)나 비부(婢夫) 등이 주호의 호에 구성원으로 등재되었다. 이들은 주호나 호 구성원이 소유하는 노비가 아니며 신분적으로 양인(良人)이다. 이것은 양천교혼(良賤交婚)의 부부가 원호에 솔거하는 경우이다. 이와 마찬가지로 주호와 함께 솔거하는 것으로 등재된 노비들 가운데 부부와 그 소생으로 구성되는 가족을 발견할 수 있다. 17세기 호적에는 주호가족이 모두 사라지고 솔거하던 여러 노비가족들만 남은 호들이 있다.[55] 이때 노비의 대표자인 수노(首奴)가 주호의 역할을 하지만, 수노의 가족 외에 여러 노비가족들도 호 구성원으로 나열된다. 이러한 현상은 호적의 호에 여러 노비가족이 존재한다는 사실을 말한다.

반대로 상전호와 떨어져서 하나의 가족을 구성한 노비호들이 있다. 이들은 호적상으로 독립되어 있으나, 상전호에 솔거하는 노비들과 본질적으로는 차이가 없다. 단, 노비가 독자적으로 호를 구성할 때에는 노비부부와 그 자식에게 각각의 '주(主)'를 기록하였다. 노비를 상전호에 등재할 때에는 그들 개개인의 소유관계를 일일이 기재할 필요가 없지만, 독립된 노비호를 구성할 때에는 그럴 수 없었다. 노비호에서는 개별적 소유관계가 다를 수 있으므로 이럴 때에는 '가부장제적 가'의 형식이 상충하는 현상이 발생한다. 이는 노비가 가축과 같은 생산수단이 아니라 가족을 형성하여 스스로 논밭을 일구며 국가적 부담을 지는 존재이기 때문이다.

조선시대 호적에는 노비가 호의 구성원으로서 주호의 가족과 나란히 이름과 나이, 부모 등이 등재되었다. 또한 그들 가족만으로 호를 구성하여 국가적 파악의 일원으로서 인정받기도 했다. 현실적으로도 노비와 상전은 경제생활에서 상호보완적인 관계였다. 중국 고대사회의 호적과 양천제도를 조선시대 인민에게 적용하였지만, 조선시대의 노비소유는 고대 노예제사회의 노예소유와 다른 특질을 가지고 있는 것이다.

셋째로 정군으로 차출되는 군역자에게 배당되는 보인(保人)이 정군과 같은 호에 등재된 경우를 발견할 수 있다. 단성현에는 1678년도 호적대장에서만, 그리고 도산면의 벽계[2사례]와 북동면의 신안, 송계, 가평[각 1사례] 등의 역촌에 거주하는 역리(驛吏)호에서만 이러한 보인을 찾을 수 있다. 가령, 북동면 가평의 역리 윤일립(23세)이 주호로 있는 호에는 '역리 윤일립 보(驛吏尹日立保)'라고 직역명을 기재한 김인철(23세)이 등재되어 있다. 호적상에서 역리와 보인 사이에 친인척 관계는 확인되지 않는다. 정군과 그 보인은 대개 별도로 독립호를 형성하고 있으며, 이와 같이 동일 호에 등재되는 경우는 드물다. 18세기 이후의 호적에서는 정군과 보인이 동일 호에 기재된 사례가 발견되지 않는다.

그런데 역리 보인은 그냥 '역보'라고 쓰는 경우도 있지만 '역리 아무개 보인'이라고 직역명을 기재하는 경우가 많다. 1678년 호적에 어영군 보인이 '어영군(御營軍) 아무개 보(保)'라는 식으로 기재된 사례가 두 건 있으며, 1717년 호적에 수군 보인이 '수군(水軍) 아무개 보(保)'라고 기재된 사례가 한 건 있다. 이를 제외하고 다른 직역에는 이런 식의 기재가 없다. 한 호에 정군과 보인의 관계로 맺어진 자들이 나란히 등재되는 사례는 17세기 말의 호적대장에서 발견될 뿐이지만, 직역명을 '역리 아무개 보인'으로 쓰는 경향은 이후에도 계속되었다.

역촌은 중앙과 지방 간의 정치적 정보유통을 위해 설치되었으며, 정적인 지역사회에 비해 상대적으로 동적인 인구이동의 길목에 위치하였다. 역촌의 호적은 군현별 호적대장과는 별도로 작성되기도 한다.[56] 관노비와 향리가 읍치 주변에 모여살듯이 역촌에도 역역자들이 모여 살지만, 이동이 빈번한 만큼 관리에도 소홀할 수 없었을 것이다. 역리 보인의 직역기재방법도 역촌의 이러한 특수성에서 유래하는 것으로 보인다.

조선 초기에는 정군의 군역자가 부병하였을 때 남은 가족의 생계를 보장하기 위해 정군호의 가계를 돕도록 '봉족(奉足)'을 책정해 주었다. 그러나 16세기경부터 이들이 노동력을 제공하는 것이 아니라 정군이나 소속기관에 군포(軍布)를 납부하게 되면서 '보인'으로 불렀다. 17세기에 보인은 각각 독립호를 구성하여 호적에 올랐다. 조선시대 호적의 호구가 국역체계를 매개로 편제되었음을 말해주는 부분이다.

그렇다면 고려시대와 조선시대에 호구식으로 제시되고, 노비를 포함한 비혈연의 여러 가족이 배후에 존재하며, 직역을 매개로 편제되는 호적의 호는 어떠한 '가 공동체' 개념에 기초한 것인가· 이것은 중국 고대사회의 '가부장적 가'로부터 설명할 필요가 있다.

중국 고대사회에는 양천(良賤)으로 신분이 구분되어 천인인 노비(奴婢)가 존재하였다. 그러나 당(唐) 말기를 넘어서면서 양천신분제가 소멸되어 갔다. 양인 농민은 병농일치(兵農一致)의 국역체제하에 수시로 부병하였는데, 소농경영이 발달하면서 병농이 분리되었다. 직업군인이 형성되는 반면, 농민은 가족 단위로 행하는 농사에만 집중하며 전문군대를 유지하기 위한 군사비용을 물납하기만 하면 되었다. 이로써 농민에게 부여되던 직역도 소멸하였다.[57]

한국은 그에 반해 조선시대 말기에 이르도록 호적에 노비가 존재하였으며 직역이 기재되었다. 국가에서 친인척과 노비가 포함된 '가'를 법제적인 호로 구성하는 방법이 중국 고대사회로부터 시간과 공간을 넘어 조선시대에 제도적으로 적용되었던 것이다.

여기에는 한국사의 전제국가가 중국의 전제국가와는 다른 전개과정을 밟아왔으며, 이것이야말로 한국사 고유의 특질이라는 점을 이해할 필요가 있다. 그것은 병농일치의 국역체계를 존속시키는 데서 나아가 이를 더욱 체계화한 조선왕조의 정치적 특질에서 비롯되었다. 농민 가운데 직역을 부담할 수 있는 가족을 선별적으로 파악하고 기타 농민들을 그 호에 부속시켜 농업생산에 여력을 할당토록 하였다. 이 부차적 농민 가운데는 주호 및 그 가족과 개별적이고 직접적인 관계를 맺도록 '노비'로 규정되는 가족도 있었다.

호적의 호로부터 가부장제를 논하기 위해서는 먼저 호적을 '가족에 대한 국가의 지배방식'이라는 측면에서 이해할 필요가 있다. 호적의 호구양식은 국가가 가족을 파악하기 위한 기본 양식이다. 여기에 조선의 호구양식은 단혼가족을 핵으로 하는 '가부장제적 가'의 형식을 띠고 있다는 말이다. 이때 국가는 내적으로 호 대표자의 호 구성원에 대한 '가장권(家長權)'을 인정하는 한편, 외적으로는 그것을 전반적·일률적으로 장악하게 된다. 따라서 가장권은 국가에 대해 지극히 취약하다. 호 내 구성원에 대해서도 현실적으로 발휘될 수 있었는지 의문이다.

중국의 가부장제론은 중국 고대사회의 호적연구로부터 제기되었다. 가부장제론은 유물사관에서 제기하는 세계사 발전단계의 고대 노예제사회를 중국사회에서 파악해 내기 위한 방법론이었다. 엥겔스는 『국가, 사유재산, 국가의 기원』에서, 서구 고대사회의 가부장제는 가축이나 노예라는 노동수단이 가족의 사유가 되고 그 소유자인 부(父)나 부(夫)가 권력을 쥠으로써 형성된다고 하였다. 중국 고대사회는 이러한 가부장제에 기초하여 형성된 노예제사회로서 단혼소가족의 중세 농노제사회로 이행하기 전단계로 설정되었다. 여기에 중국 고대사회의 '가 공동체'에는 아시아적인 공동체가 완전히 해체되지 않아 원시적 성격까지 잔존한다고 여겨졌다. 여러 가족을 포함하는 대규모의 '가 공동체'에서 가부장은 부족의 수장과 같이 전제권력을 발휘한다는 것이다.

이러한 사고방식에 대해 근래의 연구는 중국 고대사회의 가족형태를 '비가부장적(非家父長的) 노예제 세대(世帶)'로 규정하기도 한다.[58] 중국의 고대사회에는 단혼소가족이 일반적이며 노비는 각 개인의 소유라는 데 근거하는 이론이다. 중국 고대사회 호적의 호도 단혼가족으로 구성되어 있다는 점에서, 이러한 인식은 가족을 호로 파악하는 호적의 현실성을 인정한 셈이다. 그런데 아시아적 가부장제나 이 '비가부장적 노예제'는 마치 조선시대 호적의 호 양식과 가족의 현실을 설명하는 듯한 착각을 불러일으킨다. 중국 전근대사회의 '가 공동체'에 대한 논의는 조선사회를 고대 노예제사회로 여기게 할 소지가 있는 것이다.

그러나 '비가부장적 노예제'라는 논리는 노비제 소멸 이전의 중국 고대사회에 대한 것이다. 주요한 논점은, 중국은 전근대사회 전반에 걸쳐 가족이나 가족으로부터 확대된 사회집단이 결여되어 있다는 점에 있다. 말하자면, '가 공동체'의 취약성으로 인해 국가가 인민을 쉽게 파악할 수 있었다는 중국 전제주의의 특질을 밝히려고 한 것이다. 중국에서는 일찍이 전제국가가 형성되었고, 그 전제권력을 유지하는 체제가 더욱 조직화되어 왔다. 지금까지 후진적인 것으로만 여기던 중국 전제국가의 특질과 사회통합방법에서 오히려 '전근대적 선진성'을 발견하려는 논지라 할 수 있다. 이 점은 중국의 전제주의적 통치체제를 습득해 온 한국 전근대의 역사를 이해하기 위해서도 매우 유용한 인식이라 할 수 있다.

공동체 분해의 역사과정으로 이해되어 오던 몇 가지 상식을 재고해야 한다는 점은 분명하다. 우선 근대 이전의 사회에 소가족이 평균적으로 존재하였다는 사실은 대가족이 소가족으로 분해되어 가는 역사 과정을 부정하게 만든다. 오히려 핵가족으로부터 확대되어 나가는 가족의 형성과정도 있을 수 있다. 또한 확대된 가족형태일수록 가족에 대한 가장의 권력은 추상적이고 이념적인 것이 되는 측면을 간과할 수 없다. 어떠한 물리적인 혹은 제도적인 강제나 체계와 의례를 지탱하는 강력한 이념을 동원하지 않고서는 가장권을 발휘하기가 어렵기 때문이다.

아시아의 전근대사회에서 가족에 대한 가장의 권력이 강력할 수 있는가라는 의문은, 곧바로 확대된 이념형의 가족이 국가에 대해 강력할 수 있는가라는 의문으로 이어진다. 가장이 가족에게 전제적인 힘을 발휘하는 것과 국가의 전제적인 힘에 굴복하는 것은 논리상 서로 상충되기 때문이다. 가족에 대한 가장의 권력이 강하지 못하고 가족의 결집이 추상적이기 때문에 국가가 가족을 전반적으로 파악할 수 있었다는 설명이 오히려 설득력 있다.

국가는 호적과 같은 국가적인 규범을 빌려 '가 공동체'를 형성하고 가장권을 보장하는 방법으로 이들 가장을 장악할 수도 있다. 가장권이 전혀 형성되지 않는, 분해되어 버린 가족은 전근대 국가가 파악하기 어렵거니와 파악할 필요도 없다. 반대로 '가 공동체'가 강력하게 결집된 형태로 존재한다면, 국가는 그것에 대해 전제권력을 행사하기가 어렵다. 조선시대 호적의 호에서는 여성이나 노비가 주호의 역할을 하기도 한다. 호적상의 역할과 위상에 있어 남성과 여성, 양인과 노비의 차별이 그다지 심각하지 않았음을 의미하는 부분이다. 가족 내부에서 가지는 가장의 힘이 절대적이어서 국가의 전제적인 파악과 상충하는 사태는 일어나지 않는다.

　국가는 가족 간의 경쟁으로 인해 어느 한 가족이 소멸하거나 계급적 갈등이 심화되는 것을 원치 않았다. 양천신분제와 직역을 매개로 한 호적편제는 오히려 이런 사태를 방지하기 위한 하나의 제도적 장치였다고 볼 수 있다. 조선왕조는 가족뿐만 아니라 국가와 민 사이에 존재하는 중간적 사회집단에 대해서도 국가가 파악하는 범위 내에서 그 기능을 인정하고 나아가 그 역할을 조장하기까지 하였다. 전제국가의 보다 성숙된 통치방법이라 평가할 만하다.

　조선시대 호적의 호구양식은 중국 고대사회의 호적에 연원을 두고 있으나, 가족에 대한 국가의 파악방식 면에서 볼 때 동아시아의 전제주의적 통치방법이 보다 진전된 형태로 구현된 것이다. 그것은 역대 왕조의 가족에 대한 파악능력이 향상되었다는 양적 측면에서만 그런 것이 아니다. 국가권력하에 균등한 가족형태로 인민을 파악하려는 전제주의적 이념이 중앙집권력의 강화와 더불어 현실화되어 갔다는 점에서 그러하다. 또한 핵가족을 일반화시켜 중앙집권적으로 파악하는 근대사회보다 먼저 이런 일을 수행하였다는 점에서 '전근대적 선진성'을 찾을 수 있다.

　그러나 이는 호적의 호에 대한 이야기일 뿐이다. 실제의 가족에 대해서는 호구편제의 의도에서 벗어난 우연한 기록을 통해 실상에 접근하는 길을 모색하여야 한다. 가족의 현실은 호적의 호와 같이 주어진 양식처럼 고르게 분포하지는 않았을 것이기 때문이다.

가족의 재구성, 단혼소가족에서 직계가족으로

호적의 호는 자식이 혼인하여 가족을 이루면 부모의 호에서 분호하여 별도의 호를 세우는 것을 원칙으로 한다. 따라서 원칙대로라면 부부와 미혼자식으로 구성되는 단혼가족이야말로 호적상 호의 일반적인 가족형태라 할 수 있다. 그러나 호적의 호는 동거하면서 경제생활을 함께 영위하는 현실의 가족을 있는 그대로 반영하지는 않는다. 호적에만 의거하여 당시 가족의 실태를 확인하기는 어렵다는 말이다. 다만 재산의 상속이나 가계계승과정을 통해 가족의 분화와 형성을 추정할 수는 있다.[59]

우리는 단성현 원당면에 거주한 권대유가 1690년에 장남 덕일을 비롯한 적자녀와 첩자녀에게 재산을 나누어준 사실을 기억하고 있다. 권대유 집안의 분재기에 의하면, 선조제사에 드는 비용을 마련하기 위한 토지와 노비를 장남에게 관리토록 하고 그 나머지를 자녀들에게 분산적으로 상속하였다. 적자에게는 균등히 배분하였지만 적녀에게는 적자의 반 정도, 서자녀에게는 그보다 훨씬 적은 토지와 노비를 분배하였다. 이것은 모든 자식들에게 분산적으로 재산을 상속하지만 장남을 우대하고 아들과 딸, 적자녀와 서자녀 간에 차등을 두는 '장자우대 분산상속'이라 할 수 있다.

조선 전기에는 아들과 딸을 구분하지 않고 균등하게 재산을 상속하였으며, 18세기 초까지도 이러한 자녀균분상속이 존재하였다. 17세기에 아들과 딸에게 차등분배하는 재산상속이 일반화되기는 하였으나, 딸의 시가로부터 항의가 계속되어 쉽사리 상속문화가 바뀌지는 않았다. 권대유는 당시의 일반적인 관행에 따라 딸에 대해 차등을 두는 재산상속을 행하였다. 이러한 자녀차등적인 재산상속은 분산적인 재산상속으로 인해 경제규모가 축소되는 상황에서 발생하였다.

사회적 위상이나 경제규모가 서로 대등한 관계에서만 혼인이 이루어진 것은 아니다. 부유한 몇몇 상층계급에서는 집안간의 격차를 크게 문제 삼지 않을 수도 있었다. 그러나 재산상속이 분산적으로 이루어져 양반가의 경제규모가 점차 축소되어 간다면, 머지않은 장래에 사회적 위상을 유지하는 데 필요한 최소한의 경제기반마저 상실할 위기에 놓일 수 있다. 그렇다면 혼인관계를 맺을 때 결혼할 상대의 사회적 위상이나 경제규모는 물론, 가족구성과 상속방법까지 고려하지 않을 수 없게 된다. 분산상속은 부모의 재산이 각 자녀의 단혼가족에게 분산된다는 것을 의미한다. 거기에 혼인을 통해 구성된 단혼가족의 경제는 부부 각자의 재산으로 재편된다. 이러한 단혼가족의 경제적 불안정성을 극복하는 방안이 바로 자녀차등적이고 장자우대적인 재산상속이었다.

자녀균분상속이 일반적이던 시기에 선조의 제사는 아들과 사위가 번갈아가면서 받드는 소위 '윤회봉사(輪回奉祀)'였다. 부계자손이 없을 때에는 '외손봉사(外孫奉祀)'도 드물지 않았다. 장남에게 별도로 상속되는 사위(祀位), 봉사조(奉祀條)의 재원은 단순히 제사비용을 충당하는 데 그치지 않는다. 방계가족을 포함하는 대가족의 위계질서를 세우기 위해 의례를 통해 장남에게 가부장적인 권위를 부여하는 관념적인 역할을 수행하는 데 그치지도 않는다. 재원은 가족의 사회적 위상을 유지하기 위한 가계의 계승이라는 측면에서 현실적인 역할을 한다.

이미 언급하였듯이, 족보는 부계로 연결되는 가족의 계승과 혼인관계를 분명히 함으로써 가족이 계층적으로 연대하는 근거가 된다. 혼인관계를 설정할 때 족보에 근거하여 양가의 사회적 위상을 확인하는 것이다. 가계계승은 부모의 사회적 위상을 계승하는 일이었다. 자식들이 단혼가족을 형성하여 부모로부터 분화되어 감으로써 가족의 경제기반이 약화되고 사회적 위상을 유지하기 어려운 사태에 이를 것을 대비하여 적자에게, 그 중에서도 가장 먼저 혼인하는 장남에게 사회적 위상을 유지할 수 있도록 재원을 첨가하여 상속하였던 것이다.

모든 자식에게 재산을 상속하는 것은 각자에게 가족형성에 드는 최소한의 경제적 근거를 제공하기 위해서이다. 더구나 장남이 부모의 사회적 위상을 확실하게 유지할 수 있다면, 형제·자매와 방계가족들이 동일한 계층 내에서 혼인하고 동일한 사회적 위상을 확보할 수 있는 가능성도 높다고 할 수 있다. '장자우대 분산상속'은 이렇듯 가족을 재생산하고 가족의 사회적 위상을 유지하는 최선의 방법이었다.

권대유가 자식들에게 재산을 분배하기 12년 전인 1678년의 호적을 보면, 장남 덕일은 이미 어느 정도의 노비를 분배받아 권대유의 호로부터 분호하였다. 자식들 가운데 장남인 덕일이 먼저 혼인함으로써 호적작성의 원칙에 따라 부모의 호와는 별도로 독립된 호를 세운 것이다. 그러나 이때 덕일이 구성한 단혼가족이 현실적으로 부모로부터 경제적으로 독립하여 별거하게 되었다고는 여겨지지 않는다. 덕일의 호에 등재된 노비가 12년 후에 분재를 행할 때 권대유의 다른 자식에게 배분되는 경우가 있기 때문이다.

노비에 대한 소유권은 개인에게 있으나, 처가 자신의 부모로부터 재산을 상속받을 때 공식적으로는 남편이 그 노비를 소유하게 되기에 노비소유권은 부부단혼가족에게 있는 셈이다. 그러나 자식의 가족이 재산을 분배받았다 하더라도, 부모 혹은 형제들이 합의를 보아 재차 재산상속을 행할 때 그것을 취소할 수 있다면, 단혼가족이 경제적으로 완전히 독립하였다고 말하기는 어렵다. 현실적으로는 부모가 사망하고 형제들이 재산상속을 더 이상 거론하지 않는 단계에 이르러서야 가족의 분화가 완료되었다고 할 수 있다. 늦게 낳은 자식은 혼인과 동시에 부부만으로 독립된 가족을 형성할 수 있지만, 장남과 일찍 낳은 자식은 조부모, 부모, 손자가 함께 생활하는 직계가족의 형태로 존재하였을 가능성이 크다.

소유 노비 모두를 호적에 등재하는 것은 아니지만, 18~19세기 호적은 권대유 후손들이 형제 간에 노비를 배분하는 방법과 경향에 대해 몇 가지 시사점을 제공한다. 1678년 호적에는 권대유 부부가 소유하는 노비의 반수 정도를 호적에 등재한 것으로 추정된다. 분재 당시 100명의 노비를 자식들에게 배분하였는데, 호적에는 47명만 등재한 것이다. 1717년에도 세 명의 적자들은 분재받은 노비의 반수 정도만 각각의 호적에 등재하였다. 물론 장남인 덕일은 자기 상속분 외에도 제사를 위한 노비를 추가상속받았기 때문에 다른 형제들보다 많은 수의 노비를 등재하였다.

장남 덕일과 차남은 1717년까지 생존해 있었으나, 삼남은 일찍이 사망하여 덕일의 둘째 아들이 계자로서 대를 이었다. 이후 권대유의 후손으로서 호적이 작성된 각 시기에 호를 구성하고 있는 자들을 〈표 26〉과 같이 장남, 차남 이하, 계자로 나누어 그들이 호적에 등재한 노비수의 평균을 내보았다. 시기는 1717년부터 1864년까지 약 3,40년 간격으로 구분하였다.

〈표 26〉 권대유의 후손들이 호적에 등재한 평균 노비수 추이

(단위 : 명)

구분		1717년	1750년	1780년	1825년	1864년
장남	주호수(a)	1	2	5	7	6
	노비수(b)	22	16	11	15	20
	b/a	22.0	8.0	2.2	2.1	3.3
차남 이하	주호수(a)	1	2	3	5	7
	노비수(b)	12	10	3	5	14
	b/a	12.0	5.0	1.0	1.0	2.0
계자	주호수(a)	1	2	1	1	3
	노비수(b)	11	16	4	5	11
	b/a	11.0	8.0	4.0	5.0	3.7
계	주호수(a)	3	6	9	13	16
	노비수(b)	45	42	18	25	45
	b/a	15.0	7.0	2.0	1.9	2.8

이로부터 알 수 있는 사실은 첫째로 어느 시기에나 장남은 차남 이하의 형제들보다 많은 노비를 호적에 등재하고 있다는 점이다. '장자우대 분산상속'의 관례가 18세기 이후에도 지속되었음을 알 수 있다. 둘째로 더욱 흥미로운 사실은 계자의 평균 노비수가 전반적으로 장남의 평균 노비수와 같거나 그보다 많다는 점이다.

권대유 가계의 후손은 형제 중 주로 차남이 계자가 되는데, 일반적으로 이들은 생부의 노비가 아니라 계부의 노비를 상속받는다. 형제 가운데 장남이 가장 많은 수의 노비를 상속받는다 하더라도, 형제가 많으면 장남을 포함한 형제들 각자에게 배분되는 노비수가 적어질 수밖에 없다. 이에 반해 계자의 경우에는 계부에게 다른 적자가 없는 까닭에 계부의 적녀와 서자녀에게 배분되는 적은 수의 노비를 제외한 모

든 노비를 단독으로 상속받는다. 따라서 형제가 많은 집안의 장남보다 많은 수의 노비를 소유할 수 있는 것이다.

권대유 가계의 후손들 가운데 호적에 호를 구성하는 자들은 1717년 3명에서 1864년에는 16명으로 늘어났다. 그리고 이들이 호적에 등재하는 노비의 총수는 18세기 말로 갈수록 감소하다가 19세기에 다시 회복된다. 19세기 중엽에는 상대적으로 권대유 후손들이 등재하는 노비수가 많기는 하지만, 단성현 전체의 시기별 등재경향과 크게 다르지 않다. 19세기 중엽에 호적에 등재되는 호들은 형식적으로 노비 한두 명을 등재하는 경향이 있기 때문에 호적상 노비를 등재하는 호나 노비수 총계, 등재 평균 노비수가 증가한다는 사실은 이미 언급한 바 있다.

권대유 후손들은 평균 1명이 넘는 적자에게 노비를 배분함으로써 상속이 거듭될 때마다 각자에게 배분되는 노비수가 감소하였다. 호적상 평균 소유 노비수는 1717년 15명에서 1825년 1.9명에 이르기까지 격감하였다. 18세기 말부터는 호적에 호를 세우지만 노비를 등재하지 못하는 자들도 하나둘씩 생겨났다. 반면에 여전히 5~8명의 노비를 호적에 등재할 수 있는 자들이 소수이기는 하지만 존재한다. 상속노비의 수가 감소하는 과정에서 소유하는 노비수의 격차가 계속적으로 존재하였던 것이다. 형제의 후손들 사이에 계층적 분화가 일어난 것도 일차적으로 이러한 가족간 경제규모의 격차 때문이었다.

장자우대 분산상속은 서자녀는 물론, 장남 이외 적자녀의 혼인과 가족형성을 억제하는 사회·경제적 요인이 된다. 분산적인 재산상속은 자식들이 혼인하여 독자적으로 경제생활을 영위할 수 있도록 하기 위한 최소한의 조치이지만, 가산의 세분화가 반복진행되면 장자 외의 형제들과 그 후손들은 결혼하여 가족을 이루고 독립된 경제생활을 영위하는 데 어려움을 겪을 수밖에 없다.

호적에 등재된 권대유 가계의 후손을 족보와 대조해 살펴보면, 적자 중에서도 호적에 호를 세우지 못하는 자들이 있다. 나이가 들어서도 혼인하지 못하거나 혼인을 했어도 호적상 호의 대표자로 역할할 기회를 갖지 못한 것이다. 더구나 서자들은 상속받는 노비가 적을뿐더러 아예 상속받지 못하는 경우도 있었으니, 호적상에 호를 구성하는 것조차 쉽지 않았을 것이다. 재산을 상속받지 못하는 자들은 경제적 무능으로 말미암아 혼인할 가능성이 더욱 낮아지기 때문이다.

가족이 분화하는 과정에서 가족이 경제적으로 몰락하거나 혼인과 가족형성조차 어려운 사태를 극복하는 방안이 바로 계자의 설정이다. 계자는 선조의 제사를 명분으로 하는 계보를 승계할 뿐만 아니라 가계의 재산과 사회적 위상을 상속받는다. 계자는 차남 이하의 형제로서 다른 가계의 장남이 되는 것이며, 동시에 그 가계의 재산경영권을 가지게 된다. 친형제들의 입장에서도 형제의 수가 줄어 아버지로부터 배분받을 재산의 양이 증가한다. 여기서 장자를 우대하는 분산적인 재산상속의 약점이 완화될 수 있다.[60]

앞에서 단성에 세거해 온 안동 권씨의 계자사례와 그 변동상황을 살펴본 바 있다. 계자현상의 일반성을 확보하기 위해 이번에는 단성 거주 합천 이씨 두 계파에서 계자의 사례와 그 변동상황을 살펴보자. 합천 이씨 두 파보는 17세기 중엽에 출생한 인물부터 계자에 대한 기록을 빈번하게 남기고 있다. 출생년도별로 계자의 사례를 집계하고 동년배의 남자 가운데 계자가 된 비율을 표시하면 다음과 같다.

〈표 27〉 단성 거주 합천 이씨 두 계파의 시기별 계자분포와 계자율

출생년도	파보A		파보B	
	계자(명)	계자율(%)	계자(명)	계자율(%)
1611~1640	2	6		
1641~1670	3	7	5	8
1671~1700	3	8	4	4
1701~1730	4	7	7	6
1731~1760	7	11	7	5
1761~1790	8	10	27	13
1791~1820	11	13	22	8
1821~1850	12	14	35	12
1851~1880	20	20	41	13
1881~1910	11	8	30	6

* 계자율은 〈표 28〉의 출생년도 그룹별 남성수에 대한 계자의 비율이다.

〈그림 26〉 단성 거주 합천 이씨 두 계파의 계자율 추이

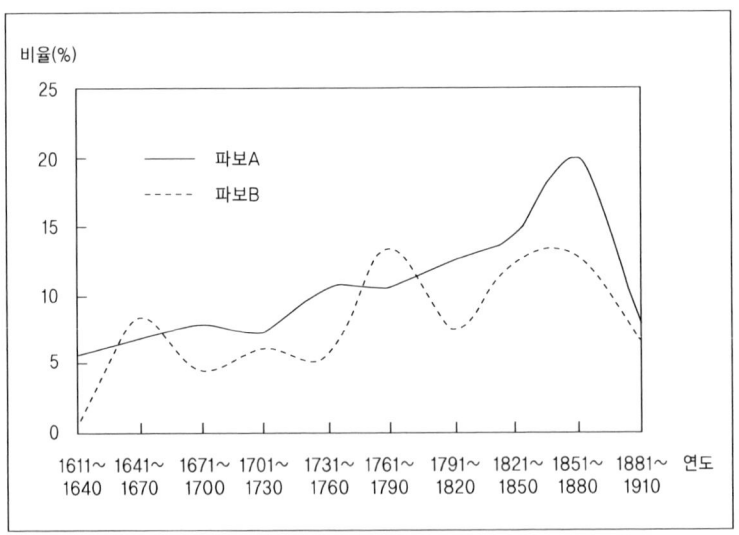

계자가 된 사례는 18세기 말 이후에 급격히 증가하며, 계자비율은 19세기 말로 갈수록 상승하는 추세이다. 계자비율의 증가추세는 파보 A에서 일관되고 파보B의 경우에는 약간 변칙적이다. 앞에서 보았듯이 파보A는 양반층을 견지하려는 의지가 강했던 것으로 판단되는데, 이로부터 본다면 계자는 상층계급의 정통성 유지와 관계가 깊다고도 할 수 있다. 〈그림 26〉에서 보면, 1881년 이후 출생자의 계자비율이 현격히 낮은 것으로 나타나는데, 이들 가운데에는 1920년대에 파보를 편찬할 당시에 아직 생존하는 자가 많아서 계자를 세울 것인지 거론조차 되지 않은 상황이었기 때문에 계자율이 낮아진 것처럼 보이는 것이다. 실제로는 이 시기에도 계자율이 높았을 것으로 예상된다.

계자의 생부와 계부의 계보상 관계는 가깝게는 형제, 사촌간에서부터 멀게는 30촌에 이른다. 합천 이씨의 경우 17세기에는 형제나 사촌의 적자를 계자로 삼는 것이 일반적이었지만, 18세기에 계자를 찾는 범위가 점차 확대되고 19세기 중엽부터 다시 가까운 친척간으로 계자범위가 수렴되는 현상을 보인다. 이러한 계자범위의 경향은 앞에서 살펴본 안동 권씨의 경우와 거의 같다.

계자에게 가계를 승계시키는 것은 계자의 생부와 계부 사이에서 재산의 배분이 이루어지고, 계자와 그 후손이 동일한 계층으로 편입됨을 분명히 하는 것이다. 가족을 넘어선 광범위한 계자의 설정은 특정 가계에 비해 열악한 상황에 처해 있던 광범위한 인구들의 혼인과 가족형성을 안정화시킬 계기를 마련해 준다. 계자의 범위가 확대되는 것은 차남 이하의 형제들이 가족을 안정적으로 형성할 수 있도록 친족범위를 확대시킨 결과라고 할 수 있다.

〈표 28〉 합천 이씨 계자의 생부와 계부의 계보상 촌수관계에 따른 출생년 그룹별 계자수

(단위 : 명/%)

출생년 그룹	생부와 계부 사이의 계보상 촌수											계	형제 및 사촌 비율
	형제	4촌	6촌	8촌	10촌	12촌	14촌	16촌	18촌	26촌	30촌		
1611~1640	2											2	100
1641~1670	7		1									8	88
1671~1700	5	2										7	100
1701~1730	3	2	1		1							7	71
1731~1760	5	2	2	1		1			1			12	58
1761~1790	13	7		2	3	1						26	77
1791~1820	11	4	4	1	2		2	1	1		1	27	56
1821~1850	15	8	7	4	2	2	1	1				40	58
1851~1880	35	6	5	3	4	2	1		1			57	72
1881~1910	17	11	5	2	1		1	1	1			39	72

* 여기서는 생부를 확인할 수 있는 계자에 한해서 집계하였다.

그러나 계자범위를 확대하는 데에도 일정한 한계선이 있었다. 파보 A를 편찬한 A계파의 계자사례 중 2건은 계부를 기준으로 13~15대나 올라간 선조의 후손으로부터 계자를 얻었지만 이는 특수한 예에 지나지 않는다. 그 외에는 계부로부터 8~9대 선조를 넘어가지 않는다. 이 선조들은 단성의 합천 이씨 계파가 분화된 직후의 인물들이다. 말하자면, 동일한 계파 안에서 계자를 얻은 것이다. 동일 계파로 형성되는 혈연집단 내부에서 재산을 배분하고 가족의 형성을 촉진하였다고 할 수 있다.

그런데 19세기 중엽 이후 계자의 사례와 비율이 한층 더 증가하는 상황에서 친형제나 사촌 등, 가까운 친척의 자식을 계자로 삼으려는 경향이 병행된 것은 무엇 때문인가· 이것은 족보기록상의 문제일 가

능성이 크다. 이 이전 시기의 선조 가운데에는 가족을 형성하지 못하였거나 가족을 형성하였어도 사회적 위상을 유지하지 못하여 족보에 등재되지 못한 자들이 많았다. 경제·사회적 위상이 열악한 가족은 적자가 단절되어도 계자를 세울 필요성을 느끼지 못하였는지도 모른다. 그러나 계자를 세우는 경향이 더욱 강해지면서 족보에 못 올랐을지도 모르는 가까운 친척이 계자로서 족보에 등재될 수 있는 기회가 증가하였다. 가족을 형성하지 못하거나 가족이 몰락하는 사태가 계자를 통해 극복되고 가족이 안정화되는 효과가 나타나기 시작하였다고 할 수 있다.

계자는 차남 이하의 형제가 계부의 장남이 되는 것이므로 계자율의 증대는 '장자우대 분산상속'의 분배대상 가운데 차남 이하의 형제를 줄이고 장남의 수를 늘리는 효과를 가져온다. 이때 차남 이하의 형제는 단혼가족을 형성하지만, 장남부부는 부모나 계부모가 속한 직계가족을 형성하여 가족형태의 주류를 이루게 된다. 계부모가 모두 사망한 뒤에 계자관계가 설정되는 경우는 일반적이지 않다.

여기서 도식적이기는 하지만, 조선 후기의 재산상속 및 가족형태를 동아시아 지역에서 비교사적으로 관찰함으로써 한국근세 가족형태의 변화가 갖는 의미를 살펴보자.[61]

우선 명·청시대 중국의 재산상속은 조선 전기와 같은 형제균분상속으로 알려져 있다. 그러한 상속에 기초하여 형제들이 각자 단혼가족을 형성할 수 있었으니, 중국 전근대사회의 일반적인 가족형태는 단혼가족이라 할 수 있다. 그런데 형제균분상속은 가산의 분산으로 인해 가족의 사회·경제적 위상이 약화될 위험성을 내포하고 있다. 이것은 이

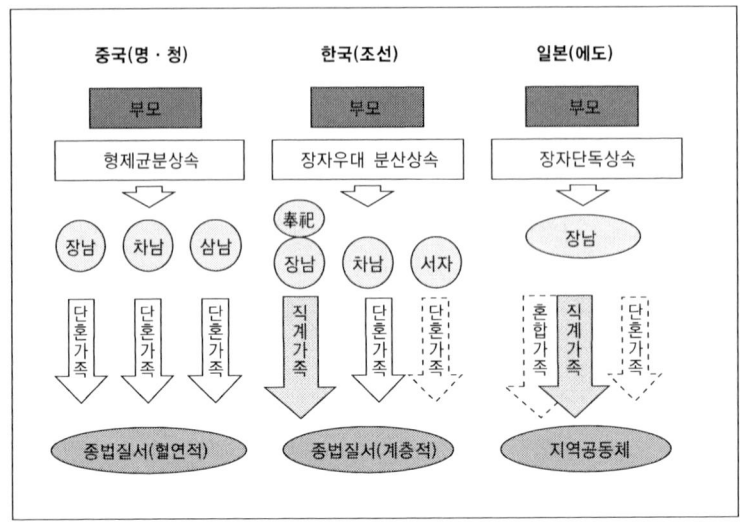

〈그림 27〉 동아시아 근세의 재산상속과 가족형태

른 시기부터 신분제가 해체되고 빈번한 인구이동으로 상업이 발달하게 된 중국사회의 특징과 관련이 있을 것으로 보인다. 송대 이후에 강조된 부계혈연의 종법질서는 이러한 가족의 불안정성에 대응하여 생겨난 관념적인 결집방법인지도 모른다.

일본은 주로 장자가 '이에[家]'를 단독으로 상속받는다. 이는 모든 가산과 가족에 대한 감독권을 물려받는 것으로, '가독상속(家督相續)'이라고도 한다. 나머지 형제들은 경제적으로 독립하기 어려워 끝내 혼인하지 못하고 생을 마감하는 경우도 많다. 부모는 생전에 장남부부에게 가독권을 물려주고 뒤로 물러나 '은거(隱居)'하며, 차남 이하의 미혼 형제들과 불완전한 방계가족이 장남가족과 함께 머문다. 따라서 직계가족이 일반적인 가족형태를 이룬다. 이러한 형태의 가족은 신분과 거주지역이 일치하는 에도시대 지역공동체의 일원으로 구성된다. 당시 도시화과정에서 타지로 이주한 형제들이 '본적지'의 주민등록에 이름을 올리던 관행이 이후 명치시대의 호적에 반영된 것이다.

한국근세의 가족형태는 중국과 일본의 중간형태를 띠면서 중국형에서 일본형으로 변화하였다고 할 수 있다. 자녀균분상속으로부터 '장자우대 분산상속'으로의 변화는 단혼가족보다 안정성을 갖는 직계가족을 형성하는 계기가 되었다. 그러나 장남이 부모를 모시는 직계가족을 형성하는 반면, 나머지 형제들은 거듭되는 분산상속으로 말미암아 단혼가족을 형성하거나 혼인과 가족형성에 곤란을 겪는 경우도 발생한다. 여기에 차남 이하의 형제는 계자로서 다른 가족의 장남이 되어 혼인하고 가족을 형성할 수 있는 기회를 얻고 직계가족의 증가에 기여한다.

식민지시대 초기의 민적작성에는 조선호적의 관례가 아니라 일본 명치호적의 관례가 적용되어, 가족의 구성원이 현거주지를 달리해도 민적의 주소를 '본적'으로 파악하는 과정을 밟았다. 그러나 민적의 호를 직계가족의 범위로 등재하는 것은 직계가족이 당시 조선의 일반적인 가족형태가 되어 가는 현실에 부합하고 있다.

중국에서 원형을 빌려온 조선시대의 호적은 단혼가족을 호의 기본적인 가족구성으로 한다. 단혼가족이 일반적인 가족형태였던 조선 전기에는 호적의 호 구성이 현실성을 가졌을 수도 있다. 그러나 조선 후기를 경과하며 호적의 호와 현실의 가족은 점차 괴리되었으며, 유동적인 신분제로 말미암아 직역과 사회적 위상 간에도 괴리가 발생하였다.

민간 차원에서 편찬된 족보는 부계의 직계가족을 중심으로 계층적인 결합을 시도하여 호적을 통한 국가의 일률적인 인민지배에 대응하였다. 이때 종법질서에 기초한 부계혈연의 강화는 중국의 그것과 달리 계층적 결합에 대한 부차적 관념에 지나지 않았다. 그러나 이것은 19세기에 이르러 특정 계파에 한정된 혈연적 사회집단을 형성하는 데서 현실적인 역할을 찾았다. 반면에 전국규모의 동성동본을 하나의 가족으로 여기게 만드는, 극히 관념적인 가족을 형성하는 데에도 일익을 담당하였다.

   조선시대는 가족이 국가에 의해 전반적으로 파악되어 국가에 대해 강고하지 못한, 전제주의 사회의 특징을 띠고 있다. 그러나 한편으로 민간 차원의 사회통합과 가족의 자립이 끊임없이 모색되어 왔다. 이것은 왕권 아래 모든 백성이 균등할 것을 지향하는 동아시아적 공통성을 말한다. 단, 각 지역 내부에 다양한 역사과정이 존재한 사실을 잊어서는 안 된다.

에필로그

호적의 현주소

　조선시대의 신분제는 어미의 신분이 가족의 신분을 결정하는 모계적 특성을 가지고 있다. 가족이나 가계의 신분적 위상과 그 계승 여부는 혼인관계로부터 설정되며, 여성의 출신성분이 그것을 결정하는 요인이 된다. 가령 적·서(嫡庶)의 구별과 같은 불평등한 권력관계도 어미와 자식으로 결합되는 가족 내부의 신분적 차별로 존재할 뿐이다. 여성은 결혼과 동시에 남편을 중심으로 하는 가족의 일원으로 용해되어 버리는 것이 아니라 자신의 출신 가족을 배경으로 상대적인 독자성을 유지한다. 그렇게 형성된 가족 가운데 여성이 일정한 권위를 가짐으로써 남성에 대신해서 가족의 대표로서 국가적·사회적 역할을 수행할 수 있는 것이다.
　따라서 조선시대 신분제는 다양한 혼인관계로 말미암아 가족의 신분적 위상이 유동적일 수밖에 없다는 또 하나의 특성을 가진다. 조선왕조는 모계적 특성에 기인하는 신분제의 유동성으로 말미암아 왕조가 끝날 때까지 남녀 모두에게 신분적 규정을 부여함으로써 가족을 파악하는 수단으로 삼았다. 한국사회에서 남성의 전제적인 가부장권은 이러한 신분제를 포기한 뒤에야 그것을 대신하는 형태로 제도화되었다. 가족 사이의 유동적인 신분질서가 일률적인 가족질서로 대치된 것이다. 그런데 가족 내부에서 가장의 권위는 이렇듯 국가에 의해 정당화되었지만, 현실적으로 실현되기는 어려웠다. 근대의 가부장제는 국가권력이 가족을 일률적으로 장악하기 위한 방편에 지나지 않았기 때문이다.

지금까지 호적기록을 통하여, 그리고 가끔은 족보기록과 비교함으로써 식민지기에 이르는 조선사회의 호구 및 가족이 어떠한 사회문화사적 전개과정을 밟아 왔는지에 대해 살펴보았다. 특히 개인과 가족이 국역의 징수와 배분에 기초한 국가적 신분질서에 어떻게 대응해 왔는지, 계보를 매개로 하는 사회집단의 형성이 하나의 대응방법으로 제시되면서 그것과는 어떠한 현실적인 관계를 맺어 왔는지를 타진해 보았다. 이제 그 이후 현대사회에 이르기까지 호적과 가족의 현주소에 대해 생각해 볼 차례이다.

최근의 호주제 폐지는 '남녀평등'을 지향해 온 여성운동의 커다란 결실이라 할 수 있다. 이것은 남성에 대한 여성의 위상을 제고하도록 만들 뿐만 아니라, 개인의 존엄성에 기초한 민주사회로 나아가는 과정을 진전시키는 것으로 이해된다. 가족과 사회 내부에서 개인이 받는 차별, 결합형태야 어떻든 가족 자체가 사회로부터 받는 차별을 거부하는 데 호주제 폐지의 의의를 둘 수 있다. 그러나 차별의 원인을 단지

'전통적인 가족상'에 둠으로써 가장과 가족에게 책임을 모두 전가해 버릴 수는 없다. 현재 우리가 가족과 관련하여 전통적인 유제로 여기는 것들 대부분은 근대사회에 생겨난 '근대적인 유제'이기 때문이다.

많은 학생들이 민주화운동에 참여할 때가 있었다. 시위에 참가하려는 아들에게 아버지는 '호적에서 파버리겠다'고 으름장을 놓곤 하였다. 그러나 할 수만 있다면 바라는 바인 것이 아들의 생각이다. 호적은 신원조회를 위한 1차 자료였으며, 이런 아들을 둔 공직자는 옷을 벗도록 강요받았다. 국가가 인구의 이동에도 불구하고 혈연 및 혼인·양자 설정에 기초한 가족관계를 파악하여 그 가족에게 연좌제를 가하는 데에는 호적이 가장 유용하였다. 그리고 이것은 식민지시대부터 실시되어온 인민통제방법의 하나였다.

아버지는 호적의 입적과 제적에 관한 호주로서의 권리와 가부장적인 권위를 빌려 아들을 윽박지르지만, 사실은 국가기관의 신원조회로부터 가족을 지켜내지 못할까 두려웠을 뿐, 실제로 권위를 발휘할 수 있는 것은 아니었다. 아들은 차라리 호적상 부자관계를 끊을 수 있기를 바랐다. 자신의 행동 때문에 아버지를 비롯한 가족이 고통당하는 현실을 견딜 수 없었던 것이다. 가족 구성원 내부의 차별이나 가족 간의 차별을 생각하기 전에 가족은 국가와 사회 앞에서 너무나 연약한 존재임을 직시할 필요가 있다.

국가권력이 제도적으로 가족을 장악하는 것에 이의를 제기하는 측면에서 호주제 폐지는 현재의 주민등록제도에 대한 문제제기와도 관련이 있다. 한 나라의 국시(國是)가 무엇에 반대한다는 '반공(反共)'이며, 지향하는 바는 오로지 '근대화'를 통한 '민족중흥'이던 시절에 조선시대 이전부터 실시되어 왔던 주민등록제도가 부활하였다. 주민등록은 국민에 대한 사회보장보다 국가가 국방이나 안보를 위하여 개인정보를 국가등록제도로 일괄 관리하는 데에 주목적이 있었다. 곧 이어 조선시대의 호패(號牌)와 같이 개인의 신분을 나타내는 주민등록증이 발급되었다. 당시의 대통령은 처음으로 발급받은 자신의 주민등록증을 손에 들고 국민들 앞에서 자랑스럽게 포즈를 취했다. 호적으로 가족을 파악하고 주민등록으로 개개인을 파악하게 됨으로써 국민에 대한 통제가 무서운 속도로 진행되었다.

호주제의 법제적 개선과정에서 한 가지 흥미로운 점을 발견할 수 있다. 호주제 폐지운동은 정부의 인구정책에 의해 촉진되었다는 사실이다. 인구규모를 억제하기 위한 산아제한정책이 추진된 이후 출산력 하락과 동시에 남녀 성비에도 불균형이 초래되었다. 이에 대해 정부와 여성운동 측은 '남아선호(男兒選好)'에 그 원인이 있다는 점에 동의하였다. 한 쪽은 남아를 낳기 위해 출산을 포기하지 않는다는 점에서, 다른 한 쪽은 남녀차별적인 인식 자체를 문제시하는 관점에서 호주제의 제도적 개선을 거론하였던 것이다. 그러나 국가적·사회적 목표를 설정하여 그간의 책임을 가족에게 전가하고 있다는 사실은 누구도 알려하지 않았다.

산아제한정책은 국가가 선진국 대열에 끼는 것을 목표로 중공업화를 강력히 추진하면서 성공한 정책 가운데 하나이다. 인구증가를 후진국의 경제발전을 방해하는 최대의 요인으로 인식하고 있었던 시대인만큼, 국가가 나서서 위생과 피임을 실천 강령으로 내세워 출산력을 낮추려는 '가족계획'을 대대적으로 교육·선전하였다. "덮어놓고 낳다 보면 거지꼴을 못 면한다"로부터 "잘 키운 딸 하나 열 아들 부럽지 않다"에 이르기까지, '둘만' 출산하는 데에서 '둘도' 많게 느끼도록 부부의 도덕성을 자극하는 문구가 난무하였다.

잘 살아보자는 가족정책의 결과, 2000년대에 한국은 가구당 평균 자녀수가 1.2명 이하로 떨어졌다. 이때부터 "아빠, 혼자는 싫어요. 엄마, 저도 동생이 갖고 싶어요"라는 식으로 가족계획의 표어가 출산력 증강으로 급선회하였다. 그러나 가족의 정감에 호소하는 이 애절한 문구는 이제 인구정책에 급급한 정부의 마음을 표현할 뿐이었다.

현재의 인구문제는 출산력 급락으로 인한 연령분포의 불균형에 있다. 저출산으로 인하여 과밀인구가 해소될 듯하지만, 생산인구의 감소와 부양인구의 증대는 지금까지 겪어보지 못한 새로운 사회문제를 야기할 것이다. 세계의 인구현상은 그 역사적 배경과 변화속도의 차이로 인하여 지역에 따라 다양하다. 특히 선진국들은 오래 전부터 출산력과 사망력이 완만한 속도로 저하하기 시작하여 장기적으로 인구현상에 대처해 왔다. 그러나 한국을 포함한 동아시아 지역은 최근에 들어서야 인구현상의 급격한 변화를 겪으며 허둥대고 있다.

장기적인 안목에서 볼 때, 인구현상의 급격한 변화는 가족에 대한 근대주의적 사고방식에 원인이 있다. 가족에게 도덕성을 요구하는 한편, 가족이나 여성에게 맡겨야 할 출산까지 국가가 정책적으로 통제하고, 개인주의를 명분으로 가족의 위축 내지는 해체를 종용하는 상황이 바로 가족과 관련된 '근대적인 유산'이다. 동아시아 근대사회는 중앙집권적인 근대국가의 건립을 목표로 개인이 의지할 다양한 가족을, 가족이 의지할 자율적 사회집단을 부정해 왔다. 인구현상의 급격한 변화를 이해하기 위해서는 이러한 근대주의를 극복하는 것이 오히려 현재의 과제일지도 모른다.

인구현상의 변화는 가족에 대한 인식의 변화를 동반했다. 사회학 일반의 시각에서 가족은 혼인과 출생으로 인한 모자관계를 기본요소로 하지만, 혼인과 출산을 매개로 하지 않더라도 가족은 형성되고 유지될 수 있다. 어떠한 과정을 거치든 가족은 구성원의 '유대(紐帶)' 관계에 기초하여 형성된다. 가족 구성원 간의 '정감'과 '상호부조'가 가족을 이루는 기반이다. 따라서 혹자는 미래의 인구문제를 해결하려면 결국 이렇게 새로운 형태로 변모하는 가족에서 그 방안을 찾을 수밖에 없다고 주장하기도 한다.

국가가 가족을 파악하는 목적에는 양면성이 있다. 국가가 가족을 파악하는 것은 국민의 의무와 책임을 확인하기 위한 것일 뿐만 아니라, 국민의 복지를 보장하기 위한 것이다. 특히 후자는 가족 내부의 상호부조에 기초한 최소한의 정서적·경제적 안정성에 의지하는 것이 효과적이다. 가족을 인정하지 않는 개인의 존엄성은 오히려 관념적일 수 있다.

가족의 문제로부터 더 나아가 계보에 대한 관심도 근대사회 이후에 더욱 높아졌다는 사실을 간과할 수 없다. 대한제국기에는 전에 비해 많은 가문들이 족보를 편찬하였으며, 식민지시대에 들어서는 다시 이전보다 10배나 많은 수의 가문들이 족보를 편찬하거나 중간하였다. 조선시대 민간의 족보는 신분제의 유동성에 대응하는 방편이었는데, 그마저도 포기된 상황에서 비약적으로 증간된 셈이다. 족보편찬경향은 근대 가부장적인 가족으로의 변화라는 현상과 궤를 같이한다.

족보는 부계를 중심으로 계보를 기록함으로써 근대사회의 가부장적 가족을 이념적으로 지지하는 토대가 되었다. 조선시대의 족보는 혼인 관계를 중시함으로써 대외적인 기능이 강했던 반면, 근대 이후의 족보는 가족과 집단의 결집을 도모함으로써 상대적으로 대내적인 기능이 큰 역할을 하였다. 이것은 인민을 장악하는 국가권력의 강화로 가족의 자립도가 더욱 낮아진 현상과도 관련이 있다. 족보의 비약적인 증간은 가족의 가부장적 경향과 더불어 가족의 자립성 약화와 해체 위기에 대한 반대급부의 현상으로 이해할 수 있다.

족보편찬은 현재에 이르기까지 지속적으로 성황을 이루고 있다. 출산율의 저하와 미혼율의 증가로 말미암아 한반도에서는 머지않아 세계의 모든 인종을 포함하는 새로운 한민족이 탄생할 것이라고도 한다. 근대주의의 세례를 받은 기성세대는 이 마당에 족보가 웬 말이냐고 의아스럽게 여길 수도 있다. 족보편찬의 유행을 사회가 고령화되면서 여유 있는 노인들에게 소일거리가 생긴 것으로밖에 생각하지 않는 것이다. 그러나 여전히 족보중간이 유행하고 그때마다 자식들의 이름을 계보에 올리는 현상을 그렇게만 이해할 수는 없다.

과거의 인물로부터 계보를 잇고자 하는 사고방식은 근대사회 이후 세계적인 현상이다. 그러나 계보작성을 쉽게 할 수 있을 만큼 친절하게 기록한 자료는 그다지 남아 있지 않다. 그에 비해 한국사회에는 많은 계보자료가 현존한다. 거의 모든 한국인이 자신이 양반가문의 후손임을 의심치 않으며 그들 대부분이 실제로 족보에 등재된 자신의 이름으로 그것을 증명해 보일 수 있다.

그러나 근대사회 초기에 증간된 족보의 계보정보는 많은 경우 호적에서 얻은 것이다. 조선시대 이전부터 지속적으로 호구기록을 작성하여 왔고, 그에 기초하여 식민지기 이후에도 호적을 손쉽게 작성할 수 있었던 역사가 또다시 족보편찬을 용이하게 만들었다. 계보의 추적은 부계와 모계를 따지지 않는 것이 세계 일반적인 현상이다. 현대 한국의 경우에도 굳이 부계의 계보를 고집하는 것은 아니다. 단지 그럴 필요성을 느끼지 못할 뿐이다.

오지의 어느 부족에게 시간은 '과거'와 '현재'로밖에 존재하지 않는다고 한다. 내일이 되면 오늘은 지난 과거일 뿐, 현재에 축적되지 않고 미래에도 흔적을 남기지 않는다. 그래서 아직도 미개하다고 할지 몰라도, 현실주의를 추구하는 현대사회가 오지의 그들 사회와 크게 다를 바가 없다는 점에 놀랄 뿐이다. 과거사를 잊어 버리거나 청산해 버리는 것만으로 미래사회가 보장될지는 의문이다. 바쁠수록 돌아가라고 했다. 이제 현대의 가족현상에 이르기까지 장기적인 사회·문화의 변동에 눈을 돌릴 때이다.

주 (註)

I. 호적을 찾아서

1) 손병규,「호적대장의 재정사적 의의」,『사림』 16, 수선사학회, 2001.
2) "又制 守墓人 自今以 不得更相轉賣 雖有富足之者 亦不得擅買 其有違令 賣者刑之 買人制令守墓 之",「광개토왕비문」.
   김현숙,「광개토왕비를 통해 본 고구려 수묘인의 사회적 성격」,『한국사연구』 64, 1989 참조.
3)『三國史記』高句麗本紀 故國川王 16年, 雜志第九 職官.
4) "凡置五都督 三十七州二百五十縣 戶二十四萬口六百二十萬 各齊編戶 咸變夷風",「唐平百濟碑」 (大唐平百濟國碑銘이라고도 한다).
5) 土井クニヒコ(도이 구니히코),「신라촌락문서의 사료적 성격에 대한 재검토」, 2004년 4월 17일, 한국고대사학회 제77차 정기발표회 발표문.
6)『국역 경주선생안(慶州府尹先生案)』, 경주시 경주문화원, 2002.
7)『高麗史』「食貨志」戶口.
8)『高麗史』「食貨志」田制.
9) 이상국,「고려시대 군역차정과 군인전」,『한국중세사연구』 15, 한국중세사학회, 2003.
10) 池田 溫(이케다 온),『中國古代籍帳硏究 : 槪觀·錄文』, 東京大學 東洋文化硏究所, 1979.
11) 速水 融(하야미 아끼라),『歷史人口學の世界』岩波セミナブックス65, 岩波書店, 1997.
12) 盧明鎬 등저,『韓國古代中世古文書硏究』 2, 서울대학교 출판부, 2000.
13)『高麗史』「食貨志」戶口 공양왕 2년 7월.
14)『遼寧戶籍(Liaoning Register)』:「漢軍八旗人丁戶口冊」. 이 호적은 James Lee, Cameron Campbell, Lawrence Anthony 등에 의해서 연구되었다(*State Views and Local Views of Population : Linking and Comparing Genealogical and Household Register Data in Liaoning, 1749~1909*, California Center for Population Research Working Paper CCPR-026-04, 2004).
15) 足立啓二(아다치 케이지),「專制國家と財政·貨幣」,『中國專制國家と社會統合-中國史像の再構成』 2, 中國史硏究會編, 文理閣, 1990. ; 李榮薰,「朝鮮前期·明代の戶籍についての比較的檢討」,『東アジア專制國家と社會·經濟』, 靑木書店, 1993.
16)『高麗史』「選擧」科目.
17) 盧明鎬 등저,『韓國古代中世古文書硏究』 2, 서울대학교 출판부, 2000.
18)『산음장적(山陰帳籍)』(1606), 이전에 책자의 단편 1장이 남아 있는 것은 1528년에 작성된 안동부 주촌의 호적이다(『古文書集成-安東周村眞城李氏篇』 41, 한국정신문화연구원 편).

19) 한영국,「朝鮮王朝 戶籍의 基礎的 硏究」,『韓國史學』 6, 한국정신문화연구원, 1985.
20)『受敎輯錄』「戶籍」.
21) 손병규,「호적대장의 職役記載양상과 의미」,『역사와 현실』 41, 한국역사연구회, 2001.
22)『肅宗實錄』숙종 1년(1675) 9월 신해(辛亥).
   "京外 以五戶爲一統 有統主",『經國大典』「戶典」.
23)『蔚山府壬子戶籍大帳』(1672), 규장각 소장, 규14999.
24)『慶尙道丹城縣戊午式年戶籍大帳』(1678), 단성 향교 소장.
25) 19세기 단성현 호적중초, 일본 가쿠슈인[學習院]대학 중앙도서관 소장.
26) 손병규,「李朝後期 地方財政史의 硏究」, 도쿄[東京]대학 2001년 박사학위논문. ; 김건태,「조선 후기 호의 구조와 호정운영 - 단성호적을 중심으로」,『대동문화연구』 40, 2002.
27) 제주 대정현의 호적중초는 리(里) 단위로 작성되었으나, 이곳의 리(里)는 다른 곳의 면(面)에 해당한다.『濟州大靜縣下摹瑟里戶籍中草(5책)』, 제주대학교 탐라문화연구소, 2000.
28) 建陽 元年(1896) 9월 1일에 勅令 제61號로 戶口調査規則이 발령되었으며(『官報』건양 원년 9월 1일), 戶口調査細則은 그 해 9월 3일에 반포되었다(『官報』건양 원년 9월 8일).
29) 東洋文庫東北アジア硏究班,『日本所在朝鮮戶籍關係資料解題』, 東洋文庫, 2004.
30) 武田幸男(다케다 유키오.),『學習院大學藏 朝鮮戶籍大帳의 基礎的 硏究』, 學習院大學東洋文化硏究所 調査硏究報告 13, 1983.
31) 손병규,「대한제국기의 호구정책 - 단성 배양리와 제주 덕수리의 사례」,『대동문화연구』 49, 2005.
32) 손병규,「한말·일제 초 제주 하모리의 호구파악 - 光武戶籍과 民籍簿의 비교분석」,『대동문화연구』 53, 2006. ; 이헌창,『민적통계표의 해설과 이용방법』, 고려대학교 민족문화연구소, 1997.
33) 李鈺,「남쪽 귀양길에서-南程十篇」,『역주 이옥전집』 1, 실시학사 고전문학연구회, 2001.
34) 金俊亨,「조선 후기 丹城지역의 사회변화와 士族層의 대응」, 서울대학교 박사논문, 2000.
35) 李時馪,『雲窓誌』(『朝鮮後期의 慶尙道丹城縣における社會動態의 硏究(1)』, 學習院大學東洋文化硏究所 調査硏究報告 27, 부록영인, 1991).
36)「慶尙南道丹城郡戶籍表」,『慶尙道丹城縣社會資料集(2)』, 성균관대학교 대동문화연구원, 2003.
37) 권기중,「16세기 성주목 향리의 조직구조와 사회적 위상 - '묵재일기'를 중심으로」,『역사와 현실』 49, 한국역사연구회, 2003.
38) 金俊亨,「朝鮮後期 丹城鄕校의 地位와 機能」,『韓國中世史論叢 - 李樹健敎授停年紀念』, 2000.
39) 武田幸男(다케다 유키오.),「調査硏究報告 27 ; 學習院大學所藏의 丹城縣戶籍大帳과 그 의의(1)」, 가쿠슈인[學習院]대학 동양문화연구소, 1991년 3월. 이 연구는 '學習院大學藏 朝鮮戶籍大帳의 基礎的 硏究' 시리즈 두 번째로 보고된 것이다. 가쿠슈인대학 동양문화연구소는 이후로도 계속해서 연구보고서를 펴내 2003년에 다섯 번째의 보고서를 간행하였다.
40) 李樹健,『朝鮮時代 地方行政史』, 民音社, 1989.
41)『단성 향안(丹城鄕案)』, 단성 향교 소장.

42) 신병주, 「조선 중기 南冥學派의 활동과 그 역사적 의미」, 『조선시대사학보』 35, 조선시대사학회, 2005. : 李樹健, 「南冥 曺植과 南冥學派」, 『民族文化論叢』 2·3, 영남대학교 민족문화연구소, 1982.
43) 『安東權氏世譜(後甲寅譜)』(1794), 안동 권씨 문중 소장.
44) 김인섭, 『단계일기(端磎日記)』, 영남대학교 민족문화연구소, 2000.
김령, 「간정일록(艱貞日錄)」, 『慶尙道丹城縣社會資料集(3)』, 성균관대학교 대동문화연구원, 2003.

Ⅱ. 조선의 주민등록

1) 「准戶口 康熙十一年(1)」, 「准戶口 康熙十一年(2)」, 『慶尙道丹城縣社會資料集(2)』, 성균관대학교 대동문화연구원, 2003.
2) "備邊司言五家統事目 緣論議不一久未完定 今始停當別單 書入凡二十一條 …… 一日 每統將一統民戶列名 或作爲一牌 或書諸一紙 如左所錄 以爲輪次照閱之地 牌式曰 某邑·某面·第幾里·弟幾統·統首某·某戶·某役", 『朝鮮王朝實錄』 肅宗 1년 9월 26일(辛亥).
3) "姓名不載統牌者 訟不得理 康熙乙卯(1675)統記事目", 『수교집록』 「호전」.
4) 다산연구회, 『註釋 牧民心書』 3 「戶典」 戶籍, 창작과비평사, 1981.
5) 권내현, 「조선 후기 호적의 작성과정에 대한 분석」, 『대동문화연구』 39, 2001. 12.
6) 具㒱德, 『勝聰明錄』 p.34(1726년 6월 27일), p.114(1729년 2월 23일), 한국 정신문화연구원편, 1995.
7) 다산연구회, 『註釋 牧民心書』 3 「戶典」 戶籍, 창작과비평사, 1981.
8) 김건태, 「조선 후기 호의 구조와 호정운영」, 『대동문화연구』 40, 2002.
9) 박현순, 「18세기 단성현의 면리편제」, 『대동문화연구』 40, 2002.
10) 井上和枝(이노우에 가즈에), 「李朝後期慶尙道丹城縣의 社會變動」, 『學習院史學』 23, 1985.
11) 손병규, 「호적대장 職役欄의 군역기재와 '都已上'의 통계」, 『대동문화연구』 39, 2001.
12) 『安東權氏世譜(後甲寅譜)』(1794), 안동 권씨 문중 소장.
13) 崔在錫, 「조선시대 養子制와 親族組織」, 『역사학보』 86·87, 1980.
14) 김준형, 「조선 후기 丹城지역의 사회변화와 士族層의 대응」, 서울대학교 박사논문, 2000.
15) 안동 권씨 족보 대종회 데이터베이스(http://www.andongkwon.or.kr 안동 권씨 대종회 홈페이지) 참조.
16) 손병규, 「조선 후기 상속과 가족형태의 변화」와 권내현, 「조선 후기 입양과 가계계승의 양상」, 모두 2007년 2월 23일, 성균관대 동아시아학술원 국제학술회의 '동아시아와 유럽의 결혼과 가족' 발표문.
17) "遺棄兒 三歲前收而養育者 官給立案 兒衣踏印 長成後卽同己子己奴 常行法例(崇德癸未-1643-承傳)", 『受敎輯錄』 「禮典」 惠恤.
18) 權乃鉉, 「조선 후기 호적과 족보를 통한 同姓村落의 복원」, 『大東文化研究』 47, 2004.

19) 多賀秋五郎(타가 아끼고로), 『中國宗譜研究』上·下, 日本學術振興會, 1981.
20) 김경란, 「조선 후기 호적대장의 女性呼稱규정과 성격」, 『역사와 현실』 48, 2001.
21) Kim Kuen-tae, *Eighteenth-century Korean marriage customs : the Tansong census registers*, Continuity and Change 20(2), Cambridge University Press, 2005. ; 김건태, 「19세기 단성지역의 결혼관행」, 『고문서연구』 28, 한국고문서학, 2006. 2.
22) "封爵從夫職 庶孼及再嫁者勿封 改嫁者追奪", 『經國大典』 「吏典」 外命婦.
23) 『문종실록(文宗實錄)』 문종 즉위년(1450) 4월 병술(丙戌), 7월 기미(己未).
24) 『성종실록(成宗實錄)』 성종 8년(1477) 7월 임오(壬午), 성종 12년(1481) 10월.
25) 『연산군일기(燕山君日記)』 연산군 3년(1497) 12월 기묘(己卯).
26) "嫡母·繼母 改嫁他人 及潛奸他夫 則告訴[正德庚午承傳]", 『수교집록(受敎輯錄)』 「형전(刑典)」 告訴.
27) 김건태, 「18세기 도시와 농촌의 결혼양상」, 2007년 2월 23일, 성균관대 동아시아학술원 국제학술회의 '동아시아와 유럽의 결혼과 가족' 발표문.
28) 권내현, 「조선 후기 호적, 호구의 성격과 새로운 쟁점」, 『한국사연구』 135, 한국사연구회, 2006. ; 이영훈, 「조선시대의 주호 - 협호관계 재론」, 『고문서연구』 25, 한국 고문서학회, 2004.
29) 김경란, 「丹城縣戶籍大帳의 "女戶" 편제방식과 의미」, 『한국사연구』 126, 한국사연구회, 2004. ; 「단성호적에 나타난 여성 주호의 기재실태와 성격」, 『역사와 현실』 41, 한국역사연구회, 2001. 이 두 논문은 정지영, 「朝鮮後期의 女性戶主 硏究 - 慶尙道丹城縣戶籍大帳의 분석을 중심으로」, 서강대학교 박사학위논문(2000)에 대한 비판적 관점에서 논술되었다.
30) 『甲午式戶口事目』, 규장각 소장, No.12318.
31) 김경숙, 「고문서를 통해 본 18세기 여성의 呈訴 활동」, 2005년 10월 29일, 한국 18세기학회 제13차 학술발표회. 원사료는 『고문서집성』 27 - 靈光 寧越辛氏篇, 한국학중앙연구원, 1996 참조.
32) 서울대 규장각, 『고문서』 26 私人文書, 所志類, 風俗·討索 78, pp.33~34.
33) 다산연구회, 『註釋 牧民心書』 3 「戶典」 戶籍, 창작과비평사, 1981.
34) 김경란, 「단성호적에 나타난 여성 주호의 기재실태와 성격」, 『역사와 현실』 41, 한국역사연구회, 2001.
35) 李勛相, 「19世紀戶籍大帳의 地域化와 鄕吏社會における 節合構造의 形成-泗川縣における戶籍大帳と黃氏吏族」, 『調査硏究報告 No.51, 朝鮮後期의 慶尙道における社會變動의 硏究 - 學習院大學藏朝鮮戶籍大帳의 基礎的硏究(4)』, 일본 學習院大學東洋文化硏究所, 2002.

Ⅲ. 호적의 직역

1) 『慶北鄕校資料集成(3)』 「향중 면역 완의안(鄕中免役完議案)」, 영남대학교 민족문화연구소, 1992.
   손병규, 「조선 후기 상주지방의 역수취체제와 그 운영」, 『역사와 현실』 38, 한국역사연구소, 2000.
2) 손병규, 「호적대장 職役欄의 군역기재와 '都已上'의 통계」, 『대동문화연구』 39, 2001. ; 「호적

대장의 職役記載양상과 의미」, 『역사와 현실』 41, 한국역사연구회, 2001.
3) 『啓本謄錄』 1673년 4월~1675년 5월, 일본 東京大學 中央圖書館 소장.
4) "掌隸院回下牒呈內 凡免賤免役只限己身 而所生則無論前後例歸本役是白置 今此奴婢貴德前後 所生 皆當屬於官奴婢是白乎矣 …… 鄕校不成模樣 貴德免役後所生婢京春等四口幷其子枝 折給 於鄕校爲白良結 論報本道 ……", 『啓本謄錄』.
5) "當初貴德納米免役 旣出於校生等守護鄕校之計哛不喩 在前鄕校無奴婢處 則或有寺奴婢劃給之 規是白在如中 今此貴德免役後所生等 永屬校役亦或一道是白齊 ……", 『啓本謄錄』.
6) 『상산록(商山錄)』 「성대주 살옥안(成大柱殺獄案)」 을축년(1745) 8월 (『韓國地方史資料叢書』 3, 여강출판사, 1987 영인).
7) 『상산록(商山錄)』 「부검서목 제(覆檢書目 題)」 을축년(1745) 8월 17일.
8) 김석형, 「조선 초기 국역편성의 기저」, 『진단학보』 14, 1941.
9) 손병규, 「18세기 良役政策과 지방의 軍役運營」, 『軍史』 39, 국방군사연구소, 1999.
10) 有井智德(아리이 토시노리), 「李朝初期의 戶籍法について」, 『朝鮮學報』 제39·40合集.; 西田 信治(니시다 신지), 「李朝軍役體制の解體」, 『朝鮮史硏究會論文集』 21, 1984.
11) 『善山鎭束伍卜馬軍保人案』, 일본 교토[東京]대학 中央圖書館 소장.
12) 『南原縣牒報移文成冊(1)』 乙卯年(1735) 12월 29일조 報水營.
13) 『延州報牒』 甲子年(1744) 10월 8일조 報訓鍊都監.
14) 『延州報牒』 甲子年(1744) 5월 22일조 報巡營.
15) 손병규, 「18세기 良役政策과 지방의 軍役運營」, 『軍史』 39, 국방군사연구소, 1999.
16) 손병규, 「조선 후기 재정구조와 지방재정운영 -재정 중앙집권화와의 관계」, 『조선시대사학보』 25, 조선시대사학회, 2003.
17) "兵曹啓良丁査覈節目十條 一 諸色冒錄及閑丁中 年未滿十五歲者 似不當定役 而闕額數多閑丁 不足 不得已十一歲以上定役 …… 一 自五歲至十歲之類別錄成冊 待其年限次次隨闕定額」, 『肅 宗實錄』 숙종 2년(1676) 6월 병인.
18) 『備邊司謄錄』 63 숙종 37년(1711) 12월 26일.
「里定節目」, 『朝鮮民政資料牧民篇』, 內藤吉之助 편, 以文社, 1977 영인.
19) 「各衙門軍兵直定禁斷事目」, 『備邊司謄錄』 43 숙종 15년(1689) 1월 24, 25일.
20) 손병규, 「18세기 良役政策과 지방의 軍役運營」, 『軍史』 39, 국방군사연구소, 1999.
21) 손병규, 「호적대장 職役欄의 군역기재와 '都已上'의 통계」, 『대동문화연구』 39, 2001.
22) 숙종 30년(1704) 12월에 완성된 『各營釐正廳謄錄』 「五軍門改軍制變通節目」 가운데 곳곳에서 일반 양인은 6두, 兼良과 奴兵은 3두로서 양인이 겸역을 할 경우에는 반만 부담하게 되어 있다.
23) 『慶尙道彦陽縣戊午式戶籍大帳』 (1858), 울주군청 소장.
24) 宮嶋博史(미야지마 히로시), 『朝鮮土地制度事業史の硏究』 pp.126~127. 東京大學東洋文化硏 究所報告, 1991.
25) 권기중, 「조선 후기 단성현의 향역분포와 계승양상」, 『역사와 현실』 제41호, 한국역사연구회, 2001. 9.
26) 손병규, 「조선 후기 재정구조와 지방재정운영 -재정 중앙집권화와의 관계」, 『조선시대사학보』

25, 조선시대사학회, 2003.
27) 권기중, 「조선 후기 단성현 향리층의 분화양상」, 『대동문화연구』 47, 성균관대학교 대동문화연구원, 2004.
28) "連二代入役 則雖訴本非鄕孫 勿聽 二代立役 謂祖及父年二代鄕役者", "凡鄕吏中文武科生員進士者 特立軍功受賜牌者 三丁一子中雜科及屬書吏去官者並免子孫役", 『經國大典』 「吏典」 鄕吏.
29) 권기중, 「18세기 단성현 관노비의 존재양태」, 『한국사연구』 제131호, 한국사연구회, 2005. 12.
30) 손병규, 「조선 후기 慶州 玉山書院의 院屬파악과 운영」, 『조선시대사학보』 35, 조선시대사학회, 2005.
 『玉山書院誌 - 附書院所藏資料』, 영남대학교 민족문화연구소, 1993.
31) 손병규, 「조선 후기 경주 옥산서원의 노비경영」, 『태동고전연구』 17, 태동고전연구소, 2000.
32) 「立議」 万曆四十六年(1613) 十月 初七日(『玉山書院誌』).
33) 『呈書謄錄』 天啓三年(1623) 十一月 二十一日(『玉山書院誌』).
34) 『備邊司謄錄』 50 肅宗 25年(1699) 7월 17일조.
35) 손병규, 「18세기 良役政策과 지방의 軍役運營」, 『軍史』 39, 국방군사연구소, 1999.
36) 「원속사안(院屬私案)」 1800년 전후.
 「所屬案」 1751년, 1752년, 1776년, 1780년, 1799년, 1863년(『玉山書院誌』).
37) 손병규, 「17~18세기 경주 옥산서원의 토지재원과 그 운영」, 『태동고전연구』 16, 태동고전연구소, 1999.
38) 「院屬私案」 1800년 前後, 1835년(『玉山書院誌』).
39) 「良下典充定案 1」, 「良下典充定案 2」(『玉山書院誌』).
40) 「康熙十六年丁巳六月初六日同生和議明文」, 『慶尙道丹城縣社會資料集(1)』, 성균관대학교 대동문화연구원, 2003.
41) 「奴婢田畓分衿文記(康熙二十九年庚午三月二十四日)」, 『慶尙道丹城縣社會資料集(1)』, 성균관대학교 대동문화연구원, 2003.
 손병규, 「17~18세기 호적대장의 사노비 기재실태 - 경상도 단성현 권대유가 노비를 중심으로」, 『古文書硏究』 24, 한국고문서학회, 2004.
42) "父母奴婢 承重子加五分之一(如衆子女各給五口 承重子給六口之類) 衆子女平均 良妾子女七分之一(如嫡子女各給六口 良妾子女各給一口之類 下同) 賤妾子女十分之一", 『經國大典』 「刑典」 私賤조.
43) 宮嶋博史(미야지마 히로시), 『兩班, 李朝社會の特權階級』 pp.160~168, 中公新書 1258, 中央公論社, 1995.
44) Kim Kuen-Tae, *Actual Burdens of Private Nobi in Late Choson Korea : The Case of Uisong Kim Household of Kumgyeri, Andong, Kyongsang Province*(18세기 중엽 사노비의 생활상), AAS Annual Meeting in San Francisco Marriott, April 8 (Saturday) 2006. ; 김건태, 「조선 후기 사노비 파악방식」, 『역사학보』 181, 역사학회, 2004.
45) Son, Byeong-gyu, *Korean Nobi(Slaves) in Charge of the State Obligations in the Late Choson Dynasty*(國役을 지는 노비들), AAS Annual Meeting in San Francisco Marriott, April 8

(Saturday) 2006.

46) 손병규,「18세기 지방의 사노군역파악과 운영-경상도 단성현 호적대장의 기재상황」,『韓國史學報』13, 고려사학회, 2002.
47) 손병규,「18세기 良役政策과 지방의 軍役運營」,『軍史』39, 국방군사연구소, 1999.
48) 井上和枝(이노우에 가즈에),「李朝後期鄕村支配權の變動と在地士族」,『朝鮮史硏究會論文集』28輯, 朝鮮史硏究會, 1991. ; 최호,「단성 향안에 대한 일고찰」,『又人金龍德博士停年紀念史學論叢』, 1988.
49) 서한교,「17·18세기 단성지방 납속인의 실태와 신분변동」,『역사교육논집』23·24, 역사교육학회, 1999.
50) 四方 博(시카타 히로시),「李朝人口に關する身分階級別的觀察」,『京城帝國大學法學會論集』10, 1938.
51) 김성우,「16세기 사족층의 관직독점과 반상제의 대두」,『한국사연구』106, 한국사연구회, 1999.
52) 吳希文,『鎖尾錄』上, 第一 壬辰南行日錄(李民樹 번역본, 海州吳氏楸灘公派宗中, 경인일보사, 1990).
53) 손병규,「17~18세기 경주 옥산서원의 토지재원과 그 운영」,『태동고전연구』16, 태동고전연구소, 1999. ;「조선 후기 경주 옥산서원의 노비경영」,『태동고전연구』17, 태동고전연구소, 2000.
54) 손병규,「조선 후기 국가적인 신분규정과 그 적용」,『역사와 현실』48, 한국역사연구회, 2003. ;「호적대장의 職役記載양상과 의미」,『역사와 현실』41, 한국역사연구회, 2001.
55)『中宗實錄』중종 4년(1509) 9월 18일 경축조.
56)『英祖實錄』영조 원년(1724) 10월 3일 계유조, 執義 尹會의 상소.
57) 김경란,「조선 후기 호적대장의 女性呼稱규정과 성격」,『역사와 현실』48, 2001. ; 이준구,『朝鮮後期身分職役變動硏究』pp.15~19, 일조각, 1992.
58) 심재우,「조선 후기 단성현 법물야면 유학호의 분포와 성격」,『역사와 현실』41, 한국역사연구소, 2001.; 宋亮燮,「19세기 幼學戶의 구조와 성격 丹城戶籍大帳을 중심으로」,『대동문화연구』47, 2004.
59) 宮嶋博史(미야지마 히로시),『兩班, 李朝社會の特權階級』pp.21~26, 中公新書 1258, 中央公論社, 1995.
60) 溝口雄三(미조구치 유조),『中國の公と私』, 硏文出版, 1995.
61) 宮嶋博史(미야지마 히로시),「조선시대의 신분, 신분제 개념에 대하여」,『대동문화연구』42, 2003.

Ⅳ. 호적의 변화와 가족

1) Thomas R. Malthus, *An Essay on the Principle of Population*, 1st ed~6th ed, 1798~1826.

2) 速水 融(하야미 아키라), 『歷史人口學の世界』, 岩波書店, 1997.
3) 정진영, 「18~19세기 호적대장 '戶口' 기록의 검토」, 『대동문화연구』 39, 2001. ; 김건태, 「조선 후기의 인구파악실상과 그 성격」, 『대동문화연구』 39, 2001.
4) 손병규, 「호적대장 職役欄의 군역기재와 '都已上'의 통계」, 『대동문화연구』 39, 2001.
5) 이영훈, 「언양호적을 통해 본 主戶-挾戶關係와 戶政의 運營狀況」, 『朝鮮後期社會經濟史』, 한길사, 1988.
6) 정해은, 「단성현 호적대장에 등재된 호의 출입」, 『대동문화연구』 40, 2002. ; 『甲午式戶口事目』, 규장각 소장, No.12318.
7) Son, Byeong-gyu, *Recorded and Unrecorded Populations in Genealogies of Late Traditional Korea : A Case Study from Tansong Region (17~19C.)*, 2006년 11월 23~24일, 프랑스 소르본 대학-성균관대 동아시아학술원 공동주최 인구학학술회의(파리) 발표문(손병규, 「호적과 족보의 등재와 부등재-족보를 대상으로 한 인구사연구의 전제로서」, 2006년 11월 17~18일, 한국사회사학회·충남대 사회과학연구소 2006년 학술대회 "전환기의 한국가족-글로벌리제이션과 탈전통·탈식민" 발표문).
8) 김건태, 「조선 후기 호적대장의 인구기재양상-단성호적을 중심으로」, 『역사와 현실』 45, 2002. ; 「조선 후기 호의 구조와 호정운영-단성호적을 중심으로」, 『대동문화연구』 40, 2002.
9) 鄭演植, 「조선 후기 '役摠'의 운영과 良役變通」, 서울대학교 박사학위논문, 1993.
10) 손병규, 「대한제국기의 호구정책-단성 배양리와 제주 덕수리의 사례」, 『대동문화연구』 49, 2005.
11) 손병규, 「李朝後期 地方財政史의 硏究」, 도쿄[東京]대학 박사학위논문, 2001. ; 김건태, 「조선 후기 호의 구조와 호정운영-단성호적을 중심으로」, 『대동문화연구』 40, 2002. ; 「句漏文案」, 『慶尙道丹城縣社會資料集(2)』, 대동문화연구원, 2003.
12) 김건태, 「호구출입을 통해 본 18세기 호적대장의 편제방식-단성호적대장을 중심으로」, 『대동문화연구』 42, 2003.
13) 권태환·김두섭, 『인구의 이해』, 서울대학교 출판부, 1989.
14) '광무 11년(1907)'의 초계군(草溪郡) 호적표가 일본의 교토대학 총합박물관[京都大學總合博物館]에 소장되어 있다.
15) 「慶尙南道丹城郡戶籍表」, 『경상도 단성현 사회자료집(2)』, 성균관대학교 대동문화연구원, 2003.
16) 정진영, 「조선 후기 호적 '호'의 새로운 이해와 그 전망」, 『대동문화연구』 42, 2003. 6.
17) 손병규, 「갑오시기 재정개혁의 의미-조선왕조 재정시스템의 관점에서」, 『한국사학보』 21, 고려사학회, 2005.
조석곤, 「광무년간의 호정운영체계에 관한 소고」, 『대한제국기의 토지제도』, 민음사, 1990.
18) 『高宗實錄』 고종 31년(1894) 6월 13일.
탁지아문(度支衙門) 설치는 『日省錄』 고종 31년 6월 28일.
19) 손병규, 「대한제국기의 호구정책-단성 배양리와 제주 덕수리의 사례」, 『대동문화연구』 49, 2005.
20) 朝尾直弘(아사오 나오히로) 편, 『日本の近世(7:身分と格式)』 pp.14~24. 日本 中央公論社.

1992.
21) 손병규,「明治戶籍과 光武戶籍 비교연구-전통적 방법의 근대적 적용」, 2006년 7월 1일, 대동문화연구원 중점지원연구과제 학술회의 발표문.
22)「丹城郡元堂面家舍表」,『경상도 단성현 사회자료집(2)』, 성균관대학교 대동문화연구원, 2003.
23)「慶尙南道丹城郡家戶案單」,『경상도 단성현 사회자료집(2)』, 성균관대학교 대동문화연구원, 2003.
24) 유길준,「鄕約規程及鄕會條規請議書」,『內部請議書』2, 二百五號 請議書, 開國五百四年 (1895) 十月 十六日, 奎17721.
25) 李晩燾,『響山日記』1897년 6월 4일조, "聞鄕會 每戶排錢 多至九兩 未知何名色也 以謂新法 欲以使民者 又如是 嗷嗷民情 奈何"와 1897년 9월 8일조, "鄕會 新戶一千一百餘戶 以舊戶四百二戶施行 每戶九兩式 一年應納耳", 국사편찬위원회, 1985.
26)『陜川李氏族譜』(1926), 배산서원 간, 국립중앙도서관 소장.; 손병규,「인구사적 측면에서 본 호적과 족보의 자료적 성격-17~19세기 경상도 단성현의 호적대장과 합천 이씨가의 족보」,『대동문화연구』46, 2004.
27)『韓國戶口表』, 政府財政顧問本部, 1907.
28)「民籍法ノ說明」「趣旨」, 統監府內務警務局, 1909.
29) 손병규,「민적법의 호 규정과 변화-일본의 명치호적법 시행경험과 '조선관습'에 대한 이해로부터」,『대동문화연구』57, 2007.
30) "是日方以戶籍事 諸族祖會於吾家 紙用刻印 而書式則不書四祖 但書主戶者以下 各俱生年月日 又書婦人名(主戶者母名 母在則又書外祖父母名 妻名及妻父母名 子婦名及子婦父母名) 吁嗟 舊典淪新程現 乃往問金溪金前皐丈(面長) 則亦如所聞 無快活消息", 柳泳熙,『농포일기(陰陽錄)』1909년 6월 25일조, 국사편찬위원회 마이크로필름.
31) 손병규,「한말·일제 초 제주 하모리의 호구파악-光武戶籍과 民籍簿의 비교분석」,『대동문화연구』53, 2006.
32) 速水 融(하야미 아키라),『歷史人口學의 世界』pp.54~66. 岩波書店, 1997.
33) 손병규,「민적법의 호 규정과 변화-일본의 명치호적법 시행경험과 '조선관습'에 대한 이해로부터」,『대동문화연구』57, 2007.; 김경란,「일제시기 민적부의 작성과 여성 호주의 성격-19세기 제주 호적중초, 광무호적과의 비교를 중심으로」,『대동문화연구』57, 2007.
34)「慣習調査報告書」제4장 親族 세116조「他家相續 分家及廢絶家再興에 관한 慣習如何」,『民籍要覽』, 總督府警務課民籍係 編纂, 大正 3年(1914).
35)『新民法戶籍法』, 積善館, 明治 31年(1898).
36)『民籍例規集』「宿泊及居住規則」, 朝鮮總督府 法務局法務課 編, 1920.
37) 水野直樹(미즈노 나오키),「植民地支配と名前-朝鮮支配初期の名前政策についての研究ノート」,『二十世紀研究』2, 二十世紀研究編纂委員會, 2001.
38) 손병규,「인구사적 측면에서 본 호적과 족보의 자료적 성격-17~19세기 경상도 단성현의 호적대장과 합천 이씨가의 족보」,『대동문화연구』46, 2004.
39)『陜川李氏世譜』(1761), 陜川李氏 종중 소장.

40) 김준형, 「조선 후기 단성지역의 사회변화와 사족층의 대응」 p.33, 서울대 박사학위논문, 2000.
41) 『陜川李氏族譜』(辛卯族譜, 전18책, 1893), 국립중앙도서관 소장.
42) 『陜川李氏族譜』(1926년경, 大正 14년 인쇄, 대정 15년 발행, 培山書院 간행, 전5책), 국립중앙도서관 소장.
43) 李樹健, 『한국의 성씨와 족보』, 서울대 출판부, 2003.
44) 李鍾旭, 「花郎世紀에 나타난 眞骨正統과 大元神統」, 『韓國上古史學報』 18, 韓國上古史學會, 1995.
45) 1998년 4월 안동 정상동 택지조성을 위해 이곳에 있던 분묘를 이장하던 중 고성 이씨 이웅태(1556~1586)의 무덤에서 부인이 죽은 남편에게 보내는 편지글이 발견되어 눈길을 끌었다. 한국 한글서예연구회 저, 『조선시대 문인들과 한글서예』, 다운샘, 2006에 수록.
46) 『安東權氏成化譜』(1476), 成化譜重刊所, 昭和 4年(1929), 한국학중앙연구원 소장.
47) 吉田光男(요시다 미츠오), 「近世朝鮮の氏族と系譜の構築」, 『系譜が語る世界史』, 青木書店, 2002.
48) 宮嶋博史(미야지마 히로시), 「東洋文化硏究所所藏の朝鮮半島族譜資料について」, 『明日の東洋學』 7, 東京大學東洋文化硏究所附屬東洋學硏究情報センター報, 2002.
49) 井上 徹(이노우에 토오루), 「中國の近世譜」, 『系譜が語る世界史』, 青木書店, 2002.
50) 倉橋圭子(쿠로하시 케이코), 「近代宗譜考-淸末民初期の江蘇省の事例を對象に」, 『系譜が語る世界史』, 青木書店, 2002.
51) 노명호, 「한국 고대의 가족」, 『강좌 한국고대사』 3, 가락국사적개발연구원, 2003 ; 杉本一樹(스기모토 가즈끼), 「日本古代家族硏究の現況と課題」, 『家族史の展望』, 大日方純夫編, 日本家族史論集 2, 吉川弘文館, 2002.
52) 『高麗史』 「食貨志」 戶口.
53) R. J. Smith, *Small families, small households and residential instability : town and city in 'pre-modern' Japan*, Akira Hayami and Nobuko Uchida, *Size of household in a Japanese county throughout Tokugawa era*. 모두 P. Laslett이 편집한 *Household and Family in Past Time*, Cambridge U. P. 1972에 수록되어 있다.
54) 瀬地山 角(세치야마 가꾸), 『東アジアの家父長制-ジェンダーの比較社會學』, 勁草書房, 1996.
55) 『山陰帳籍』(『宣祖三十九年丙午(1606)山陰帳籍』, 『仁祖八年庚午(1630)山陰帳籍』), 규장각 소장.
56) 趙炳魯 편, 『慶尙道 金泉驛戶口臺帳(乾隆三年 金泉道形止案)』, 국학자료원, 2002.
57) 足立啓二(아다치 케이지), 「專制國家と財政·貨幣」, 『中國專制國家と社會統合-中國史像の再構成』 2, 中國史硏究會編, 文理閣, 1990 ; 李榮薰, 「朝鮮前期·明代の戶籍についての比較的檢討」, 『東アジア專制國家と社會·經濟』, 青木書店, 1993.
58) 吉田浤一(요시다 코이치), 「中國家父長制論批判序說」, 『中國專制國家社會統合-中國史像再構成 2』, 中國史硏究會編, 文理閣, 1990.
59) 손병규, 「족보의 인구기재 범위-1926년경에 작성된 합천 이씨의 세 파보를 중심으로」, 『古文書硏究』 28, 韓國古文書學會, 2006 ; 손병규, 「조선 후기 상속과 가족형태의 변화」, 2007년 2

월 23일, 성균관대 동아시아학술원 국제학술회의 '동아시아와 유럽의 결혼과 가족' 발표문.
60) 손병규, 「호적과 족보의 등재와 부등재-족보를 대상으로 한 인구사연구의 전제로서」, 2006년 11월 17~18일, 한국사회사학회·충남대 사회과학연구소 2006년 학술대회 "전환기의 한국가족-글로벌리제이션과 탈전통·탈식민" 발표문.
61) 宮嶋博史(미야지마 히로시), *Historical Demography and Family History in East Asia*, 2006년 11월 23~24일, 프랑스 소르본대학-성균관대 동아시아학술원 공동주최 인구학학술회의(파리) 발표문.

찾아보기

ㄱ

가(家) 공동체 411
가독상속(家督相續) 432
가리(假吏) 225, 235
가부장제(家父長制) 15, 182, 411, 417, 437
가사표(家舍表) 341
가장권(家長權) 417
가족복원법(家族復元法) 313
가주(家主) 343
가택(家宅) 336
가호안(家戶案) 341
「각아문군병 직정 금단사목(各衙門軍兵直定禁斷事目)」 212
『간정일록(艱貞日錄)』 68
감관(監官) 189, 234
갑오개혁(甲午改革) 286, 338, 347
강루리 56, 59, 66, 138
개가(改嫁) 147, 152
결호세(結戶稅) 335
겸역(兼役) 225
『경국대전(經國大典)』 42, 260, 304, 409

『경상남도 단성군 가호안단(慶尙南道丹城郡家戶案單)』 342
『경주부윤선생안(慶州府尹先生案)』 30
계보(系譜) 394, 427
『계본등록(啓本謄錄)』 194
계부(系父) 107, 155
계자(系子) 107, 121, 425
고공(雇工) 297, 316, 407
『고려사(高麗史)』 31, 37
공사천(公私賤) 149, 194
공생(貢生) 235
공전(公田) 232
과거(科擧) 35, 168
과녀(寡女) 174, 180, 302
과부(寡婦) 174, 180, 302
관감(官減) 93
관광(觀光) 168
관법(寬法) 97
관보(官保) 203
관속(官屬) 60, 231
「관습조사보고서 발췌(慣習調査報告書拔萃)」 375
광개토왕비(廣開土王碑) 27

광무호적(光武戶籍) 50, 57, 79, 168,
　　331, 341, 356, 368
교노비(校奴婢) 195
교생(校生) 60, 244, 280
『구루문안(句漏文案)』 327
구양수(歐陽脩) 402
『구양씨보도(歐陽氏譜圖)』 402
『국가, 사유재산, 국가의 기원』 417
국세조사(國勢調査) 311, 379
국역(國役) 31, 74, 193, 203, 234,
　　242, 267, 272, 338
군안(軍案) 203, 243
군역(軍役) 31, 61, 203, 268
군총(軍摠) 316
권구성(權九成) 92
권대유(權大有) 258, 421
권덕형(權德亨) 75, 107, 133
권도(權濤) 67, 73
권두망(權斗望) 73, 107, 161, 257
권시득(權時得) 113
권시민(權時敏) 114
권시준(權時準) 113
권운(權運) 114
결액(闕額) 204
균역법(均役法) 223
근친혼(近親婚) 397
급제(及第) 143
기관(記官) 235

기구(奇口) 335, 347
김인섭(金麟燮) 67

ㄴ

낙호(落戶) 328
남녀균분상속(男女均分相續) 261
납공(納貢)노비 265
내비(內婢) 127
내성(來姓) 397
노비 41, 161, 194, 199, 261, 282,
　　285, 407
노제(老除) 154, 204, 266, 295
노처(奴妻) 37, 291, 413

ㄷ

단계 67, 73, 133
『단계일기(端磎日記)』 68
단성 향교 56, 59, 61
『단성 향안(丹城鄕案)』 63, 142, 279
단혼가족(單婚家族) 370, 407, 418,
　　421
당평백제비(唐平百濟碑) 28
대동보(大同譜) 395
『대전회통(大典會通)』 337
대정안(代定案) 204
대정현(면) 46, 361, 368
대주(垈主) 343
대처(代妻) 146

대한제국(大韓帝國) 50, 57, 168, 340, 348, 355
도산 56, 66
도색(都色) 242
도윤(都尹) 94, 271
도이상(都已上) 100, 218, 236, 299
도훈도(道訓導) 190
동거친속(同居親屬) 334
『동국통감(東國通鑑)』 399
동몽(童蒙) 122
동성동본(同姓同本) 395
동족(同族) 395

ㅁ

맬서스(Thomas Robert Malthus) 312
면리제(面里制) 323
면역(免役) 187, 196
면천(免賤) 196
명치유신(明治維新) 356
명치호적(明治戶籍) 356, 367, 369, 374, 379, 433
모칭유학(冒稱幼學) 297
물고(物故) 100, 204
민적(民籍) 51, 355, 368
민적법(民籍法) 374
민적부(民籍簿) 361, 368, 377
『민적요람(民籍要覽)』 375

ㅂ

반격(班格) 140
방매(放賣) 292
방위면(方位面) 43
배양 57, 65, 331, 341, 341
백골징포(白骨徵布) 209
법물야 56, 67
별감(別監) 63, 187
보인(保人) 203, 222, 288, 414
복마군(卜馬軍) 204
복합가족(複合家族) 407
본관(本貫) 134, 395
본적(本籍) 16, 370, 377, 433
본적지주의(本籍地主義) 373, 378
본호(本戶) 369, 373
봉군(烽軍) 222
봉사조(奉祀條) 259, 422
봉족(奉足) 203, 415
부녀(婦女) 92, 302
부윤(副尹) 94
부적(附籍) 368
북동 56
분가(分家) 362
분동(分洞) 98
분재기(分財記) 259
분호(分戶) 367, 369, 373
비부(婢夫) 37, 291, 413

ㅅ

사노군역(私奴軍役) 227, 272
사림(士林) 65
사모속(私募屬) 212, 254
사민(四民) 307, 339
사위(祀位) 422
사전(私田) 232
사조(四祖) 17, 34, 49, 74, 334, 357, 398
『산음장적(山陰帳籍)』 39, 51, 56
산음현 39, 56, 170
삼가현 114
삼공형(三公兄) 190
『삼국사기(三國史記)』 27
『상산록(商山錄)』 198
생부(生父) 107, 121
생비량 56, 66
생원(生員) 74
서거정(徐居正) 399
서류부가(壻留婦家) 397
서얼(庶孽) 133
서원(書員) 190, 235
서원(書院) 61, 241
서자(庶子) 107, 133, 147
석전제(釋奠祭) 61
성관(姓貫) 64, 151, 395
「성대주 살옥안(成大柱殺獄案)」 198
성리학(性理學) 65

『세종실록(世宗實錄)』 321
소동(小童) 235
소사(召史) 136, 143
「소속안(所屬案)」 245
소순(蘇洵) 402
『소씨보도(蘇氏譜圖)』 402
속안(續案) 195
속오군(束伍軍) 204, 222
『속오복마군보인안(束伍卜馬軍保人案)』 204
속현(屬縣) 39, 42, 56, 233
솔거(率居)노비 265, 291
『쇄미록(鎖尾錄)』 294
『수교집록(受敎輯錄)』 153
수군(水軍) 154, 159, 222, 389
수문장(守門將) 389
수양자(收養子) 123, 157
수조권(受租權) 232
수철장(水鐵匠) 154
수호군(守護軍) 242
수호인연호(守護人烟戶) 27
「숙박 및 거주규칙[宿泊及居住規則]」 379
승인(僧人) 100
승적(僧籍) 100
신공(身貢) 194
신등 40, 57, 65, 73 133
「신라촌락문서(新羅村落文書)」 28, 32

신분제(身分制) 17, 35, 145, 186. 285, 304, 436
신식 호적(新式戶籍) 50, 168, 331
신역(身役) 193, 203
실절(失節) 178

ㅇ
아병색장(牙兵色掌) 191
『안동 권씨 성화보(安東權氏成火譜)』 399
안동 향교 195
안부(案付) 248
안외(案外) 248
앙역(仰役)노비 265
양가봉사(兩家奉祀) 115
양녀(養女) 124
양반(兩班) 32, 58, 171, 231, 300, 305, 339
양부모(養父母) 121
양역(良役) 129, 210
『양역 총수(良役摠數)』 213
『양역실총(良役實摠)』 213
양인(良人) 35, 194, 305
양자(養子) 121, 157
양정(良丁) 242, 288
「양정사핵절목(良丁査覈節目)」 211
양처소생(良妻所生) 287
양천(良賤)신분 37, 159, 194, 197, 232, 274, 285, 297, 323, 339, 416
양천교혼(良賤交婚) 162, 286, 291, 413
「양하전 충정안(良下典充定案)」 248
어영군(御營軍) 127, 415
언양현 45, 227, 316
얼자(孼子) 133, 147
업무(業武) 238
업유(業儒) 143, 280, 388
여가(女家) 136
역리(驛吏) 124, 154, 414
역사인구학(歷史人口學) 313, 410
역촌(驛村) 160
『영락보(永樂譜)』 399
「오가통사목(五家統事目) 41, 44, 85, 211
오동 56
옥산서원 242
왕토사상(王土思想) 27
외거(外居)노비 264, 289
외방(外方)노비 294
외손봉사(外孫奉祀) 422
외촌(外村) 60, 231
요역(徭役) 193, 268
요호전(饒戶錢) 327
『운창지(雲窓誌)』 56, 68
원당 56, 65, 258
원생(院生) 157, 244

원속(院屬) 241
「원속사안(院屬私案)」 248
원안(元案) 195
원적(原籍) 369
원호(元戶) 412
유교(儒教) 75
유기아(遺棄兒) 123
유길준(兪吉濬) 347
유학(幼學) 83, 143, 168, 189, 238, 280, 297, 388
윤회봉사(輪回奉祀) 422
율생(律生) 235
읍소속(邑所屬) 219, 221, 224, 241
『읍지(邑誌)』 217
읍치(邑治) 56, 60, 160, 231
의녀(義女) 153
의부(義父) 155
의부녀(義父女) 155
의양자(義養子) 155
의자(義子) 153
의자보(衣資保) 203
이거절호(移居絶戶) 100
이만도(李晩燾) 348
이부녀(異父女) 155
이상(已上) 98, 343
이성계 호적(李成桂戶籍) 36
이정법(里定法) 211
이황(李滉) 66

『인구론(*An Essay on the Principle of Population*)』 312
인구학(人口學) 312
인리(人吏) 231
인리위전(人吏位田) 232
인별장(人別帳) 32, 356
인징(隣徵) 209
일부일처제(一夫一妻制) 133, 149
일신양역(一身兩役) 209, 225
임술사정(壬戌査定) 213
임시호적조사(臨時戶籍調査) 355, 377

ㅈ

자매(自賣) 295
작청(作廳) 63, 240
장예원(掌隷院) 196
장인(匠人) 274
장자우대 분산상속 261, 421, 425
장적(帳籍) 30
재가(再嫁) 152
재결(災結) 300
재사(齋舍) 198
재임(齋任) 198
재직(齋直) 198, 242
재혼(再婚) 147
적자(嫡子) 107
점구부(點口部) 28
정단(正單) 90

정병(正兵) 203
정실(正室) 133, 146
정약용(丁若鏞) 97, 179
제적부(除籍簿) 57, 357
조선민사령(朝鮮民事令) 374
『조선왕조실록(朝鮮王朝實錄)』 210, 323
조선호적령(朝鮮戶籍令) 361, 364, 377
조식(曺植) 65
족보(族譜) 32, 107, 133, 233, 383, 394, 441
족징(族徵) 209
종모법(從母法) 80, 288
종문개장(宗門改帳) 356
종법(宗法) 402, 433
종보(宗譜) 402
종족(宗族) 402
좌수(座首) 63, 187
주민등록 16, 79, 134, 264, 311, 394, 438
주호(主戶) 41, 79, 165, 179, 334, 357, 409, 412
준호구 73, 107, 134
지패(紙牌) 85
직계가족(直系家族) 370, 407, 424
직봉(直捧) 203
직업(職業) 338, 351
직역(職役) 20, 31, 36, 74, 186, 217, 238, 297, 305, 338, 351, 388, 416
진대(賑貸) 28
진사(進士) 74

ㅊ

천첩자(賤妾子) 107, 136, 147
첩(帖) 104
초관(哨官) 190
초단(草單) 90
총독부 329, 374, 379
추쇄(推刷) 293
측실(側室) 133, 146

ㅌ

토성(土姓) 397
통감부 51, 329, 355, 374, 377
통적(統籍) 47, 86
통혼권(通婚圈) 393

ㅍ

편호(編戶) 408
품계(品階) 74
풍장(風葬) 209
피탈(被奪) 292

ㅎ

하전(下典) 242
학생(學生) 145

462

『한군팔기인정호구책(漢軍八旗人丁戶口冊)』 34
합호(合戶) 368
항렬(行列) 111, 398
핵가족(核家族) 379, 419
핵법(核法) 97
향교 60, 196
향교노(鄕校奴) 159
향리(鄕吏) 32, 57, 63, 190, 231, 389
『향산일기(響山日記)』 348
향안(鄕案) 63, 187
「향약규정 및 향회조규 청의서[鄕約規程及鄕會條規請議書]」 347
향역(鄕役) 232, 389
향임(鄕任) 63, 187
향중(鄕中) 187, 274
「향중 면역 완의안(鄕中免役完議案)」 87
향청(鄕廳) 63, 233, 240
향회(鄕會) 187, 231, 348
허여(許與) 259
「허여문기(許與文記)」 258
현내 56, 65 138
현사(縣司) 240
현주지주의(現住地主義) 373
협인(挾人) 316, 335, 412
『협호성책(挾戶成冊)』 319, 412
호구단자(戶口單子) 73, 84, 165
호구식(戶口式) 409

호구조사규칙(戶口調査規則) 48, 331, 337, 342
호구조사세칙(戶口調査細則) 48, 331, 337, 348
『호구 총수(戶口摠數)』 316, 321, 324
호역(戶役) 203, 268, 295
호장(戶長) 33, 57, 233, 240
호적중초(戶籍中草) 39, 45, 47, 73
호적표(戶籍表) 48, 57, 331, 341
호주(戶主) 41, 79, 168, 334, 342, 357, 377
호주제(戶主制) 14, 437
호패법(號牌法) 323
혼인(婚姻) 139
『화랑세기(花郞世紀)』 397
화의(和議) 257
「화의명문(和議明文)」 257
환곡(還穀) 28
환부(鰥夫) 180
황구첨정(黃口添丁) 209
후처(後妻) 107, 146

호적

1판 1쇄 발행일 2007년 5월 14일

지은이 손병규

발행인 김학원
발행처 (주)휴머니스트출판그룹
출판등록 제313-2007-000007호(2007년 1월 5일)
주소 (03991) 서울시 마포구 동교로23길 76(연남동)
전화 02-335-4422 **팩스** 02-334-3427
저자·독자 서비스 humanist@humanistbooks.com
홈페이지 www.humanistbooks.com
유튜브 youtube.com/user/humanistma **포스트** post.naver.com/hmcv
페이스북 facebook.com/hmcv2001 **인스타그램** @humanist_insta

편집주간 황서현 **기획** 미야지마 히로시 손병규 류준필 이재민 **편집** 박태근 신영숙
디자인 AGI 황일선 윤현이 최지섭 **사진** 권태균 **지도 일러스트** 이설
조판 새일기획 **디지털POD** 테크디앤피

ⓒ 손병규, 2007

ISBN 978-89-5862-180-5 03910

- 이 책은 저작권법에 따라 보호받는 저작물이므로 무단 전재와 무단 복제를 금합니다.
- 이 책의 전부 또는 일부를 이용하려면 반드시 저자와 (주)휴머니스트출판그룹의 동의를 받아야 합니다.